새로운 기술과 새로운 연습법 총망라

정통 볼링

현대레저연구회 편

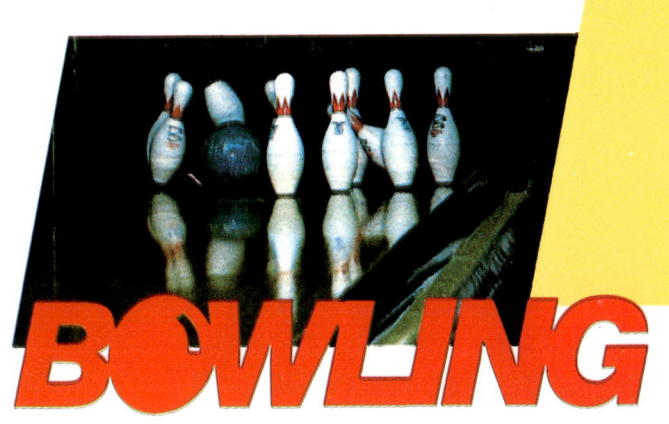

太乙出版社

기초 테크닉을 마스터하자

볼링에 있어서의 기본 자세는 열번 스무 번 강조되어도 탄생되기 때문이다.

4보

볼링은 기본 폼부터 익히는 것이 좋다!

지나치지 않다. 정확한 동작에서 완성 투구 폼이

▲볼링은 무엇보다도
자연스러운 폼이 요구되는 운동이다.

▲볼을 던지기 직전의 투구 폼.

▲볼링대회에서 입상한 선수들이 관중들의
환호에 손을 들어 답례하고 있다.

◀볼을 던진 후의 모습.

■ **힘껏 던져 보자!**

자신의 기량을 최대한 발휘하여 힘껏 던져보자. 그러나 스포츠에 있어서 힘의 밸런스는 무엇보다 중요하다는 것을 잊어서는 안된다.

■ **결과보다는 노력의 과정을!**

볼링을 하다보면 가끔 결과가 만족스럽지 못한 경우가 있다. 결과란 자신의 노력에 대한 효과의 체험이라고 생각하라. 결과의 중요성보다는 노력하는 과정의 중요성을 자각하도록.

■ 스트레스 해소에 큰 도움

볼링은 현대인의 스트레스를 해소시켜주는 운동으로서 으뜸이다. 복잡한 도심 속에서도 언제나 즐길 수 있기 때문에 특히 남녀 노소 각 계층에 차별없이 호평을 받고 있는 스포츠 중의 하나이기도 하다.

■ 스포티한 폼!

볼링에 열중하다 보면 자신도 모르게 스포티한 멋진 폼을 가지게 된다. 의식적이든 무의식적이든 정확한 동작과 아름다운 폼을 갖도록 노력하자.

■ 적은 비용으로 볼링의 즐거움 속에 누구나 빠질 수 있다!

■ 큰 동작, 유연한 몸짓!
볼링은 현대인의 꽉 메인 가슴을 탁 튀워주는 마력을 지내고 있는 사철 스포츠이다.

■ 볼링은 아무나 즐길 수 있다!

■ 싹 잊어버리자!
일상의 바쁜 업무도, 찝찝했던 인간관계도 볼링장에서만큼은 싹 잊어버리자. 오직 볼에만 정신집중, 스트레스 해소 만점!

■프로 볼링 선수의 멋진 폼!

■짧은 시간에 큰 운동량으로!

볼링은 다른 스포츠에 비해 특히 운동량이 집중적이다. 짧은 시간에 큰 운동량을 필요로 하는 현대인에게 가장 적합한 스포츠이다.

■국내 최신판 · 완벽한 사진해설 · 초보에서 마스터까지!

정통 볼링

현대레저연구회 편

太乙出版社

머 리 말

　볼링이라고 하는 스포츠의 장점은 수많은 스포츠 종목 중에서도 비교적 간단하게, 누구나 즐겁게 플레이할 수 있다는 점에 있다. 게다가, 프로의 토너먼트 등을 보면 알 수 있듯이, 그 테크닉은 물론 정신적으로도 매우 심오한 스포츠다.
　볼링이 가지고 있는 이 입문의 용이함, 심오함은 한편으로는 국체(國體)에서의 공개 경기의 채용, 아시아대회에서의 정식 종목화, 1988년 서울올림픽에서의 공개 경기 등, 그 양면에서 다시 주목을 받고 있다.
　이와 같은 시기에 처음 볼링을 하시는 분, 한 걸음 더 상달(上達)을 지향하는 레벨의 사람까지를 대상으로, 볼링의 기본을 알기 쉽게 지도한 본서와 같은 책이 나온 것은 매우 귀중한 일이라고 생각하고, 감수를 떠맡았다.
　어떤 스포츠나 다 마찬가지겠지만, 처음 단계가 중요하기 때문이다. 그저 즐길 수 있으면 된다고 하는 사람도, 스포츠성・경기성을 중시해서 연습을 계속하고 있는 사람이라도, 이것을 소홀히해서는 다음 스텝에서 절대로 발전하지 못한다. 더구나, 아름답고 정확한 폼으로 던질 수 없다. 그리고 또 한 가지 잊어서는 안될 중요한 점이 있다. 그것은 매너, 에티켓, 루울을 지킨다고 하는 것이다. 이것은 볼링의 기본 중의 기본이라고도 말할 수 있다.

이것을 지킬 수 없다면 진심으로 볼링을 즐길 여유도 가질 수 없을 것이다. 그렇게 되면 당연 상달(上達)도 멈춰 버린다.

　아무쪼록 에티켓, 루울을 지키고, 기본을 몸에 익혀서, 아름답고 정확한 폼으로 던지는 것을 목표로 하여 즐거운 볼링을 계속해 주기 바란다. 그렇게 하면 반드시 톱 볼러의 폼이 어째서 아름다운지, 정확한 폼이 어째서 중요한지가 납득이 갈 것이다. 그때 비로소 볼링의 진짜 즐거움, 근사함을 알게 되리라 생각한다.

♣차 례♣

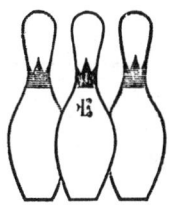

☐머리말 ··· *11*

제1부 / 완전 초보자가 볼링을 가장 빨리 쉽게 배우는 코스
정통 볼링 기초 입문

제1장/기본을 몸에 익히자

1. 레인 레이아웃와 용구 ·· *28*
레인 ·· *28*
핀 ··· *30*
슈즈 ·· *31*
볼 ··· *32*
　●무게 · *32*　●그립 · *34*

2. 메너와 에티켓 ··· *38*
　●우선 순위 · *38*　●음료수를 엎지르지 않도록 · *39*　●제멋대로 파우더를 뿌리지 않는다 · *40*　●투구가 끝나면 재빨리 벤치로 · *41*　●타인의 볼을 사용하지 않는다 · *42*　●어프로치에는 볼링 슈즈로 · *42*　●파울라인을 넘지 않는다 · *42*　●로프트 볼은 멈추자 · *43*

제2장/기초 테크닉

1. 도움닫기 테크닉을 마스터하자 ·················· 46
자, 볼을 쥐어보기로 하자 ····················· 46
주위의 볼링 폼은? ··························· 48
도움닫기의 기본은 4보 도움닫기 ············· 50
어드레스 위치의 결정 방법 ··················· 52
- 어드레스를 위한 하나의 포인트 · 54

제1보(푸쉬 어웨이) ··························· 57
제2보(다운 스윙) ····························· 59
제3보(백 스윙) ······························· 61
최종 스텝(슬라이드와 릴리스) ················ 64
던진 후의 폼(폴로 스로) ······················ 66
5보 도움닫기 ································ 67

2. 스폿은 최대의 아군 ·························· 72
타케팅 애로 ·································· 72
도움닫기에 필요한 스폿 ······················ 76
2번 스폿을 사용한 연습법 ···················· 77

■볼링의 역사 ① · 볼링의 원점 ············· 80

제3장/다섯 개의 코오스를 마스터하자

1. 스트라이크의 조건 ··························· 82
스트라이크 코오스란 ·························· 82
포켓 스트라이크 코오스의 연습 ··············· 84

2. 스페어를 따기 위한 기본 …………………………………… 88
　스트라이크보다 스페어가 중요? ……………………………… 88
　스페어를 따기 위한 세 가지 조건……………………………… 89
　다섯 코오스를 마스터하자 …………………………………… 90
　스트라이크 코오스 ……………………………………………… 91
　부룩클린 코오스………………………………………………… 94
　⑦번 핀 코오스 ………………………………………………… 94
　⑨번 핀 코오스 ………………………………………………… 97
　⑩번 핀 코오스 ………………………………………………… 97

3. 실전 스페어 테크닉 ………………………………………… 102
　키 핀을 히트시켜라 …………………………………………… 102
　핀의 어디에 맞히면 되는가 …………………………………… 103
　스페어는 보다 확실한 앵글로 ………………………………… 105
　가능한 한 볼로 쓰러뜨려라 …………………………………… 105
　인 더 다크의 공략법 …………………………………………… 107
　워시 아웃 ………………………………………………………… 110
　스치게 해서 따는 어려운 스플릿 ……………………………… 111
　평행 스플릿은 단념하라 ………………………………………… 112
　■볼링의 역사 ②·아메리카에서 대유행 …………………… 114

제4장/레벨 업에 챌린지
1. 여러 가지 구종(球種)으로 바꾸어 보자 …………………… 116
　훅 볼 ……………………………………………………………… 118

- 훅 볼을 보다 강력하게 하는 리프트 앤드 턴 · 120
스트레이트 볼 ·· 126
커브 볼 ··· 128
백 업 볼 ··· 132
2. 볼의 회전을 업하자 ··· 134
상급자일수록 볼은 회전하고 있다 ······························ 134
롤링 타입을 체크 ·· 135
세 가지의 롤링 타입 ··· 137
차이는 리스트 액션으로 결정된다 ······························ 139
역시 기본은 세미 롤링 ·· 140
3. 레인 컨디션을 파악하자 ·· 142
오일이 모든 것을 지배한다 ······································ 142
빠른 레인과 느린 레인 ·· 145
레인은 시시각각 변화한다 ······································· 147
레인 컨디션이 바뀌어도 ·· 148
4. 자신만의 오더 메이드 ··· 151
마이 볼을 가지자 ··· 151
처음은 저렴한 가격의 볼로 충분 ································ 152
그립 ··· 153
피치(손가락 구멍의 각도) ·· 155
마이 볼은 엄지의 빠짐이 결정수 ································ 156
완성된 후의 미조정도 잊지 않도록 ····························· 156
■볼링의 역사 ③ · 볼의 진화 ① ································· 158

제5장/실전 기본 테크닉

1. 3·1·2, 3·4·5 이론을 마스터하자 ················· 160

3·1·2의 레인 레이아웃 ································· 160

우선 스트라이크 코오스에서 응용 ····················· 162

3·1·2의 응용 3·6·9 이론 ······························· 164

- 3장 왼쪽으로 이동하면 ②,⑧번 핀을 딸 수 있다 · 165
- 6장 오른쪽으로 이동하면 ④번 핀을 딸 수 있다 · 166
- 9장 오른쪽으로 이동하면 ⑦번 핀을 딸 수 있다 · 167

3·4·5 이론 ·· 167

초심자에게 유효한 평행 이동 ·························· 170

오른쪽 스페어는 3번 애로 겨냥 ························ 171

2. 실례 — 스페어의 겨냥 방법 ······················ 173

- ③⑤⑥의 스페어 · 173 • ①③⑧의 스페어 · 175 • ①③⑥⑧⑩의 스페어 · 176 • ②④⑤⑥의 스페어 · 177 • ②⑤⑧의 스페어 · 178 • ②④⑤⑦⑧의 스페어 · 179 • ④⑦⑧의 스페어 · 180 • ⑥⑨의 스페어 · 181 • ⑥⑩의 스페어 · 182 • ⑤⑩의 스페어 · 183 • ⑤⑧⑨의 스페어 · 184 • ①③⑥⑧의 스페어 · 185 • ④⑧의 스페어 · 186 • ①⑦⑧의 스페어 · 187 • ②④⑦⑧의 스페어 · 188 • ⑥⑧의 스페어 · 189 • ③⑨의 스페어 · 190 • ③⑤⑥⑨의 스페어 · 191 • ②④⑦의 스페어 · 192 • ③⑥⑩의 스페어 · 193 • ①⑥의 스페어 · 194 • ②⑦의 스페어 · 195 • ③⑩의 스페어 · 196 • ①②⑧의 스페어 · 197 • ①③⑨의 스페어 · 198 • ②⑧의 스페어 · 199 • ①②⑨의 스페어 · 200 • ④⑨의 스페어 · 201 • ⑤⑦의 스페어 · 202 • ⑥⑦의 스페어 · 203 • ④⑦⑨의 스페어 · 204 • ④⑤의 스페어 · 205 • ⑤⑥의 스페어 · 206 • ④⑤⑦의 스페어 · 207 • ⑤⑥⑩의 스페어 · 208 • ⑥⑨⑩의 스페어 · 209 • ③⑥⑨⑩의 스페어 · 210 • ③⑤⑥⑨⑩의 스페어 · 211 • ④⑥⑩의 스페어 · 212 • ①②⑩의 스페어 · 213 • ⑥⑦⑩의 스페어 · 214 • ④⑩의 스페어 · 215 • ⑤⑦⑩의 스페어 · 216 • ⑦⑩의 스페어 · 217 • ⑧⑩의 스페어 · 218 • ④⑥⑦⑩의 스페어 · 219 • ②⑦⑩의 스페어 · 220

제6장/최종 체크

1. 투구 폼의 체크 ······ 222
스탠스 어드레스 ······ 223
푸쉬 어웨이 ······ 227
다운 스윙 ······ 231
백 스윙 ······ 232
릴리스 ······ 234

2. 증례별 결점 체크 ······ 240
드로핑그 볼이 많다 ······ 240
부룩클린 스트라이크가 많다 ······ 242
⑦번 핀 ⑩번 핀을 딸 수 없다 ······ 244
볼에 스피드가 없다 ······ 246
4보 도움닫기의 리듬이 맞지 않는다 ······ 247
가터가 많다 ······ 249

　　■볼링의 역사 ④ · 볼의 진화 ② ······ 251

제7장/스코어 매기는 방법과 기본 용어

1. 스코어 매기는 방법 ······ 254
스코어 마크 ······ 254

　●스트라이크 · 254　　●스페어 · 255　　●가터 · 256　　●파울 · 256　　●미스 · 257　　●스플릿 · 258　　●탭 · 258

스코어 계산법 ······ 259
2. 볼링의 기본 용어 ······ 261

제2부 / 초보에서 마스터까지 10일만에 완성하는
정통 볼링 실전 작전

제1장/어떻게 하면 볼링을 잘할 수 있을까

1. 마음가짐 ···································· 272
  능숙해지는 스텝 ································ 272
  폭주(暴走)는 스피드 위반 ······················ 275
  나체에 가까운 자유로움으로 ···················· 275
  영광의 길로 연결된다 ··························· 276
2. 심신을 단련하는 법 ························· 277
  체력의 열등감을 없앤다 ························ 277
  세미 프로적인 의식 ····························· 278
  이론을 소화시키고 몸을 조정한다 ·············· 279
  스태미너 보존법 ································· 280
3. 승패 결정법 ···································· 283
  게임의 연출을 해보자 ·························· 283
  승패제 ·· 284
  4점제 ··· 284
  점수제 ·· 285
  피터슨제 ··· 287
  동점의 판정에 대하여 ·························· 288
  핸디캡의 산출법 ································ 289
4. 자신에게 맞는 볼 선택법 ····················· 291

던지기 쉬운 볼 ································· *291*
가벼운 볼의 장점과 단점 ·························· *292*
무거운 볼의 직진성 ······························· *292*
하우스 볼 ······································· *293*
기술로 볼을 가볍게 한다 ························· *295*
외국인과 우리의 차이 ···························· *296*
5. 당신의 스타트 라인은 ························ *299*
서는 위치의 결정법 ······························· *299*
짧은 도움닫기와 긴 도움닫기 ····················· *301*
3개의 스타트 위치 ······························· *301*
숫자로 파악하는 거리감 ·························· *302*
6. 플레이 용구 ································ *305*
슈즈와 백 ······································· *305*
볼 사는 법 ······································ *306*
볼의 규정과 선택법 ······························· *309*

제2장/10일만에 볼링을 잘하게 되는 법
제1일──게임과 득점 계산법 ······················· *315*
1. 게임 진행법 ································ *316*
2. 득점법과 작례표 ····························· *320*
득점 기입의 구체적인 예 ·························· *323*
  • 1프레임 · *323* • 2프레임 · *323* • 3프레임 · *324* • 4프레임 · *324*
  • 5프레임 · *325* • 6프레임 · *325* • 7프레임 · *326* • 8프레임 · *326*
  • 9프레임 · *326* • 10프레임 · *326*

3. 기호 적는 법과 기호표 ·· 328
스코어의 기호(SCORE MARK) ·· 329
제2일—플레이와 테크닉의 전법 ···································· 331
1. 볼 드는 법과 준비 자세 ·· 332
2. 볼 궤도 만드는 법 ·· 334
프로 폼 분석 ·· 336
3. 볼의 고저에 대해 ·· 340
4. 공격과 방어의 폼 ·· 342
5. 기본을 익힌 뒤에 개성화를 기한다 ···························· 344
6. 4보로 파악하는 리듬감 ·· 345
4보 도움닫기 ·· 346
7. 체격에 조화된 도움닫기 ·· 349
8. 전차처럼 허리를 낮게 ·· 351
9. 이구(離球)할 때의 주의 ··· 353
제3일—스트레이트 볼의 확실 전법 ······························ 357
1. 스트레이트 볼의 유리설 ·· 358
2. 구질과 회전을 과학화한다 ··· 361
3. 결정적인 스트레이트 투법 ··· 364
4. 스트레이트 스트라이크 겨냥법 ··································· 368
5. 스폿과 드릴의 기술 ·· 371
투구상(스트레이트)의 어드바이스 ································· 375
제4일—훅 볼의 필살 전법 ··· 377
1. 훅 볼의 필살성 ·· 378

2. 훅 이론의 분석 ····································· 382
3. V자 훅의 투구법 ··································· 385
4. 훅 스트라이크의 앵글 ······························· 388
투구상(훅)의 어드바이스 ····························· 393
제5일—커브 볼의 기습 전법 ························· 395
1. 커브 볼의 충격성 ·································· 396
2. 스피드에 대결하는 회전 ···························· 400
3. 투기적인 커브 투구법 ······························ 405
4. 커브 스트라이크의 요점 ···························· 409
투구상(커브)의 어드바이스 ···························· 412
5. 핑거의 창조와 그립 ································ 414
제6일—레인 상태의 감별전법 ······················· 419
1. 레인은 미묘한 여체(女體)이다 ···················· 420
2. 여체(女體)의 감별법 ······························· 422
3. 페스트 레인의 공략법 ······························ 425
4. 슬로우 레인 공략법 ································ 429
5. 레인 멘터와 플레이 ································ 432
6. 하이 스코어 레인의 수수께끼 ······················ 436
제7일—핀 공격의 포인트 전법 ······················ 439
1. 스페어 메이드의 전략 ······························ 440
2. 스리 핀 작전의 겨냥법 ····························· 446
3. 식스 핀 작전의 겨냥법 ····························· 448
4. 서치 라이트 작전 겨냥법 ··························· 448

5. 3단 로켓트 작전의 겨냥법 ·················· 451
6. 이미지너리 작전의 겨냥법 ·················· 454
7. 스리퍼에 주의하라 ·················· 456
제8일──실전에서 미스를 없앨 전법 ·················· 459
1. 미접촉 핀의 분석 ·················· 460
2. 핀과 핀 액션 ·················· 473
제9일──핀에 도전하는 지성전법 ·················· 479
1. 남은 핀의 완전 타도 전법 ·················· 480
센터 죤의 부룩클린 공격법 ·················· 484
라이트 죤의 공격법 ·················· 487
레프트 죤의 공격법 ·················· 490
스페어 앵글의 기본 공격 ·················· 495
제10일──기록으로의 도전자 ·················· 499
1. 황금의 팔 300점 ·················· 500
2. 퍼펙트 게임의 가능성 ·················· 501

제3장/볼링과 지식
게임과 에티켓 ·················· 503

24

제1부

완전초보자가 볼링을 가장 빨리
쉽게 배우는 코스

정통 볼링 기초 입문

26

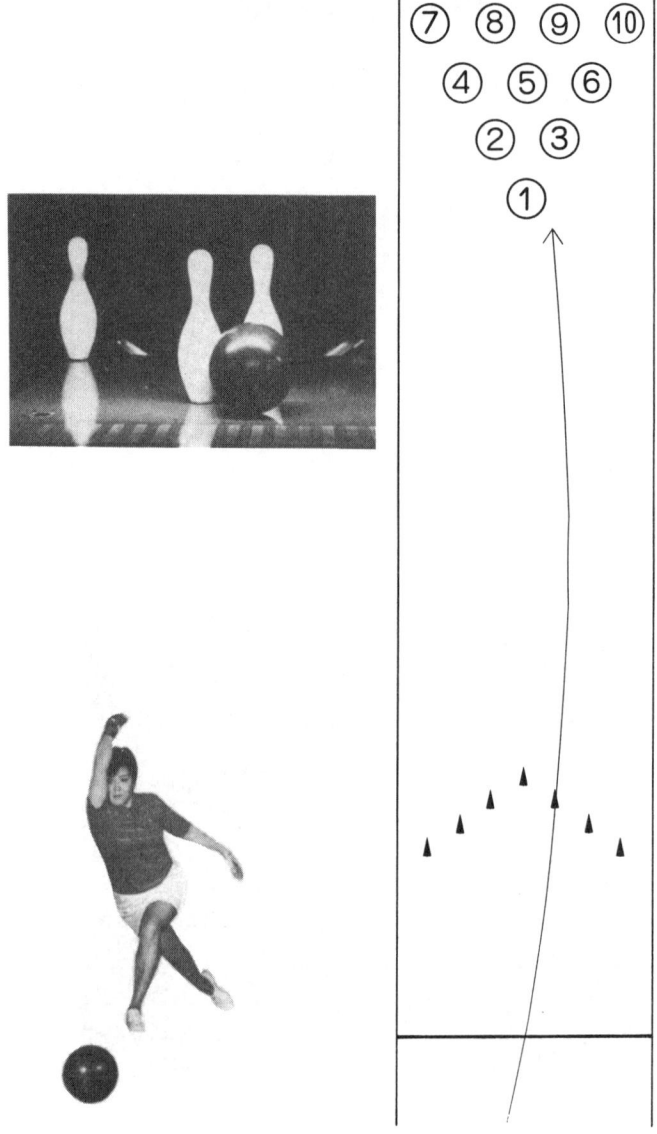

제1부 / 정통 볼링 기초 입문 27

제1장
기본을 몸에 익히자

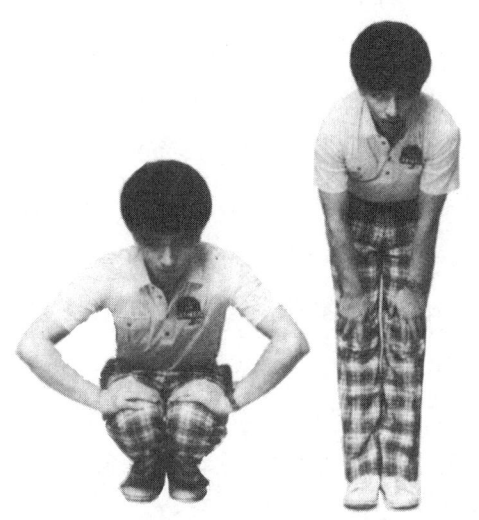

1. 레인 레이아웃와 용구

레인

　레인에서는 세계 공통의 통일 규격(統一規格)이 정해져 있다. 규격은 매우 엄격해서, 수 미리의 오차도 허락되지 않기 때문에, 어느 볼링장엘 가나 레인의 레이아웃는 모두 같다. 파울 라인부터 레인 엔드까지 거리는 약 19m. 늘어선 핀의 선두에 해당하는 1번 핀까지는 18m 26cm(60피트)로 정해져 있다.
　재질은 수입된 메이플(단풍나무)과 파인(소나무) 재가 있는데, 최근에는 합성 목재 등도 일부 사용되고 있다.
　레인의 표면에는 보드라고 불리는 가늘고 길게(폭, 약 2.54cm) 자른 판자가 좌우의 거터 사이에 합계 39장이 정확하게 마주 깔려 있다. 그 수평도는 가령 1mm의 오차나 비뚤어짐이 있어도 공식전 레인으로써는 사용할 수 없기 때문에, 제조시(製造時)나 개조시(改造時)에 엄격하게 체크되고 있다.
　레인 표면에는 레인 컨디션을 유지하기 위해서 오일이 칠해져 있다. 이 오일의 칠하는 방법이 두껍거나, 얇기에 따라서 볼의 속도도 변화한다.
　이와 같이 정밀하게 설계, 시공된 레인이라도 초보자에게서 곧잘 볼 수 있는, 쿵하고 볼을 떨어뜨리는 것 같은 투구법에 의하여 순식간에 레인에 비뚤어짐이나 요철 등이 생겨 버린다. 처음에는 어쩔 수 없다고 해도 가능한 한 레인이 손상되지 않게 던지도록 유의해 주기 바란다.

• 레인 각부의 명칭

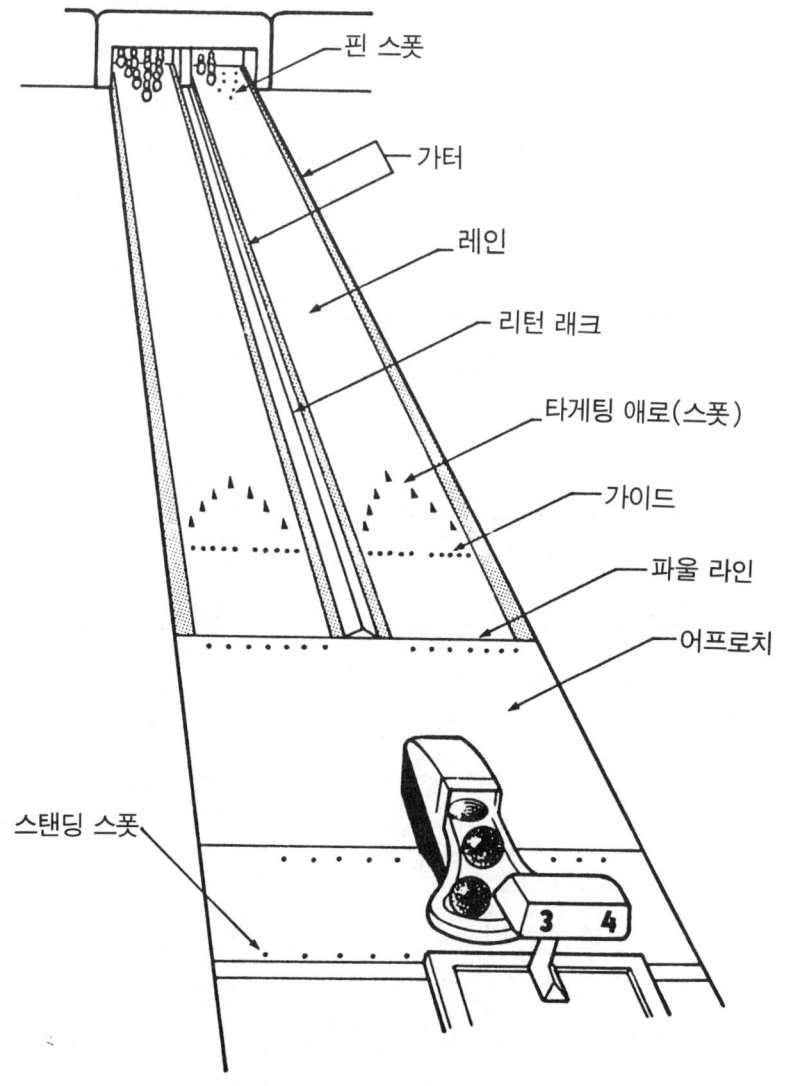

핀

　독특한 스타일을 한 핀도 모두 국제 규격에 따르고 있다. 높이는 38cm(15인치)로, 몸통의 가장 굵은 부분은 주위(周圍) 12cm (4.57인치), 바닥 부분은 직경 6cm(2.25인치)로 정해져 있다.
　무게는 1417g 이상, 1644g 이하로 되어 있고, 10개 핀의 최고와 최저의 무게 차이는 113g을 넘어서는 안된다고 되어 있다.
　핀의 배치도를 보면 잘 알 수 있듯이, 10개의 핀을 한 번에 전부 쓰러뜨리기는 매우 어렵게 되어 있다. 각 핀의 중심과 중심의 거리는 약 30.5cm, 평행하게 늘어선 핀의 사이는 약 18.5cm이고, 한쪽 볼의 직경은 21.5cm이므로, 정확한 컨트롤이 없으면 2개의 평행 핀을 쓰러뜨릴 수 없다. 이 점이 바로 볼링을 심오한 스포츠로 만들고 있는 것이다.

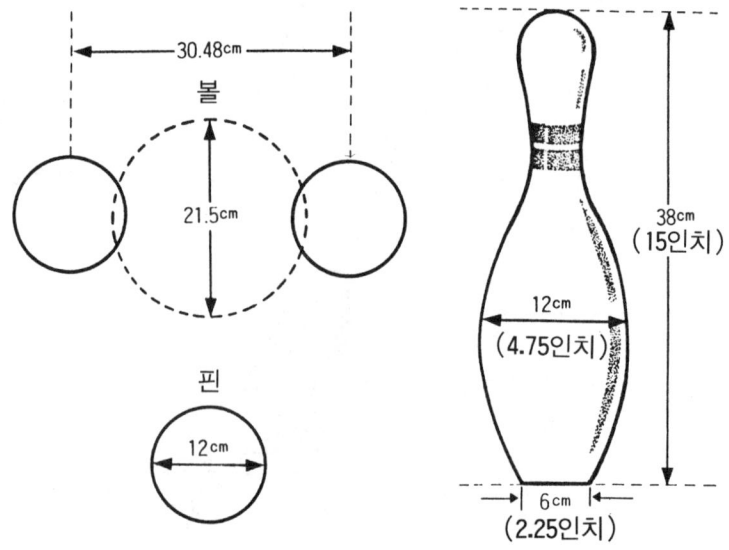

슈즈

볼링장에서는 볼링 슈즈의 착용이 의무화 되어 있다. 이것은 바닥재 보호와 동시에, 볼링 게임에 가장 어울리는 기능을 볼링 슈즈가 가지고 있기 때문이다.

프로나 베테랑은 자신의 슈즈(마이 슈즈)를, 보통은 볼링장에서 빌려(하우스 슈즈)사용하고 있다. 마이 슈즈와 하우스 슈즈의 차이는 신발 바닥이다. 마이 슈즈의 경우 오른손잡이면 오른발, 왼손잡이 사람이라면 왼발 바닥에 브레이크 역할을 하는 미끄럼 방지가 부착되어 있다. 이것은 예를 들면, 오른손잡이 사람의

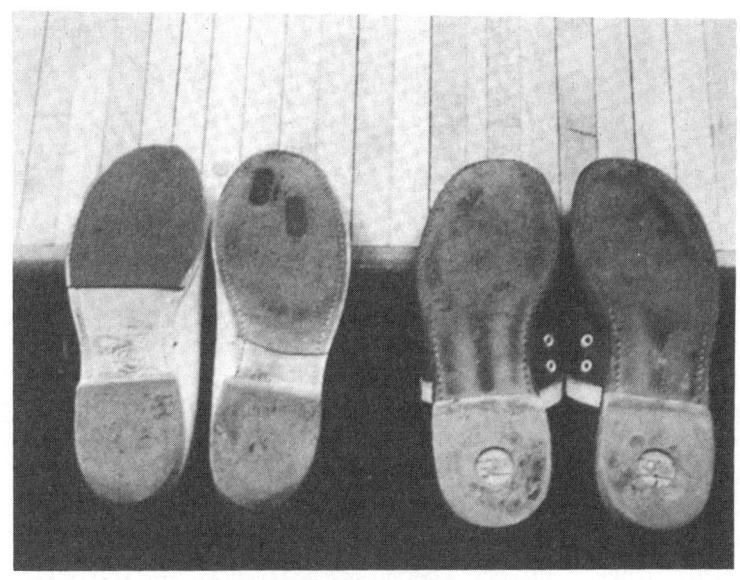

마이슈즈(왼쪽)와 하우스 슈즈

경우, 어프로치와 피니시 때에 오른발은 미끄럼 방지와 브레이크의 역할을 하고, 왼발은 반대로 피니시에서 미끄러지게 해서 볼에 기세를 가하지 않으면 안되기 때문이다.

여기에 대해 하우스 슈즈는, 신발 바닥이 어느 쪽이나 잘 미끄러지도록 되어 있는 것이 대부분이다. 최근에는 오른손잡이용, 왼손잡이용을 갖춘 볼링장도 늘고 있지만, 하우스슈즈로 양발 모두 미끄러지도록 되어 있는 슈즈의 경우, 브레이크가 별로 효과적이지 않은 점을 고려해서 던지도록 유의해 주어야 한다.

볼

볼링장에는 빈 손으로 와도 누구나 게임을 할 수 있도록, 많은 볼(하우스 볼)이 준비되어 있다. 무게도 각각 다르고, 손가락을 끼우는 세 개의 구멍의 위치도 조금씩 다르다.

초보자가 가장 망설이는 것은, 어느 볼이 자신에게 딱 맞는 공일까, 라고 하는 점일 것이다. 자신에게 맞는 볼을 찾아 내기 위해서는 두 가지의 포인트가 있다.

• 무게

볼의 무게는 최고가 16파운드(7.25Kg)까지라고 정해져 있고, 이하 1파운드씩 되어 있다. 쥬니어용으로 8파운드나 6파운드의 볼도 있지만, 보통 성인용으로서는 10파운드 이상의 볼이 사용된

볼

다.
　상식적으로 생각해 보면, 볼링에서는 볼이 무거우면 무거울수록 그 파괴력은 커진다. 그러나 자유로이 컨트롤할 수 없는 무게의 볼을 던지면 스피드나 컨트롤이 되지 않아 오히려 역효과가 나고 만다.
　일반적으로 볼의 무게는 체중의 10분의 1이라고 하는데, 이것에 너무 구애될 필요는 없다. 체중과 파워는 반드시 일치하지 않기 때문이다. 일단 다음의 규준(規準)으로, 우선 무게를 정해 보기 바란다.

- 쥬니어는 6파운드나 8파운드.
- 완력(腕力)에 자신이 없는 여성은 12파운드 이하.

- 보통 남성과 파워에 자신이 있는 여성은 13파운드나 14파운드.
- 완력에 자신이 있는 남성은 15파운드나 16파운드.

물론 일단의 표준이므로 좀 더 무거운 볼이라도 괜찮다고 생각하면 상관없고, 너무 무거워서 지치는 것 같으면 가벼운 볼로 바꾸어 주기 바란다.

처음에는 비교적 가벼운 볼로 던지다가 팔이 상달(上達)함에 따라서 무거운 볼도 던질 수 있게 되는 것이다. 무거워지면 히트하는 힘도 증가하기 때문에, 처음에는 무리를 하지 말고 조금씩 무거운 것으로 늘려가기 바란다.

- **그립**

그립도 볼을 선택하는데 있어서는 중요한 포인트다. 손가락을 넣는 구멍이 딱 맞으면 조금 무거운 듯한 볼이라도 쉽게 던질 수 있다. 그 점에서도 그립은 가장 중요한 볼 선택의 포인트라고 말할 수 있다.

야구의 배트나 골프의 클럽은 양 손을 사용해 꽉 쥐는 그립이지만, 볼링의 경우는 엄지와 중지, 약지의 세 구멍으로 볼을 그립하지 않으면 안된다. 손가락이 긴 사람이나 짧은 사람, 뚱뚱한 사람, 가는 사람, 다종 다양하기 때문에 자신에게 맞는 그립의 볼을 찾아 내기는 제법 어렵다.

하우스볼 중에서 자신에게 적합한 볼을 선택하기 위해서는 두 가지의 팩터를 체크할 필요가 있다. 하나는 구멍의 크기, 또 하나는 각각의 손가락 구멍의 간격이다.
 손가락 구멍의 크기 중에서는 특히 엄지 구멍의 크기가 중요하다. 엄지가 빠지지 않을 만큼 꼭 조이는 구멍은 물론이지만, 반대로 헐렁헐렁해서 엄지가 속에서 놀고 있는 것 같은 구멍도 너무 느슨해서 맞지 않는다. 손가락을 넣고 돌려 봐서 압박감이 없고, 더구나 가볍게 벽에 닿는 것 같은 손가락 구멍이 가장 이상적이다.
 손가락 구멍의 크기 이상으로 중요한 것이 스팬이다.
 스팬이란 엄지부터 중지, 약지까지의 간격으로, 이것이 적합하지 않으면 생각대로 볼을 던질 수 없다.
 초보자가 자신에게 맞는 스팬의 볼을 선택하기 위해서는 우선 엄지를 깊이 꽉 근원(根源)까지 넣고, 이어서 중지와 약지를 각각의 구멍 위에 펴 본다. 이 때에 중지와 약지의 제2 관절이 구멍의 중앙 부분에 오는 것 같은 스팬의 볼이 이상적이다. 어째서 중앙 부분에 맞추어야 하는가 하면, 구멍 앞에 맞추면 손이 다 늘어난 상태에서 던지지 않으면 안되게 되어, 무리한 그립이 되어 버리기 때문이다. 반대로, 스팬이 너무 가까와도 볼과 손의 사이에 공간이 생겨 버린다.
 엄지를 깊게 넣고 약지와 중지의 제2 관절로 공을 쥐었을 때에, 연필이 한 개 정도 들어갈 정도의 여유가 있으면 베스트 볼이다.
 주의해 두지 않으면 안될 것은 하우스 볼의 경우, 각 무게마다 사용하는 사람의 평균치에 가까운 구멍 뚫기(드릴)를 하고 있는 점이다. 여성이 사용하는 경우가 많은 12파운드라면 여성에게

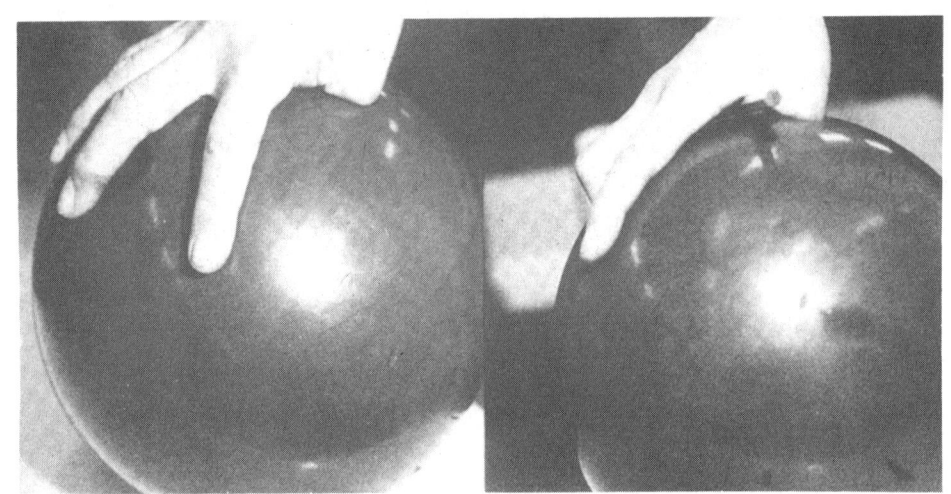

자신에게 맞는 스팬의 볼을 찾아낸다

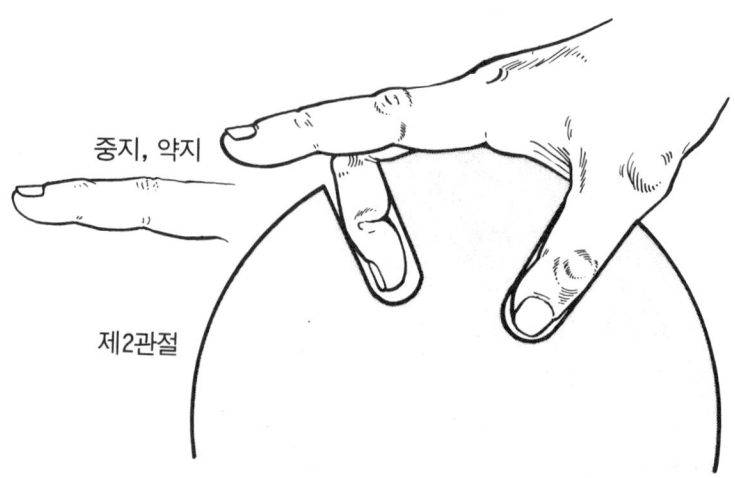

중지, 약지

제2관절

맞는 드릴로 되어 있고, 16파운드에서는 반대로 여성으로는 손가락이 닿지 않는, 손이 큰 남성 대상의 드릴로 되어 있는 것이다. 따라서 남성이 너무 가벼운 볼을 사용하려고 생각해도, 스팬이 너무 짧아서 사용할 수 있는 볼이 없는 경우가 많다. 여성이 무거운 볼을 사용하고 싶을 때도 마찬가지다.

하우스 볼에서는 이상적인 무게, 구멍, 스팬, 브리지(중지와 약지의 간격)의 볼을 찾아내기가 어렵기 때문에, 무게와 스팬을 중점적으로 생각해서 선택하도록 하기 바란다.

2. 매너와 에티켓

 볼링장에는 자신의 동료 외에 많은 사람들이 플레이를 즐기러 온다. 당연히, 모두가 즐겁게 플레이할 수 있도록 매너를 지키고, 에티켓을 알고 게임을 하지 않으면 안된다. 즐기기 위해서는 최소한의 매너를 지키도록 유의해 두어야 한다.

● 우선 순위

 1레인 뿐인 볼링장은 거의 없고, 거의가 수십 레인으로 되어 있다. 이때 근접한 레인의 사람이 투구 동작에 들어갔는데, 이쪽도 투구 동작에 들어가면 정신 통일도 흐트러지고, 무엇보다도 위험하다.
 옛부터, 오른쪽 우선이라는 루울이 있어, 동시에 투구 동작에 들어갔을 때는 왼쪽은 투구를 기다린다고 생각되어 왔다. 그러나 이것은 오른쪽, 왼쪽 관계없이 먼저 어프로치에 올라간 쪽 먼저 투구한다고 기억해 두면 된다.

타임을 다투는 경기가 아니기 때문에, 여유를 가지고 옆 레인의 투구가 완전히 끝날 때까지 기다렸다가 투구하도록 한다.

● **음료수를 엎지르지 않도록**

콜라나 쥬스류는 벤치에 앉아서 마시도록 되어 있지만, 내용물

을 바닥에 엎지르지 않도록 조심한다. 당분이 섞여 있기 때문에, 신발 바닥에 묻으면 볼링 슈즈가 미끄러지지 않게 되어 버린다. 그리고, 그 신발로 어프로치를 걸으면, 어프로치도 마찬가지로 미끄러지지 않게 되어 버린다. 아무쪼록 음료수를 바닥에 엎지르지 않도록 조심하기 바란다.

● **제멋대로 파우더를 뿌리지 않는다**

중급의 테그닉을 가진 사람에게 많은 것이 '어프로치가 미끄러지지 않는다'고 하는 이유로 어프로치의 슬라이드 에리어에 함부로 파우더를 흩뿌리고 있는 사람이 있는데, 이런 사람들을 키친과 메인티넌스하고 있는 볼링장으로써는, 반대로 어프로치가 꺼칠꺼 칠해져 버려서 꺼려 한다. 파우더는 자신의 신발에만 살짝 칠하는 정도로 해주기 바란다.

● 투구가 끝나면 재빨리 벤치로

흔히 눈에 띄는 것이 스트라이크나 스페어를 냈을 때 등에 뛰어 올라서 승리 포즈를 취하는 사람이 있다. 어느 정도의 액션은 게임을 돋구워서 즐거운 것이지만, 힘이 지나쳐서 옆 레인에 발을 내딛거나, 게임의 진행을 방해하는 것 같은 액션은 안된다. 액션은 적당히 하는 것이 좋다.

● 타인의 볼을 사용하지 않는다

아무리 하우스 볼이라도, 선택한 이상 그 사람의 볼이다. 제멋대로 타인의 볼을 사용해서는 안된다. 게다가, 진행에도 혼란이 생긴다. 빌릴 때에 자신의 볼 넘버를 확실히 기억해 두기 바란다.

● 어프로치에는 볼링 슈즈로

견학자로 볼링 슈즈 이외의 신발을 신고 있는 사람은 절대 어프로치에 들어가지 않도록 해 주기 바란다.

● 파울 라인을 넘지 않는다

공식 시합이라면, 파울 라인에 광학식(光學式)의 측정기가 있어서, 부자가 울리고, 핀이 리셋되어 버린다. 그러나 일반 볼링장에서는 스위치가 꺼져 있기 때문에, 태연하게 파울 라인을 넘는 사람이 있다.
이것은 완전히 루울 위반이다. 스코어 카드에 F마크를 기입해서 0점으로 처리하지 않으면 안된다. 그러나 대개의 경우 파울인 F를 기입하지 않고, 쓰러진 핀의 득점을 기입하고 있는 사람들이 많은 것이 실정이다. 이것은 절대로 중단해야 한다.
레인에 칠해진 오일을 밟아 버리기 때문에, 어프로치의 슬라이드 에리어에 그 오일이 묻어서 다른 사람에게까지 어프로치의 컨디션이 잘못된다고 하는 해를 주게 된다. 올바른 스텝을 몸에

익히기 위해서도, 파울에 대해서는 엄격하게 루울대로 처치해야 한다.

● 로프트 볼은 멈추자

초보자나, 힘이 약한 여성에게서 많이 볼 수 있지만, 볼을 던질 때에 쾅하고 볼을 레인에 떨어뜨리는 것 같은 투구법을 하는 사람이 있다. 올바른 폼을 몸에 익히지 않았다든가, 볼이 너무 무겁다든가 하는 여러 가지 이유는 있겠지만, 이는 볼링장 측에서 볼 때 가장 꺼려지는 투구법이다.

이런 투구법을 로프팅이라고 하며, 쾅 하고 떨어진 볼을 로프트 볼이라고 하는데, 꺼려지는 이유는 레인이 상하고 컨디션이 잘못되어 버리기 때문이다. 던진 측으로서도 내던져진 볼에 힘이 없어지고, 파괴력도 극단적으로 감소해 버리게 된다.

로프팅이 계속 될 것 같으면, 폼이나 볼의 어딘가에 문제가 있음을 깨닫고, 그것을 찾아내서 수정하도록 한다.

제2장
기초 테크닉

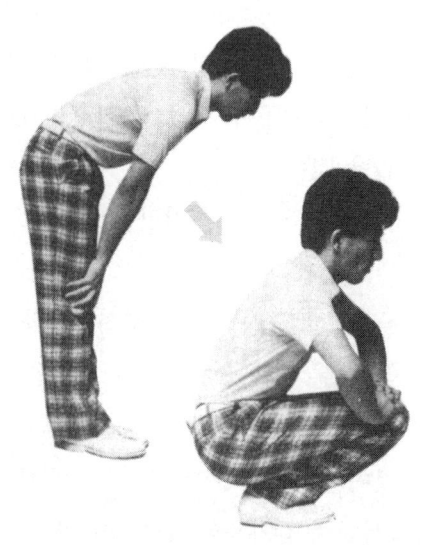

1. 도움닫기 테크닉을 마스터하자

자, 볼을 쥐어 보기로 하자

처음 볼을 쥔 사람은 볼의 무게에 질려 버릴지도 모른다. 어쨌든 가벼워도 약 5kg, 무거운 것은 약 7kg이나 되기 때문에, 이런 무거운 볼을 핀이 있는 먼 곳까지 굴릴 수 있을까, 하고 불안해져 버리는 사람도 많을 것이다.

그렇지만 안심하라. 이 텍스트에 따라서 폼으로 고득점을 딸 수 있다.

볼은 손바닥을 위로 향한 상태로 지탱하고, 비어 있는 쪽의 손으로 가볍게 볼을 지탱한다. 오른손잡이 사람은 왼손의 엄지, 중지, 약지를 구멍에 넣고, 아래로부터 볼을 지탱해서, 왼손으로 그것을 보조하는 것이다. 왼손잡이 사람은 그 반대이다. 지금은 대부분의 볼링장에서 왼손잡이용의 볼을 준비해 놓고 있다.

만일, 볼을 지탱했을 때에 손목에 세게 부담이 가해져서 아래로 꺾어지는 것 같은 통증이 있을 때는 볼이 너무 무거운 것이다.

• 볼을 들고 똑바로 선다.

스냅의 힘이 볼의 무게를 이겨내지 못하고 있는 것이다. 그런 무거운 볼로 연습을 하면 손목이 상해 버린다. 1~2파운드 가벼운 듯한 볼로 바꿔 주기 바란다.

그럼, 볼을 가지고 똑바로 서 보기로 하자. 볼의 위치는 배 근처이다.

주위의 볼링 폼은?

볼링장에 가면 여러 가지 투구폼으로 볼을 던지고 있는 사람을 볼 수 있다. 볼을 쥐고 쪼르르 걸어 가서 살짝 레인에 굴리는 사람도 있지만, 힘으로 다이나믹하게 던져 버리는 사람도 있다.

그렇지만, 잘 보고 있으면 흐르는 것같은 깨끗한 폼으로 던지고 있는 사람이 고득점을 올리고 있음을 깨달을 것이다. 깨끗한 폼이라고 하는 것은 몸의 사용 방법, 볼의 움직이는 방법에 낭비가 없이, 가장 효과적으로 움직이고 있다는 말이다.

물론, 프로중에서도 아류의, 타인의 흉내낼 수 없는 것 같은 폼으로 던지는 사람도 있지만, 이것은 프로의 세계가 아니고서는 할 수 없는 것이다.

보통의 경우에서는, 아류의 폼을 몸에 익힌 사람은 어느 정도까지 상달한 즈음에서 벽에 부딪치게 된다. 이 텍스트가 지향하는 '반드시 페어가 취할 수 있는 테크닉'을 몸에 익히기 위해서도 제발 아류의 폼일랑 버리고, 초보자의 기분으로 폼의 체크를 해주기 바란다.

• 볼의 움직임은 진자 운동

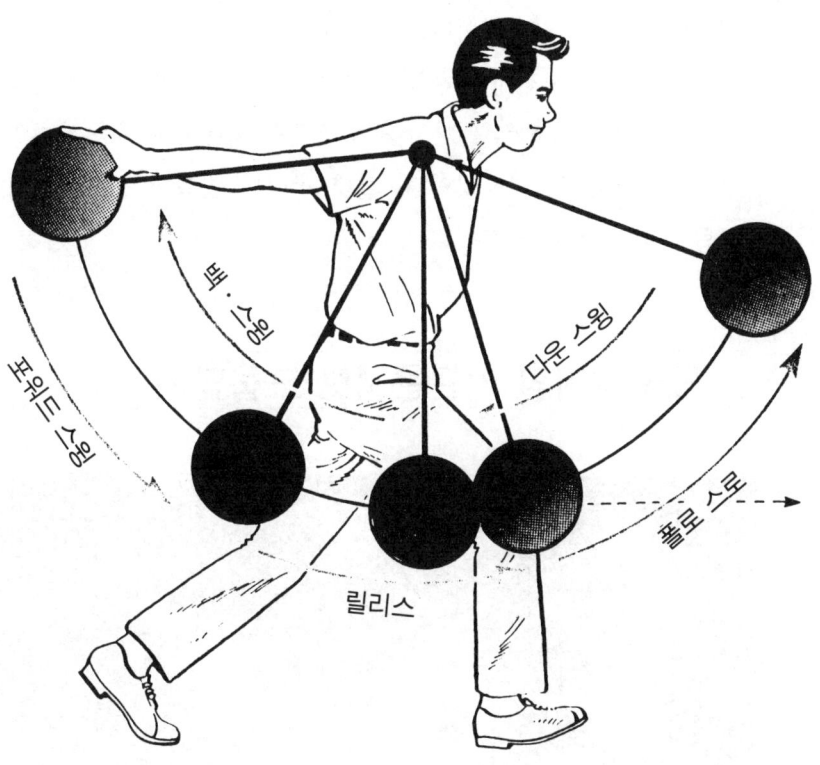

움직임이 어색한 사람의 대부분은 발의 움직임과 볼의 움직임이 흩어져 있을 것이다. 이것은, 머리 속에서 이상으로 하는 폼이 있어, 그대로 움직이려고 해도, 발쪽은 비교적 스무드하게 움직여지지만, 볼을 쥔 손은 쉽게 컨트롤할 수 없기 때문이다.

무거운 볼에 어떻게 스무드하게 파워를 실어서 굴려 주느냐가 볼링의 기초이다. 그것을 위해서는, 볼(팔과 손)의 움직임에 맞춰서 다리를 움직이는 것이라고 기억해 두면 된다.

볼의 움직임은 진자의 운동과 같다. 크게 뒤로 치켜 올린 볼을 어깨를 지점으로 해서 볼의 무게와 스텝을 이용하여 원을 그리면서 앞으로 밀어 내는 것이다. 절대 팔이나 손목의 근육만으로 컨트롤하는 것이 아니다.

도움닫기의 기본은 4보 도움닫기

4보 도움닫기

볼링에서는 4보 도움닫기가 기본 도움닫기로 되어 있다. 포스텝 어프로치라고 불리는 이 투구법은 매우 합리적이고, 더구나 쉬운 투구법이다.

인간은 걸을 때에는 오른쪽 다리를 내밀면 오른손은 뒤로 가고, 왼쪽 다리를 내밀면 오른손은 앞으로 온다. 이것이 신체의 리듬과 발란스에 어울리기 때문이다. 그렇지만, 볼을 쥐고 이 동작을 해 보아도 볼은 거의 움직이지 않고, 축 아래로 쳐진 상태일 것이다.진자운동이니까 라고 생각하고 뒤로 치켜 올리고 싶지만, 그러기 위해서는 완력을 사용해서 억지로 뒤로 볼을 가지고 가지 않으면 안된다. 프로레슬러 클래스의 완력이 있으면 어쨌든, 그것으로는 신체에 무리가 생긴다.

치켜 올리고, 치켜 내린다, 이 동작 중에서 치켜 내리기 위해서는 1보의 도움닫기가 이상적이다. 치켜 내릴 때에 몇 보씩 걸으면 스윙이 흩트러져 버리고, 볼에 파워도 실을 수 없다.

치켜 올리기 위해서는 최저 1보가 필요하다.……그렇지만 상당히 무리가 있다. 그럼, 한 걸음 더 덧붙이면 어떻게 될까. 그렇게 하면 조금 여유가 생긴다. 그렇지만, 아직 분주한 느낌이 들 것이다. 그렇다면 여전히 한 걸음 더 첨가하면, 어떨까.

이와 같이 해서 3보 도움닫기부터 6보 도움닫기까지의 스텝 어프로치가 고안되었고, 그 중에서도 파워가 없는 사람이라도, 무리없이 볼의 무게를 이용해서 던질 수 있는 것이 4보 도움닫기이다. 프로 선수 중에는 5보 도움닫기나 3보 도움닫기를 하는 사람도 있지만, 그것은 4보 도움닫기를 마스터한 다음의 변형 폼이다. 우선은, 이 4보 도움닫기를 완전히 마스터해야 한다.

중급 이상의 볼러로, 스코어가 늘지 않는다고 고민하고 있는 사람도 다시 한 번 자신의 4보 도움닫기를 새삼스럽게 체크해 보도록 한다.

어드레스 위치의 결정 밥법

볼링의 레인에는 파울 라인이 있어, 그 이상 나아가서 던지면 파울이 되어 버린다. 파울 라인의 바로 앞이라면 어디에서 던져도 상관없지만, 가능한 한 가까우면 가까울수록 핀과의 거리도 가까워진다.

그래서, 어떻게 하면 파울 라인 근처에서 최후의 투구를 할 수 있을까, 처음에 어디서부터 어드레스로 들어가느냐를 결정하지 않으면 안된다.

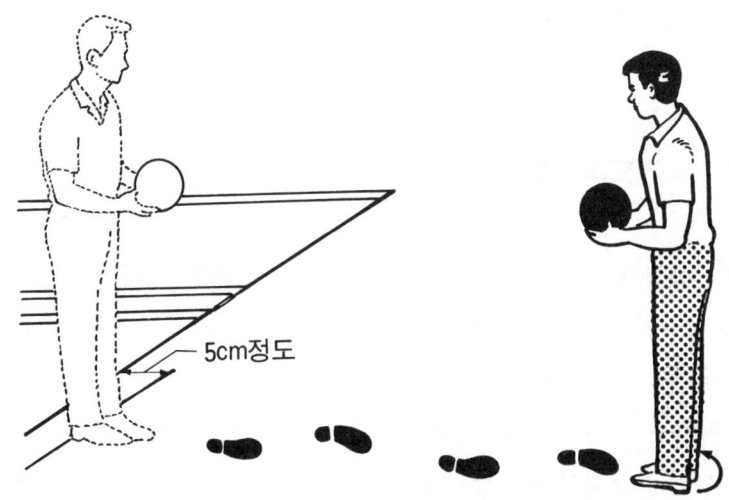

5cm정도

 4보 도움닫기의 경우, 파울 라인의 바로 앞 5cm 정도의 지점에서 핀을 등지고 서서 보통의 걸음 걸이보다 약간 큰 스텝으로 4보 반보 온다. 그것이 어드레스의 포인트가 된다.
 2보 위치에서 투구 동작으로 들어가는데, 어째서 반 보 더 걷느냐 하면, 최종 동작 때에 그만큼 신체를 미끄러뜨리기 때문이다.
 어프로치에는 어드레스를 위해서, 파울 라인에서 12피트와 15피트의 곳에 안표가 되어 있다. 우리나라 사람들의 경우는 대개 12피트 전후라고 생각하는데 신장 등 개인차가 있기 때문에, 처음에 확실히 자신의 어드레스 위치를 확인하고, 스폿 마크 등을 참고로 해서, 머리속에 넣어 주기 바란다.
 그럼 4보 도움닫기의 어드레스를 연습하기로 한다. 우선은 내츄럴 풋이라고 불리는, 보통의 순수한 투구를 했을 경우, 스트라이크가 나오기 쉬운 코오스에서 연습을 시작한다. 서는 위치는 중앙의 큰 마크에서 조금 오른쪽(왼발의 끝이 표에서 파울 라인에 수직으로 내려간 선상 근처)으로 준비한다.

• 어드레스를 위한 하나의 포인트

사실은, 어드레스의 들어가는 방법, 즉 볼의 준비 방법에는 여러 설이 있어서 텍스트마다 조금씩 다르다. 예를 들면, 어떤 사람은 몸 중앙에서 양손으로 볼을 지탱하는 것이 좋다고 주장하고, 어떤 사람은 오른쪽 요골 근처에서 준비하는 것이 좋다고 주장한다. 이 텍스트에서는 가장 자연체에 가깝게, 무리없이 투구에 들어가는 어드레스──볼을 몸 오른쪽 (왼손잡이는 왼쪽)──을 채용하고 있다. 초보자가 배우는데는 이후의 폼이 가장 무너지기 어려운 어드레스이기 때문이다. 이 어드레스에 따라서 이하의 7가지 포인트에 주의해서 어드레스할 때의 폼을 마스터해 주기 바란다.

① 부자연스런 힘이 신체 아무데도 없는 것이 베스트

우선, 자연스러운 것이 중요하다. 이상하게 힘을 주거나 하면 이후의 움직임이 어색해진다. 일부에서는 프로 흉내를 내서 신체를 구부려서 어드레스하는 사람이 있는데, 이것은 필요없다. 똑바로 서 주기 바란다.

무릎은 가볍게 구부려도 괜찮을 것이다. 릴랙스한 상태에서는 어드레스에 들어가기 위해서 심호흡하는 것도 좋은 방법이다.

② 왼발은 조금 앞으로 뻗으면 편안

제1보를 편안하게 내딛기 위해서, 왼발을 조금만 앞으로 뻗어 두면, 오른발을 스무드하게 내딛을 수 있다. 오른발의 1/3정도 앞으로 뻗어두면 좋을 것이다.

③ 파울 라인과 평행하게 선다
초보자는 어쨌든 파울 라인에 대해서 양 어깨가 평행해지도록, 즉 자세를 똑바로 정면을 향해서 취하도록 한다.

④ 볼은 몸의 오른쪽 가까이에
중앙의 자세를 취하는데 익숙하지 않은 사람은, 아무래도 2보째

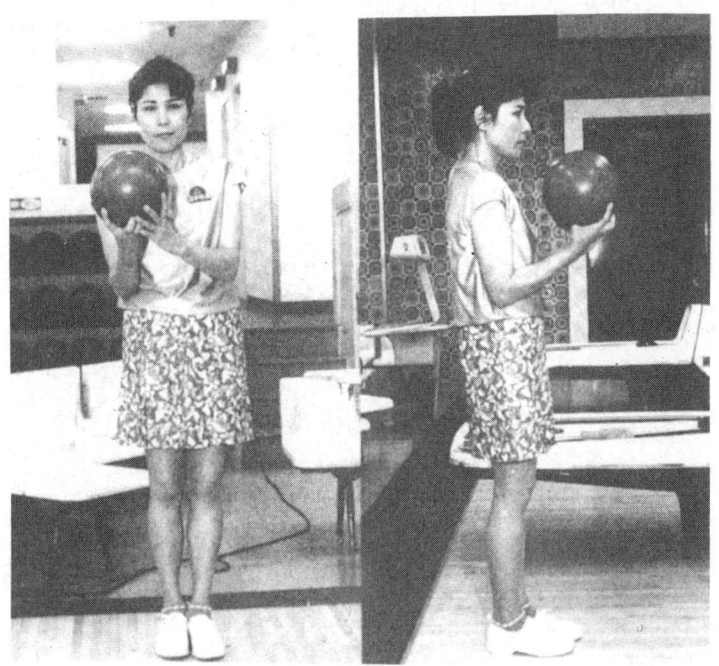

어드레스 때의 폼

쯤에서 신체가 밖으로 벌어져 벌린다. 오른손으로 던질 경우 어프로치에 들어가는 것 같이 오른쪽에 볼을 준비해 두기 바란다.

⑤ 볼의 높이는 팔꿈치의 위치

이미 자신이 던지기 쉬운 높이를 파악하고 있는 사람은 특별히 바꿀 필요는 없지만, 초보자는 신체의 옆구리에 팔꿈치를 밀어붙이고, 팔꿈치를 직각으로 구부린 위치에서 볼을 홀드하면 좋을 것이다. 볼은 처음의 위치가 높으면 높을수록, 낙하할 때에 파워가 붙어서 좋지만, 이것은 당연히 폼도 커져서, 동시에 미스 하기도 쉬어진다. 우선은, 일순 무리가 없는, 더구나 깨끗한 폼을 만들기 쉬운, 적당한 높이에서 연습해 주면 된다.

⑥ 왼손으로도 지탱해 준다

이론적으로는, 볼을 홀드했을 때에는 그대로 볼을 릴리스(방구)했을 때와 같은 손가락의 위치가 이상적이지만, 그렇게 되면 볼의 모든 무게가 오른손에 가해져 버린다. 스냅이 강한 사람이라면 괜찮지만, 신체에 무리를 가하지 않는 것이 제일이다.

그래서, 우선 형태를 만들고나서 왼쪽으로 조금 볼을 기울여서 왼손으로도 지탱하도록 한다. 이렇게 하면, 무게가 분산되어서 쉽게 홀드할 수 있다. 또한, 제 1보에서 볼을 앞으로 밀어낼(푸쉬어웨이) 때에도 쉽게 할 수 있다. 오른손의 새끼 손가락과 왼손의 새끼 손가락이, 겨우 닿을까 말까 할 정도의 위치에서 지탱하면 될 것이다.

⑦ 시선은 스폿

스폿은 레인에 쓰여있는 투구를 위한 참고 마크다. 모든 볼러는 이 스폿을 참고로 해서 던지고 있다.

스트라이크 목표의 경우는, 볼이 오른쪽 2번째 2번 스폿 위를 통과하도록 볼을 릴리스 한다. 따라서, 시선은 처음부터 끝까지 2번 스폿을 보고 있을 필요가 있다.

릴랙스한 상태에서 텐션을 높여가기 위해서도 우선 스폿을 확실히 보고 확인한 후 게임에 집중하는 것이 매우 중요하다. 최근, 어느 스포츠에서나 멘탈(정신) 트레이닝을 중요시하도록 되어 있지만, 볼링도 매우 정신적인 스포츠다. 시선을 결정하는 것부터 집중력을 높여 가도록 하자.

제1보 (푸쉬 어웨이)

푸쉬 어웨이를 직역하면, 전방으로 밀어 내기, 즉 볼을 앞으로 밀어 내는 것이다.

우선, 4보 도움닫기의 경우는 주로 잘 쓰는 쪽의 다리(오른손잡이는 오른발, 왼손잡이는 왼발)를 1보 내딛고, 그것과 동시에 볼을 앞으로 밀어낸다. 어째서, 앞으로 밀어 내느냐 하면, 진자 운동은 가능한 한 크게, 그리고 무리없이 볼의 무게를 이용하는 편이 편하기 때문이다. 볼을 느닷없이 자신의 힘만으로 뒤로 치켜 올리는 것보다, 우선 앞으로 뻗어서 그 다음 볼의 무게로 아래로 내렸다가, 그 파워를 이용해서 뒤로 치켜 올리는 편이 스무드하기 때문이다.

앞이라고 해도, 어드레스에 들어갔을 때의 볼의 위치와 같은 방향으로 밀어낼 필요는 없다. 무거운 볼을 앞으로 밀어 내기 때문에, 당연히 조금 아래쪽이 된다. 왼손은, 닿지 않게 될 때까지 볼을 지탱하고 있어 주어야 한다.

데이타에 따르면, 제1보 째부터 제3보 째까지 걸리는 시간은 0.9초가 평균이라고 한다. 그 1/3로써 0.3초. 짧은 시간이지만, 그 푸쉬 어웨이를 고속도 촬영(슬로우모션)으로 설명해 보기로 하자.

① 어드레스 때 몸의 중심은 오른발꿈치 위에 있다. 그렇지만, 힘을 주려고 몸을 젖히거나, 극단적으로 무릎을 구부려서는 안된다.

② 'GO!'지령이 뇌에서 근육으로 전달되면, 우선 체중이 오른발의 발끝에 가해진다. 지면을 차고 오른발을 내딛기 위해 앞쪽으로 몸이 기울어지기 시작한다.

③ 오른발의 발뒤꿈치가 바닥에서 떨어지기 시작하고, 동시에 체중은 오른발에서 왼발로 이동해 간다. 왼쪽 무릎이 구부러지기 시작해서, 오른발의 이동을 돕는다.

이때, 양손으로 볼을 쥐고 전방으로 푸쉬 어웨이를 개시한다.

④ 오른발이 완전히 바닥을 떠나서, 전 체중이 왼발의 발끝에 가해진다. 오른발이 왼발보다 앞으로 나간다. 볼은 아직 앞으로 내밀리고 있다. 이 시점에서도 왼손은 볼을 계속 지탱하고 있다.

⑤ 오른발의 발뒤꿈치로부터 착지.이때 주의 할 것은, 달리고 있을 때는 발끝부터 착지하지만, 이 경우는 발뒤꿈치부터 먼저

제1부 / 정통 볼링 기초 입문 59

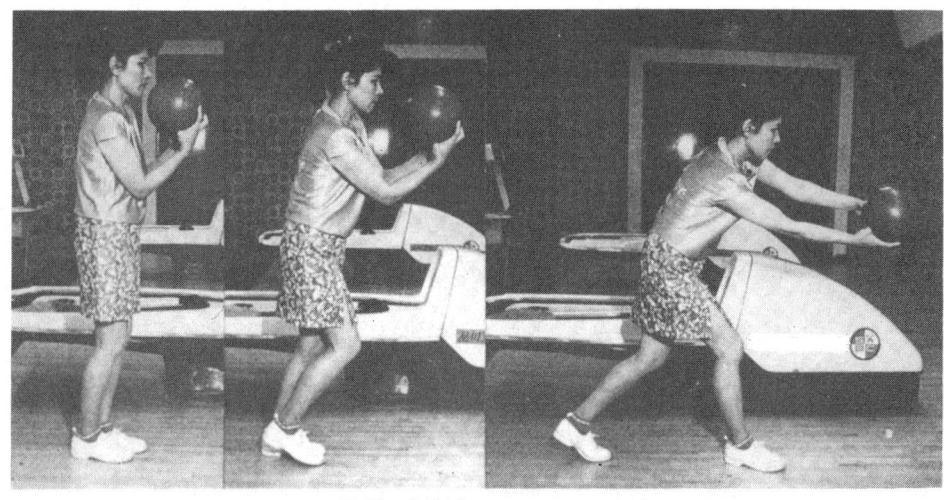

푸쉬 어웨이

땅에 닿기 때문에, 걷고 있는 느낌으로 제1보를 내디딘 셈이 된다고 하는 것이다. 이것은 중요한 포인트로 '제1보는 걷는 느낌으로'라고 기억해 주기 바란다.

이때, 볼은 이미 왼손으로는 지탱할 수 없을 만큼 앞으로 내밀려 있다.

⑥ 몸의 중심은, 제2보 째의 준비를 위해서 오른발의 발끝으로 이동해 있다. 중심이 완전히 이동하는 것과, 오른팔이 다 펴져서 진자 운동으로인해 아래로 떨어지기 시작하기 직전의 상태가 되는 것은 동시이다.

이것으로, 푸쉬 어웨이의 동작은 모두 끝나게 된다.

제2보(다운 스윙)

제1보의 푸쉬 어웨이가 퍼펙트라면 다운 스윙으로 스무드하게 이동할 수 있다.

다리는 움직이기 시작하고 있기 때문에, 그대로 왼발을 앞으로 뻗으면 되는 것이고, 볼은 전방 약간 아래로 오른쪽 팔꿈치가 다 펴진 상태이기 때문에, 당연히 인력(引力)으로 어깨를 중심으로 한 진자 운동을 개시한다.

이 때에는, 몸의 어느 부분에도 불필요한 힘을 주어서는 안 된다. 어디까지나 자연스럽게 볼이 다운하도록 유의해 주어야 한다.

단, 푸쉬 어웨이가 흐트러져서 몸의 중앙에 가까와져 있거나, 극단적으로 바깥쪽으로 볼이 다운을 시작하면, 볼의 궤도에 혼란이 생긴다. 제1보에서, 단단히 왼손의 지탱을 사용해서 올바른 궤도로 볼을 밀어 내는 것이 다운 스윙의 결정적인 방법이다.

슬로우 모션으로 설명하자면, 푸쉬 어웨이가 완료했을 때, 왼발은 발뒤꿈치가 올라가서 앞으로 내딛으려고 하고 있다. 왼발이 올라가서 움직이기 시작하여 오른발을 넘어서 전방에 착지하는 시점에서는, 볼은 완전히 최하점까지 내려가 있다. 이제부터는 제3보의 볼을 후방으로 치켜 올리는 백 스윙으로 들어 간다.

따라서, 다운 스윙에서 주의하지 않으면 안될 점은 그렇게 많지 않다. 우선 보폭인데, 제1보와 마찬가지로 보통으로 걷는 보폭이다. 너무 큰 보폭이라면 스윙이 흐트러져 버린다. 볼의 궤도를 올바르게 파악하기 위해서는, 어프로치의 판자와 판자의 이음매에 대해서 평행을 이루고 있는지 어떤지를 참고로 하면 될 것이다.

체력이 약한 사람은, 볼이 완전히 오른팔 등 우반신(右半身)

에 맡겨지기 때문에, 그 무게로 균형을 잃기 쉬워진다. 이것은 왼손을 바깥쪽으로 잘 올려서 컨트롤하면 될 것이다.

제3보(백 스윙)

다운 스윙을 시작한 볼은 최하점(最下点)에 이르면, 오른쪽 어깨를 중심점으로 해서 후방으로 치켜 올라 간다. 이것이 백 스윙이다.

지금까지의 볼의 궤도와 폼이 올바르다면, 볼은 무리하지 않아도 충분히 뒤로 올라간다. 부자연스럽게 오른팔의 완력(腕力)으로 뒤로 들어 올리는 사람이 있는데, 이것은 안된다. 볼의 무게를 이용해서, 그 파워에 따르면서 몸 전체를 이용하여 볼을 뒤로 치켜 올린다.

다운 스윙

스텝은 오른발이 앞으로 나갈 차례이지만, 힘이 붙기 때문에 보폭은 커진다. 힘껏 크게 전방으로 내딛음으로써 볼도 홱 후방으로 펴진다. 볼의 정점, 즉 반환점은 팔이 어프로치와 평행해지는 정도라고 기억해 두면 된다. 아무 것도 들지 않고, 백 스윙을 천천히 해 보도록 한다. 오른팔을 조금씩 올려 가면, 이 이상은 아파서 올리지 못하는 점이 있을 것이다. 즉, 거기까지는 이론상은 볼을 들고 뒤로 치켜 올릴 수 있다고 하는 뜻이지만, 정점은 그보다 조금 아래가 된다. 한계까지 사용해서는 근육통 등이 되어 버린다. 무리하지 말고, 편안한 포인트를 정점으로 하면 되는 것이다.

반대로 문제는, 절대로 그런 높은 정점이 될 리가 없는데도 불구하고, 볼의 위치가 마음껏 높아져 있는 케이스이다. 이것은, 폼에 잘못이 있기 때문이다. 손목을 젖히거나, 극단적으로 오른쪽 어깨를 당기거나, 크게 겨드랑이를 벌리고 바깥 방향으로 스윙하고 있기 때문이라고 생각된다.

백 스윙에서 주의해야 할 점은, 오른발에 전 체중을 실었을 때, 즉, 다음의 포워드 스윙으로 이동하기 직전에 오른쪽 어깨, 오른쪽 무릎, 오른쪽 발끝이 일직선이 되어 있는 것이다. 몸의 발란스상에 있어 이것은 중요한 포인트가 된다.

몸은 당연히, 조금 앞으로 기울어진 자세가 된다. 그러나, 극단적으로 앞으로 기울어져서는 안된다. 왜냐하면, 극단적으로 앞으로 기울어지면, 볼의 파워가 감소해 버리기 때문이다. 이것은 보폭과도 큰 관계가 있다. 너무 큰 슬라이드를 취하면, 몸이 크게 앞으로 기울어져서 발란스를 잃어 버리게 된다.

또한, 시선, 왼손으로의 발란스 보조 등도 1보째, 2보째와 마찬

제1부 / 정통 볼링 기초 입문 63

백 스윙

백 스윙의 정점(여기서 포워드 스윙으로)

가지로 중요하다. 다음으로 이제부터는 목표를 향해서 볼을 릴리스하는 작업으로 들어가는 것이기 때문에, 마지막의 미조정(微調整) 때이기도 하다.

 볼의 파워는, 올바른 폼이라면 보다 높을수록 파워와 스피드가 붙는다. 몸의 측면에 대해서 오른팔의 각도가 클수록 좋은 것이다. 그러나, 초보자는 높이에 구애될 필요는 없다. 볼을 거스르지 않고, 치켜 올릴 수 있는 곳까지 치켜 올리면 되는 것이다. 그리고, 진자 운동의 정점에서, 다음 전방으로 볼을 보내 주는 것이 다음의 최종 스텝이다.

최종 스텝(슬라이드와 릴리스)

슬라이드에서 릴리스로(포워드 스윙)

최종 스텝만 지금까지의 동작과 발의 움직임이 다르다. 지금까지와 같이 걷는 것이 아니고 슬라이드(미끄러짐)하는 것이다. 볼링 슈즈의 신발 바닥이 미끄러지기 쉽게 되어 있는 것은 그 때문이다.

어째서 슬라이드 하느냐 하면, 우선 무릎을 강한 충격으로부터 지키기 위해서이다. 무거운 볼을 치키면서 스텝해 왔기 때문에, 몸 전체에 전진의 힘이 가해져 있으므로, 갑자기 멈추면 그 파워가 무릎에 강하게 가해진다. 무리한 브레이크를 걸기 위해서, 슬라이드해서 서서히 스피드를 죽여 가는 것이다.

또한, 동시에 치켜 내리기 시작한 볼에는 파워를 실어 줄 필요가 있다. 앞으로 향하려고 하는 파워를 보다 강하게 볼에 싣기 위해서, 크게 발을 내딛어 슬라이드시켜 줄 필요가 있는 것이다.

볼의 스피드와 파워를 최고 상태로 유지하고, 자신은 어느 한 점에서 멈춘다고 하는 두 가지 요소를 만족시키기 위해서는 슬라이드가 필요해지는 것이다.

주의하지 않으면 안될 것은, 파워와 스피드를 중시한 나머지, 무턱대고 빠르게 힘껏 볼링을 하는 점이다. 당연 슬라이드도 타인보다 상당히 길어지지만, 파울 라인을 넘어 버리거나, 발란스가 무너질 위험성이 많기 때문에, 가능한 한 천천히 침착하게 던지도록 유의해야 한다.

정점에서 치켜 내려져 온 볼은 최하점에서 엄지가 거의 빠지기 시작하고, 이어서 중지와 약지가 빠져서 전방으로 릴리스(방출)된다. 이 릴리스 포인트는, 왼발 복사뼈 근처라고 기억해 두면 된다. 차례에 따라서 설명하자면, 우선 슬라이드하고 있던 왼발이 정지하고, 뒤를 따르고 있던 볼이 왼발의 복사뼈 근처까지 왔을 때에 릴리스하면 되는 것이다.

이 때에는, 허리가 높아지지 않도록 주의해야 한다. 허리가 높으면 당연히 릴리스의 위치도 높아져서, 쾅하고 레인에 볼을 떨어뜨리는 것 같은 릴리스가 되어 버리기 때문이다.

허리를 낮추고, 왼쪽 무릎을 충분히 구부려 쿠션을 살리면서, 쭉 릴리스하도록 유의해 주기 바란다.

그리고 초보자나 여성에게 많지만, 파울 라인보다 훨씬 앞에서 볼을 릴리스하고 있는 사람이 있다. 파울을 두려워하고 있는 것이겠지만, 스텝만 정확하다면 슬라이드는 파울 라인 근처에서 멈춘다. 정확하게 자신의 어프로치 거리를 계산해서, 가능한 한 파울 라인 근처에서 릴리스하도록 해주기 바란다.

릴리스하는 포인트는, 파울 라인 바로 앞이라도 볼이 착지하는 것은 레인 안이라고 하는 것이 볼링의 기본이다.

던진 후의 폼(폴로 스로)

볼을 릴리스 한 후, 팔은 자연스럽게 위로 올라간다. 이 때에 이미지한 것과 같은 폼으로 어드레스부터 릴리스까지를 종료했다면, 아름답고 자연스런 폴로 스로가 완성되어 있을 것이다.

아름다운 폴로 스로인지 어떤지를 체크하기 위해서는 몇 가지의 포인트가 있다.

폴로 스로

① 중심이 왼발 하나에 충분히 실려 있는가?
② 헤드 업해서 시선이 빗나가 있지 않는가?
③ 오른발이 뒤로 가볍게 올라가 있는가?
④ 몸이 극단적으로 비틀려 있지 않은가?

이런 것들이 잘못되어 있는 경우는, 그 이전의 폼이 이미 잘못되어 있었던 것이 된다.

거울 등을 이용해서, 폴로 스로 때의 포즈를 체크해 보도록 한다. 마무리가 좋으면 모두 좋을 것이다.

5보 도움닫기

초보자에게는 4보 도움닫기를 기본으로 해서 가르치고 있는데, 프로 볼러의 대부분은 5보 도움닫기를 하고 있다. 어느 쪽이 바른 것일까? 하고 생각하시는 분도 많을 것이다.

　실은 양쪽 다 옳은 것이다. 단, 볼링은 리듬과 타이밍이 매우 중요한 스포츠다. 4보 도움닫기에서는 1보마다 볼의 이동이 정확하게 정해져 있다. 그러므로 초보자에게는 기억하기 쉽고, 더구나 무리없는 도움닫기법이라고 말할 수 있다. 단, 문제는 최초의 1보, 푸쉬 어웨이 때에 힘이 약한 사람에게 있어서는 무거운 볼을 앞으로 밀어내는 것이 조금 힘든 점이다.

　5보 도움닫기의 경우는, 최초의 1보와 다음의 1보, 합계 2보 사이에 푸쉬 어웨이를 실시한다. 그만큼 여유가 생겨서 폼이 완성되기 쉽다고 하는 이점이 있다. 어느 정도까지 볼링의 리듬을 파악한 사람에게 있어서는, 5보 도움닫기가 훨씬 던지기 쉬운 것이다.

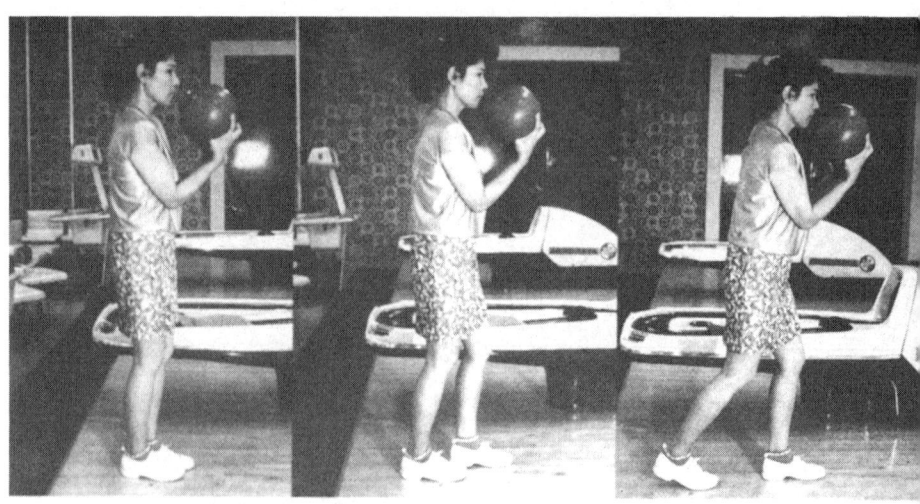

5보 도움닫기(푸쉬 어웨이까지)

그러나, 역시 초보자는 4보 도움닫기를 완전히 마스터하기를 권한다. 5보보다 4보 도움닫기 쪽이 걸음수가 적고, 몸으로 기억하는 것도 간단하다. 어느 정도까지 상달(上達)했는데도, 어쩐지 볼의 컨트롤이 잘 익숙하지 않다고 느끼고 있는 사람은 5보 도움닫기를 시도해 보도록 한다.

5보 도움닫기는, 4보 도움닫기의 스타트 위치에서 똑바로 뒤로 작게 1보 이동한 점에서부터 스타트한다. 4보 도움닫기와 마찬가지로 약간 왼발을 앞으로 뻗어서 볼을 준비한다. '왼발이 제1보가 되니까, 오른발이 앞으로 나가는 것이 아닐까?' 하고 생각하는 사람도 있겠지만, 제1보는 별로 보폭이 필요없이, 작게 내딛기만 해도 되는 것이다.

왼발을 내딛으면서, 볼을 푸쉬 어웨이하기 시작한다. 2보로 푸쉬 어웨이를 끝내기 때문에, 천천히 해도 괜찮다.

4보 도움닫기

    이어서, 왼발로 착지하고 오른발이 나가기 시작한다. 이 동안도 푸쉬 어웨이는 천천히 계속되고 있다. 그리고 오른발이 착지했을 때에는, 4보 도움닫기와 마찬가지로 푸쉬 어웨이가 끝나지 않으면 안된다.

    이 시점에서의 폼은, 4보 도움닫기나 5보 도움닫기 모두 완전히 같아진다. 이하는 4보 도움닫기와 마찬가지로 다운 스윙, 포워드 스윙, 릴리스를 계속한다. 어느 정도, 4보 도움닫기를 할 수 있게 된 후 시도해 보기 바란다.

제1부 / 정통 볼링 기초 입문 71

2. 스폿은 최대의 아군

볼링의 레인에는 여러 가지 마크가 새겨져 있다. 이런 마크는 스폿(표지)이라고 불리고 있다.

스폿은 볼링을 하는데 있어서, 목표로 한 볼을 명중시키기 위한 가이드의 역할을 해 준다.

정확한 볼을 컨트롤할 수 있는 사람이라면, 이 스폿을 이용해서, 대부분의 핀을 스페어 처리할 수가 있다. 물론, 스트라이크 연발도 가능하다.

스폿의 의미를 이해하고, 그것을 잘 이용하는 것이 득점을 올리는 지름길이다. 스폿을 아군으로 삼으면, 쑥쑥 득점이 늘어나서, 지금까지보다도 볼링이 더욱 재미있어질 것이다.

타케팅 애로

스폿 중에서 가장 중요한 마크는, 레인의 파울 라인에서 12피트

부터 16피트 사이에 묻힌 ▲모양의 스폿이다. 그 때문에 보통 스폿이라고 하면, 이▲모양 스폿을 의미한다.

영어로는 타게팅 애로(겨누고 있는 화살)라든가, 도브틸(하트의 꼬리) 등이라고 불린다. 본서에서는 애로로 통일하고 있다.

애로는, 아득히 멀리 서 있는 핀중 어느 것인가와 레인과 평행히 마주 향하고 있다. 1번 오른쪽 애로는 10번 핀, 오른쪽에서 2번째는 ⑥번핀, 오른쪽에서 3번째는 ③번핀과 ⑨번핀, 한 가운데는 ①번핀과 ⑤번 핀이라고 하는 식이다.

애로는 전부 7개. 레인은 앞에서도 설명했듯이 가늘고 긴 보토를 이어 맞춘 것인데, 애로는 판의 5장째 마다 마크되어 있다. 이 '판을 몇 장' 이라고 하는 표현은 앞으로도 나오게 되므로 기억해 두기 바란다.

이 애로의 사용 방법은, 나중에 자세히 설명하겠지만, 오른손잡이 볼러의 경우, 가장 다용하는 애로는 오른쪽에서 2번째의 애로다. 이 애로로 모든 것을 커버할 수 있다고 해도 과언이 아닌 만큼, 이용도가 높은 애로다.

• **각 스폿의 규격**

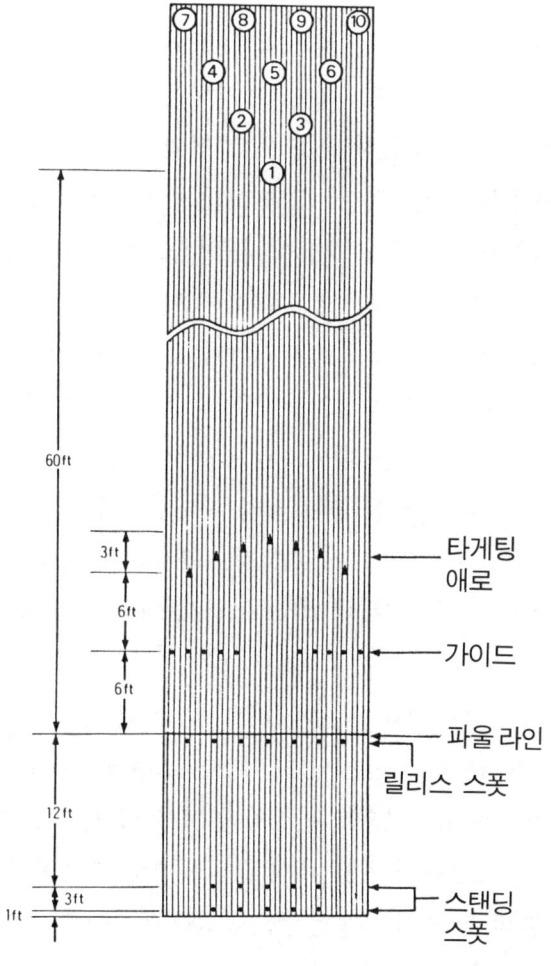

도움닫기에 필요한 스폿

이어서 중요한 것이 스탠딩 스폿과 릴리스 스폿이다.

스탠딩 스폿은 어프로치 에어리어의 파울 라인에서 12피트와 15피트 지점에, 각각 다섯 개의 도트(점)로 마크되어 있다. 이것은, 볼을 쥐고 도움닫기를 시작하는 스타트 지점을 결정하는데 이용되고 있다. 왜 두번째에 도트가 마크되어 있느냐 하면, 볼링의 루울은 아메리카에서 완성되었으므로, 당연히 자신들의 몸에 맞는 스폿을 채용했기 때문이다. 그때 표준적인 남성의 보폭으로써 15피트, 마찬가지로 표준적인 여성의 보폭으로써 12피트 지점에 도트를 마크해서 스타트를 참고로 한 것이다.

우리 나라 사람의 신장으로 생각하자면, 12피트 지점의 도트를 이용하는 편이 많으리라 생각한다. 앞의 도움닫기에서 설명했듯이, 스타트 지점은 파울 라인 조금 앞에서 보통의 보폭으로 4보 반 다가가 휙 뒤돌아 선 곳이 스타트 지점이다. 자신의 스타트 지점이 스탠딩 스폿이므로 어느 정도의 거리에 있는지만 알고 있으면, 어느 볼링장에서나 바로 스타트 지점에 설 수 있는 것이다.

릴리스 스폿은 파울 라인의 바로 앞에 있고, 전부 7개이다. 애로와 같은 라인에 늘어서 있다. 이것은 스탠딩 스폿도 마찬가지이지만, 각각은 일직선으로 핀까지 늘어서 있다. 가장 오른쪽의 스탠딩 스폿, 오른쪽에서 2번째의 릴리스 스폿, 오른쪽에서 2번째의 애로, ⑥번 핀 중심은 동일선상에 있다고 한다.

파울 라인과 애로의 중간에 있는 스폿은 가이드라고 불리지만, 별로 사용되는 경우는 없다.

2번 스폿을 사용한 연습법

볼은 자연스런 투구법에서는 상당한 파워가 있고, 더구나 거의 회전하지 않는다고 하는 조건 이외에는, 일직선으로 진행하지 않는다.

릴리스된 볼은 잠시 활주하고, 이윽고 회전하면서 진행한다. 오른손잡이 사람의 경우는, 핀에 가까와짐에 따라서 왼쪽으로 훅하기 시작한다. 볼의 직진성(直進性)이 약해지고, 왼쪽으로 회전하는 힘이 강해지기 때문이다. 이것을 내츄럴 훅이라고 한다.

초보자의 경우, 자연스런 폼으로 바르게 릴리스된 볼은 모두 내츄럴 훅이 된다. 만일, 크게 커브하거나 한 가운데서 던졌는데 가터하거나 했을 경우는, 도움닫기 개시부터 릴리스 할 때 까지의 어딘가가 잘못되어 있다고 생각하면 된다.

항상 내츄럴 훅이 되도록 반복해서 연습하는 것이 필요하다. 그러기 위해서는 2번 스폿(오른쪽에서 2번째의 타케트 애로)을 사용하는 것이 가장 효과적이다.

왜냐하면, 2번 스폿을 판자의 이음새와 평행히 통과한 볼은, 스트라이크 포켓이라고 불리는 ①번과 ③번 핀의 중앙을 통과하는 경우가 많기 때문이다. 아직, 이 시점에서는 스트라이크를 노릴

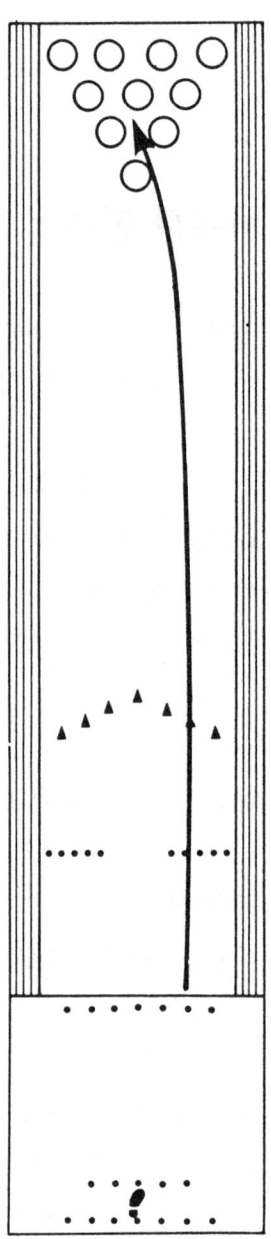

필요는, 없지만, 역시 핀이 전부 쓰러졌을 때는 기쁜 것이다. 즐기면서 폼을 안정시키고, 겨냥한 2번 스폿을 정확하게 통과시켜서 혹 라인을 그릴 수 있도록 연습해 둔다.

우선, 스탠스의 위치를 결정한다. 스탠스에서는 왼발의 발끝을 기준으로 한다. 이것은, 릴리스 때에 왼발이 축이 되기 때문이다. 볼을 놓는 것은 오른손이기 때문에, 볼의 중심이 2번 스폿 위를 통과하기 위해서는 왼발이 어디에 있는지를 체크하지 않으면 안된다.

어깨가 넓은 사람이나, 몸집이 작은 사람 등, 사람에 따라서 그 넓이는 크게 다르지만, 처음에는 왼발의 발끝을 중앙의 스탠딩 스폿 라인에 맞추어 본다. 이것은 릴리스 스폿의 2번 릴리스 도트에서 왼쪽으로 10장 이동한 지점이다. 여기에서부터 똑바로 도움닫기 위해서 릴리스한 포인트가 2번 릴리스 스폿에서 왼쪽으로 기울면 몇 장인가 더 오른쪽으로 이동하고, 오른쪽으로 기울면, 왼쪽으로 이동해서, 자신의 스탠스 위치를 결정해 준다.

이 시점에서는 비스듬히 진행하지 않도록 주의한다. 파울 라인에 직각으로, 비틀거리지 말고 똑바로 도움닫기하지 않으면, 자신의 스탠스 위치가 정해지지 않는다.

스탠스 위치가 정해지면, 확실히 2번 릴리스 스폿에서 2번 애로 위를 볼이 통과하도록, 반복해서 연습한다. 수수한 연습이지만 가장 중요한 기초가 되는 부분이다. 때때로 나오는 스트라이크를 즐거움 삼아 분발해 주기 바란다.

■볼링의 역사

① 볼링의 원점(原點)

무려 기원전 7200년의 에집트 고분에서 볼링의 원형으로 생각되는 목제 볼과 핀이 발견되고 있다(런던 박물관에 전시되어 있다). 이것은 현재 확인되고 있는 최고의 스포츠 용구라고 한다.

목표를 향해서 물건을 내던진다고 하는 것은, 말하자면 헌팅의 원점이지만, 이윽고 생활을 위한 사냥이 아니라, 단순히 스포츠나 게임으로써의 레져로 이행해 갔던 것일 것이다. 현재도 이루어지고 있는 스포츠로, 그 발생이 기원전까지 거슬러 올라가는 것은 볼링 외에는 축구가 있을 뿐이다.

기원전 500년경부터 기원 500년경까지 동안에 볼링은 유럽의 귀족 사이에 보급되어 왔다. 그러다 잠시 동안 역사의 표면에서 사라지고, 다시 붐이 된 것은 12세기 경으로 유럽 대륙과 영국에서 활발해 지고 있다. 그 중에서도 독일에서는, 처음에는 그리스도교 신자의 의식중 하나로써 시작되어, 이윽고 게임성 쪽이 강해져서, 중세 독일에서 가장 인기있는 게임이 되었다.

이 무렵까지는 핀의 모양이나 볼의 크기, 핀의 갯수 등은 가지각색이었다. 이것들을 통일해서 게임으로써 확립한 것은 마틴 루터(1483-1546)이다. 마틴 루터라고 하면 종교 개혁으로 역사 교과서에 나오는 인물이지만, 그는 볼링을 매우 좋아하는 인간이기도 했던 것이다. 그는 가지각색이었던 루울을 통일하고, 핀의 갯수를 9개로 정하는 등, 근대 볼링의 기초를 구축했던 것이다.

제3장
다섯 개의 코오스를 마스터 하자

1. 스트라이크의 조건

스트라이크 코오스란?

　순간에 10개의 핀이 쓰러지는 스트라이크야말로 볼링의 즐거움을 맛보게 해주는 것이다. 그러나, 스트라이크는 그렇게 간단히 나오는 것이 아니라, 반대로 좀체 나오지 않기 때문에 재미있다.
　그래서, 우선 어떻게 해서 볼이 핀에 닿고, 핀이 쓰러져 가는지를 설명해 보기로 하겠다.
　볼링에서 스트라이크 코오스라고 하는 것은, 오른손잡이의 경우, ①번 핀과 ③번 핀 사이의 포켓으로 볼이 들어갔을 때의 코오스를 일컫는다. 전연 다른 코오스를 가도 스트라이크가 되는 경우는 있지만, 그것은 핀이 회전해서 불규칙하게 움직이거나, 얼마간의 행운이 겹쳤기 때문으로 같은 코오스로 다시 한 번 던져도 스트라이크는 좀체로 나오지 않을 것이다. 이론적으로 스트라이크 코오스는 ①번 핀과 ③번 핀의 포켓으로 들어가는 코오스와 뒤쪽 스트라이크 코오스라고 하는 ①,②,④,⑦번 핀의 바깥쪽에 볼이 닿는 부룩클린 코오스다.

퍼펙트 스트라이크라고 하는 ①번 핀과 ③번 핀 포켓 스트라이크를 슬로우 모션으로 살펴 보기로 하자. 여기에는 혹 볼이 적당하기 때문에, 혹 볼이 포켓으로 들어갔다고 가정해 주기 바란다.

포켓이라고 해도 완전히 ①번 핀과 ③번 핀을 동시에 히트하는 것은 아니다. 볼을 레인의 판자 이음새 오른쪽에서 17장째, 즉 3번 애로와 4번 애로의 중간의 판자 이음새로, 거의 ①번 핀에

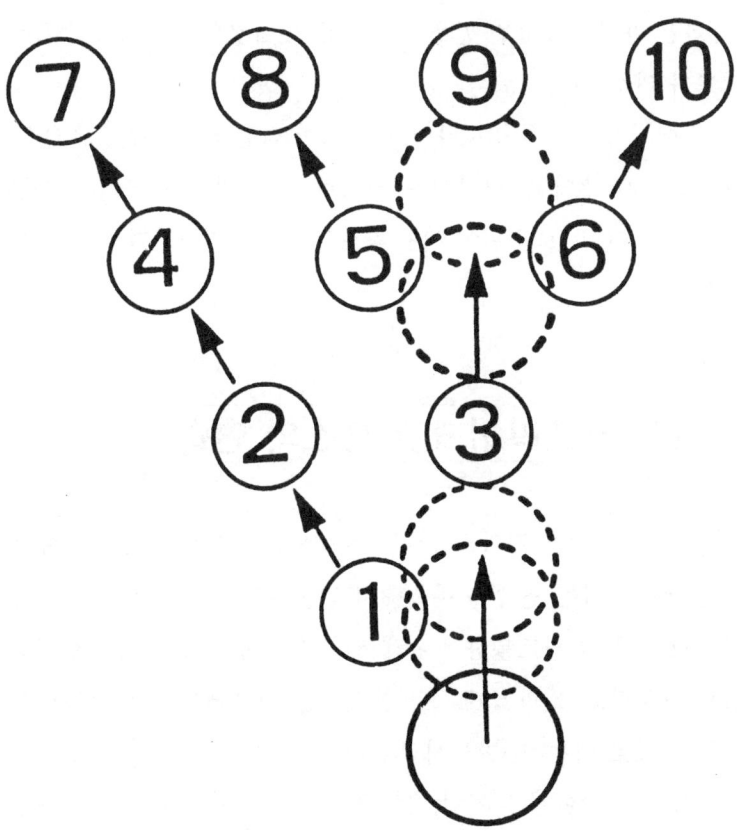

맞는다. 오른쪽서 히트된 ①번 핀은 왼쪽 뒤로 튀어서, ②번 핀을 쓰러뜨리고, 이어서 ④번 ⑦번, 도미노 게임과 같이 쓰러지기 시작한다.

한편, ①번 핀에 닿은 볼은 핀에 되튀기는 힘 때문에, 약간 오른쪽으로 진로를 바꿔서 ③번 핀을 히트한다. ③번 핀은 ⑥번 핀을 쓰러트리고, ⑥번 핀은 ⑩번 핀을 쓰러트린다.

③번 핀에서 되튀긴 볼은 ⑤번 핀과 ⑨번 핀 사이의 포켓으로 향한다. 우선 ⑤번 핀을 히트하고, ⑤번 핀은 ⑧번 핀을 쓰러트린다. 볼은 마지막로 ⑨번 핀을 쓰러뜨리고, 이것으로 퍼펙트 스트라이크가 완성된다.

즉, 이상적인 포켓 스트라이크란 볼이 직접 히트하는 것은 ①③⑤⑨핀 4개 뿐이고, 나머지는 히트된 핀에 맞아서 쓰러져 가는 것이다. 따라서, ①번 핀에 어떤 각도로 히트시키느냐가 매우 중요해진다.

포켓 스트라이크 코오스의 연습

앞 장에서, 2번 릴리스 스폿에서 볼을 릴리스하고, 2번 애로 위를 통과시키는 연습을 반복해서 연습하라고 지시했다. 이것은 자신의 볼을 잘 컨트롤하기 위해서다. 실시하고 있는 사이에 점점 폼도 안정되고, 볼의 코오스도 안정되면, 다음에는 포켓 스트라이크를 목표로 하는 연습을 시작한다.

앞에서도 말했던 것처럼, 2번 릴리스 스폿에서 2번 애로 위를 통과하는 볼은, 확률적으로 1번 포켓으로 들어가기 쉬운 코오스다. 이것을 판자 이음새 오른쪽 10장째 위를 볼이 지나간다 해서, 텐 투 텐 코오스라고 한다. 또한, ⑤번 핀을 직격하기 때문에, 정삼각형의 한가운데 있는 ⑤번 핀을 킹 핀이라고 부르는 이유에서 킹 핀 코오스라고도 한다.

텐 투 텐 코오스로 바르게 볼을 굴렸는데도 포켓하지 않을 경우에는, 이하의 점을 체크해 보기 바란다.

① 볼에 스피드가 없어서 도중에서 크게 왼쪽으로 커브해 버리는 경우는 스윙이 너무 작아서 볼에 파워가 충분히 가해지지 않았기 때문이다. 다시 한 번 바른 폼을 상기해 주기 바란다.

② 볼이 훅하지 않고, 스트레이트에 가까운 상태로 ⑥번 핀을 직격해 버리는 경우는, 반대로 파워가 너무 지나쳐서 볼의 횡회전력(橫回轉力)을 눌러 꼼짝 못하게 해 버리고 있는 것이다. 자신의 완력을 과잉으로 가하지 말고, 볼의 무게를 이용해서 소프트하게 릴리스하도록 한다.

③ 오른쪽 가터에 떨어져 버리는 경우, 릴리스 때의 손가락 위치가 전혀 틀렸거나, 파워가 지나친 까닭이다. 출발점으로 되돌아와서 도움닫기, 그리고 릴리스를 다시 공부해 주기 바란다.

④ 볼이 훅하지 않고 가터해 버리는 경우는, 손목을 너무 비틀었거나 릴리스 때에 무의식적으로 커브 투법(投法)을 하고 있는 것이다. 레인 컨디션 등의 영향도 있지만, 릴리스 때의 엄지 위치를 체크해 주기 바란다. 이것은, 극단적으로 엄지가 몸 안쪽을 향하고 있으면 소위 커브 투법이 되어 버리기 때문이다. 현재는 내츄럴 훅을 완전히 마스터하는 것이 중요하다.

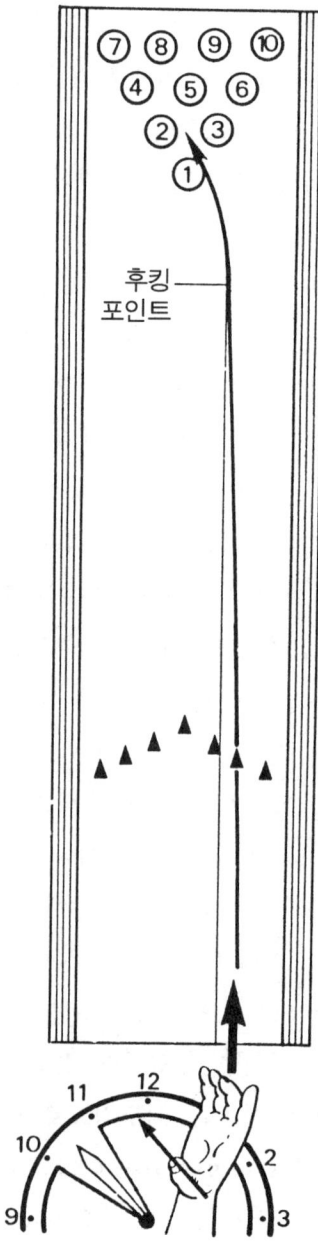

릴리스되었을 때 엄지의 위치가 볼의 진로에 대해서 똑바른 12시 방향에서 조금 안으로 기울어진 11시에서 10시 방향을 가리키고 있으면, 볼은 스무드하게 내츄럴 훅한다.

볼이 직진력(直進力)을 잃고 왼쪽으로 훅해 가는 포인트를 후킹 포인트라고 한다. 후킹 포인트는 회전력, 볼의 스피드 등으로 달라지지만, 가능한 한 같은 곳에서 훅하도록 연습해 본다.

2. 스페어를 따기 위한 기본

스트라이크보다 스페어가 중요?

볼링에서는 스트라이크를 내는 것보다도 스페어를 내는 쪽이 중요하다고 말하면 놀라시는 분이 많을 것이다. 그렇지만, 초급, 중급의 볼러에게 있어서는 이것은 정해(正解)다.

볼링에서는 보너스 득점이라고 하는 시스템이 있다. 스트라이크를 내면 다음 2투째까지의 득점이 가산되고, 스페어에서는 다음 1투째의 득점이 가산된다. 즉, 단순한 득점 합계 게임이 아니다. '그러므로 스트라이크가 중요하다'라고 말씀하시는 분이 있겠지만, 성급한 생각이다. 확실하게 연속 스트라이크가 나오게 하는 기술을 가지고 있다면 좋겠지만, 실제는 가끔 스트라이크가 나오는 것이고 대부분을 스페어라고 하는 것이 실정인 것이다.

프로에서도, 1게임 12투를 모두 스트라이크하는 퍼펙트 게임은 골프의 홀인원과 마찬가지로 아무리 노려도 좀체로 달성할 수 없다.

제1부 / 정통 볼링 기초 입문 89

1	2	3	4	5	6	7	8	9	10
9 /	9 /	9 /	9 /	9 /	9 /	9 /	9 /	9 /	9 / 9
19	38	57	76	95	114	133	152	171	190

1	2	3	4	5	6	7	8	9	10
☒	☒	☒	−	☒	☒	−	☒	9 −	☒ 9 −
20	40	59	66	86	106	125	134	153	162

　가령, 스트라이크는 나오지 않더라도 확실히 전 게임, 스페어를 따면 합계는 190점이 되는 것이다. 그리고, 이 스페어를 확실히 딸 수 있다고 하는 것은, 그만큼 볼의 컨드롤이 가능하다고 하는 말이다. 한 개 남은 핀을 정확히 히트하는 편이 스트라이크를 잡는 것보다 어렵다는 사실은 실제로 게임을 해 보면 곧 알 수 있을 것이다.

　'스페어를 따라, 스트라이크는 자연히 따라 온다'

　'스페어를 따야만 상급 볼러다'라고 하는 속담이 있다.

　스트라이크 코오스로의 투구 연습 다음에는 스페어를 따는 연습을 한다.

스페어를 따기 위한 세 가지 조건

제 1투로 10개의 핀을 모두 쓰러뜨리지 못했을 경우에, 핀이 남는 방법은 매우 가지 각색이다. 단순히 계산하면, 1,023종류의 방법이 있다. 이것은 이론이고, 실제는 그것보다 훨씬 적지만, 그래도 상당한 수의 핀이 남는다. 그럼, 하나 하나를 모두 히트하는 방법을 익히지 않으면 안되느냐 하면 그렇지는 않다. 실은, 다섯 코오스로 정확하게 볼을 컨트롤할 수 있다면, 스페어의 대부분은 딸 수 있는 것이다.

단, 거기에는 다음 세 가지의 조건이 있다.

우선, 1번째는 '기본인 안정된 폼이 완성되어 있을 것', 2번째는 '스폿 볼링의 이론을 이해하고, 활용할 것', 3번째는 '특수한 스페어를 따는 방법을 마스터할 것'이다.

2번째 이후의 조건에 대해서는, 나중에 자세히 설명, 해설할 것이므로, 여기에서는 안정된 폼으로 다섯 코오스로 볼을 컨트롤할 수 있도록 유의해 주기 바란다.

다섯 코오스를 마스터하자

앞으로 설명하는 다섯 코오스를 연습하기 위해서 지켜야 할 사항이 있다.

① 도움닫기에서 비틀거리지 말고 일직선으로 나아간다.
② 노린 릴리스 포인트에 확실히 릴리스하고, 노린 스폿 위를 볼이 통과하도록 유의한다.
③ 구질은 훅 볼뿐.

일직선으로 노린 스폿을 벗어나지 않는다.

훅 볼로

이런 사항을 지키면서 연습한다. 그렇지 않으면, 아무리 수없이 던져도 발전하지 않는다. 한 번 던질 때마다 체크해서 어딘가 잘못은 없는지, 어째서 지금의 볼은 코오스를 벗어났는지, 반성하면서 연습한다.

스트라이크 코오스

지금까지, 반복해서 몇 번씩 연습해 온 스트라이크 포켓을 노린 코오스다.

최저라도 2투중 1투는 이 코오스를 노려서 투구하지 않으면 안되는 중요한 코오스다.

표준이 되는 릴리스를 설명한다. 우선, 최저는 파울 라인에 대해서 수직으로, 즉, 판자 이음새와 평행하게 똑바로 진행해 준다. 볼을 릴리스하는 포인트가 바르게, 오른쪽에서 10장째에 오도록 서는 위치를 조정해 준다.

지금까지는, 스탠스 때에는 2번 스폿에 왼발 발끝이 오도록 하라고 말해 왔지만, 어깨가 넓은 사람, 뚱뚱한 사람 등, 다종 다양하기 때문에, 우선 자신의 스탠스 위치를 각자 찾아내는 것이다. 이것은 볼을 쥐고 릴리스하기 직전까지 실제로 어프로치를 도움닫기해 보면 좋을 것이다. 볼 중심이 오른쪽에서 10장 째에 와 있는지를 체크한다. 좌우로 몇 장 인가 벗어나 있는 것 같으면, 벗어난 장 수만큼 옆으로 이동한다. 그곳이, 당신의 표준 스탠스 위치다.

그곳으로부터 정확한 도움닫기로 릴리스해서, 볼이 2번 애로 위를 통과하도록 던져 본다.

만일, 오른쪽부터 10장 째에서 릴리스했는데, 2번 애로(마찬가지로 오른쪽 10번째)를 통과하지 않는다면, 그것은 도움닫기중의 폼, 특히 피니쉬의 폼이 흐트러져 있기 때문일 것이다.

그런데, 볼은 스트라이크 포켓으로 들어갈까. 스트라이크가 되지 않더라도, ①번 핀과 ③번 핀 쪽을 향해서 쑥 훅해 가고 있는 것이라면 괜찮다.

이 코오스는 스트라이크 코오스임과 동시에 ⑤번 핀을 직격하는 코오스다. ⑤번 핀은 정삼작형으로 배열된 핀 중앙에 있기 때문에 킹 핀이라고 불리고 있으며, 그 때문에 이 코오스를 '킹 핀 코오스'라고 한다. 이 코오스로 직접 핀을 노릴 수 있는 것은 ①,③,⑤,⑧의 핀으로 모두, 직격으로 쓰러뜨릴 수 있다.

제1부 / 정통 볼링 기초 입문 93

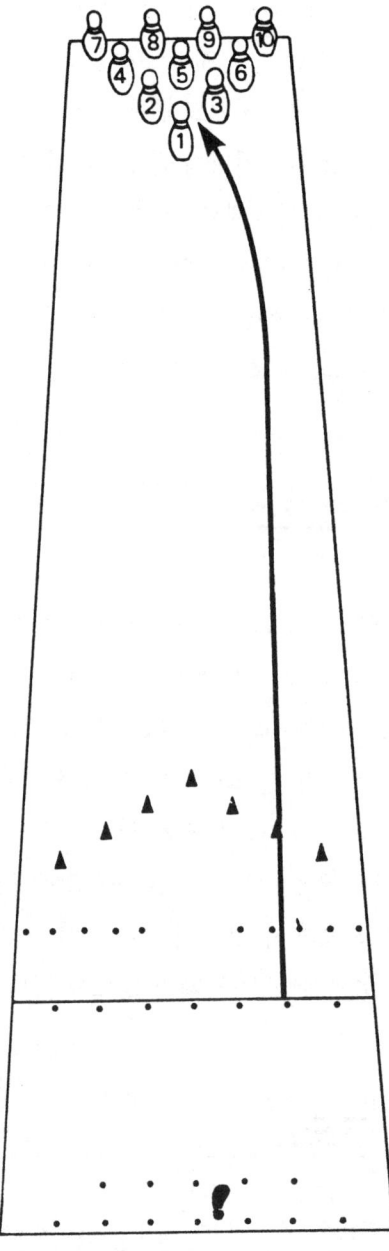

레인 컨디션 등 여러 가지 팩커가 있어서, 스트라이크 포켓으로는 들어가지 않을지도 모르지만, 우선 표준 스탠스 위치에서 정확하게 2번 애로를 통과시키도록 유의해 주기 바란다.

만일, 너무 바로 앞에서 지나치게 구부러져서 왼쪽으로 가터해 버린 것 같으면, 판자 이음새로 몇 장인가 오른쪽으로 이동해서 던져도 상관없다. 단, 이 경우는 이동한 판 수만큼, 릴리스 포인트도 이동해서 2번 애로가 아닌 2번 애로에서 이동한 장수만큼 오른쪽으로 볼이 통과한다는 점을 잊지 말아야 한다.

부룩클린 코오스

뒷쪽의 스트라이크 코오스라고 해서, 이곳은 스트라이크 포켓을 노렸는데 뒷쪽 코오스로 가 버려서 스트라이크가 되기 때문에 별로 명예라고는 생각되고 있지 않는 코오스다.

그러나, 투구 미스가 아니고 굳이 이 코오스를 노리면 좌측의 핀을 쓰러뜨릴 수 있다. 특히 ⑧번 핀 스페어 등에는 유효하다. 스트라이크 코오스에서 서는 위치를 우측으로 5장(1스폿)이동해서, 1번 릴리스 스폿에서 2번 애로를 볼이 통과하도록 던진다. 이 경우, 2번 애로에서 시선을 떼지 않도록 한다.

⑦번 핀 코오스

제1부 / 정통 볼링 기초 입문 95

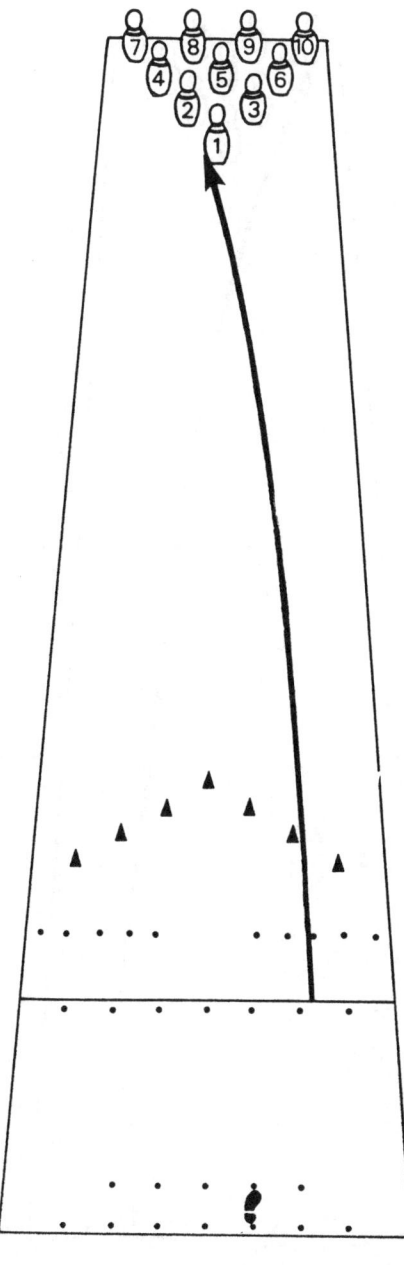

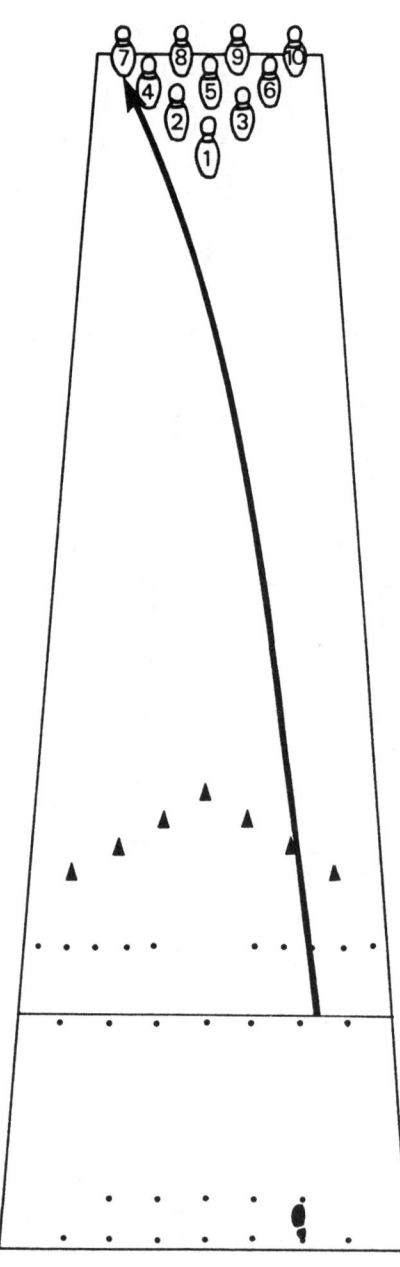

가장 왼쪽의 핀을 노린 코오스다. 표준의 위치에서는 오른쪽으로 10장 이동해서, 마찬가지로 2번 애로 위를 볼이 통과하도록 한다. 주의하지 않으면 안될 것은, 도움닫기는 파울 라인에 대해서 직선이 아니라, 2번 애로를 향해서 직선 도움닫기하는 것이다. 그러기 위해서는, 발끝을 약간 표준에서 왼쪽으로 향할 필요가 있다. 파울 라인에 대해서 비스듬히 어프로치하기 때문에 원화감이 있을 지도 모르지만 도전하기 바란다. 또한 팔을 밖으로 벌려서 안으로 내 던지지 않도록 주의한다.

⑨번 핀 코오스

볼이 왼쪽으로 너무 휘어서 오른쪽의 핀이 남아 버렸을 때에 유효한 코오스다. 특히 ⑨번 핀 스페어에는 효과가 있다.
서는 위치는 왼쪽으로 표준에서 5장 이동한다. 목표는 마찬가지로 2번 애로다.
이번에는 발끝을 약간 오른쪽을 향하게 하고 똑바로 2번 애로를 향해서 도움닫기한다. 판자 이음새에 대해서 비스듬히 진행하는 것인데, 이 때에 비틀거리지 않도록 해주기 바란다. 또한 강인하게 볼을 안에서 밖으로 던지기 쉽기 때문에, 이 점도 주의해야 한다. 폼은 항상 일정하다.

⑩번 핀 코오스

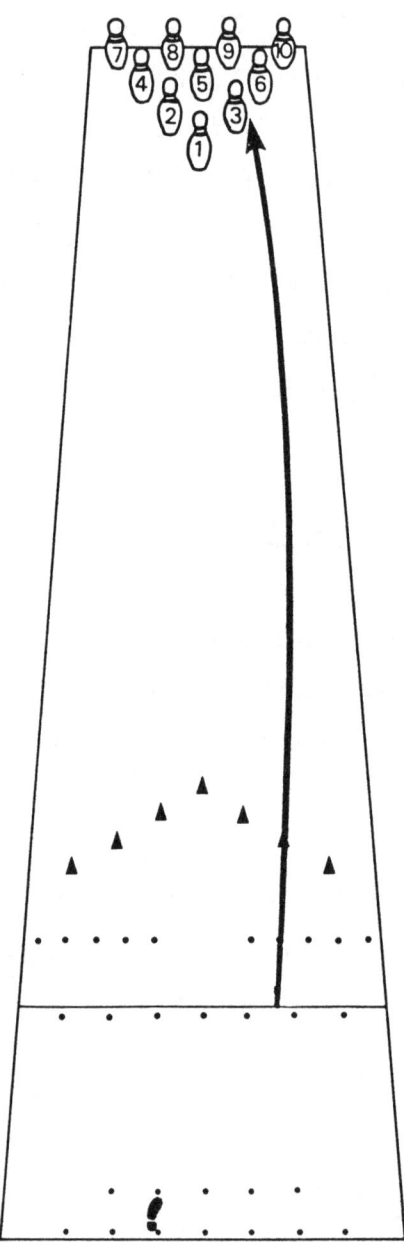

제1부 / 정통 볼링 기초 입문　99

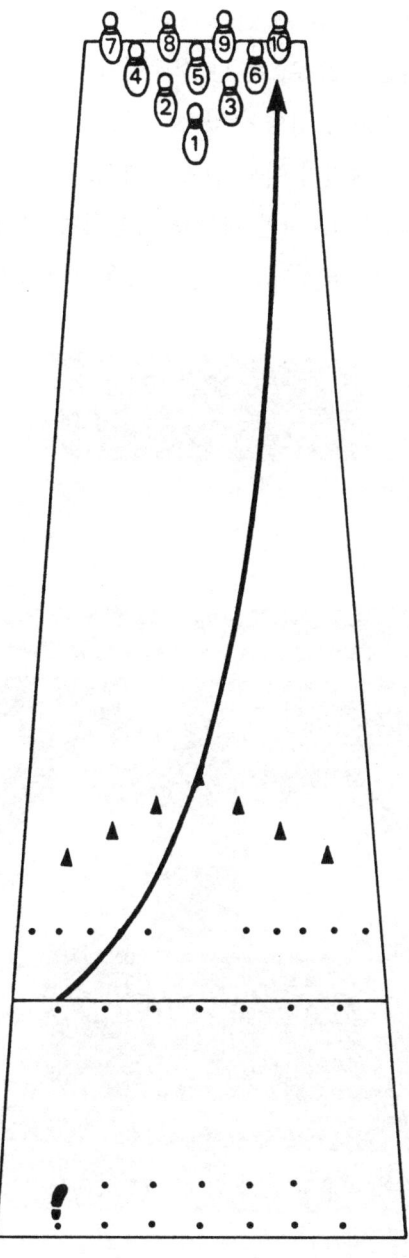

⑩번 핀, 흔히 말하는 텐 핀은 오른손으로 던지는 볼링에 있어서는 매우 꺼리는 핀으로, 텐 핀 스페어가 되면 스페어를 따라가기 어렵다고 생각되는 경향이 있다. 이것은 가터해서는 안된다고 하는 프레셔가 가해지기 때문이다. 그래서, 이 경우는 3번 애로도 사용할 수 있지만, 역시 4번 애로를 사용하는 것이 좋다.

서는 위치는 1번 좌측의 스탠딩 스폿을 사용한다.

제1부 / 정통 볼링 기초 입문 101

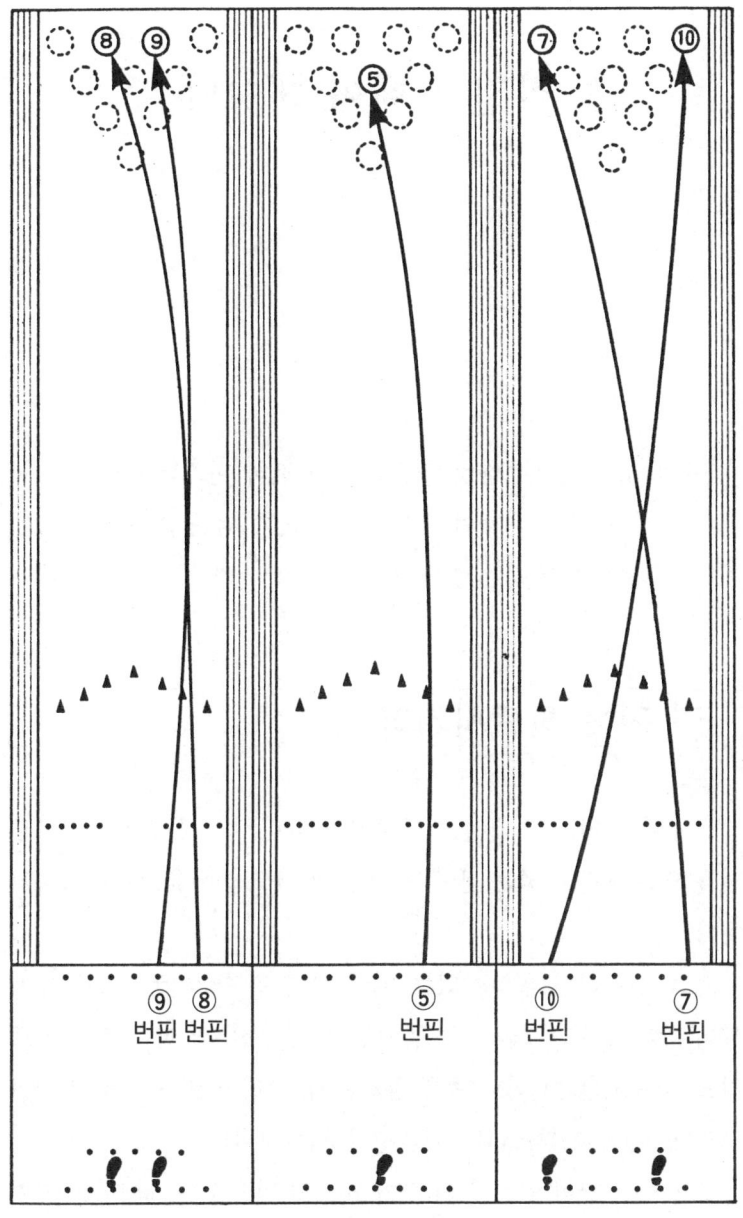

3. 실전 스페어 테크닉

 1개만 남은 핀은, 다섯 코오스를 완전히 마스터하면, 충분히 커버할 수 있지만, 문제가 되는 것은, 수 개 남은 스페어다. 도데체 어디를 노리면 되는 것일까.

키 핀을 히트시켜라

 스페어를 따기 위해서는 대원칙이 있다. 그것은 '가장 가까운 핀을 노려라'라고 하는 점이다. 이 가장 가까운 핀을 '키 핀'이라고 한다.
 조금 생각하면 알 수 있는 일이지만, 우선 가장 가까운 핀에 볼이 맞지 않으면 스페어는 불가능하다. 우선, 키 핀을 볼이 히트하고, 다음에 볼이 어느 쪽을 향하는지, 그리고 키 핀이 쓰러지면서 어느 핀을 쓰러뜨리는지를 생각하는 것이다.
 그렇지만, 남아 있는 핀의 수가 많으면 많을수록 스페어를 따기

제1부 / 정통 볼링 기초 입문 103

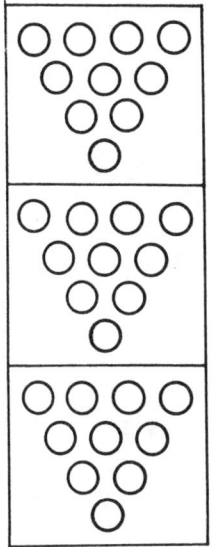

● =키 핀

는 어려워 진다. 초보자는 핀이 잔뜩 남아 있기 때문에 요행으로 쓰러져 주겠지, 하고 생각하는 경향이 있는데, 실제로는 생각처럼 잘 되지 않는다. 10개의 스페어 핀 전부를 쓰러뜨리는 스페어의 어려움으로 그것을 알 수 있으리라 생각한다. 초투(初投)에서 가능한 한 많이 쓰러뜨리고, 2투째에 소수 핀을 확실하게 쓰러뜨리는 것이 중요한 것이다.

핀의 어디에 맞히면 되는가

핀이 두 개 남은 경우, 예를 들면 ④번 핀과 ⑤번 핀의 스페어 경우는, 핀의 한 가운데를 볼이 통과하도록 던지면 되지만, 문제는 키 핀이 튀지 않으면 두개째의 핀을 쓰러뜨릴 수 없는 케이스다.

이론적으로는 빌리어드와 마찬가지로, 핀에 맞는 히트 포인트에 따라서 핀의 튀는 방향을 결정한다. 정면에서 히트하면 바로 뒤로 튀고, 측면이 될 수록 깊은 각도로 반대의 측면 방향으로 튀는 것이다.

이것은 볼러라면 누구나 감각적으로 이해하고 있겠지만, 실제는 알고 있어도 히트 포인트에 볼을 히트시킬 수 없는 것이 실정인 것이다.

그렇지만, 역시 항상 히트 포인트를 생각해서 던지도록 유의하기 바란다.

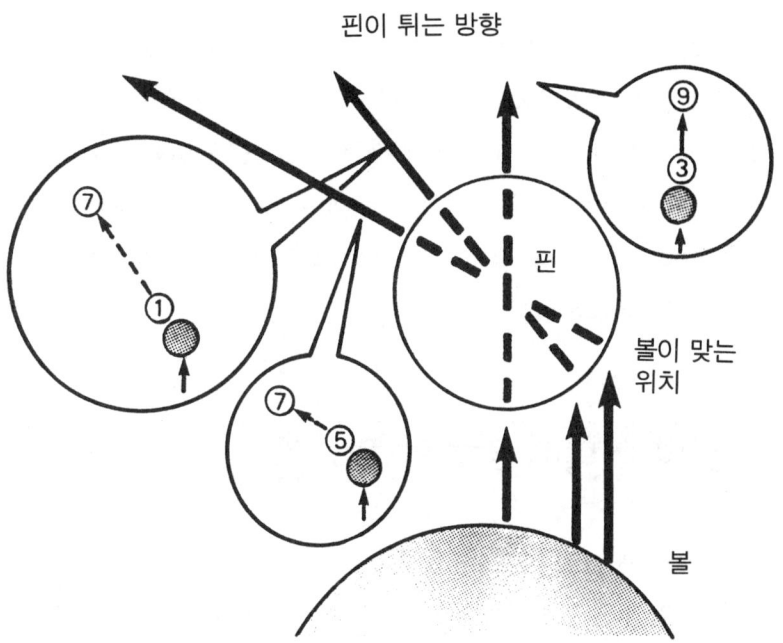

스페어는 보다 확실한 앵글로

스페어를 확실히 따기 위해서는 보다 확실한 앵글, 즉 조금 실수하더라도 키 핀을 히트하는 앵글을 선택할 필요가 있다.

예를 들면, 킹 핀 코오스(⑤번 핀)는 스트라이크 겨냥과 같기 때문에, 보통의 스트라이크 쇼트로 던져도 괜찮지만, 잘 빠지는 훅을 던지는 사람에게 있어서는, ①번 핀의 위치로부터 크게 왼쪽으로 구부려져 버려서 ⑤번 핀에 맞지 않는 경우를 생각할 수 있다.

그럼, 보다 확실하게 히트하기 위해서는 어떻게 하면 될까? 가장 확실한 것은, 스탠스 위치를 아주 조금(1장이나 2장) 오른쪽으로 이동해 주는 것이다.

반대로, 어프로치의 왼쪽 사이드에서, 인사이드를 향해서 투구하는 방법도 상급자의 경우에는 생각할 수 있다.

가능한 한 볼로 쓰러뜨려라

핀의 움직임은 예상할 수 있어도, 그대로 튀어 준다고는 할 수 없다. 그래서 원칙 '핀을 가능한 한 볼로 쓰러뜨려라'라고 하는 것이 된다.

②-④-⑦ ③-⑥-⑨

모두 바깥쪽의 핀이 남은 케이스로 키 핀을 히트시켜서 핀 액션

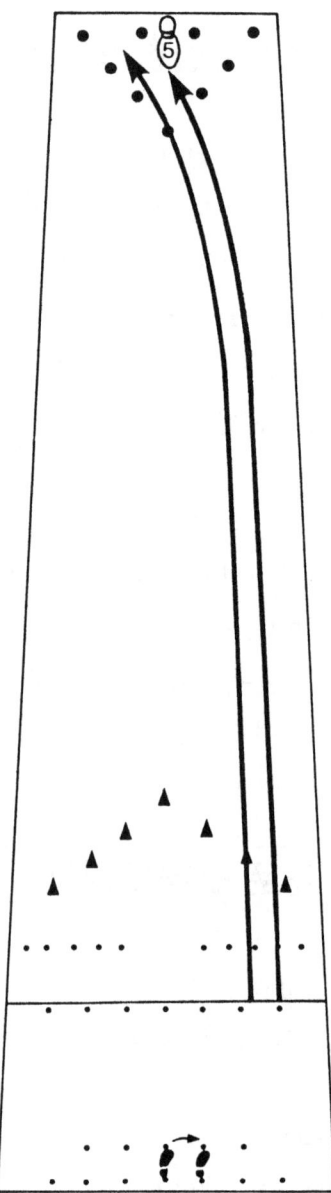

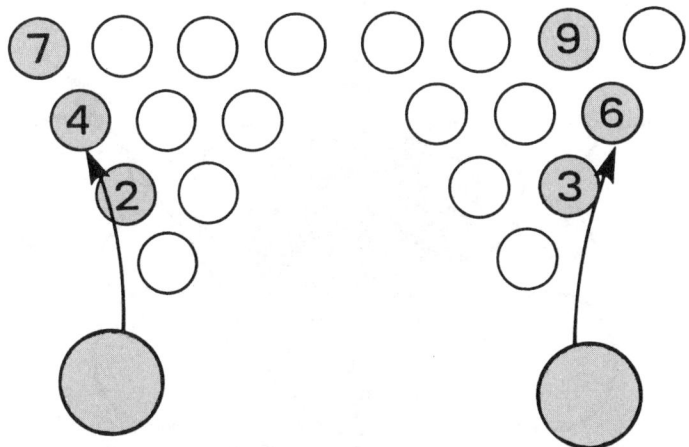

으로 차례차례 핀을 쓰러트릴 수 있지만 잘못되면 최후의 ⑦번 핀이나 ⑨번 핀이 남아 버리는 것이다.

그것 보다도, ②-④의 사이, ③-⑥의 사이로 볼을 보내 주면, 볼은 핀에 조금 되튀겨서 ⑦번 핀이나 ⑨번 핀을 히트한다. 불확실한 핀 액션에 기대 거는 것보다 훨씬 쉽게, 확실하게 스페어를 딸 수 있다. ②-⑦, ③-⑨의 경우도 마찬가지다.

인 더 다크의 공략법

정면에서 보아 키 핀의 뒤에 또 한 개의 핀이 남아 있는 경우의 ②-⑧, ③-⑨ 등의 스페어는 상당히 어려워진다.

스트레이트 볼을 바로 정면에서 히트시키려고 해도, 아주 조금 빗나가서 옆에 맞을 뿐으로, 핀도 볼도 뒤의 핀을 히트할 수는 없다.

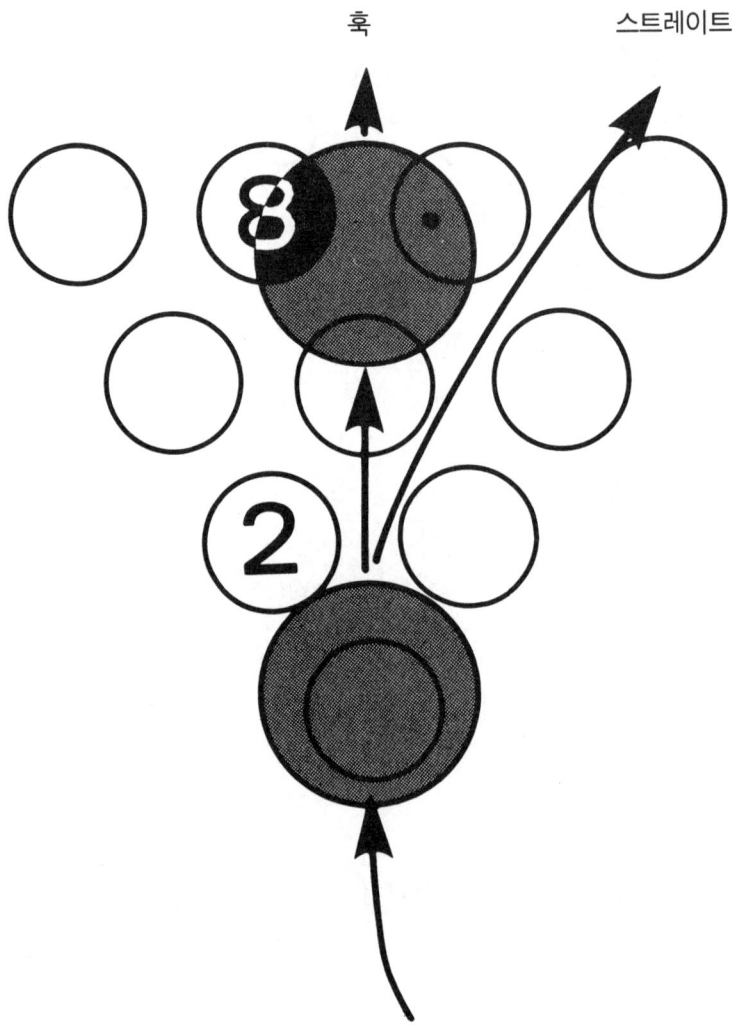

이런 때에는 훅 볼의 이점을 최대한으로 살려 준다. 훅 볼이라면 왼쪽으로 휘어지는 힘이 남아 있기 때문에, 키 핀에 맞고 되튀겨도 아직 파고 들 힘이 있기 때문에, 뒤의 핀을 직접 히트하기

때문이다.

그러기 위해서는, 평소부터 각도가 예리한, 회전력이 많은 훅 볼을 던지는 연습을 해 둘 필요가 있다.

같은 인 더 다크라도 ①번 핀이 남아 있는 경우는 훨씬 쉬워진다. ①-②-⑧이나 ①-③-⑨의 경우는, ①-②, ①-③ 사이로 볼을 넣어 주면 스페어를 딸 수 있다.

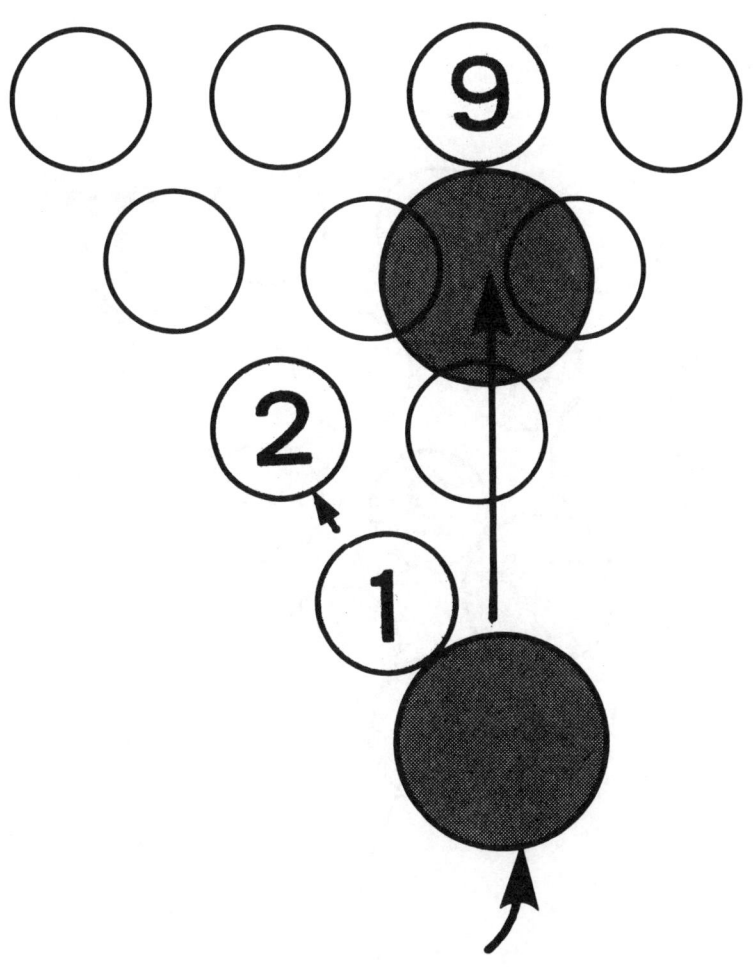

그러나 ①-②-⑨의 스페어 경우는 어려워진다.

우선, 키 핀인 ①번 핀 오른쪽으로 혹 볼을 히트시켜서, ①번 핀을 튀겨서 ②번 핀에 맞히고, 볼은 ⑨번 핀을 쓰러 뜨리지 않으면 안된다. 훅이 약하면 헤드 핀에 되튀겨서 ⑨번 핀의 오른쪽 옆을 지나쳐 버린다.

워시 아우트

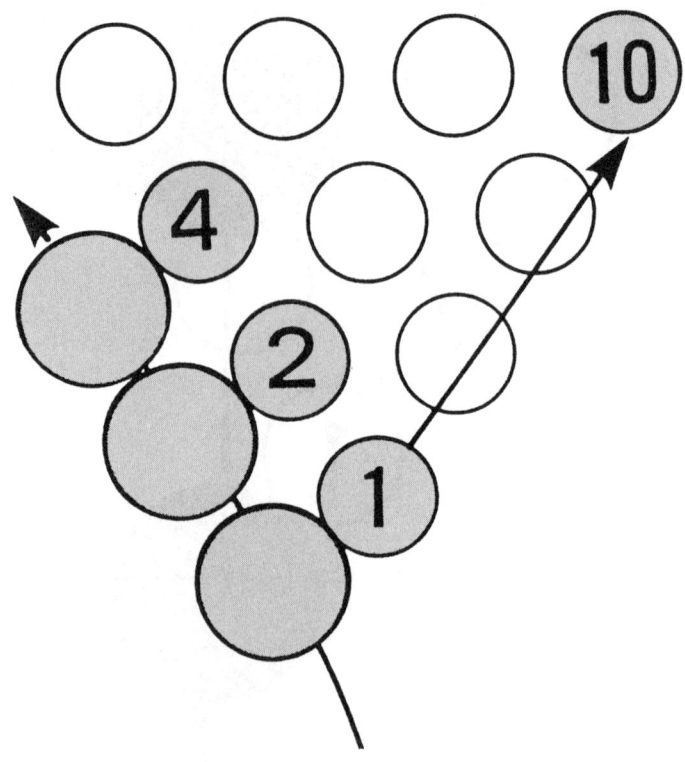

부룩클린 코오스를 노리는 스페어의 일종에 워시 아우트가 있다. 한 가운데의 핀이 흘러서 ①-②-④, ⑩핀이 남겨진 케이스다. ①번 핀이 ⑩번 핀까지 튀지 않으면 스페어 할 수 없는 어려운 코오스다.

스치게 해서 따는 어려운 스플릿

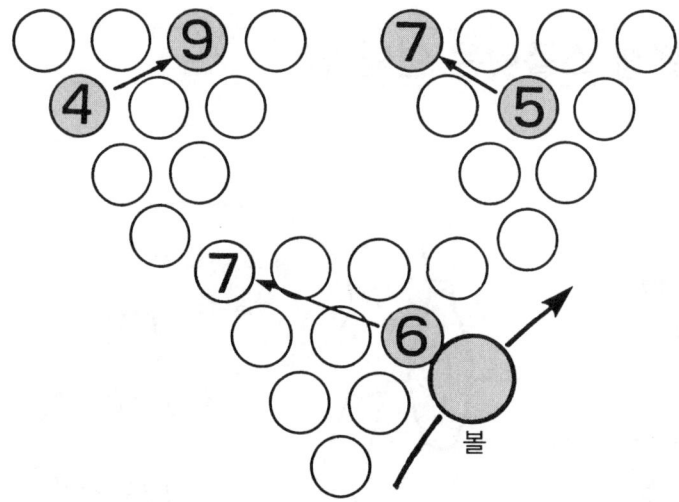

④-⑨, ⑤-⑦, ⑥-⑦의 핀이 남아 버린 스플릿은, 상급자에게 있어서 싫은 스페어 방법이다.

볼이 키 핀의 바깥쪽을 살짝 스쳐서 핀을 잘 튀기지 않으면 안된다. 어느 쪽인가 하면 '운'에 맡기는 부분도 있는 겨냥 방법이다.

튀기는 각도는 가로 방향에 가까울수록 볼을 살짝 맞히지 않으면 안된다. 따라서, ④-⑨, ⑤-⑦보다, ⑥-⑦쪽이 보다 적어지고, 보다 어려워진다. 그렇지만, 도전하지 않고서는 스페어를 딸 수 없다. 초보자는 키 핀 한 개 딸 수 있는 것에 만족하고 계속 노력해 보기 바란다.

더욱이 ④-⑨의 경우는, 크로스 앨리에서 투구하면, 스페어 따기가 매우 어려워진다. 레인 왼쪽 사이드에서 핀이 튀는 방향을 머리로 이미지하면서 던져 보도록 한다.

평행 스플릿은 단념하라

⑧-⑩ 등의 평행 스플릿은 비교적 자주 나오지만, 이런 평행 스플릿은 스페어를 따는 것은 불가능하다고 생각하는 편이 좋을 것이다. ⑦-⑩이나 빅 포라고 하는 ④, ⑦-⑨, ⑩, 게다가 왼쪽으로 던지는 경우인 ⑦-⑨ 등의 경우도 마찬가지다.

물론, 가능성이 전혀 없다고는 단정할 수 없지만, 그것보다도 '딸 수 있는 핀을 확실히 따 두는' 편이 좋다.

예를 들면, 빅 포의 경우 2개는 확실히 딸 수 있다. 그것을 한 개나 딸 수 있을지 어떨지 모르는 스페어에 도전하는 것은 무모하다고 말할 수 있을 것이다. 프로들의 시합을 보면 이해하리라 생각하지만, 평행 스플릿의 경우는 자신이 확실히 쓰러뜨릴 수 있는 핀만을 쓰러뜨리고, 생각을 바꿔서 다음 투구에 집중하고 있다. 하물며 아마츄어라면 더욱 더 그렇다.

■볼링의 역사

② 아메리카에서 대유행

마틴 루터가 규율을 어느 정도 확립한 사실에서도 알 수 있듯이, 볼링은 청교도 사이에서 붐이 되고 있었다. 17세기에 들어와서 청교도는 신대륙 아메리카를 향해서 대량 이주를 시작했다. 그때, 볼링 도구도 함께 바다를 건너 아메리카에 상륙했다.

볼링이 스포츠로써 정착한 것은 시카고와 뉴욕이라고 한다. 링컨 대통령도 볼링 팬이었다고 하는 기록이 남아 있다. 당시의 볼링은 바깥에서 즐기는 스포츠였지만, 1800년대에 뉴욕의 맨하탄에서 처음 실내 볼링 레인이 만들어지고, 이후 폭발적으로 온 뉴욕에 볼링 붐이 일어났다.

그러나, 이 시기의 볼링은 루울도 통일되지 않고, 핀도 9개를 주류로 하고 있었지만, 10개 핀도 등장해서 지방에 따라서 로우컬 루울이 횡행하고 있었던 것 같다.

1895년에 ABC(아메리카 볼링 연맹)가 설립되어, 이윽고 통일 루울, 도구의 규정 등이 정비되기 시작했다. 1916년에는 여성을 위한 WIBC도 설립되어, 그때까지의 남성 중심의 볼링이 널리 가족 전원이 즐길 수 있는 스포츠로써 발전해 가게 되었다.

현재, 전세계적으로 통일되어 있는 레인 규격이나 볼의 규격 등의 그 원전은 이 시대에 만들어진 것이다. 기원전부터 시작된 볼링이 금세기에 들어와서 완성되었다고 하는 것이다.

제4장
레벨 업에 챌린지

1. 여러가지 구종(球種)으로 바꾸어 보자

　구질(球質)을 결정하는 여러 가지 요소 중에서 그 차이가 가장 크게 나타나는 것이 볼의 구부러짐 상태(구종) 다. 이것은 야구의 구종(球種) 이상으로 중요하다. 야구의 경우는, 스트라이크 존에 일정한 폭이 있고, 볼이 되더라도 좋다고 하는 '버려진 공'을 던질 수도 있다. 그러나 볼링의 경우는 노린 한 점을 히트하지 않으면 득점할 수 없고, 가터해 버리면 0점이 되는 것이다.
　그래서, 어느 정도 내츄럴 훅을 항상 컨트롤할 수 있게 되면 다른 구종의 연습을 시작하도록 한다. 무리해서 전부를 마스터할 필요는 없지만, 내츄럴 훅 이외의 구종을 던질 수 있다면 게임의 득점이 높아지는 것도 사실이다. 내츄럴 훅으로는 상당히 무리하지 않고서는 노릴 수 없는 편의 스페어 상태라도 커브하면 쉽게 딸 수 있는 경우가 제법 많다.
　볼의 구종이라고 하는 것은, 릴리스 순간 손가락의 빠지는 정도에 따라서 결정된다. 손가락이 빠질 때에, 볼에 대해서 어떤 회전력을 가하느냐가 문제인 것이다.

구종(球種)은 손가락의 빠지는 정도로 결정되어 버린다.

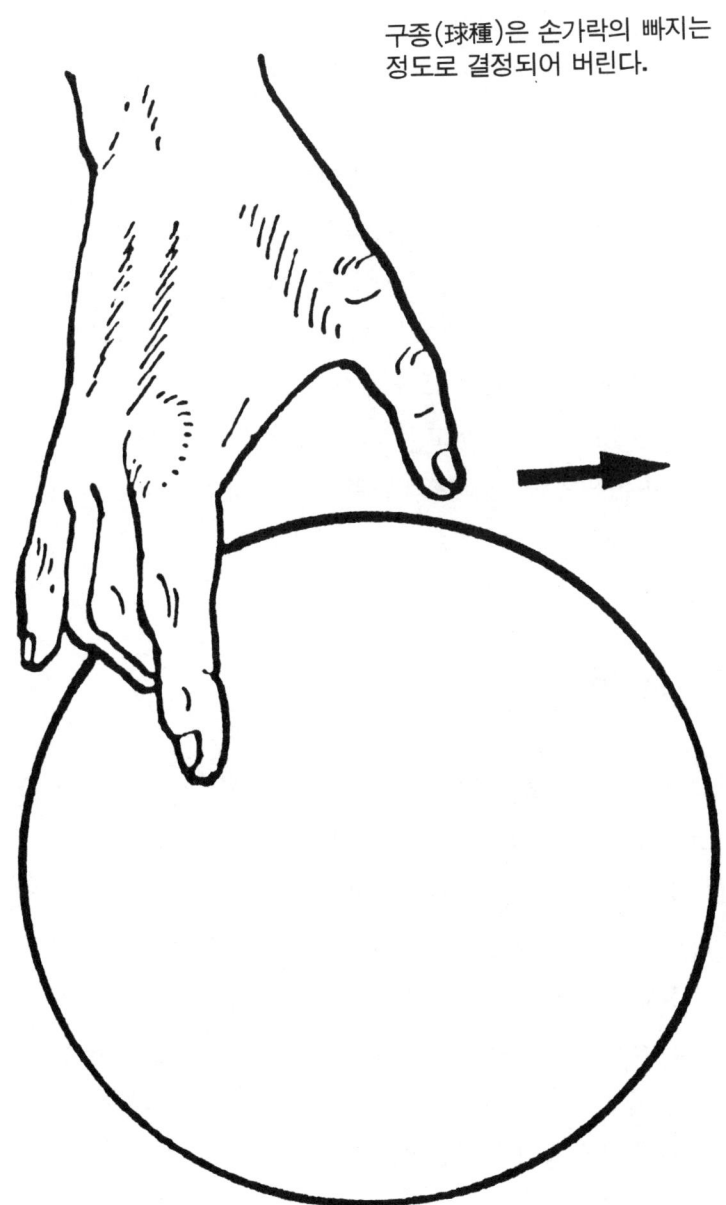

보통 투구 방법의 경우, 릴리스 때에는 우선 엄지가 먼저 빠지기 시작한다. 이어서 중지, 약지가 빠지는데, 이때에 중지, 약지가 조금 왼쪽을 향하고 있으면, 볼은 나중에는 왼쪽으로 휘어지기 시작한다. 이것이 소위 내츄럴 훅인데, 그럼 오른쪽을 향하고 있으면 어떻게 될까? 당연히 오른쪽으로 휘어진다.

더욱이, 손가락의 방향, 볼에서 손가락이 빠지는 방법에 덧붙혀 일반적으로 '회전시키'든가 '견다'고 하는 손목의 핸드 액션이 더해지면, 휘어짐의 효과는 보다 강해진다.

이런 점을 염두에 두고, 연습을 시작해 주기 바란다.

구종은 일반적으로 훅 스트레이트, 커브, 백 업의 4종류로 분류되고 있다.

훅 볼

레인의 대부분을 똑바로 나아가 핀의 바로 앞에서 파고들듯이 휘어져 가는 훅 볼은 볼링에 가장 적합한 볼이다.

훅 볼을 던지기 위해서 특별히 해야 할 것은 아무 것도 없다. 자연스런 폼으로 던지며, 내츄럴 훅할 것이다.

훅하지 않을 때의 체크 포인트는 다음과 같다.

① 손목이 볼의 무게에 눌려서, 극단적으로 뒤로 꺾어져 있지는 않은가?

② 엄지의 방향은 바른가?

③ 약지와 중지는 최후까지 볼을 그립하고 있는가?

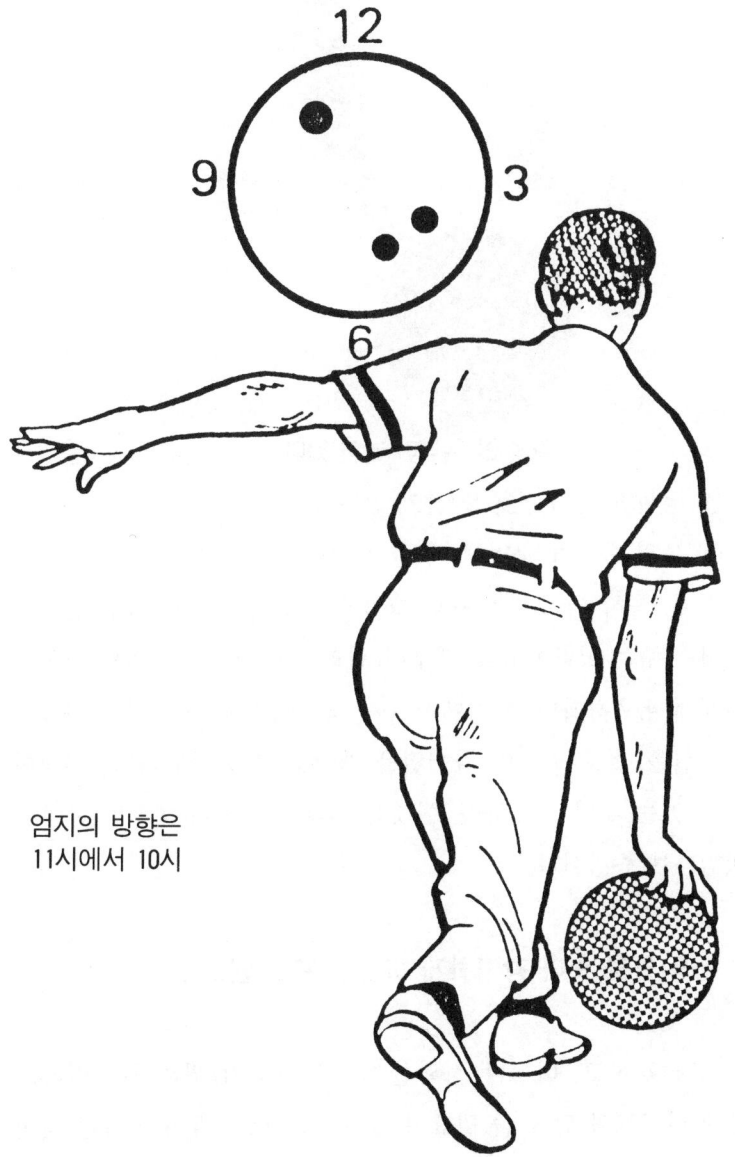

엄지의 방향은
11시에서 10시

볼을 쥔 흔적이 남아 있다.

④ 정확한 진자 운동을 하고 있는가?
⑤ 볼의 손가락 구멍에 각 손가락이 딱 맞는가?

등인데, 특히 엄지의 방향과 그립은 중요하다. 앞에서도 말했던 것처럼 푸쉬 어웨이했을 때부터 릴리스할 때까지 엄지의 방향은 시계에 비유하자면, 11시에서-0시 방향에 있을 필요가 있다.

그립은, 폴로 스로에 들어갔을 때에도 볼을 단단히 쥔 흔적이 남아 있는 것이 중요하다. 이것은 최후까지 볼에 회전력을 주고 있었다는 증명이다.

•훅 볼을 보다 강력하게 하는 리프트 앤드 턴

보다 강하고, 더구나 정확한 훅 볼이 되기 위해서는 릴리스 때에 리프트와 턴을 줄 필요가 있다. 리프트는 들어 올리는 것이고, 턴은 돌려준다고 하는 의미이다.

• 훅 볼을 던지는 경우는 손목 상태

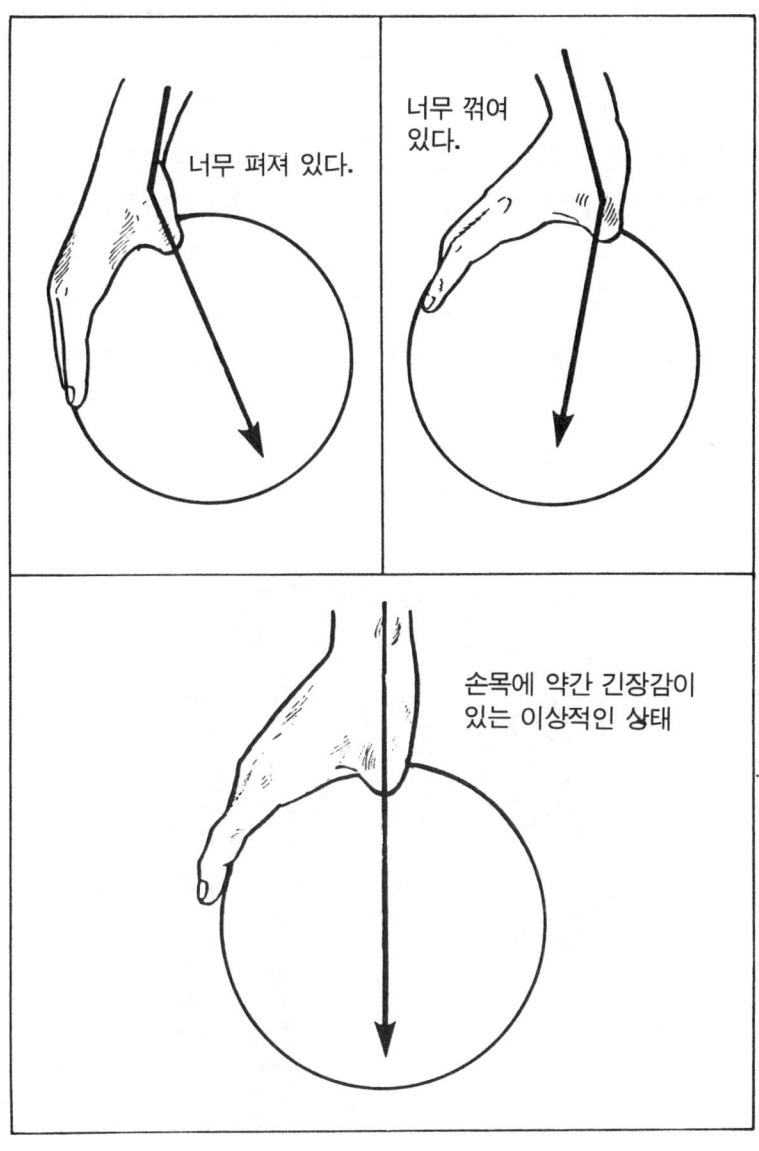

리프트는 중지와 약지로 볼을 위로 들어 올리는 '기분'으로 릴리스하는 것인데, 무리하게 들어 올리려고 할 필요는 없다. 최후의 최후까지 볼을 정확하게 붙들고 있으면 되는 것이다. 이것은 바꿔 말하자면, 중지와 약지가 최후까지 볼의 무게를 손가락으로 느끼고 있느냐 어떠냐라고 하는 말이다. 즉, 중지와 약지가 볼의 중력을 떠맡아 온 이상으로 엄지가 지탱해 온 몫까지 가해지는 것이다. 이때에, 두 개의 손가락으로 단단히 볼을 끝까지 지탱할 수 있으면 되는 것이다. 손목이 휘어지지 않고 자연스런 폼이라면, 무리없이 릴리스할 수 있을 것이다. 엄지가 좀체로 빠지지 않거

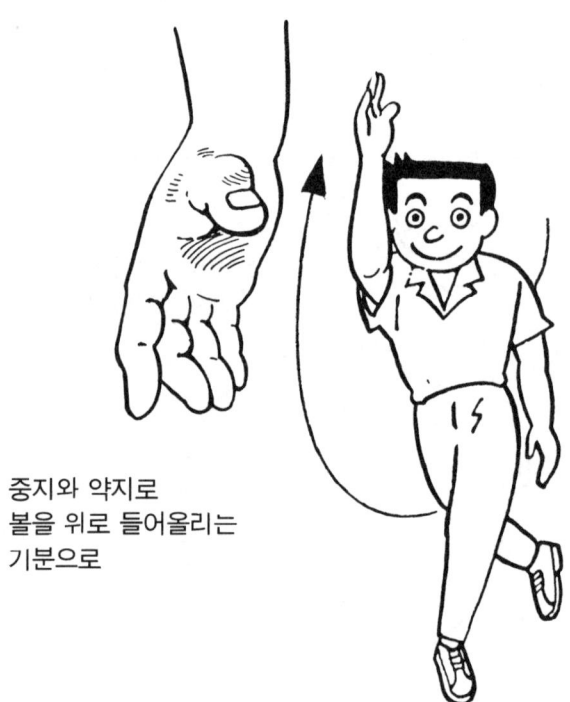

중지와 약지로
볼을 위로 들어올리는
기분으로

나, 반대로 너무 빨리 빠져서 쾅하고 아래로 떨어지는 것 같은 릴리스에서는, 볼을 지탱하는 반응이 없어져 버릴 것이다.

턴의 요령은 얼마나 제대로 엄지를 빼면서 턴시키느냐를 유의하는데 있는 것이다. 릴리스 때 볼에 회전력을 가하지 않으면 안 되기 때문에, 그 이전에 턴시켜도 아무런 의미가 없다.

그렇지만, 실제는 엄지가 빠지기 시작하면서 손목을 이용해서 볼을 턴시키는 것은, 손목이 상당히 강한 사람이라면 몰라도 일반적으로는 가능한 일이 아니다.

그래서 준비 기간으로써 스윙이 최하점에 이르기 조금 전부터 손목을 턴시키기 시작하는 것이다. 엄지는 그때까지는 12시 방향을 유지해 주어야 한다. 내츄럴 투법보다 엄지가 바로 정면을 향하고 있는 편이 회전 각도가 상당히 커지기 때문이다. 그리고, 볼의 무게로 엄지가 볼에서 떨어지려고 하는 즈음부터 손목을 시계와 반대 방향으로 돌리기 시작해서, 엄지가 구멍에서 다 빠졌을 때에는, 10시 방향이 되도록 해 주는 것이다.

이론으로는 알고 있어도 이 리프트 앤드 턴을 완전히 자신의 것으로 만들기 위해서는, 연습에 의해 필링을 파악하는 방법밖에는 없다. 리프트 앤드 턴을 하고 있다 해도, 볼이 크게 커브해 버리거나, 크게 코오스를 벗어나거나 하는 경우가 생긴다. 이것은 리프트와 턴의 어느 쪽인가가 완전하지 않은 탓이다. 또한 턴할 작정으로, 최후의 최후까지 손목을 주물러 터뜨려서 릴리스하고 있는 사람이 있는데, 항상 준비 단계부터 턴시키도록 주의해야 한다.

리프트 앤드 턴이 몸에 익숙해지면, 파괴력이 급속하게 증가한

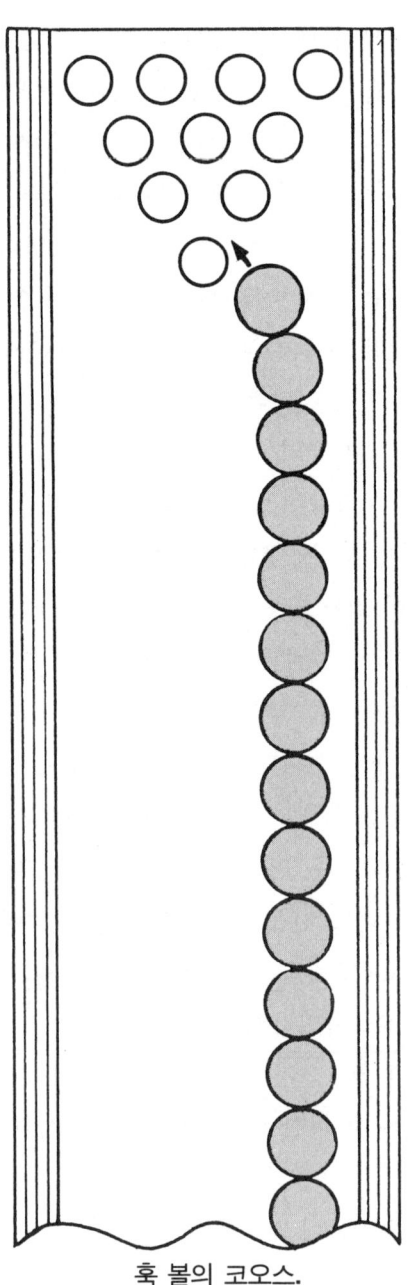

훅 볼의 코오스.

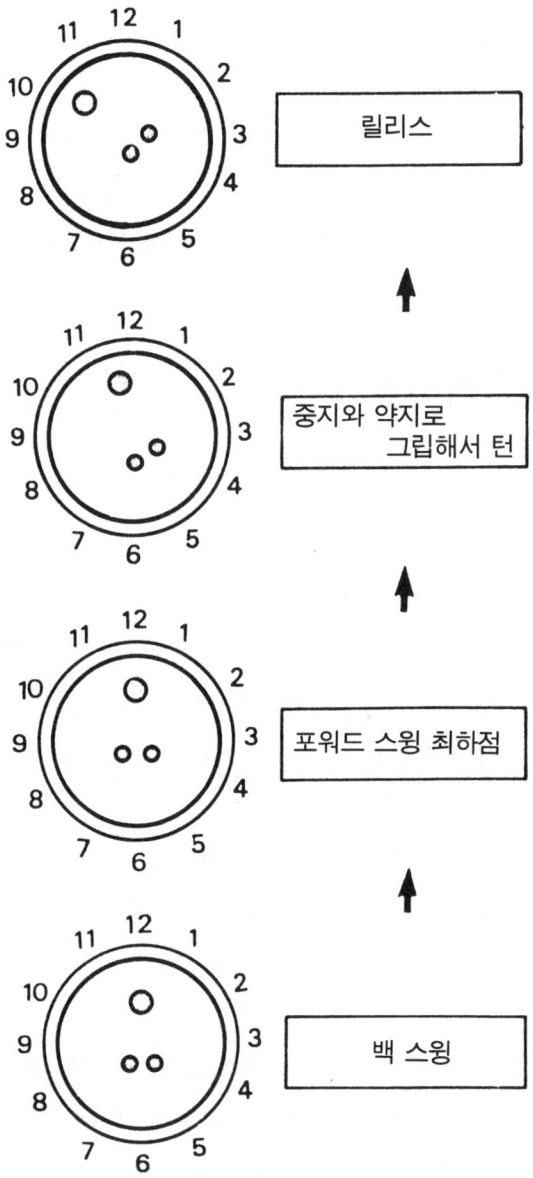

다. 볼에 엄지를 중심축으로 한 강력한 회전력이 가해지기 때문이다. 연습을 충분히 해 꼭 필링을 파악해 보기 바란다.

힌트로써는 백 스윙 때의 엄지 위치의 확인, 그리고 포워드 스윙에서 최하점 직전까지 같은 위치를 유지하도록 한다. 턴을 시작하지만, 중지와 약지는 단단히 그립하고 있고, 최후에는 10시 방향에서 폴로 스로하고 있는지를 항상 체크해 둔다.

스트레이트 볼

릴리스했을 때부터 일직선으로 핀을 향해 가는 스트레이트 볼은 초보에게서 많이 볼 수 있는데, 의도적으로 노리고 보면 알 수 있겠지만, 던지기 어려운 볼이다.

직진성뿐인, 전혀 옆으로부터의 회전력을 갖지 않는 볼을 던지기 위해서는, 엄지가 완전히 바로 정면을 향하고 있지 않으면 안된다. 시계 바늘로 12시 방향이다. 그리고, 중지와 약지도 마찬가지로 바로 뒤에서 릴리스 하지 않으면 안된다. 이것은 몸에 있어서 상당히 어려운 투구법이 된다.

상급 볼러에게 스트레이트를 던지게 해도 좀체 일직선으로 볼이 굴러가지 않는 것도, 아무래도 옆으로 회전이 가해져 버리는 탓이다.

그럼, 어째서 초보자에게 스트레이트 볼이 많아지느냐 하면, 실은 볼이 살짝 빠져 버리기 때문이다. 특히 엄지를 살짝 끼고, 더구나 약지와 중지가 단단히 볼을 그립할 수 없는 경우는, 포워

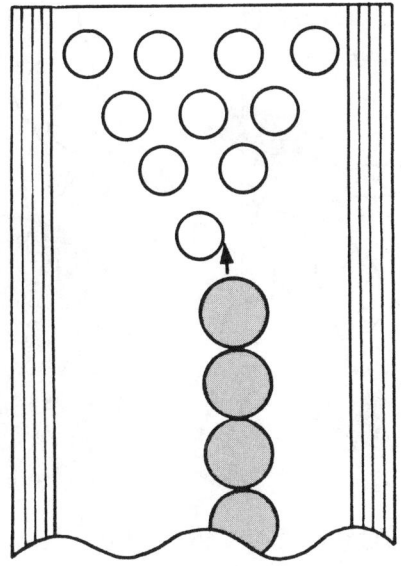

스트레이트 볼의 코오스

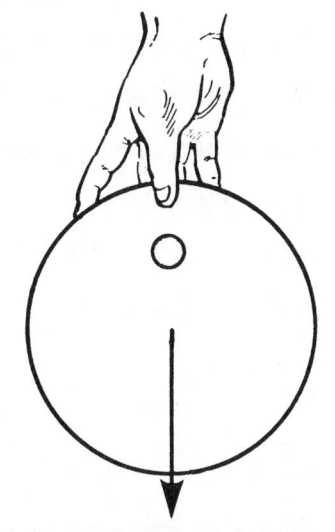

엄지는 12시, 중지, 약지는 바로 뒤

릴리스때에 볼이 쑥 빠져 버리면, 스트레이트 볼이 많아진다.

드 스윙의 직진력만으로 볼이 구르기 때문에 볼이 휘어지지 않는 것이다.

아무래도 스트레이트 볼이 많아져 버리는 경우는, 단단히 그립할 수 있는 볼로 바꾸어서, 살짝 빠지지 않도록 해주기 바란다.

그렇지만, 구부러짐이 적은 스트레이트 경향의 볼 투구 연습을 해 둬야 한다. 그때에는, 볼에 대해 엄지의 위치가 가능한 한 12시 가까와지도록 유의해서 던져 주기 바란다. 완전히 12시일 필요는 없다. 11시와 12시 반쯤에서 던지고, 항상 일정한 코오스를 통과하게 되면, 예를 들어 핀 1개가 남았을 때는 비교적 볼 코오스를 이미지하기 쉬워진다. 이것은, 레인 컨디션이 나쁠 때에는 매우 유효한 무기가 된다.

커브 볼

제1부 / 정통 볼링 기초 입문 129

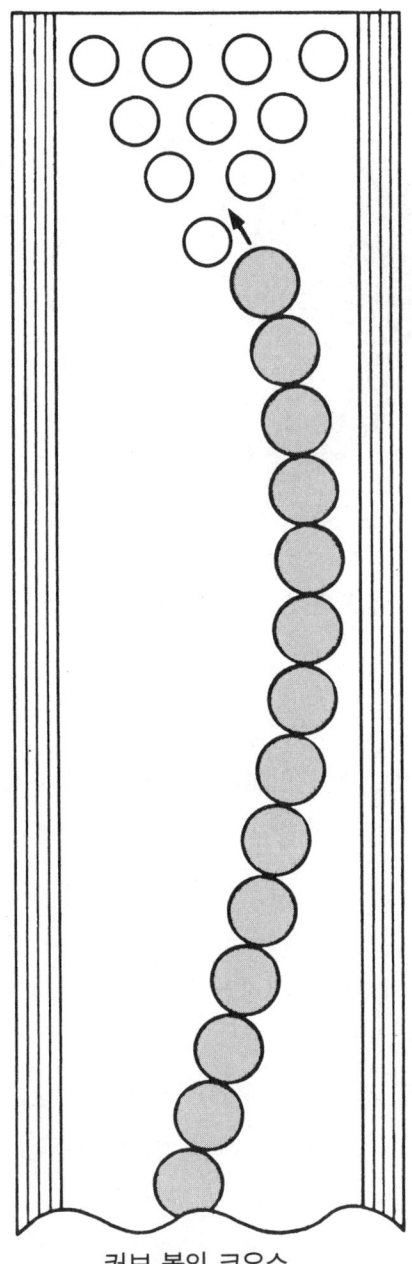

커브 볼의 코오스

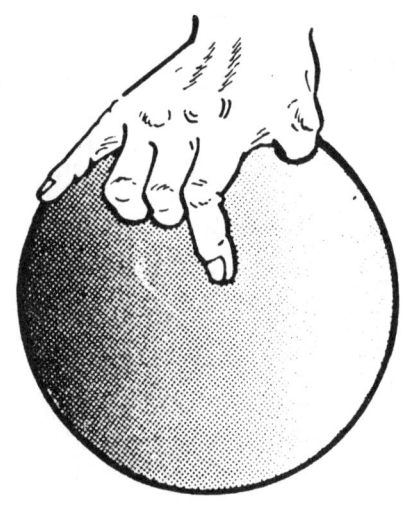

● 포워드 스윙 때
엄지의 방향이 12시 부터 1시

   훅 볼과 커브 볼은 매우 비슷하지만 양자의 경계가 확실하다고는 할 수 없다. 훅이 비교적 핀 가까이에서 휙하고 구부러지는데 반해서, 커브는 상당히 바로 앞에서 크게 휘어지는 것이 특징이다.
   볼링에서는, 커브보다 훅 쪽이 이상적이라고 생각되고 있는 것은, 너무 지나치게 구부러지면 볼의 컨트롤이 어려워진다고 하는 이유 때문이다.
   어느 한 점을 정확하게 히트하기 위해서 투구 전에 스스로 이미 지한 코오스를 달리게 하려고 해도 커브라면 크게 빗나가 버릴 위험성이 있다. 훅이라면 오차는 상당히 적어진다.

또한 커브의 경우, 항상 횡(橫) 회전력이 가해져서 직진력의 브레이크가 되어 볼 자체의 파워가 약해져 버린다. 모처럼 노린 점을 히트했는데 생각대로 핀이 쓰러져 주지 않는 경우가 많은 것이다.

커브 볼이 많아지는 경향이 있는 볼러의 특징은, 턴이라고 불리는 볼을 릴리스할 때에 볼을 회전시켜 버리고 있는 것이다. 포워드 스윙 때에는, 엄지가 12시부터 1시 방향을 향하고 있는데, 릴리스 때에 9시경이 되어 버리는 것이다. 이것은, 그다지 칭찬받을 일은 아니다. 손목에도 부담이 되어 버리고, 재빨리 수정해 두지 않으면 폼이 굳어져 버려서 상달(上達)하지 못한다.

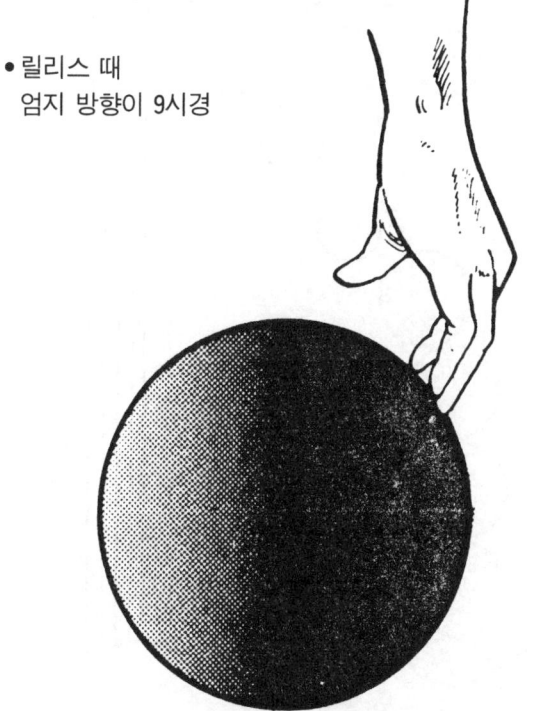

• 릴리스 때
  엄지 방향이 9시경

그러나, 커브 볼도 레인 컨디션에 따라서는 유효한 경우가 있다. 커브를 연습하기 위해서는, 우선 스트레이트와 마찬가지로 11시 반 근처에서 푸쉬 어웨이하고 다운 스윙부터 릴리스 사이에 볼을 조금 턴시켜, 릴리스 때에 9시 방향이 되도록 유의해서 연습해야 한다.

백 업 볼

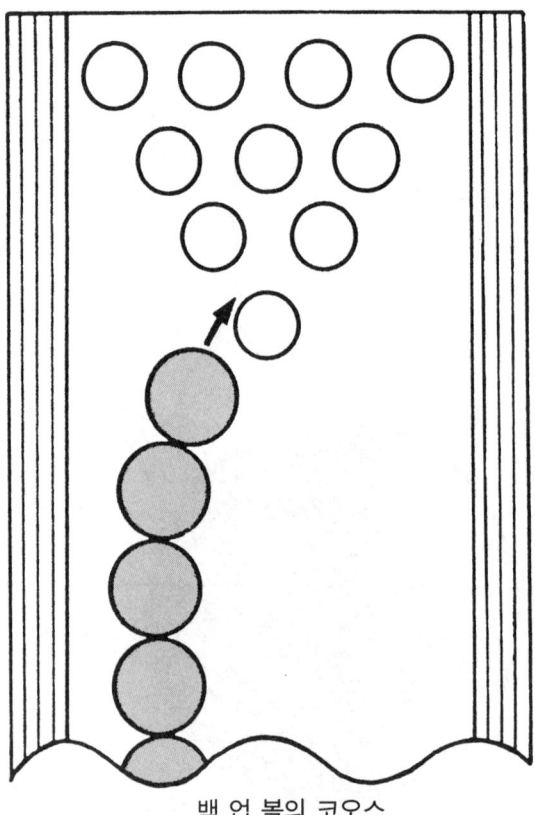

백 업 볼의 코오스

제1부 / 정통 볼링 기초 입문 133

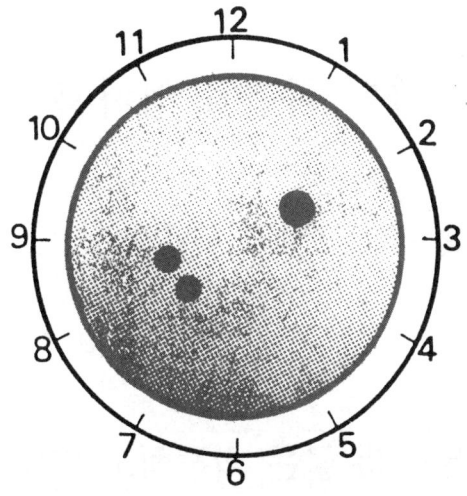

엄지의 위치가 1시~2시 방향이
되어 버리고 있다.

 야구로 말하자면 슈트 볼이지만 볼링에서는 미스 투법이 된다. 즉, 오른쪽으로 던지는 경우는 왼쪽으로 휘어지는 것이 당연한 일로, 상당히 무리해서 변칙적인 투구법(投球法)을 하지 않는 이상 오른쪽으로 슈트할 리가 없기 때문이다.
 백 업이 되는 원인은, 릴리스 순간에 허리가 크게 펴져 버려서, 똑바로 릴리스한 셈인데도 실은 왼쪽에서 오른쪽으로 떠올리듯이 턴시켜 버리고 있기 때문이다. 이때의 엄지 위치는 1시라든가 2시 방향이 되어 버린다.
 역회전이 되는 것이기 때문에 당연 파워도 없고, 그보다 우선 폼이 잘못 되어 있기 때문에, 하루라도 빨리 폼을 수정하는 일이 필요하다.

2. 볼의 회전을 업하자

상급자일수록 볼은 회전하고 있다

자신의 볼이 히트할 때까지 얼마나 회전하고 있는지 생각한 적이 있는가? 사실 볼링에 있어서는, 회전(롤링)이 상당히 중요한 의미를 가지고 있는 것이다. 그것은, 하나는 휘어지는 방법에 강한 영향을 주는 점, 또 하나는 핀에 맞고 더 안으로 들어가는 파워는 볼의 회전수가 많은 편이 보다 강력하다고 하는 점이다.

단순히 파울 라인의 중앙에서 똑바로 ①번 핀까지 데굴데굴 볼을 굴려 가면 볼은 27회전해서 ①번 핀에 이른다. 그러나, 실제는 레인에 오일이 칠해져 있기 때문에, 볼은 '미끄러지면서 회전'하고 있다.

초보자가 볼에 충분히 기세를 가해서 공을 던져도, 불과 수회전 밖에 하지 않는 경우가 많다. 한편, 상급자나 프로의 경우, 같은 스피드라도 10회에서 15까지 회전시키고 있다.

이 차이는, 릴리스할 때에 중지와 약지로 볼을 단단히 리프트하

제1부 / 정통 볼링 기초 입문   135

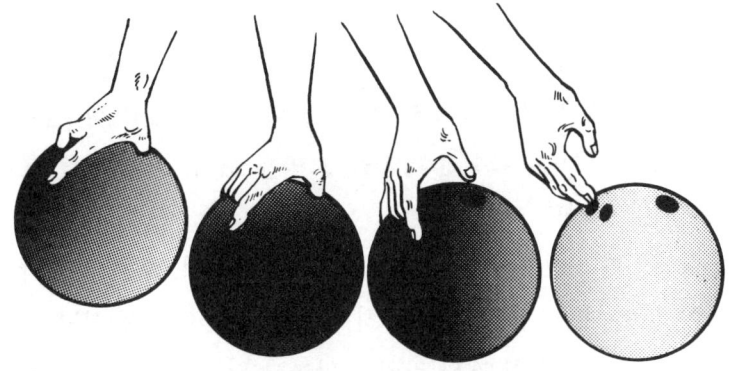

중지, 약지로 단단히 리프트한다.

고 있느냐 어떠냐. 폼이 안정되고, 리프트 앤드 턴을 완전히 마스터하면, 회전수는 자꾸자꾸 올라간다.

볼이 얼마나 회전하고 있는지 체크하기 위해서 손가락 구멍 근처에 표시로써 흰 테이프를 붙이고 던져 보면 될 것이다. 별로 회전하지 않는다면, 조금 더 리프트 앤드 턴을 포함해서 릴리스를 확실히 연습할 필요가 있다.

롤링 타입을 체크

릴리스가 안정되면 볼은 차차 같은 회전 방법을 취하게 된다. 이 롤링에는 크게 나누어 세 가지의 타입이 있다. 세미 롤링, 폴 롤링, 그리고 스피너라고 불리는 것이다.

대부분의 볼러는 세미 롤링이다. 대개 80% 정도가 이 타입이다. 자신이 어느 타입인지는 자신의 볼을 가지고 직접 던져 보면 간단하다. 볼에 상처가 남는 것이다. 레인에 내던져진 볼은 레인에 오일이 칠해져 있지만, 역시 마찰되고 몇 번이나 던져지는 사이에, 확실한 상처를 보이게 된다. 이 상처를 롤링 트랙이라고 한다.

상급자가 되면 될수록 롤링 트랙은 선명해진다. 즉, 구질이 안정되어 있어 항상 같은 회전을 하고 있기 때문에 같은 부분에만 상처가 집중해서 한 개의 라인을 만들고 있는 것이다. 초보자의 경우, 롤링 트랙은 여기 저기 흩어져 있고, 폭도 커지게 된다.

그럼, 마이볼을 갖고 있지 않은 하우스볼로 연습하고 있는 사람은 어떻게 체크하는 것이 좋을까? 하우스 볼은 많은 사람이 사용

롤링 타입을 알기 위해서도 던지기 전에 볼을 닦자.

하기 때문에 롤링 트랙은 생기지 않는다. 하우스 볼의 경우 되돌아 온 볼에 남겨진 오일의 흔적으로 첵크할 수가 있다.

그러기 위해서는 던지기 전에 볼을 깨끗한 헝겊을 사용해서, 볼에 묻은 오일이나 먼지를 닦아 둘 필요가 있다(이것은 롤링의 체크 뿐만 아니라, 습관적으로 해 두기 바란다.

되돌아 온 볼의 표면에 아주 엷게 남아 있는 오일이 당신의 롤링 타입이다.

세 가지의 롤링 타입

남겨진 롤링 트랙으로부터 알 수 있는 볼의 회전은, 크게 나누어서 다음 세 가지로 분류할 수 있다.

① 풀 롤링

이것은 볼의 원주(円周), 즉 지구로 말하자면 적도에 해당하는 부분을 풀로 사용해서 회전해 가는 볼이다. 초보자가 흔히 하는 백 업 볼과 같은 코오스를 취한다. 단, 초보자의 경우는 실수로 그렇게 되는데 반해서, 능숙한 사람은 의도적으로 풀 롤링하도록 릴리스한다.

릴리스할 때에 훅 볼의 리프트 앤드 턴과 좌우 역움직임을 시키면 풀 롤링한다. 훅이라면 엄지가 10시부터 11시 사이에서 릴리스되는데 반해서, 풀 롤링에서는 반대로 1시부터 2시 사이로 엄지가 향하고 있다. 즉, 시계 방향으로 볼을 턴시킨 것이 된다.

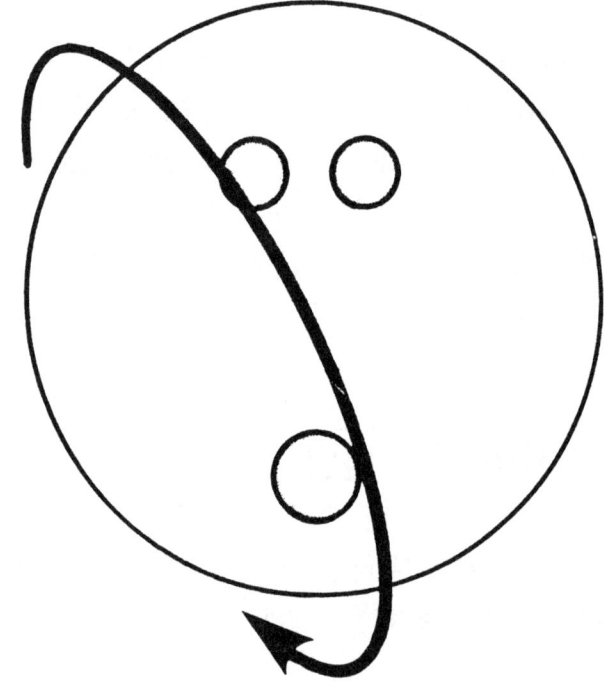

풀 롤링

롤링 트랙은 보통 엄지 구멍과 약지, 중지 구멍 사이를 비스듬히 가로 지르고 있다. 이 타입은 손에도 상당히 부담이 가해져서, 폼이 안정될 때까지는 연습을 절제하는 편이 좋을 것이다.

② 세미 롤링

쓰리 쿼터라든가 세마이 롤링이라고도 하는 롤링 타입으로, 볼 원주의 4분의 3 정도를 궤도로 해서 회전하는 볼이다. 앞에서도 서술했듯이, 볼러의 대부분이 타입의 롤링을 하고 있다. 오른손

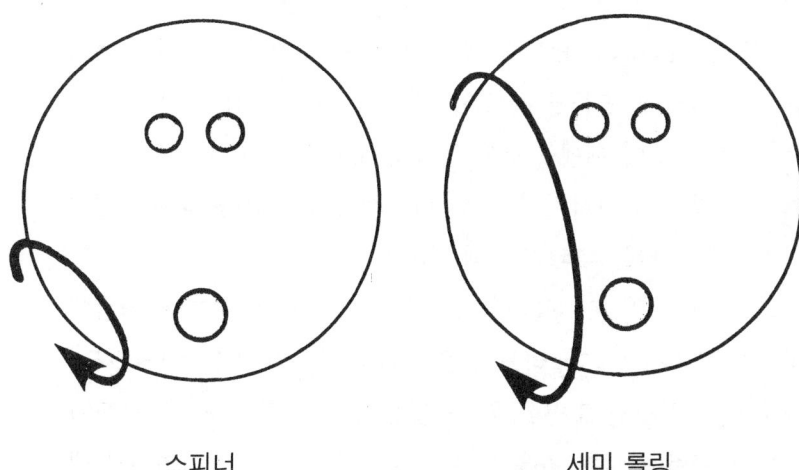

　　　　스피너　　　　　　　　세미 롤링

잡이의 경우, 엄지와 중지의 바깥쪽에 롤링 트랙이 생긴다.

③ 스피너

　회전 반경이 가장 작은 볼로, 팽이와 같이 빠르게 스핀하기 때문에, 이런 이름이 붙었다.

　릴리스 때의 손목의 움직임은 세미 롤링과 비슷하다. 그러나 강인하고 빠르게 턴시키기 때문에 스핀이 가해져 버리는 것이다. 초보자로 손을 주물럭거리는 타입은 미스 릴리스 인데, 역시 이와 같은 스피너를 던져 버리는 경우가 많은 것 같다.

차이는 리스트 액션으로 결정된다

　롤링의 차이는, 그 대부분이 릴리스 때의 리스트 액션으로 결정된다. 손목을 펴서 턴을 크게 할 수록 볼의 회전 반경은 작아진다. 또한, 손목으로 단단히 볼을 홀드하고 있어도, 엄지를 빼지 않고 강인하게 손목을 돌려서 던져도, 회전 반경이 매우 작은 볼이 생긴다. 이 때에는 손가락 구멍의 반대측 바닥 부분만으로 팽이와 같이 회전하면서 진행하는 스피너가 된다. 회전반경이 작아지면 그만큼 파괴력이 작아진다.

회전 반경 외에도 볼의 어느 부분으로 회전하는가도 사람에 따라서 가지각색이다. 리프트 앤드 턴은 각각의 개성이 나타나기 때문에, 의식적인 조정을 할 수 없는 것이 실정이다. 단, 궤도가 손가락 구멍에 걸려 있을 경우는 완전한 미스 롤링이기 때문에 수정하도록 한다.

역시 기본은 세미 롤링

세 가지의 롤링 타입 중에서 어느 것이 가장 좋은지는 간단하게 말 할 수 없다. 풀 롤링으로 높은 애버리지를 내는 사람도 있다. 한 때 스피너가 가장 파괴력이 있다고 해서 잠깐 붐이 된 적도 있지만, 결과적으로는 다른 것과 비교해서 차이는 없었다. 오히려 지금은 파괴력이 작다고 하는 것이 정설이 되고 있다.

단, 말할 수 있는 것은 '대부분의 사람들이 채용하고 있는 롤링, 즉 세미 롤링이야말로 기본'이라고 하는 사실이다. 야구에서 오버 스로가 주류이고, 언더 스로가 적은 것과 마찬가지라고 생각하면 알기 쉬우리라 생각한다. 그러나 세미 롤링을 아무리 연습해도 잘 되지 않고, 몸에 익숙해지지 않는다고 생각하면 가벼운 기분으로 다른 볼링을 시도해 보도록 한다.

의외로 피트하는 경우도 있는 것이다.

3. 레인 컨디션을 파악하자

　폼이 굳어짐에 따라서 레인에 따라, 같은 레인이라도 시간에 따라 볼이 구부러지는 방법이 다르다는 사실을 깨달을 것이다. 혹할 볼이 후킹 포인트를 넘어도 혹하지 않고 그대로 직진해 버리거나, 반대로 크게 커브하거나 하는 것이다. 폼도 정상이고, 릴리스도 정확한데 노린 코오스로 가지 않는 것은, 레인의 컨디션 (상태)이 평소와 다르기 때문이다.
　극론하자면, 모든 레인의 컨디션은 각각 미묘하게 다르다. 같은 레인이라도 아침과 저녁에 따라 컨디션은 크게 다르다.
　볼링의 어려움, 심오함의 요인 중 하나가 이 레인 컨디션에 있다.

오일이 모든 것을 지배한다

　전국의 레인은 국제 규격으로써 1미리의 착오도 없도록 엄격하게 체크되고 있다. 그런데도 불구하고 어째서 그렇게 레인에 따라, 시간에 따라 컨디션이 다른가 하면, 레인에 칠해져 있는 오일의 상황이 각각 미묘하게 다르기 때문이다. 오일을 레인에 칠하는 이유는, 이하의 세 가지 이유 때문이다.

① 레인재의 보호

레인에는 그야말로 무거운 볼이 몇만 번이나 던져지고 있다. 그것도 상급자 뿐만 아니라, 완전히 초보자도 있다. 그 중에서는 쾅하고 볼을 떨어뜨리는 사람도 있다. 그런 충격으로부터 레인재를 지키는 것이 오일을 칠하는 첫번째 이유이다.

특히 파울 라인의 조금 앞, 볼이 최초로 레인에 닿는 부분이 받는 충격은 강렬한 것으로, 마찰열에 의한 눌음이 생겨 버리는 경우도 있다. 그러므로, 파울 라인의 바로 앞 부분에는 특히 두툼하게 오일이 칠해져 있다.

② 클린한 레인을 유지한다

에어 컨디션이 설치되어 있어도, 레인에는 여러 가지 먼지나 티끌이 내려 온다. 또한 볼에 의해서도 여러 가지 티끌이나 더러움이 묻을 수 있다.

오일을 칠해 두면 이런 더러움이 직접 레인재에 부착해 버리는 것을 막을 수 있다. 볼링장은 정기적으로 오일을 뿌리고 청소하고 있는데, 이때에 더러움은 오일과 함께 간단히 제거할 수 있다. 항상 클린한 상태를 유지하기 위해서도 오일은 도움이 되고 있다.

• 어째서 오일이 칠해져 있는가

③ 볼의 에너지를 지속시킨다

또 하나 잊어서는 안될 것은, 오일은 볼과 레인의 마찰을 감소시킨다고 하는 점이다. 만일, 레인에 오일이 전연 칠해져 있지 않다고 하면, 마찰이 커져서 볼의 기세를 자꾸자꾸 약화시켜 버린다. 그렇게 되면, 단순히 완력(腕力) 등의 파워가 있는 사람이 유리하게 되고, 더구나 회전 등과 별로 관계가 없는 단순한 게임이 되어 버린다.

이 오일이 볼링을 어려운 것으로 만들고 있는 것은 사실이다. 그렇지만 이 때문에 볼링은 재미있는 것이다.

빠른 레인과 느린 레인

볼링의 TV 중계 등에서 자주 '레인이 빠르다', 혹은 '느리다'고 하는 말을 들은 적이 있으리라 생각한다. 이것은 우리나라에서만 표현되는 것이지만, 빠른 레인이란 레인에 다량의 오일이 칠해져 있는 상태이고, 느린 레인은 반대로 소량의 오일밖에 칠해져 있지 않은 상태를 가리킨다.

레인에 다량의 오일이 칠해져 있는 볼의 스피드는 쇠퇴하기 어려워 최초의 스피드를 유지할 수 있기 때문에 '빠른' 레인, 반대로 오일이 얇으면 마찰로 인해 브레이크가 걸리기 때문에 '느린' 레인이라고 말하고 있는 것이다. 아메리카에서는 후킹 레인(휘어지는 레인), 초 후킹 레인(휘어지지 않는 레인)이라고 말하고 있다. 이것은 레인이 빠르냐, 느리냐라고 하는 것보다, 휘어지느냐

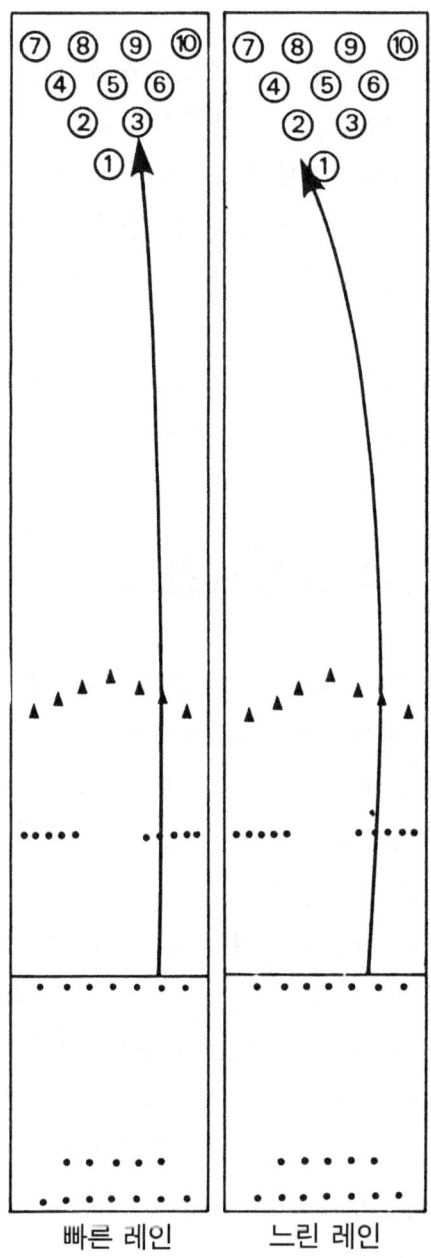

빠른 레인　　느린 레인

휘어지지 않느냐가 가장 중요한 포인트이기 때문이다.

 빠른 레인에서는 스피드가 너무 지나치면 볼은 휘어지기 어려워진다. 왜냐하면 볼이 훅 또는 커브하는 것은, 레인과의 마찰로 인해 직진하려고 하는 파워가 쇠퇴하고, 릴리스 때에 준 좌회전의 회전력 쪽이 강해서 휘어지기 시작하기 때문이다.

 그러므로, 평소는 강력한 훅 볼을 던지고 있는 사람도 대부분 직선 코오스를 나간다고 하는 경우가 되어 버린다.여느 때는 매우 작게밖에 휘어지지 않는 사람이라도, 오일이 극단적으로 적게 발라진 경우는 크게 휘어져 버리게 된다.

 그 레인이 여느 때보다 휘어지느냐,휘어지지 않느냐 하는 것이 중요해 지는 것이다.

레인은 시시 각각 변화한다

 휘어지느냐, 휘어지지 않느냐라고 하는 것은, 레인의 오일의 양에 따라서 결정되기 때문에, 그야말로 모든 레인마다 차이가 있다. 더구나, 그 뿐만이 아니다.

 오일은 소량이지만 증발하고, 볼에도 부착하기 때문에 레인 컨디션은 각각 변화하고 있다.

 보통, 볼링장에서의 레인 손질은 전야 혹은 이른 아침에 이루어진다.

 따라서, 아침 영업 개시 시점에서는 오일이 칠해진 직후이기 때문에 휘어지지 않는 레인이 된다. 그리고 시간이 지남에 따라서 점차 휘어지게 된다. 영업 종료 시간 직전에는 가장 느려서, 필요 이상으로 파워를 죽인 볼이 되는 것이다.

레인 위에서 오일이 감소해 가는 최대의 원인은 뭐니뭐니해도 볼이다. 만일, 그 레인을 하루종일 아무도 사용하지 않았을 경우는 레인 컨디션에 큰 차이는 안생긴다. 볼이 레인을 굴러가고 있는 사이에, 자꾸 자꾸 오일이 묻어 버리고 있는 것이다. 이른 시간에 볼을 던진 적이 있는 사람이라면 알 수 있겠지만, 볼에는 확실히 오일 흔적이 묻어 온다.

그 오일을 한 번 던질 때마다 헝겊으로 닦아내고 다시 던지기 때문에 오일이 감소해 가는 것이 당연하다. 당연, 레인의 사용 횟수도 영향을 미친다. 많은 사람이 던지는, 손님이 많은 볼링장일 수록 컨디션의 차이는 커진다.

레인 컨디션이 바뀌어도

다른 레인 컨디션에 대해서 어떻게 맞서면 좋을지는, 구체적으로는 실전 테크닉에서 설명하겠지만, 중요한 것은 폼을 바꾸지 않고 던진다고 하는 점이다. 볼의 휘어지는 정도가 다르기 때문에, 턴을 크게 하거나 작게 하거나 해서 조정하면 된다고 생각하는 사람도 있겠지만, 그것은 잘못된 생각이다. 실제로 해 보면 알 수 있겠지만, 평소의 폼을 바꾸어 던진다고 하는 것은 매우 어려운 일이다.

게다가, 지금까지 폼을 안정시키고, 같은 리프트, 같은 턴, 같은

릴리스로 자신의 볼의 점과 선을 만들기 위해서 연습해 온 의미도 없어진다. 프로의 경우는 레인에 맞는 볼을 선택하지만, 아마츄어는 그렇게까지 하지 않더라도 괜찮다. 정확하게 레인마다의 조정 (어저스트) 방법이 있는 것이다.

• 레인 컨디션의 기본 패턴

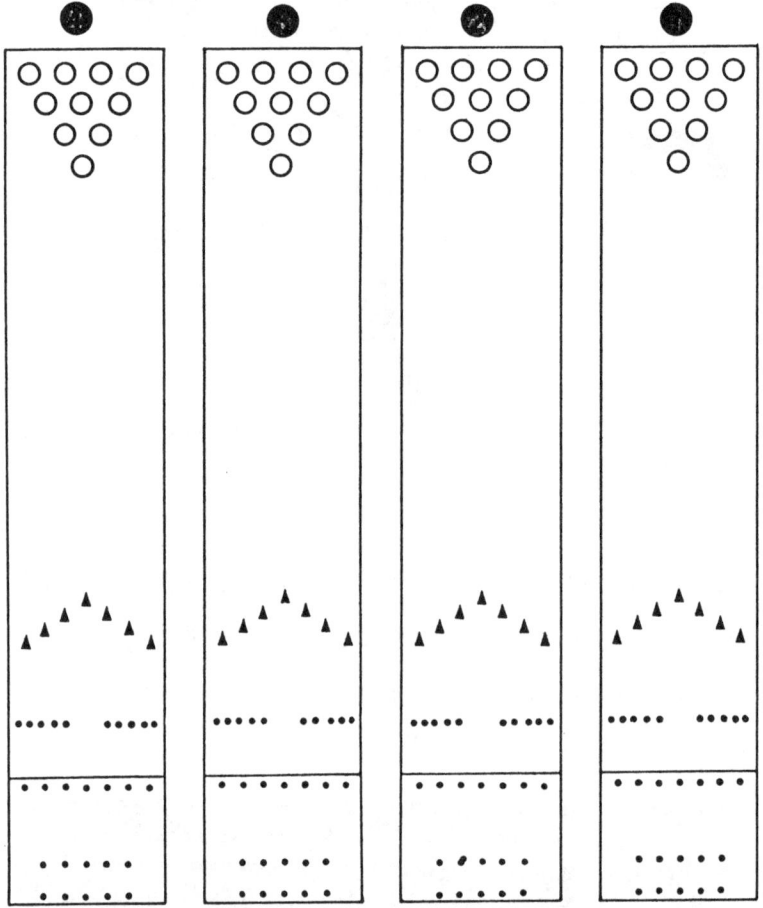

① 오일이 핀 옆까지 칠해져 있기 때문에, 볼이 매우 휘어지기 어렵다.(빠른 레인)
② 균일하게 오일이 칠해져 있는 베스트의 상태(베타 레인)
③ 사용됨에 따라서, 중앙부의 오일이 감소한 상태. 안쪽은 휘어지지만 바깥쪽으로는 휘어지지 않는다.
④ 하이 스코어를 내기 위해서 고의로 만들어진 상태. 바깥쪽 훅 볼을 던지면, 포켓으로 들어가기 쉽다.

4. 자신만의 오더 메이드

마이 볼을 가지자

　초보자나, 가끔씩 볼링장에 가는 사람에게 있어서, 볼링장에 비치되어 있는 하우스 볼은 매우 편리하다. 그러나, 만일 능숙해지고 싶다면, 그리고 취미로써 쭉 계속하고 싶다면, 꼭 마이 볼을 준비하기 바란다. 하우스 볼과 마이 볼은 그야말로 천양지차 만큼이나 기능의 차이가 크기 때문이다.
　하우스 볼은 불특정 다수의 사람들 누구나가 사용할 수 있도록 드릴(구멍뚫기)이 되어 있다. 이것은 자신이 가장 사용하기 쉬운 볼과는 다르다는 말이 되기도 하다.
　손가락 구멍의 사이드도, 손가락이 굵은 사람에게나 맞도록 큼직하게 만들어져 있다. 큰 것은 작은 것을 겸한다고 하는 원리이지만, 당연히 보통 손가락 굵기의 사람이나 작은 손가락의 사람에게 있어서는, 너무 느슨하게 된다. 흔히 말하는 쑥 빠짐이 많아지는 것은 이 탓이다.

손의 크기, 손가락의 길이나 굵기는 사람에 따라서 그야말로 천차 만별이지만, 스판(엄지부터 중지, 약지의 거리)이 모두 획일적으로 만들어지고 있는 것이다. 평균적인 손의 크기, 평균적인 손가락의 길이, 평균적인 손가락의 굵기의 사람이라면 괜찮겠지만, 그런 사람은 좀체로 없을 것이다.

볼이 맞지 않기 때문에 스코어가 낮고, 폼도 무너져서는 재미없다. 꼭, 마이 볼을 준비하기 바란다.

처음은 저렴한 가격의 볼로 충분

볼은 드릴러가 있는 프로 숍에서 만들지만, 고가의 볼일 필요는 없다. 초보자라면 더욱 더 그렇다. 기술이 향상되면, 거기에 맞춰서 볼을 바꿔 사고 싶어질 테니까, 우선은 싼 가격의 볼로도 충분하다. 우선, 자기 전용의 볼을 갖는 것이 중요하다.

드릴러와 잘 상담해 보도록 한다. 드릴러는 여러 가지를 질문할 것이다. 여느 때는 몇 파운드의 볼을 사용하고 있는가? 라든가, 애버리지는 얼마인가? 등이라고 질문하면서, 그 사람에게 맞는 볼을 상정해 가는 것이다. 만일 볼링장 내에 프로 숍이 있다면, 실제로 게임을 하고 있는 것을 보는 것도 좋은 방법이다.

볼의 무게를 결정하는 경우, 항상 사용하고 있던 볼보다 무거운 듯한 볼이라도 지장 없다. 자신의 손에 딱 맞는 볼이라면, 지금까지보다 무거운 볼도 던질 수 있게 되는 것이다.

또한, 하우스 볼과 달리 각 파운드의 중간 무게를 선택할 수 있다.

그립

볼의 무게가 결정되면 다음은 그립을 결정한다. 이것도 드릴러가 어드바이스해 줄 것이다.

그립은, 중지와 약지를 어디까지 손가락 구멍에 넣고 던지는가로, 크게 다음의 세 종류로 나뉜다.

① 컨벤셔널

중지와 약지를 제2관절까지 넣고 쥐는 그립으로, 볼링 교실에서 처음에 가르치는 초보자 대상의 그립이다. 하우스 볼도 이 컨벤셔널로 드릴되고 있다.

장점은 제2관절을 구부리고 그립하기 때문에, 볼을 단단히 홀드할 수 있는 점이다. 리프트 앤드 턴을 몸으로 느끼게 하기 위해서는 가장 적합한 그립이라고 말할 수 있다. 단, 회전력이 조금 약한 것이 결점이다.

② 핑거 팁

프로나 상급자 사이에서 많이 사용되고 있는 그립이다. 이 그립에서는 중지와 약지는 제1관절까지밖에 들어가지 않는다. 즉, 엄지와 다른 두 개의 손가락과의 간격이 길어지는 것으로, 회전을 살린 볼을 던지는데 적합한 그립이다.

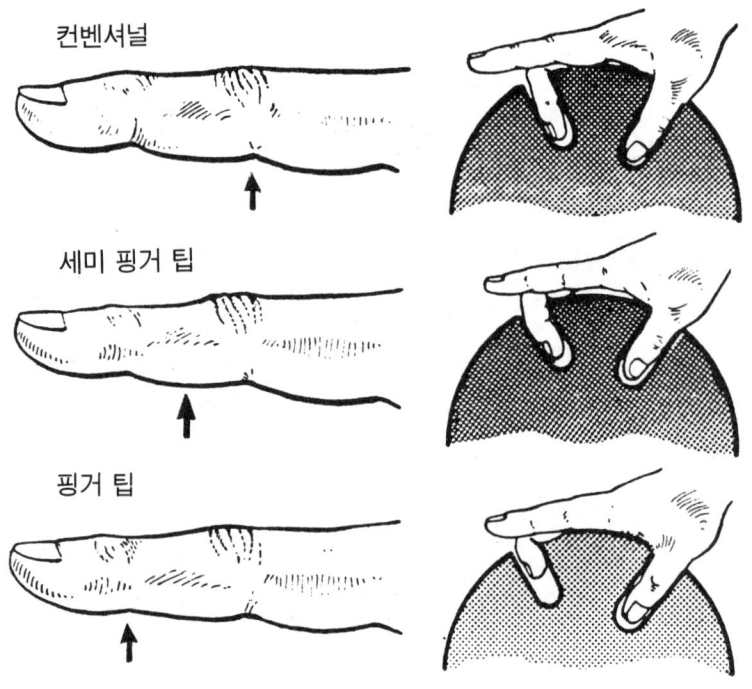

단, 그만큼 컨트롤이 어려워진다. 릴리스 방법에 따라서 볼의 방향이나 휘어지는 방법이 크게 좌우되기 때문에, 자유 자재로 구사하기 위해서는 상당한 연습이 필요하다.

③ 세미 핑거 팁

중지와 약지를 제1관절과 제2관절 중간까지 넣는 그립으로, 앞의 두 그립 중간에 위치한다. 관절 중간이라고 하는 이도 저도 아닌 점에서 볼을 쥐기 때문에, 손가락을 아프게 한다고 하는 지적도 있어, 현재는 별로 사용되지 않고 있다.

피치(손가락 구멍의 각도)

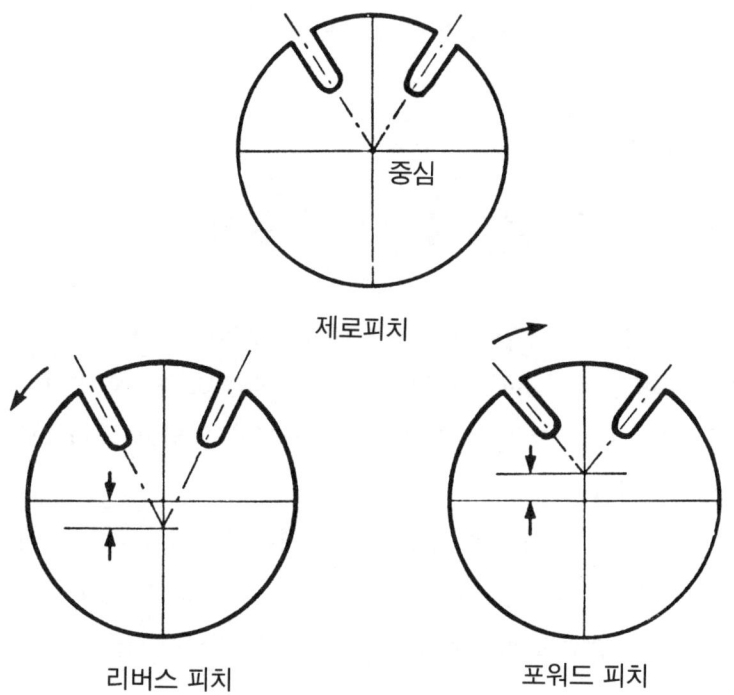

제로피치

리버스 피치   포워드 피치

　사람에 따라서 손의 크기, 손가락 모양, 살집 등은 가지 각색이다. 그 사람의 특징에 맞춰서 드릴하는 것인데, 그 테그닉의 하나로서 손가락 구멍은 어떤 각도에서 뚫느냐라고 하는, 피치가 가산된다.
　피치는, 초보자의 경우 드릴러가 판단해서 그 사람에게 맞는 피치를 선택해 준다. 피치는 '몇 번'이라고 표시되는 것이 아니라 길이로 표시된다.

볼의 중심보다 안쪽(관절이 구부러지는 방향)의 각도를 포워드 피치, 역방향을 리버스 피치라 한다. 또한 중심에서 오른쪽으로 향한 피치를 라이트 피치, 왼쪽을 레프트 피치라고 부르고 있다.

즉, 전후 좌우로 사람에 따라서 다른 피치 구멍이 뚫리는 것이다.

마이 볼은 엄지의 빠짐이 결정수

각각의 손가락 구멍이 크고 느슨해서 헐렁헐렁한 하우스 볼과 달리, 마이 볼은 소유한 사람에게 맞춰서, 딱 피트하도록 손가락 구멍을 뚫는다. 이로 인해, 볼을 가볍게 스윙할 수 있고, 스피드도 붙기 쉬워진다.

한편, 손가락 구멍을 딱 맞추면, 이번에는 손가락을 빼는 것이 문제가 된다. 특히, 엄지가 빠지지 않으면 쾅하고 레인에 볼을 떨어뜨리는, 소위 로프트 볼이 되거나, 스피드가 없는 직구가 되어 버린다.

따라서, 엄지를 딱 맞는 사이즈로, 더구나 빠지기 쉽게 드릴한다고 하는 것이 중요해진다. 여기에는 일정한 법칙이 있어서, 드릴러가 이해하고 있기 때문에, 초보자는 모든 것을 드릴러에게 맡기는 편이 좋으리라 생각된다.

완성된 후의 미조정도 잊지 않도록

하우스 볼과 비교해서 완성된 마이 볼의 손가락 구멍 속은 매끈매끈하지 않다. 손가락의 걸기를 중시하기 때문이다.

그러나, 무심히 지나치게 걸어서, 손가락 빠짐이 스무드하게 되지 않는 경우도 있다. 이것은 실제로 던져 보지 않으면 모르는 것이다.

보통, 드릴러는 그것을 체크하기 위해서 손가락에 초크 등을 끼우고 구멍에 넣은 후, 참고로 한다. 필요 이상으로 걸리는 부분에, 그 초크 흔적이 남기 때문에, 그 부분을 매끄럽게 하면 된다고 판단하는 것이다.

우선 몇 번인가 던져 보고, 아무래도 손가락이 걸리는 것 같으면 드릴러에게 주저없이 상담해 보도록 한다. 반드시 조정을 해줄 것이다. 프로는 스스로 샌드 페이퍼 등으로 조정하지만, 아마츄어는 드릴러를 믿고 따르면 된다.

■볼링의 역사

③ 볼의 진화 ― 1

 옛날 볼링의 볼은, 지금과 비교하면 매우 작고, 더구나 목제였다. 그러나, 게임의 규격이 점차 통일되고, 핀의 배열이 정삼각형으로 12인치마다 나열되게 되자, 볼의 사이즈는 커지기 시작했다. 이것은, 핀의 간격이 너무 벌어지기 때문에 거의 스트라이크가 나오기 어렵게 되었기 때문이다.
 그렇다면, 볼을 크게 하면 되겠지 하고, 볼을 보다 크게 해 갔는데, 여기에서 문제가 발생했다. 축구공과 달라서 속에 공기가 가득 채워져 있지 않기 때문에 볼이 매우 무거워져 버린 것이다. 그때까지는 손바닥으로 들어 올리도록 해서 던지고 있었지만, 그것은 불가능하다. 그래서 볼을 그립하기 위해서 손가락을 넣는 구멍이 뚫리기 시작했다. 언제, 누가, 손가락 구멍을 뚫었는지는 기록에는 남아 있지 않다.
 1895년에 설립된 ABC(아메리카 볼링협회)에 의해, 볼링의 크기는 주위 27인치 이하로 규정되어 현재까지 변함이 없다.
 그러나, 그 무렵은 손가락 구멍이라고해도, 엄지와 중지 두개의 구멍뿐이었다. 이윽고 금세기에 들어와서, 1905년에, 볼은 획기적인 진화를 이루었다. 목제(아이안 우드 사용) 볼 대신, 뉴욕의 '아메리칸 러버 컴퍼니'가 경화고무로 만든 볼을 개발, 제조를 시작한 것이다. 다음 해에는 블란즈 위버가 '미네라이트'를 판매해서 1960년까지의 경화 고무시대의 개막이 되었다.

제5장
실전 기본 테크닉

1. 3·1·2, 3·4·5 이론을 마스터하자

실전에서 애버리지를 자꾸자꾸 올려가기 위해서는, 레인 컨디션에 맞춰서 릴리스 포인트나 목표를 바꿔 가지 않으면 안된다.

그러기 위해서, 중요한 기초가 되는 이론을 여기에서 마스터해 두기로 하자.

3·1·2의 레인 레이아웃

레인의 규격은 일정한 법칙으로 성립되어 있다. 우선 스탠딩 스폿(어드레스 위치)부터 파울 라인까지가 15피트, 파울 라인부터 타게트 애로까지가 마찬가지로 15피트, 애로부터 헤드 핀까지가 45피트로 되어 있다. 이 비율은 3·1·2의 비율이다. 따라서, 애로를 정점으로 한 이등변 삼각형을 상정해 보면, 스탠딩 포지션에서 오른쪽으로 판 2장 만큼 이동하고, 애로는 그대로 하면 파울 라인에서는 판 2장 오른쪽으로 이동하고, 헤드 핀 부분에서는 판 3장

제1부 / 정통 볼링 기초 입문   161

• 3 · 1 · 2 이론

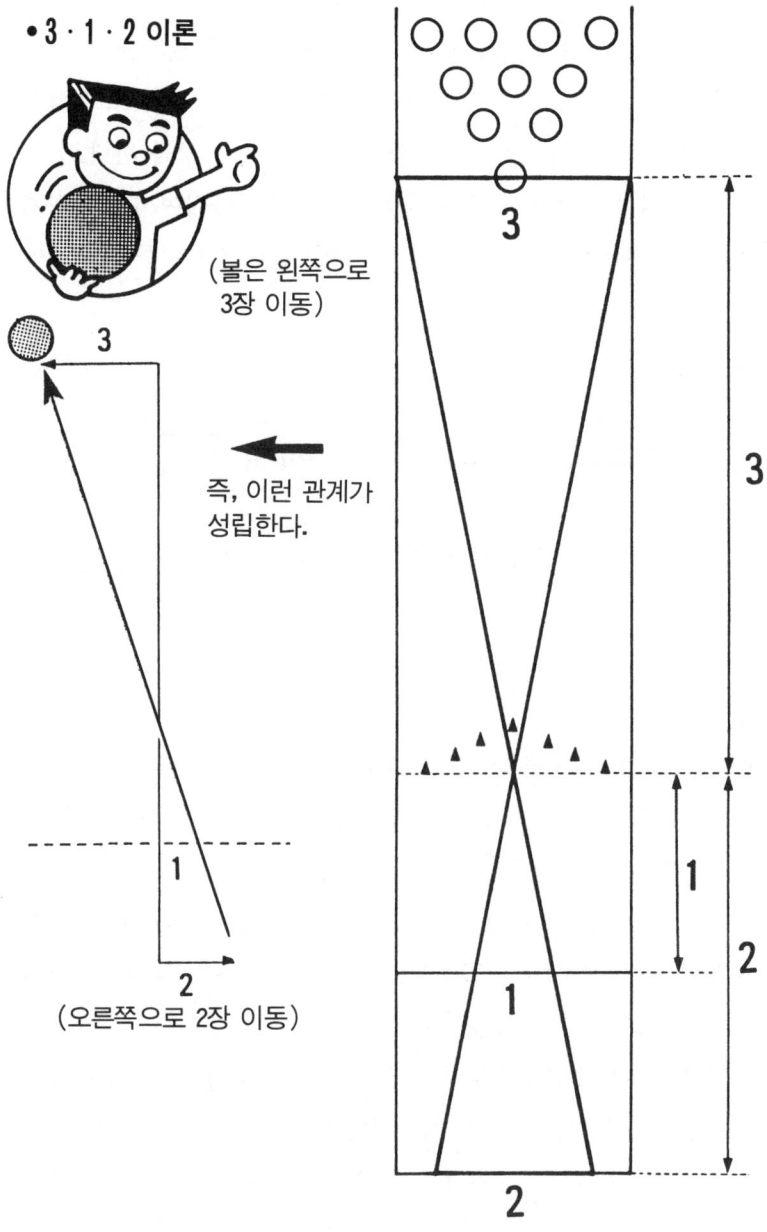

만큼 왼쪽으로 이동하게 되는 것이다.

그림에서는 알기 쉽도록 직선으로 나타내고 있지만, 이것은 훅에서도 커브에서도 마찬가지다. 이 이론은 여러 가지로 응용할 수 있는 중요한 이론이기 때문에 꼭 마스터해 두도록 한다.

애로, 목표를 바꾸지 말고 오른쪽으로 2장 움직여서 정확하게 애로를 통과시키면, 볼은 이전보다 왼쪽으로 3장 이동해서 핀에 맞게 되는 것이다.

우선 스트라이크 코오스에서 응용

스트라이크 포켓이란 ①번 핀과 ③번 핀에 대해서, 17장 째부터 볼이 히트하는 포인트다.

그러나 구질에 따라서, 레인의 빠르고 느리기에 따라서, 볼이 포켓을 히트하지 않는 경우가 있다. 이것보다, 오히려 표준적인 릴리스를 하고, 오른쪽 10장째부터 릴리스해서, 1~2번 애로를 통과시켜도, 스트라이크 포켓으로 들어가지 않는 케이스가 더 많은 것이다.

그래서 3·1·2 이론을 응용시키는 것이다. 볼이 ①번 핀의 왼쪽으로 가버려서 부룩클린 코오스가 되어 버릴 경우에는, 서는 위치를 왼쪽으로 이동하게 된다.

그럼, 볼이 오른쪽으로부터 23장째에서 ①번 핀을 히트하고 있는 경우, 왼쪽으로 몇 장 이동하면 될까?

스트라이크 포켓은 오른쪽에서 17장 째이므로, 그 차이는 6장이

•3·1·2 이론의 응용

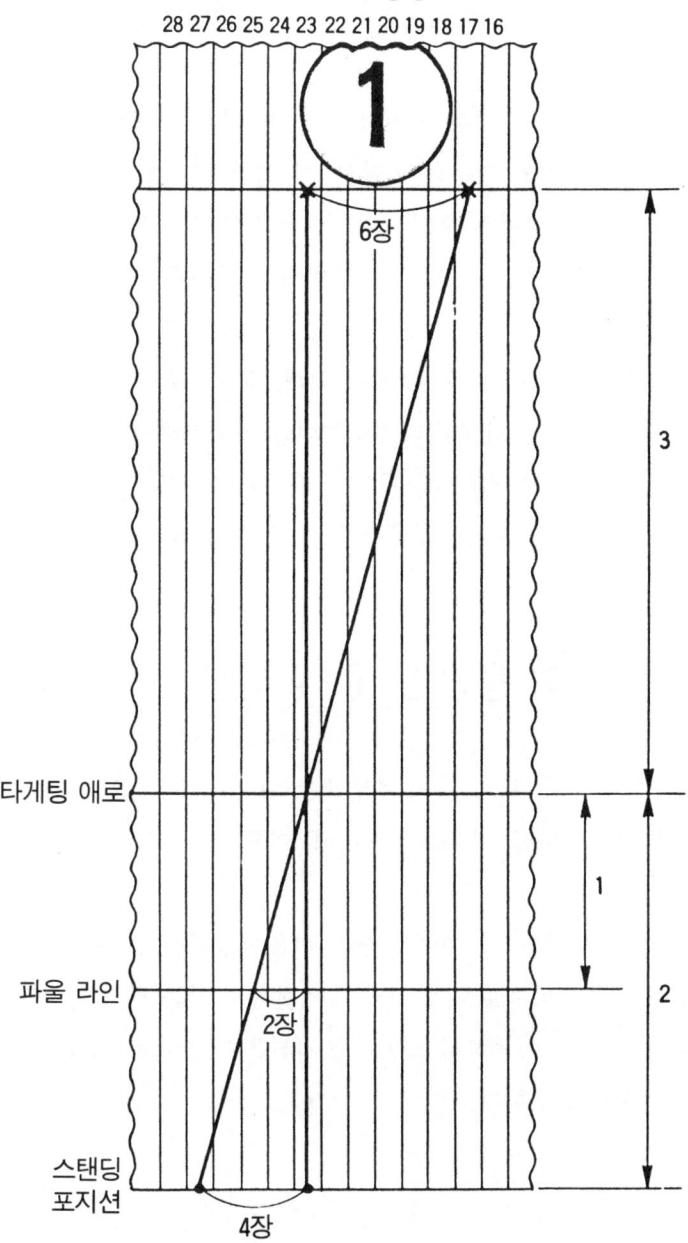

다. 3·1·2 이론으로 가면, 스탠딩 포인트에서 왼쪽으로 4장, 릴리스 포인트에서 좌측으로 2장 이동하면, 볼은 스트라이크 포켓으로 들어가게 된다.

그럼, 반대로 ①번 핀은 벗어나서, ③번 핀을 직격해 버리는 것 같은 볼 코오스인 경우는 어떨까. 이 케이스는 초 후킹 레인(빠른 레인)에서 많이 나오기 쉽지만, 우선 ③번 핀을 히트했을 때의 판자 이음새를 읽는다. 오른쪽에서 12장째를 히트했다면, 스트라이크 포켓의 차이는 4장이다. 이 장수도 릴리스 포인트를 구하면 3:2=4:X 라고 하는 계산에 의해, 판자 이음새로 오른쪽으로 3장약 이동하면 되게 된다. 3장약이란 어중간하지만, 던지면서 위치를 미조정(微調整)해 주면 된다. 그 레인에서 스트라이크를 노리는 스탠딩 포지션을 발견할 수 있을 것이다.

3·1·2의 응용 3·6·9 이론

3·1·2 이론에 따라, 그 레인의 스트라이크 코오스의 스탠딩 포지션을 발견했다면, 다음은 3·6·9 이론을 마스터하도록 한다.

3·1·2는 레인의 레이아웃상의 비율이었지만, 3·6·9 는 비율이 아니다. 2번 애로 위를 볼이 통과한다고 하는 원칙을 지키면서 판자 이음을 이동하여 스탠딩 포지션을 변경하여, 스페어를 따기는 어려운 방법이다.

• **3장 왼쪽으로 이동하면 ②, ⑧번 핀을 딸 수 있다**

3·6·9 이론은, 핀의 왼쪽 ②, ④, ⑦번 핀이 남겨졌을 경우에 매우 유효한 이론이다. ②번 핀이 키 핀으로써 남아 있는 경우는 오른쪽으로 3장, 스트라이크 포지션(3·1·2 이론으로 결정된 포지션)을 이동한다. 목표가 되는 2번 애로는 바꾸지 않는다.

그리고, 그 위치에서 스타트하여, 볼을 2번 애로 위를 통과시켜 주면, 볼은 키 핀인 ②번 핀을 히트하는 것이다.

이로 인해 ②-④-⑦, ⑧번 핀을 스페어 할 수 있다.

● 6장 오른쪽으로 이동하면 ④번 핀을 딸 수 있다

마찬가지로, ④번 핀이 키 핀이 되어 있을 때에는, 스트라이크 포지션에서 오른쪽으로 6장 이동한다. 통과하는 스폿은, 역시 마찬가지로 오른쪽에서 2번째의 애로 위다.

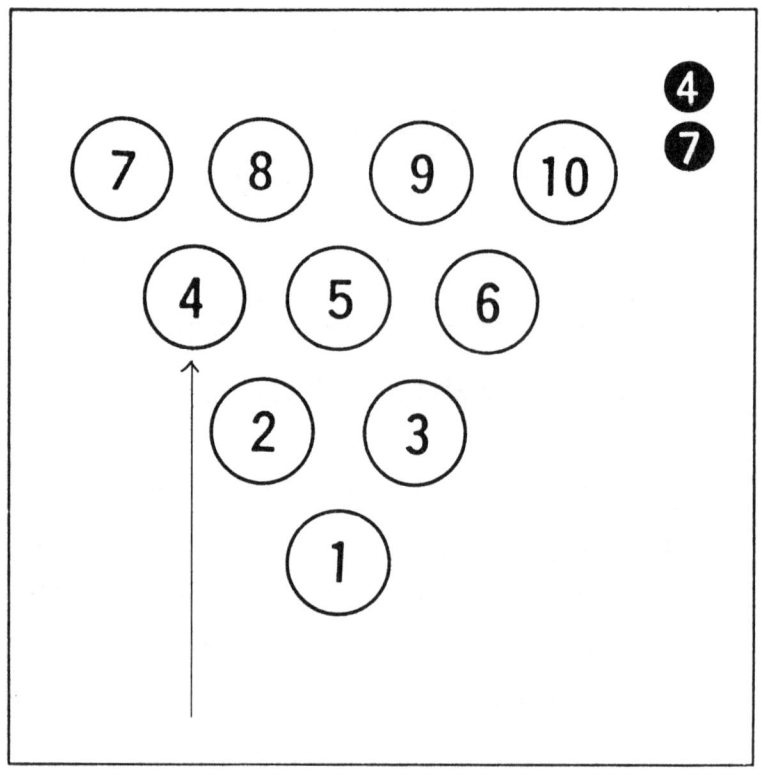

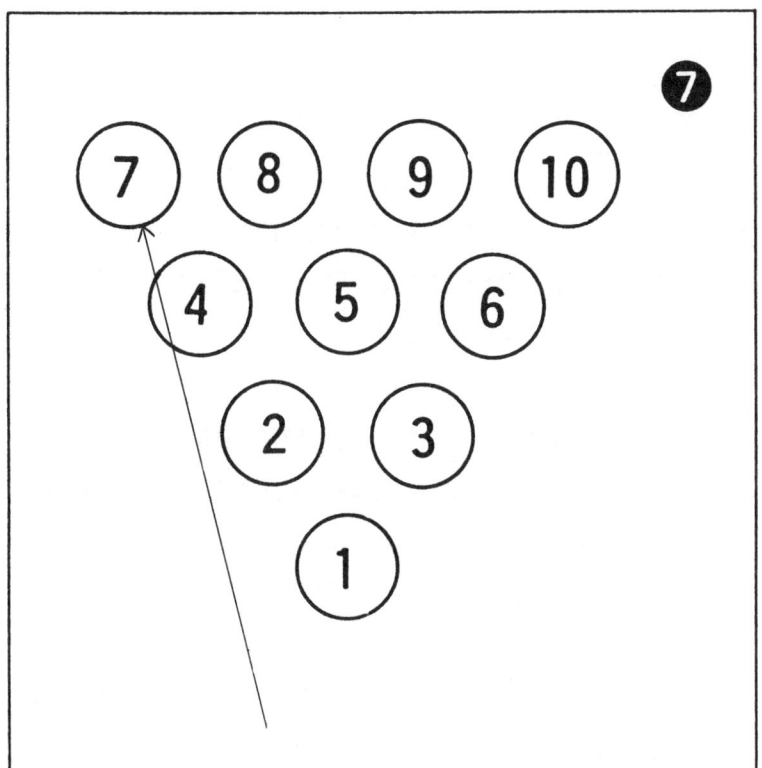

• 9장 오른쪽으로 이동하면 7번 핀을 딸 수 있다

⑦번 핀이 남는 것은 싫은 경우이지만, 이것을 확실히 따기 위해서는 9장 오른쪽으로 판자 이음새를 이동한다. 목표는 같은 2번 애로다. 사행(斜行)이 크기 때문에 주의해서 릴리스해 주어야 한다.

3 · 4 · 5 이론

이 이론은 높은 애버리지 볼러 대상의 이론이지만, 초보자도 기억해 두면 손해는 없다.

정확하게 ①번 핀을 히트하고 있는데 스트라이크가 되지 않고 핀이 남아 버린 것 같은 레인으로 던질 경우에는, 볼의 침투가 중요해진다. ①번 핀에 맞은 볼이 약간 되튀기면서 다음에 ③번 핀에 맞지 않고 핀이 남아 버리는 케이스가 많기 때문이다.

이 때에는 레인 레이아우트의 또 한편의 비율, 헤드 핀부터 타게팅 애로까지의 거리 45피트, 헤드 핀부터 파울 라인까지의 거리 60피트, 헤드 핀부터 스탠딩 스폿까지의 거리 75피트의 비율 3:4:5를 이용한다. 이론적으로는, 타게트를 3장 오른쪽으로 판자 이음새를 이동하고, 스탠딩 포지션을 오른쪽으로 5장 이동해도, 볼은 헤드 핀을 직격할 것이다. 단, 침투 각도가 다르기 때문에, ③번 핀에 대한 볼의 되튀김도 각각 달라진다.

실전 테크닉으로써 3·4·5 이론을 이용할 경우는, 표준 스트라이크 코오스에서 몇 번 핀이 남기 쉬운가로 결정한다. ⑤번 핀이나 ⑩번 핀이 남기 쉬운 경우는, ③번 핀에 대한 히트 방법이 조금 오른쪽으로 벗어나 있기 때문에, 오른쪽으로 이동해서 우측으로부터의 각도를 결정해 줄 필요가 있다.

반대로 ⑦번 핀이 남아 버린 경우는, 너무 처박혀 있기 때문에 왼쪽으로 이동할 필요가 있다.

판자 이음새를 몇 장 이동하느냐는 이 이론을 응용한 2·4·6 이론과 함께 미묘해서, 어느 정도 느낌으로 미조정하지 않으면 안되는 것이지만, 상급자에게 있어서는 필요한 이론이기 때문에 연습해 보도록 한다.

제1부 / 정통 볼링 기초 입문   169

● 3 · 4 · 5 이론

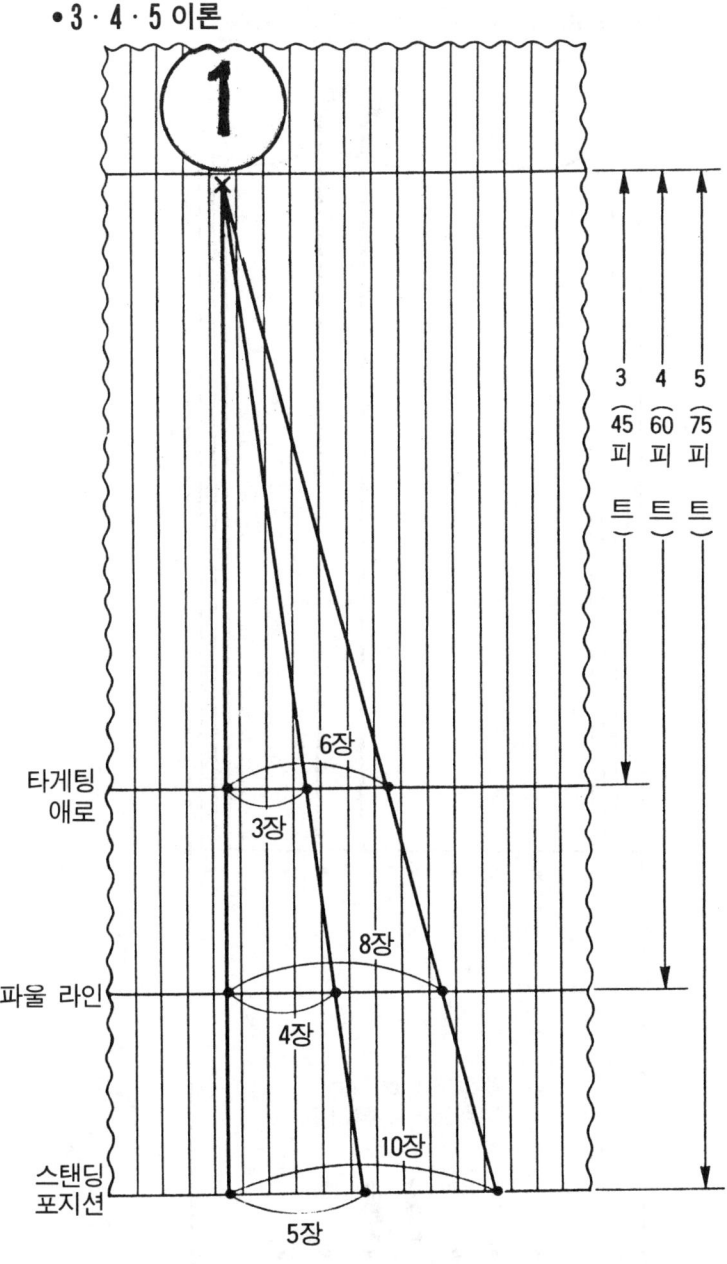

초심자에게 유효한 평행 이동

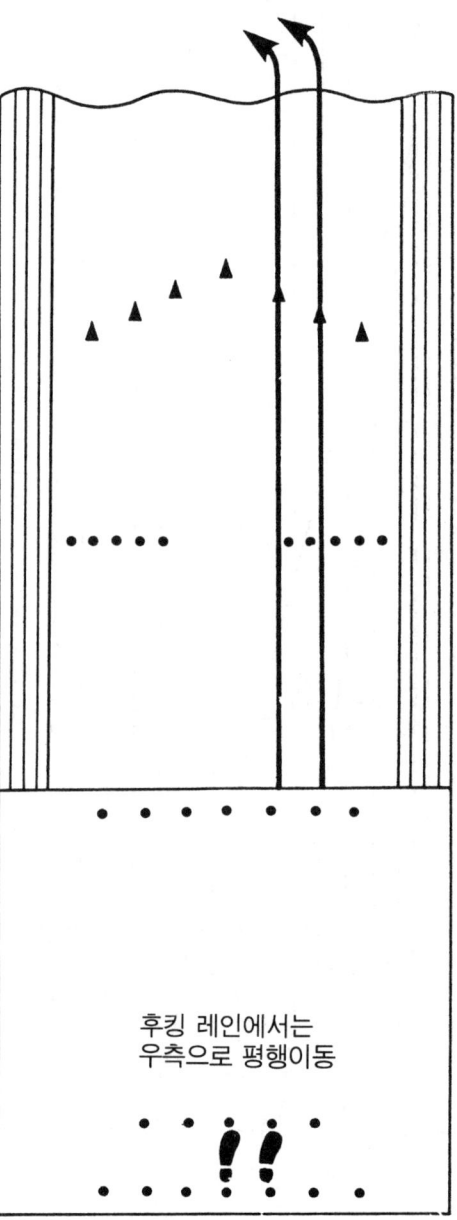

후킹 레인에서는
우측으로 평행이동

3·1·2 이론이나 3·4·5 이론은 어렵다고 생각하고 있는 초보자에게 안성마춤인 조정법은 평행이동이다.

레인이 휘어지기 쉬운 훅 레인(느린 레인)의 경우는, 표준 스탠딩 포지션을 오른쪽으로 이동하고, 타케트도 마찬가지로 같은 장수만큼 오른쪽으로 이동하는 것이다.

반대로 휘어지기 어려운 후킹 레인 (빠른 레인)의 경우에는 왼쪽으로 평행 이동한다. 볼의 컨드롤이 정확해서 매회 같은 코오스를 통과한다고 하면, 그 라인을 그대로 평행 이동해서 키핀을 노리면 되는 것이다.

오른쪽 스페어는 3번 애로 겨냥

오른쪽의 ③⑥⑩ 번핀이 남았을 경우 제3번째 애로를 사용한다.

오른손으로 던지는 볼러에게 있어서 오른쪽 스페어, 특히 ⑩번 핀이 남게 되는 것은 싫은 경우이지만, 3번 애로를 사용하므로써 (크로스 애로 투법) 오른쪽으로의 가터를 신경쓰지 않고 던질 수 있다.

표준이 되는 서는 위치는 ⑩번 핀 겨냥의 경우, 스트라이크 코오스의 서는 위치로부터 왼쪽으로 판자 이음새의 이동한 곳이 된다. 3·1·2 이론의 응용으로 ⑥번 핀 겨냥은 ⑩번 핀 겨냥의 서는 위치로부터 오른쪽으로 판자 이음새 3장 이동, ③번 핀 겨냥은 마찬가지로 오른쪽으로 판자 이음새 6장 이동해서, 3번 애로를 통과시킨다.

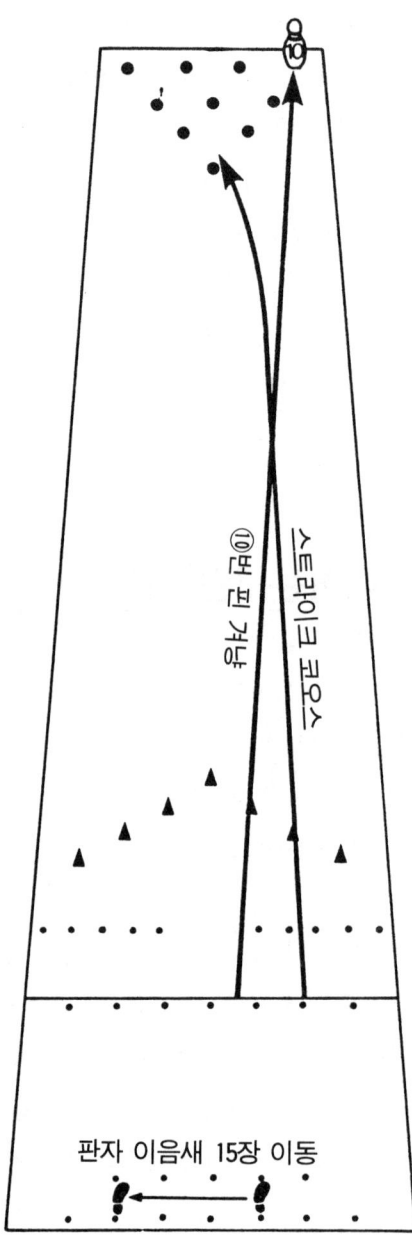

2. 실례―스페어의 겨냥 방법

 여기에서는, 스페어의 취득 방법을 실례를 들어 설명하겠다. 각인 각각 구질이나 코오스 등이 여러가지 다르겠지만, 표준적인 취득 방법이라고 생각해 주기 바란다.
 더욱이 볼은 모두 훅 볼로 상정하고 있다. 커브나 백 업, 게다가 스트라이크 등을 던질 수 있는 사람은, 그런 투구쪽이 쉽게 스페어를 딸 수 있는 경우도 있지만, 역시 기본은 훅이기 때문에 훅에서의 취득 방법도 마스터해 주기 바란다.
 일단, 그룹별로 나누고 있지만, 훅 볼이라도 이 밖의 코오스를 사용하는 경우도 물론 가능하다. 대표적인 다섯 코오스를 머리에 떠올리면서 배워 보기 바란다.

③⑤⑥의 스페어
 ● 매우 쉽게 딸 수 있는 스페어다.
 ● ③-⑥의 포켓 겨냥이라도 부룩클린 기색으로 ③번 왼쪽으로 들어가도 스페어가 된다.

③⑤⑥의 스페어

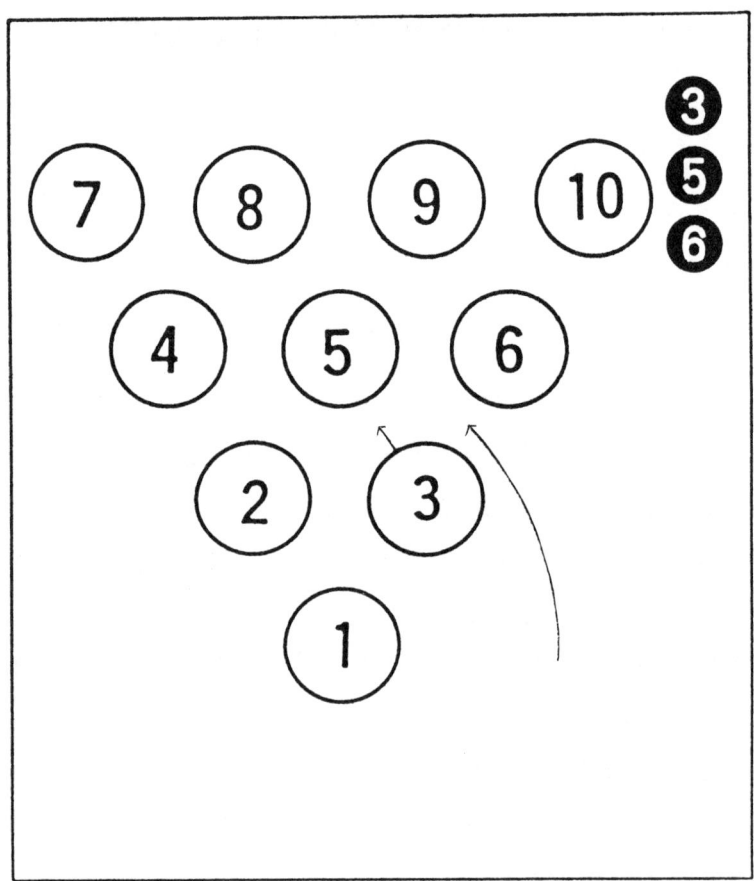

• ③번 핀 직격이라면 ⑥번이 남는 경우도 있다.

□①③⑧의 스페어

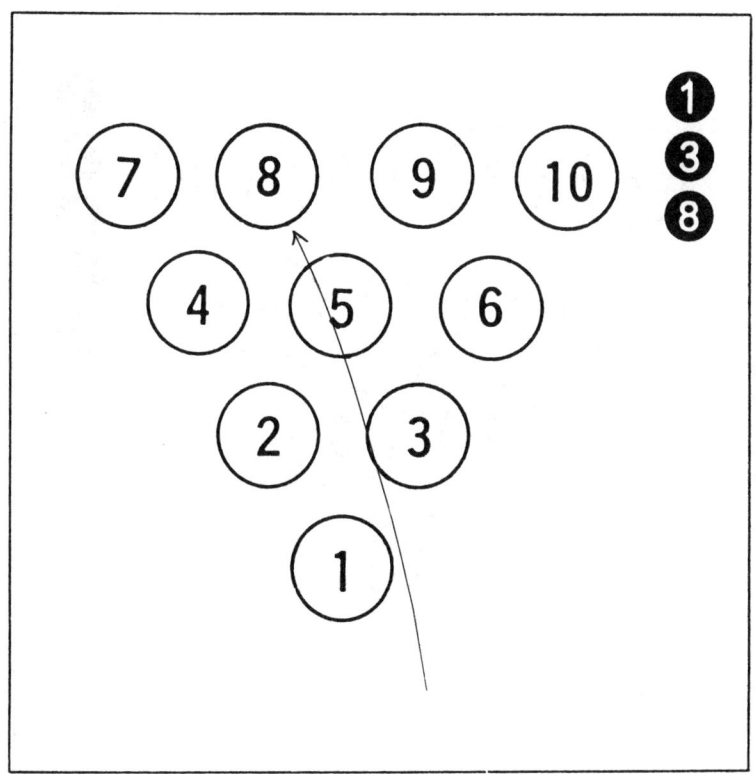

①③⑧의 스페어

- 스트라이크 포켓 겨냥으로 쉽게 스페어.
- 모두 볼로 쓰러뜨릴 수 있다.
- 너무 ①번 핀에 두텁게 닿지 않도록.
- 이것도 스트라이크 포켓 겨냥.

☐①③⑥⑧⑩의 스페어

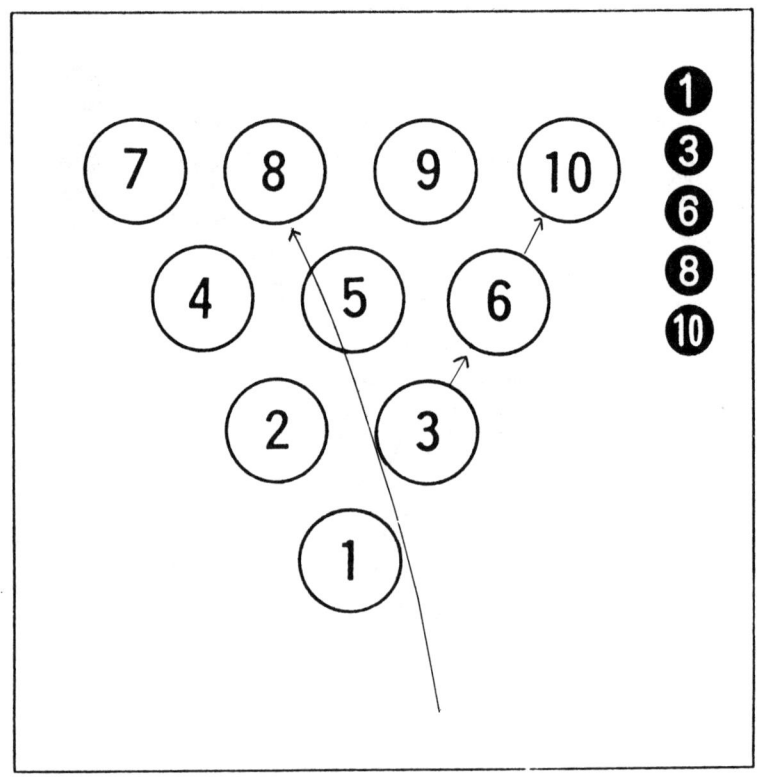

①③⑥⑧⑩의 스페어

- ⑧번 핀은 볼로 쓰러뜨리는 것이 원칙.
- ③번 핀에 두텁게 들어갔을 때는 ③번 핀이 ⑧번을 쓰러뜨리는 경우도 있다.

□②④⑤⑧의 스페어

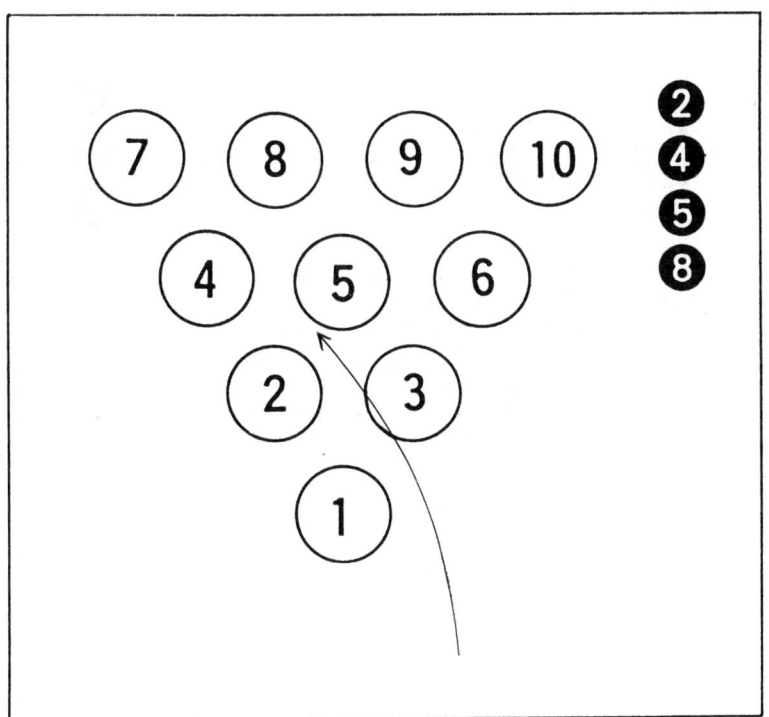

②④⑤⑧의 스페어

• 부룩클린(⑧번 핀) 코오스이지만, ②번 핀의 오른쪽 옆에 볼이 닿으면 스페어가 된다.

• 왼쪽으로 빗나갈 위험성이 있는 ②-④ 겨냥보다, ②-⑤ 포켓을 노린다.

□②⑤⑧의 스페어

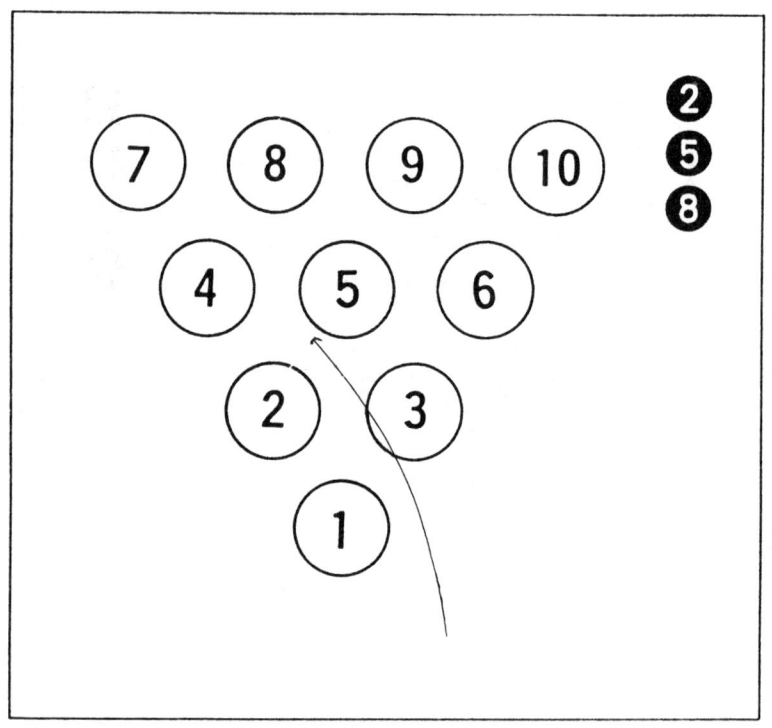

②⑤⑧의 스페어
- 위의 스페어보다 쉽게 딸 수 있다.
- 키 핀은 ②번 핀이지만, 너무 두텁게 들어가지 않도록 한다.

□②④⑤⑦⑧의 스페어

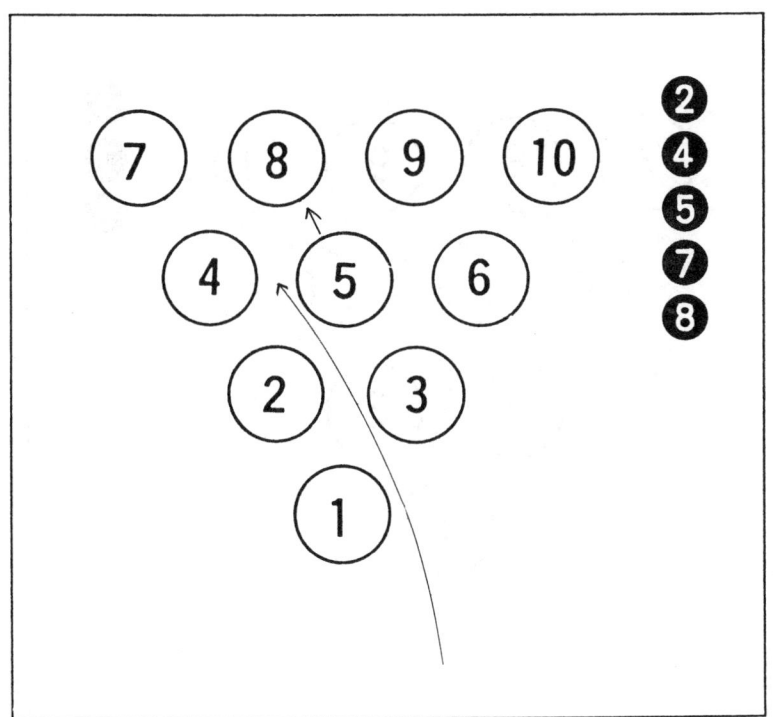

②④⑤⑦⑧의 스페어

- 전형적인 부룩클린 코오스이지만, ⑦번 핀이 남기 쉽다.
- ⑤번 핀으로의 세컨드 임팩트에 조심하도록 한다.

□④⑦⑧의 스페어

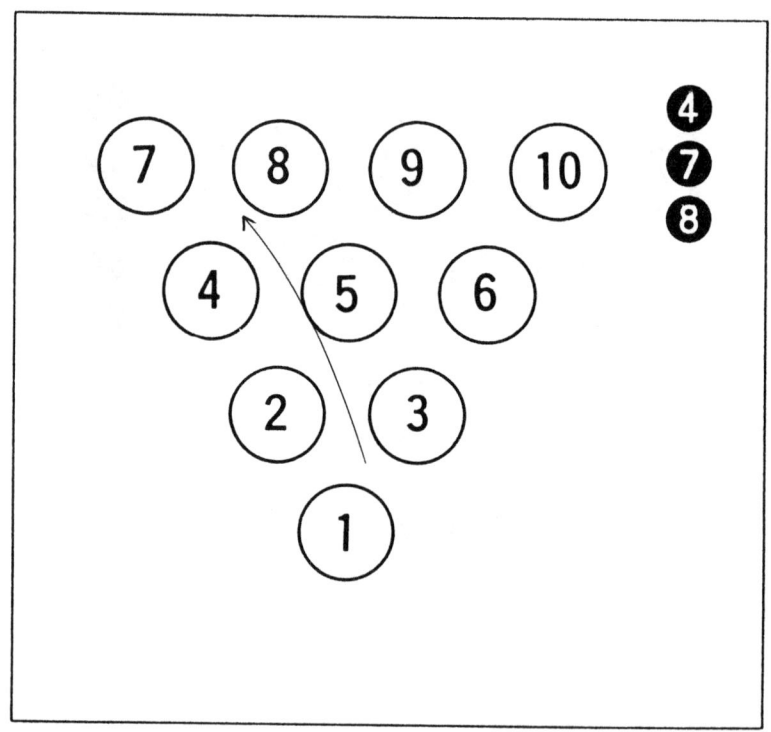

④⑦⑧의 스페어

- ⑦번 핀 겨냥의 코오스로 스페어를 딸 수 있다.
- 그러나 리스크가 조금 크기 때문에 ④-⑧ 포켓 겨냥쪽이 확실하다.

□⑥⑨의 스페어

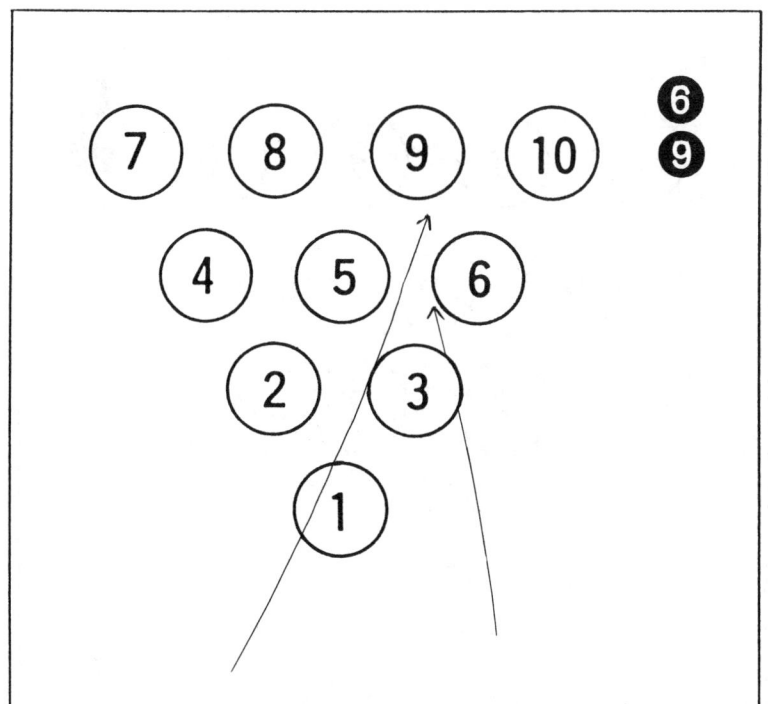

⑥⑨의 스페어

- ⑨번 핀 코오스로 순순히 던진다.
- 가터가 두려울 때는 크로스 레인으로 던진다.

□ ⑥⑩의 스페어

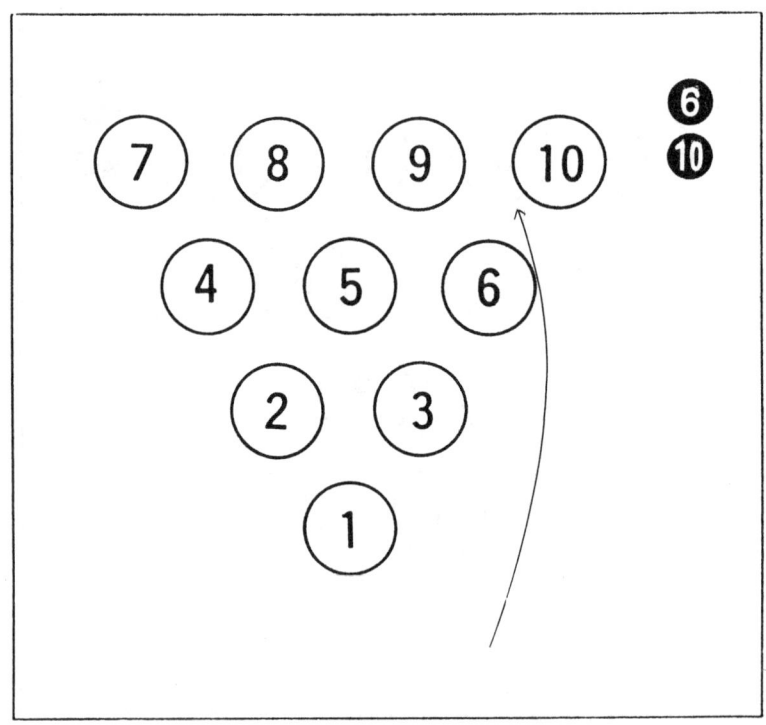

⑥⑩의 스페어
- ⑨번 핀 코오스, ⑩번 핀 코오스 어느 쪽이라도 딸 수 있다.
- 크로스 레인 투법으로 던져 본다.

□ ⑤⑩의 스페어

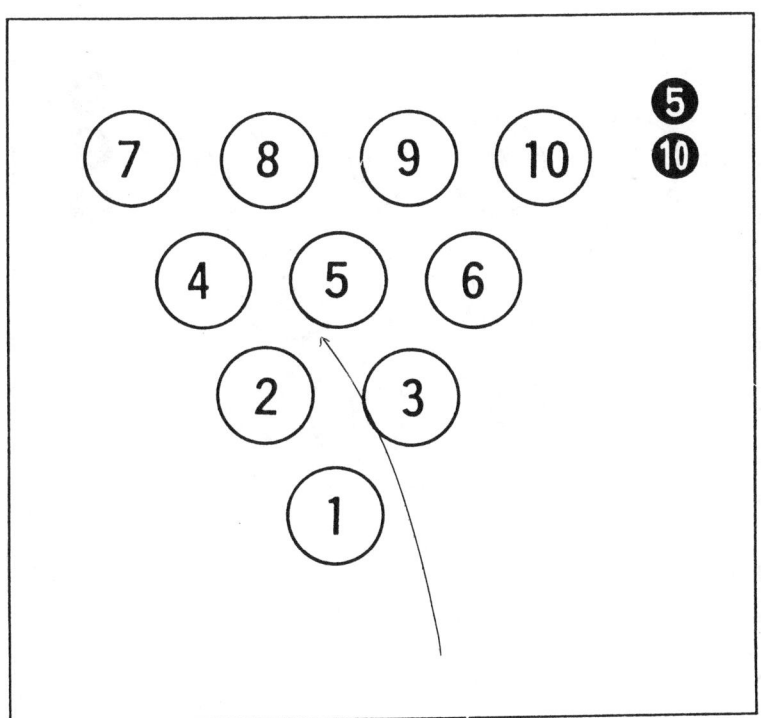

⑤⑩의 스페어
- 킹 핀의 왼쪽으로 얇게 맞힐 수 있다면 ⑩번 핀으로 향한다.
- 인사이드를 한도껏 사용해 던진다.

□⑤⑧⑨의 스페어

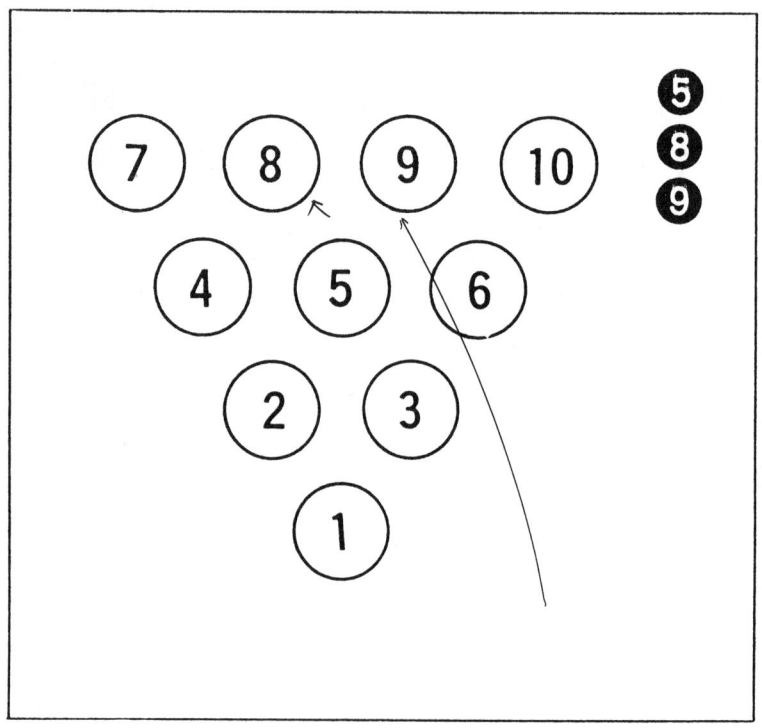

⑤⑧⑨의 스페어

- ⑤-⑨포켓으로 들어가면 스페어.
- 컨드롤 승부.

□①③⑥⑧의 스페어

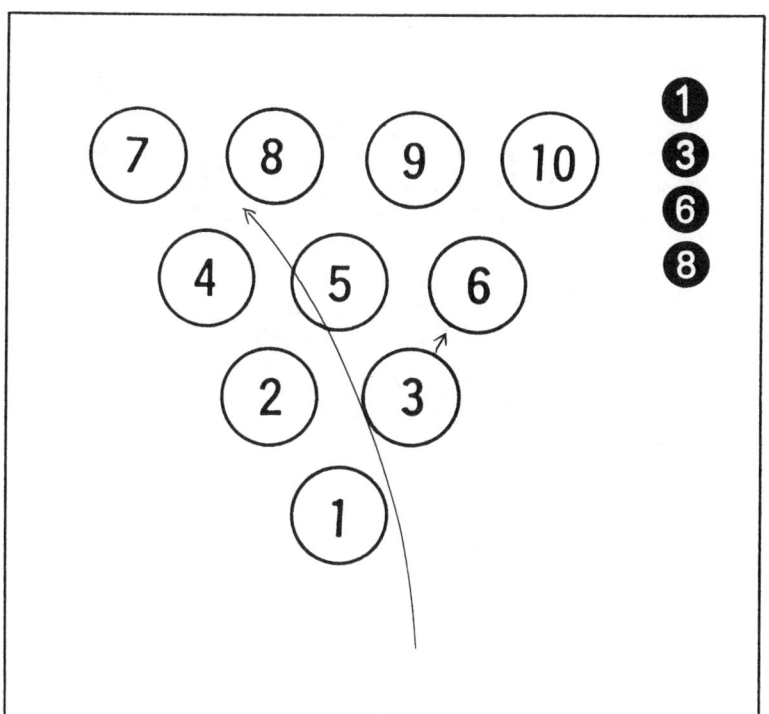

①③⑥⑧의 스페어

- ①-③ 포켓 겨냥으로, ③에 조금 두터운 느낌으로 볼을 컨드롤한다.
- 그다지 어렵지는 않다.

④⑧의 스페어

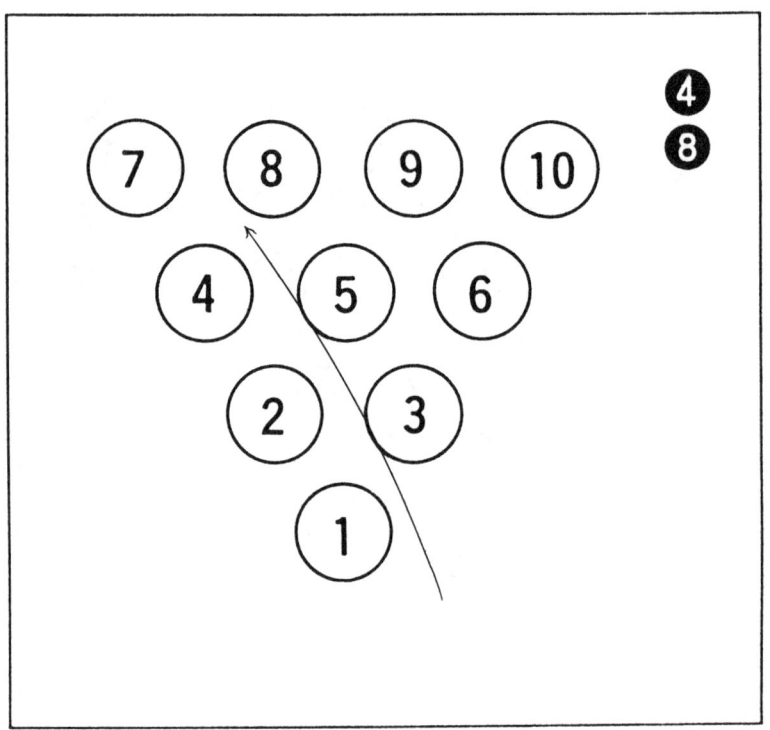

④⑧의 스페어
- ⑧번 핀 코오스 겨냥
- ④번 핀 오른쪽을 히트하면, 쉽게 스페어를 딸 수 있다.

□①⑦⑧의 스페어

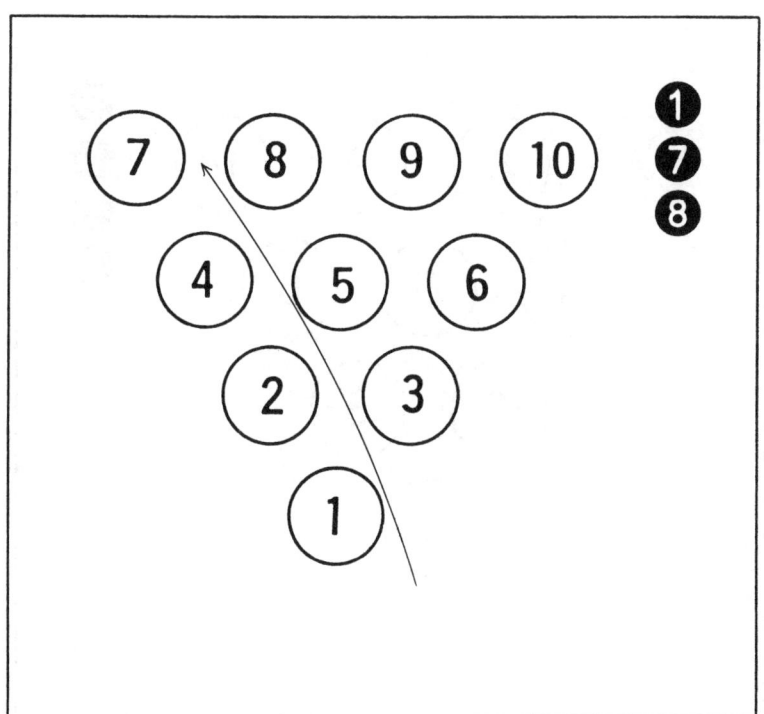

①⑦⑧의 스페어

- ①번 핀 오른쪽으로 두텁게 들어가면, ⑦번 핀이 남아 버리는, 비교적 어려운 스페어.
- ⑦-⑧ 포켓으로 확실하게 들어가지 않으면 딸 수 없다.

□②④⑦⑧의 스페어

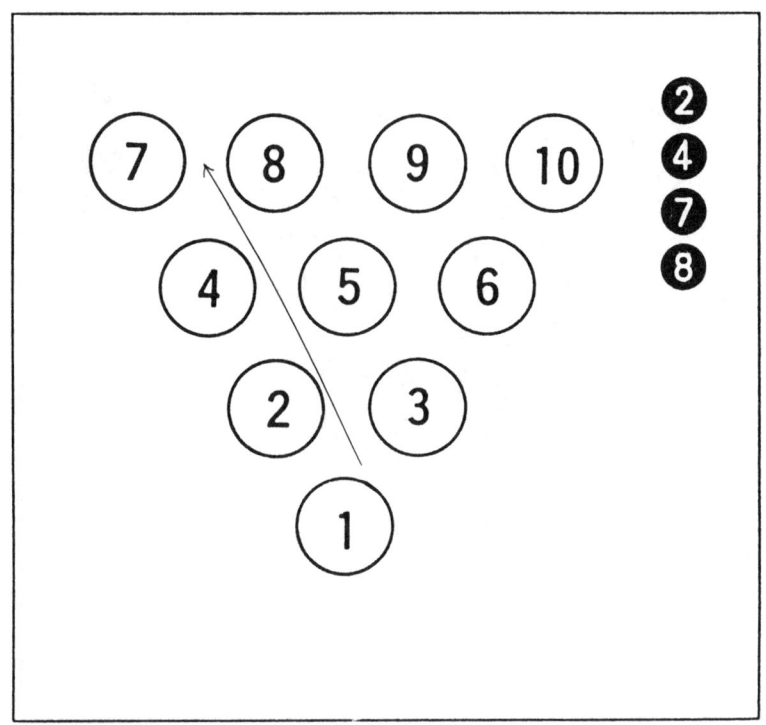

②④⑦⑧의 스페어

● ②번 핀 오른쪽을 통과시키느냐, 왼쪽을 통과시키느냐가 생각할 만한 점이지만, 확실히 오른쪽으로 두텁게 볼을 넣어 주면 될 것이다.

⬜⑥⑧의 스페어

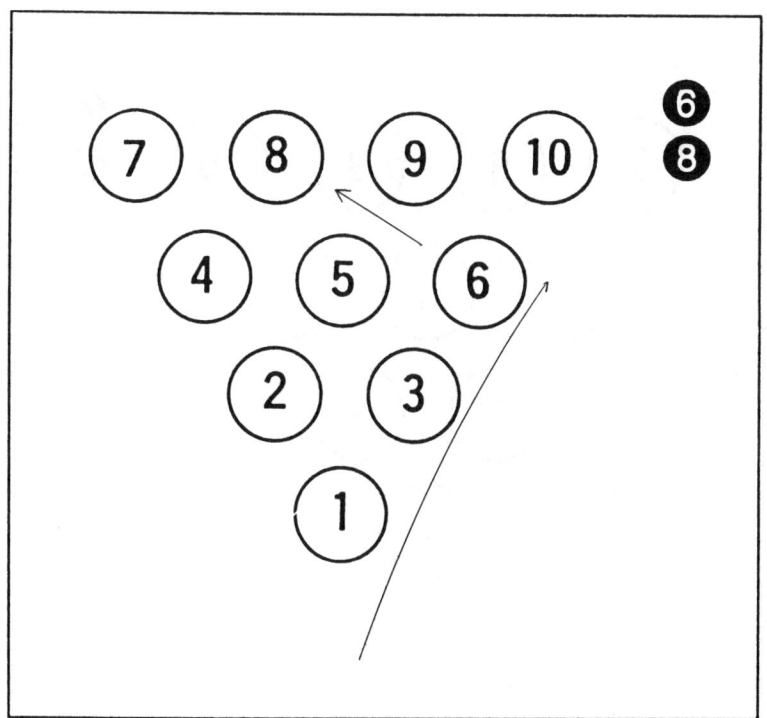

⑥⑧의 스페어

- 상당히 어려운 핀 스페어이지만, ⑩번 핀 코오스보다 아주 조금 오른쪽을 겨냥한다.
- 자신이 없으면, 어느 쪽인가 한 쪽을 확실히 딴다.

□③⑨의 스페어

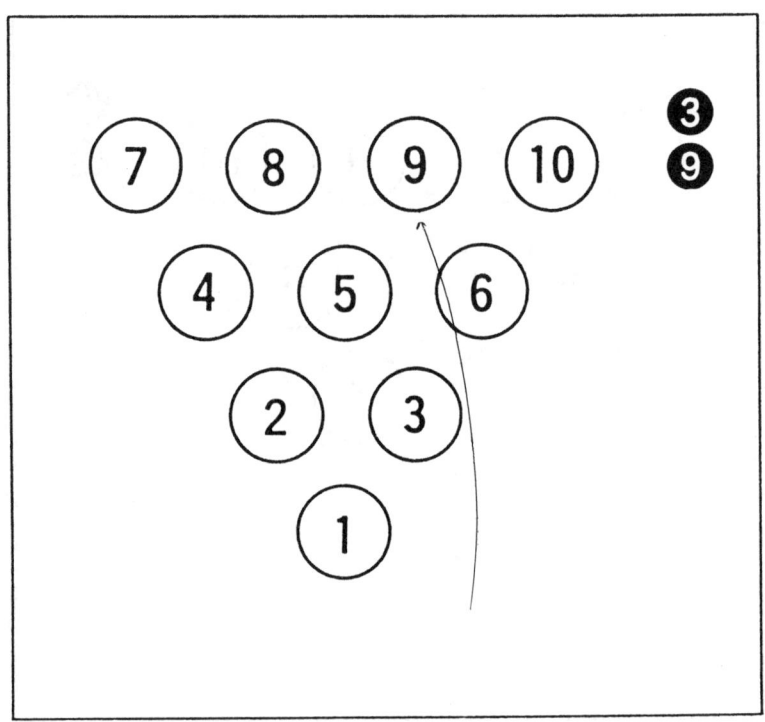

③⑨의 스페어

- 키 핀은 ③번이지만, ⑨번 핀 코오스를 사용한다.
- 비교적 쉽게 스페어를 딸 수 있다.

□③⑤⑥⑨의 스페어

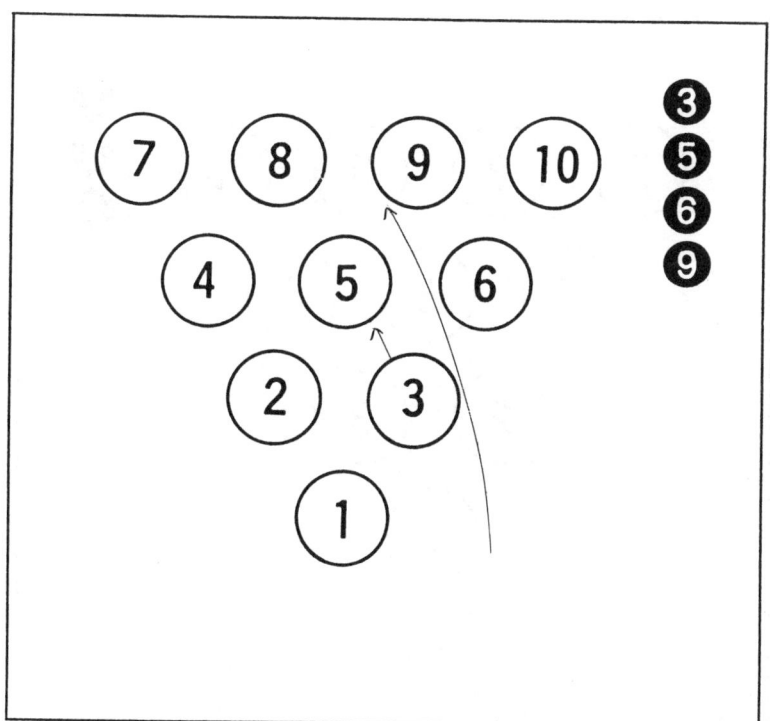

③⑤⑥⑨의 스페어

- 앞 그림과 같이 ⑨번 핀 코오스
- ③번에 너무 두텁게 들어가면 ⑨번이 남는 경우가 있기 때문에 ③-⑥ 포켓으로 정확히 들어가도록 한다.

□②④⑦의 스페어

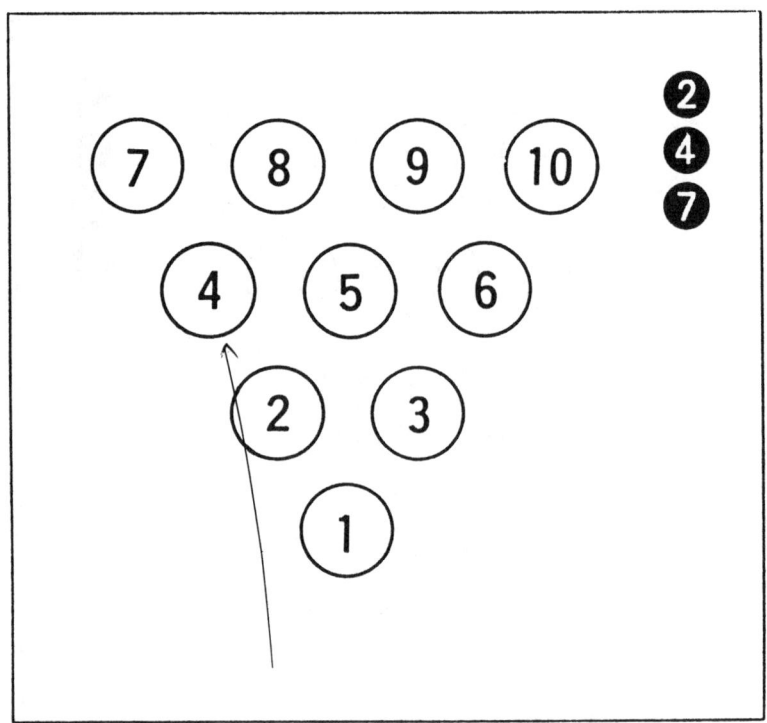

②④⑦의 스페어

- ⑦번 핀 코오스보다 조금 오른쪽의 라인.
- ②-④ 포켓으로 들어가면, 확실히 스페어를 딸 수 있다.

□③⑥⑩의 스페어

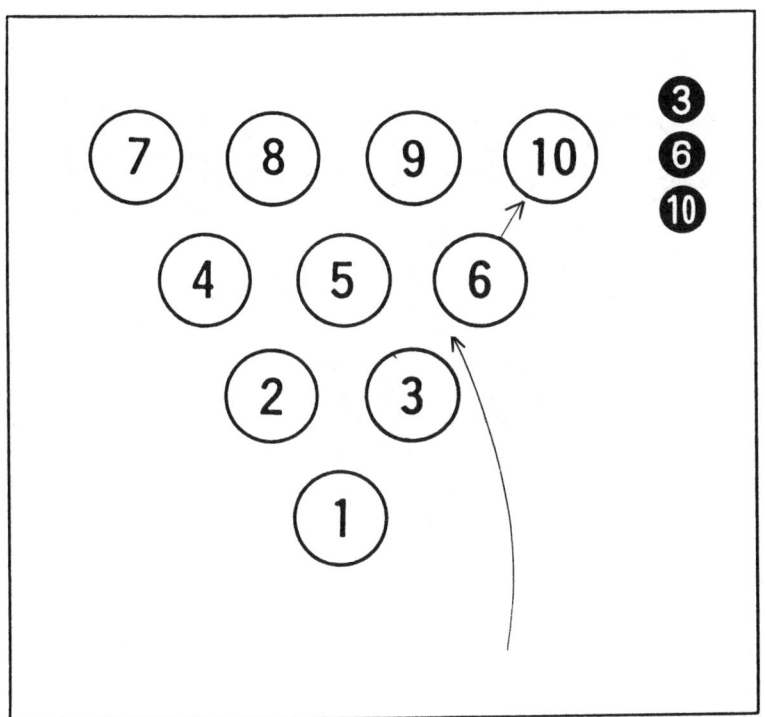

③⑥⑩의 스페어

• ⑨번 핀 코오스냐 ⑩번 핀 코오스냐 망설이는 경우이지만, ⑨번 핀 코오스가 정해.

• ③-⑥ 포켓 겨냥.

□①⑥의 스페어

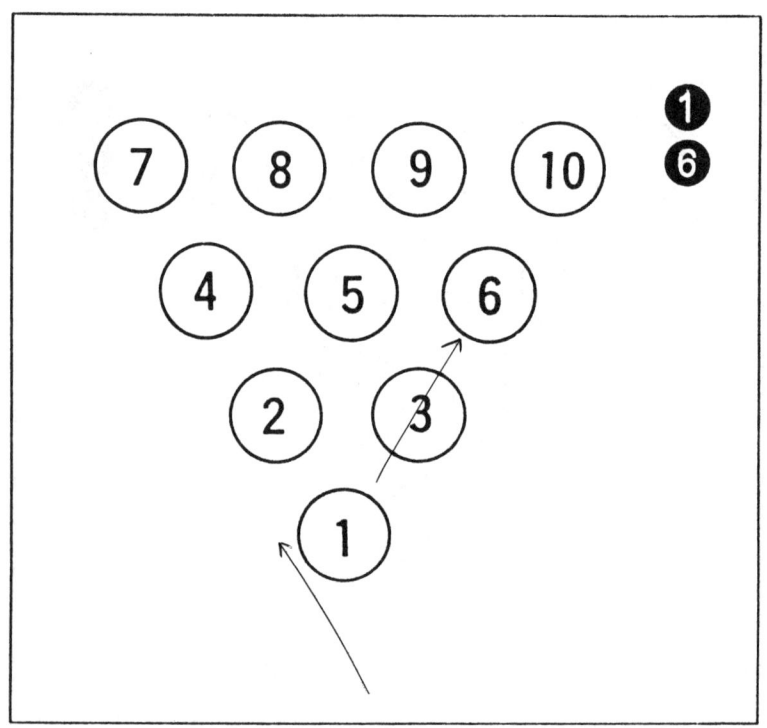

①⑥의 스페어
- 상당히 어려운 스페어.
- ①번 핀의 왼쪽에 살짝 맞도록 한다.

□②⑦의 스페어

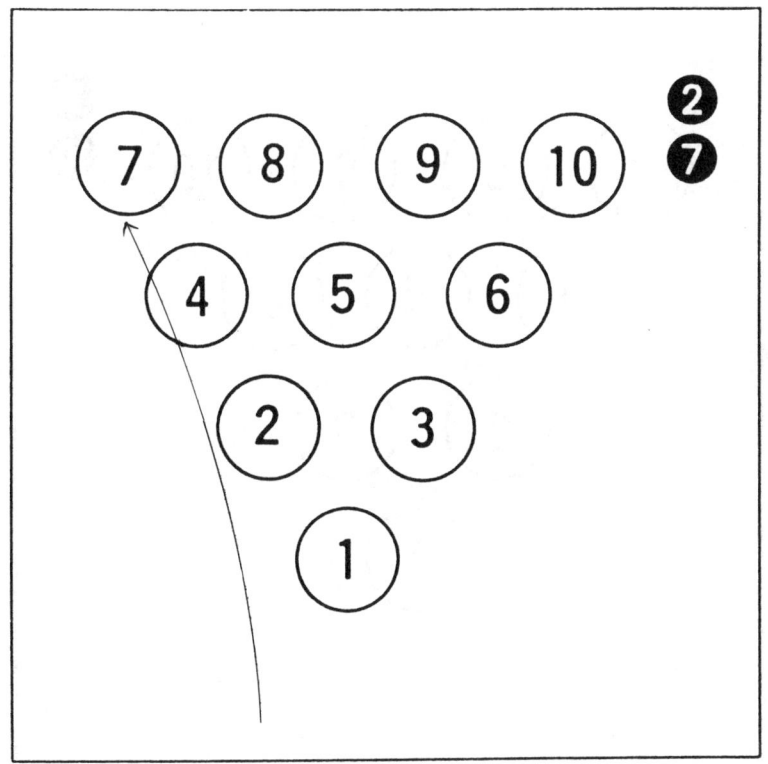

②⑦의 스페어

- 헤이비 스플릿이라고 하는 핀 스페어.
- 언뜻 보면 어려운 것 같지만, ②-⑦ 사이로 볼을 통과시켜주면 쉽게 스페어를 딸 수 있다.
- ②번 오른쪽에 맞혀 핀을 튀기고 등이라고 생각하지 않도록.

□③⑩의 스페어

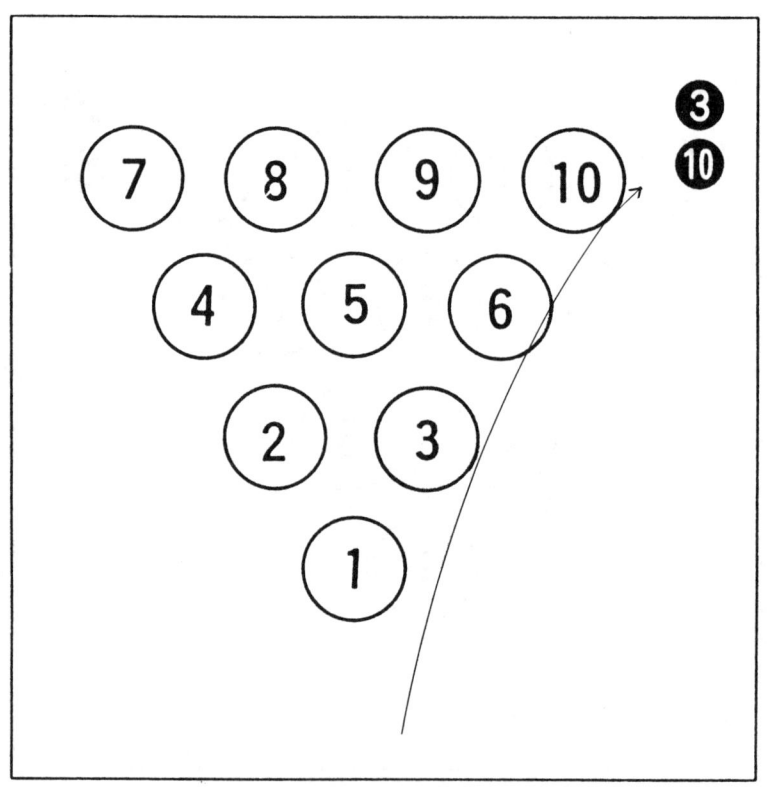

③⑩의 스페어

- 윗 그림과 같은 헤이비 스플릿.
- ⑩번 핀 코오스를 조금 벗어나서 ③번 오른쪽으로 볼을 컨드롤한다.
- 익숙해지면 쉽게 스페어를 딸 수 있다.

□①②⑧의 스페어

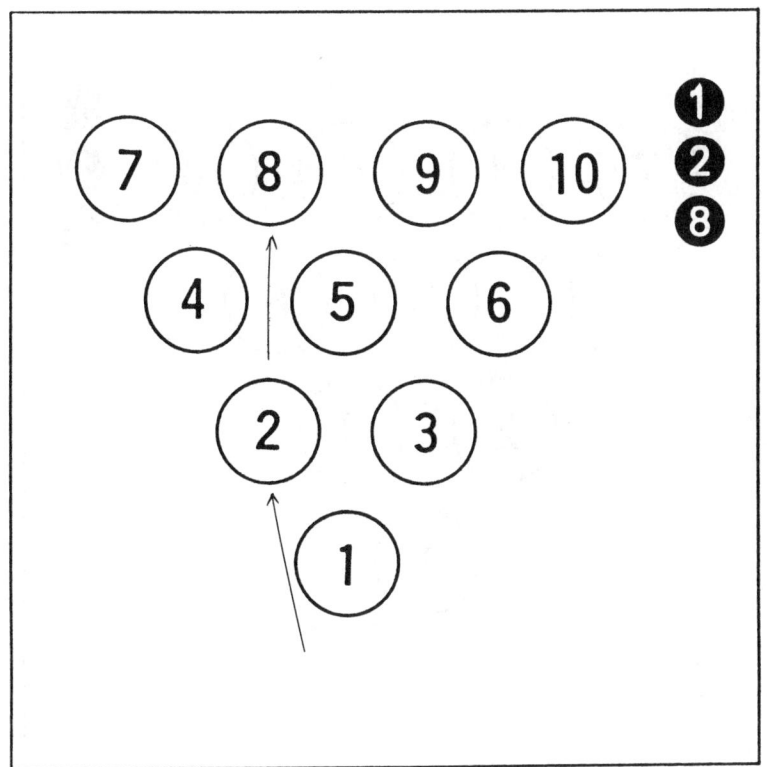

①②⑧의 스페어

• ②-⑧의 인 더 다크에 헤드핀이 남아 있는 경우는 쉽게 스페어를 딸 수 있다.

• 단순히 ①-② 사이에 볼을 넣어 주면 되는 것이다.

• 부룩클린 코오스의 응용.

□①③⑨의 스페어

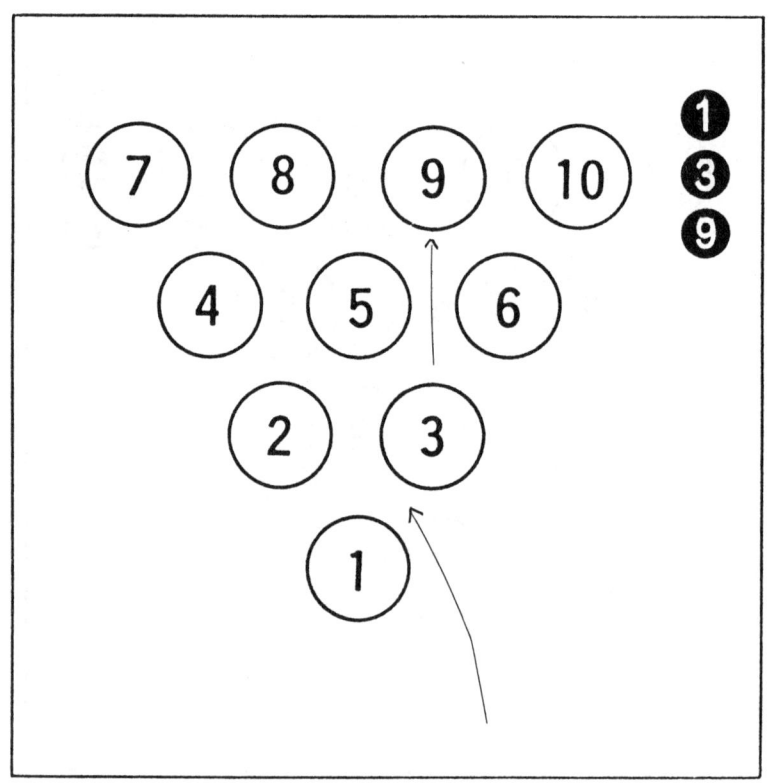

①③⑨의 스페어

• 윗 그림과 마찬가지로, ①-③ 사이에 포켓 히트시키면 ⑨번 핀을 쓰러뜨릴 수 있다.

□②⑧의 스페어

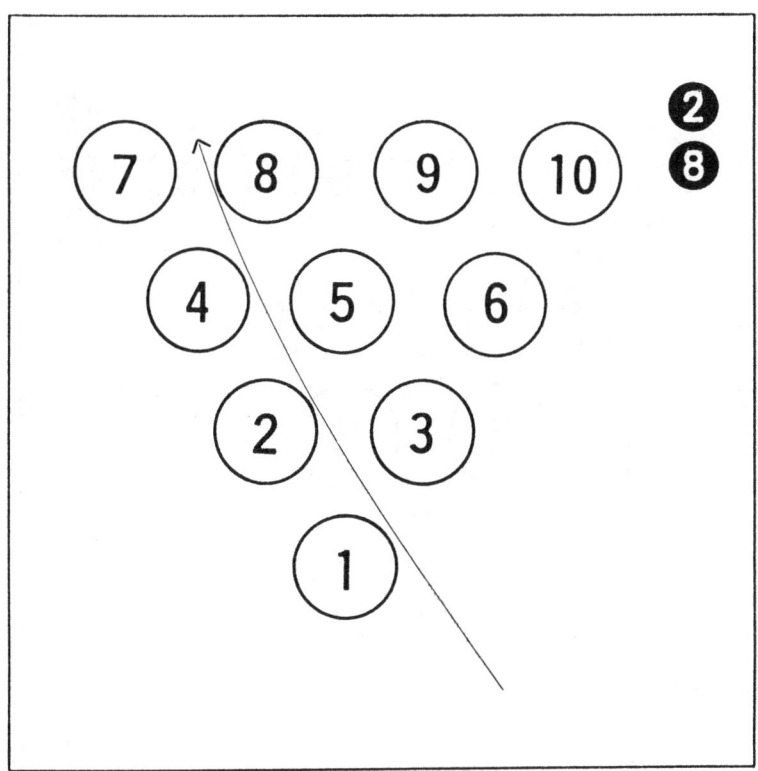

②⑧의 스페어
- 잘 휘어지고, 파워있는 훅 볼이 유효하다.
- ②번 핀 오른쪽에 맞고 되튀겨져도, 다시 파고 들어 가는 훅 볼을 던질 수 있는 사람이라면 스페어를 딸 수 있다.

□①②⑨의 스페어

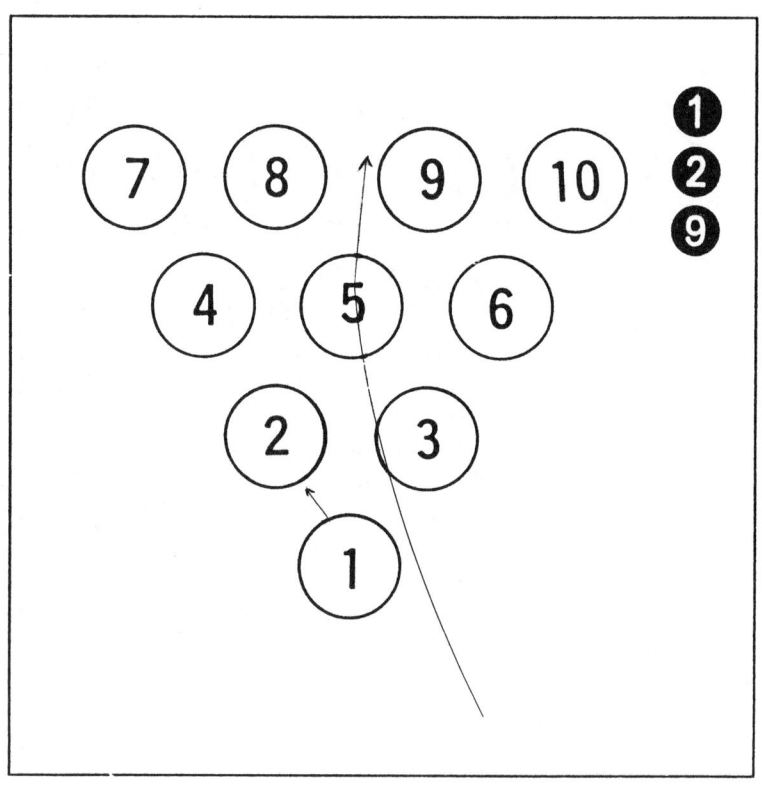

①②⑨의 스페어

- 이것도 마찬가지로, 볼로 ⑨번 핀을 쓰러뜨리지 않으면 안된다.
- 훅 볼의 위력을 유효하게 사용하자.

④⑨의 스페어

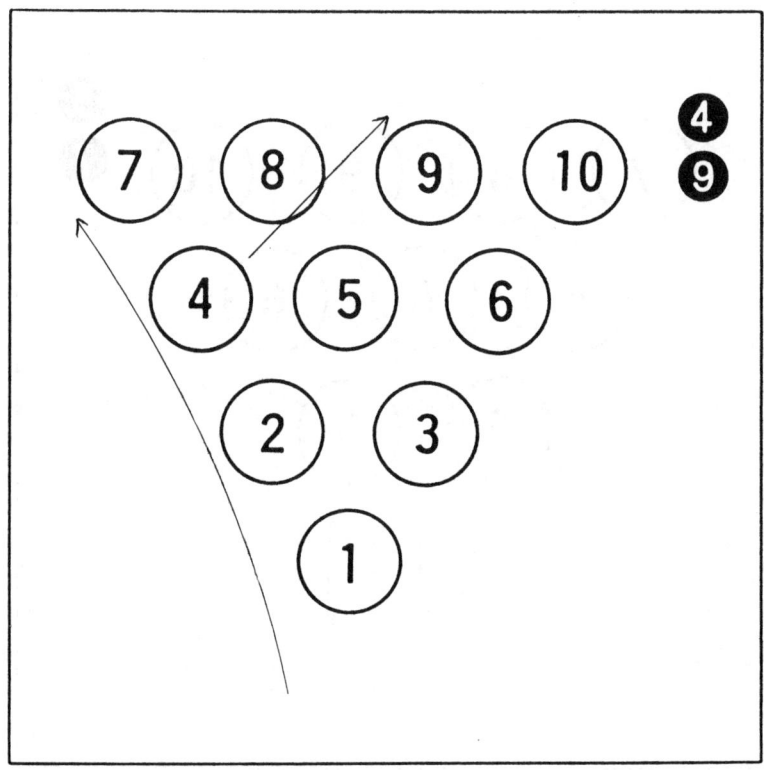

④⑨의 스페어

- 스치게 해서 따지 않으면 안되는 싫은 스플릿이지만, 컨트롤이 좋으면 딸 수 있다.
- 그러나 자신이 없는 사람은 한 개만을 확실히 따도록 한다.

☐ ⑤⑦의 스페어

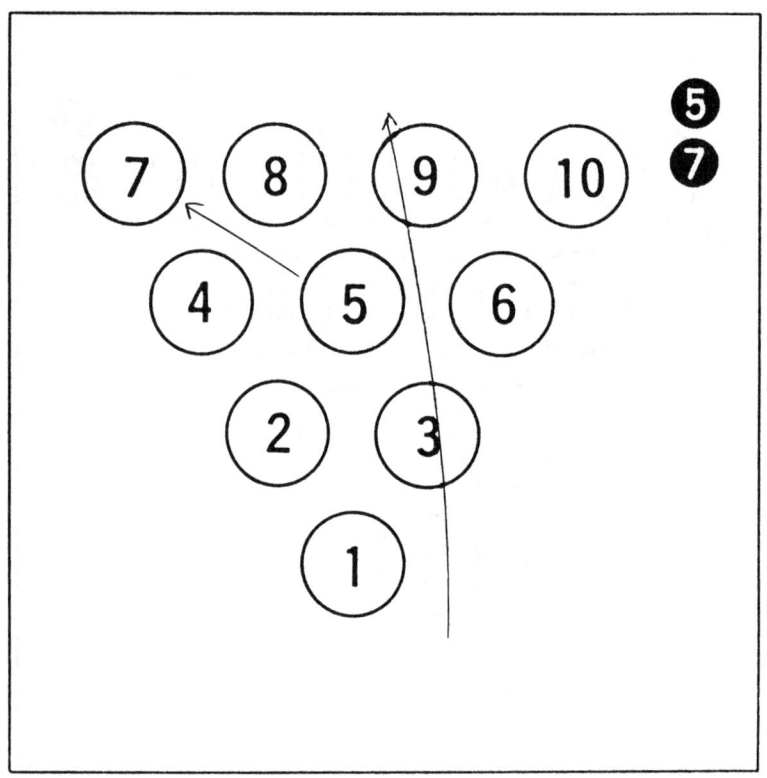

⑤⑦의 스페어

- 이것도 완전히 똑같다.
- ④-⑨ 스플릿보다는 레인을 넓게 사용할 수 있기 때문에, 조금 따기 쉽다.

□⑥⑦의 스페어

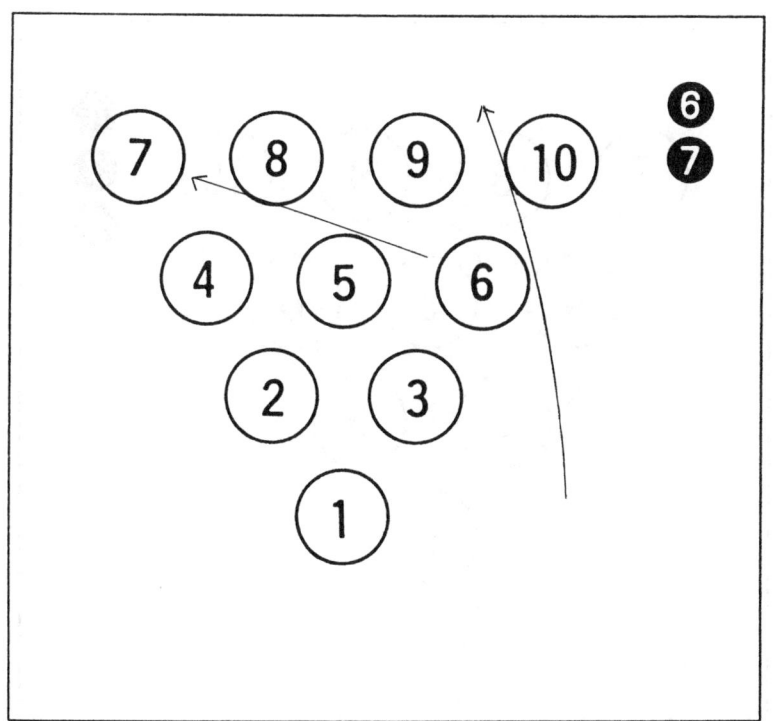

⑥⑦의 스페어

- ⑥번 핀을 아주 살짝 히트하지 않으면 안되는, 거의 '운에 맡기는' 스플릿.
- ⑥번만을 확실하기 따는 것도 일책.

□④⑦⑨의 스페어

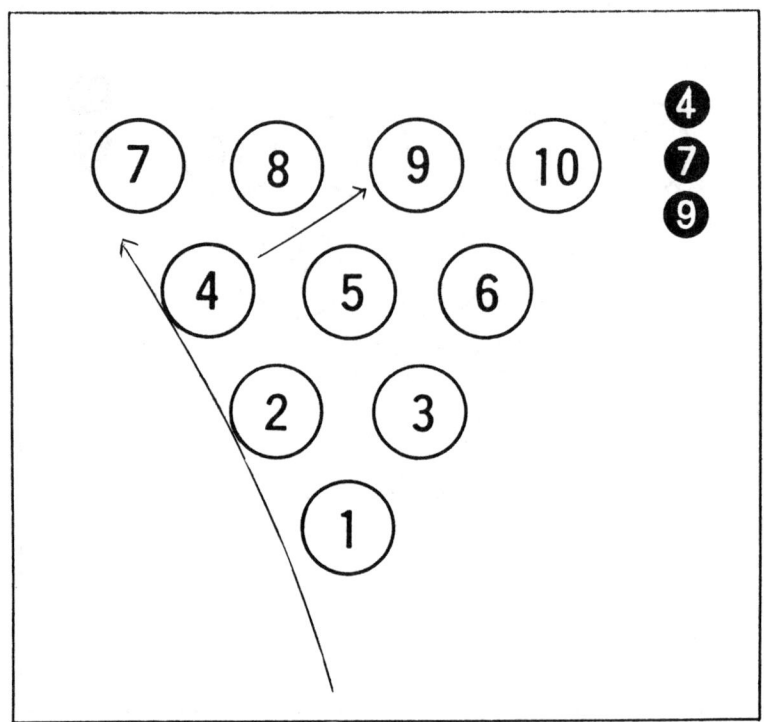

④⑦⑨의 스페어
- ④-⑨을 따는 것을 중시하는 편이 좋다.
- 잘 되면, ⑨번 핀도 쓰러져 준다.

④⑤의 스페어

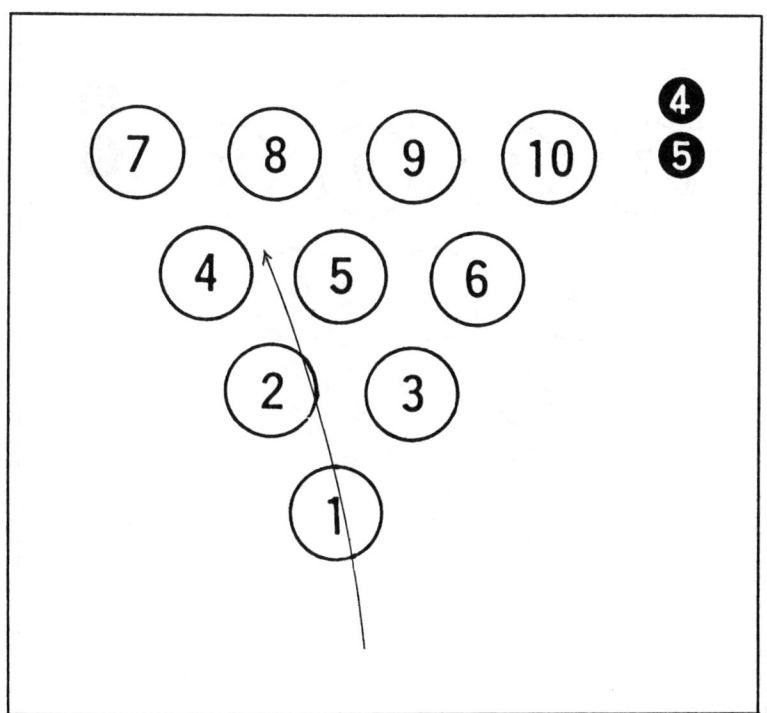

④⑤의 스페어

• 컨트롤이 전부.

• 정확하게 한 가운데를 통과시키지 않으면, 핀이 한 개 남게 되어 버린다.

• 챌린지하는 셈으로.

□⑤⑥의 스페어

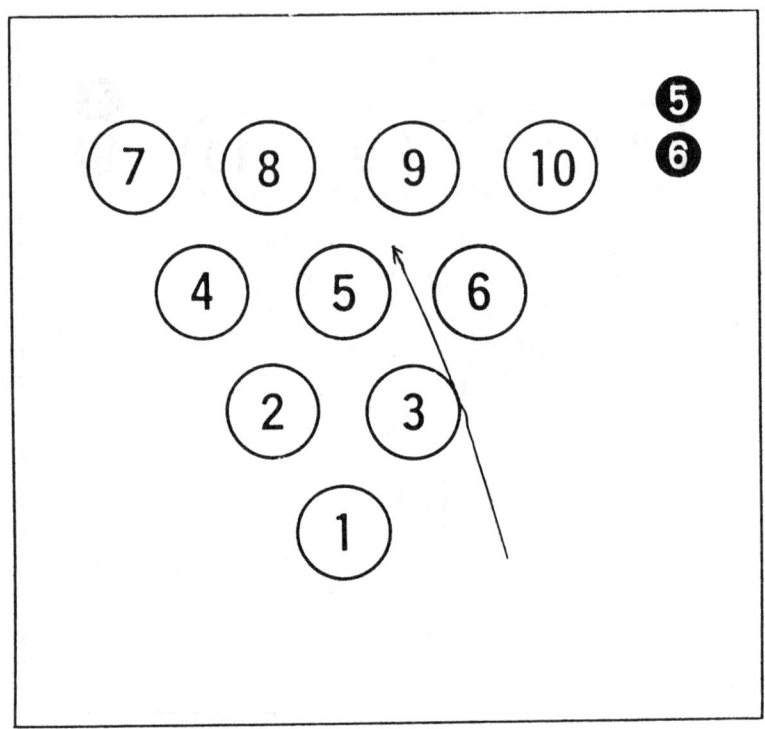

⑤⑥의 스페어

- 위와 마찬가지로, 훅 앵글 등을 생각말고, 볼의 한 가운데를 통과시키는 일에만 집중하자.
- 실패해도 한 개는 딸 수 있다.

□④⑤⑦의 스페어

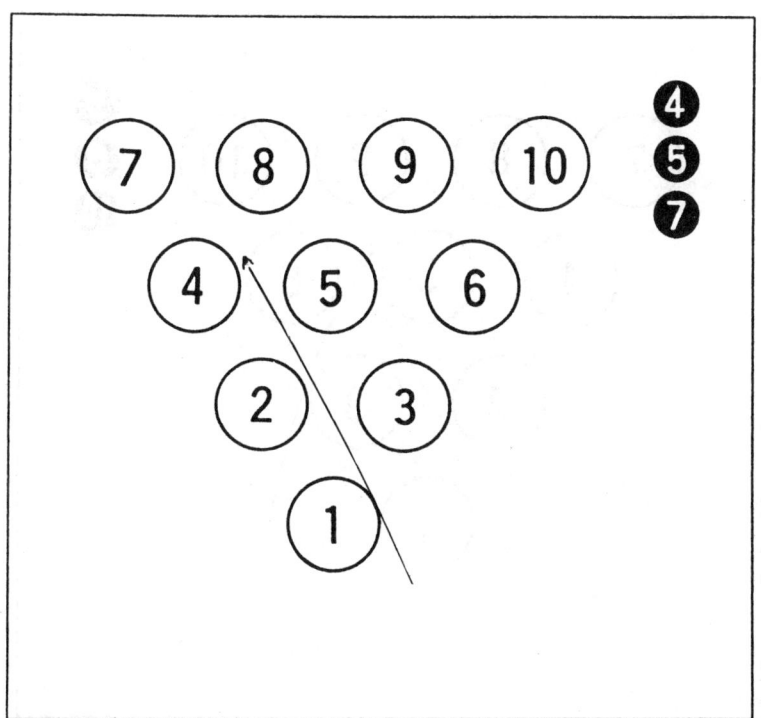

④⑤⑦의 스페어

• 앞의 응용이지만, 만일 한 개 딸 수 없어도 좋다고 생각한다면 ④-⑦에 집중.

□⑤⑥⑩의 스페어

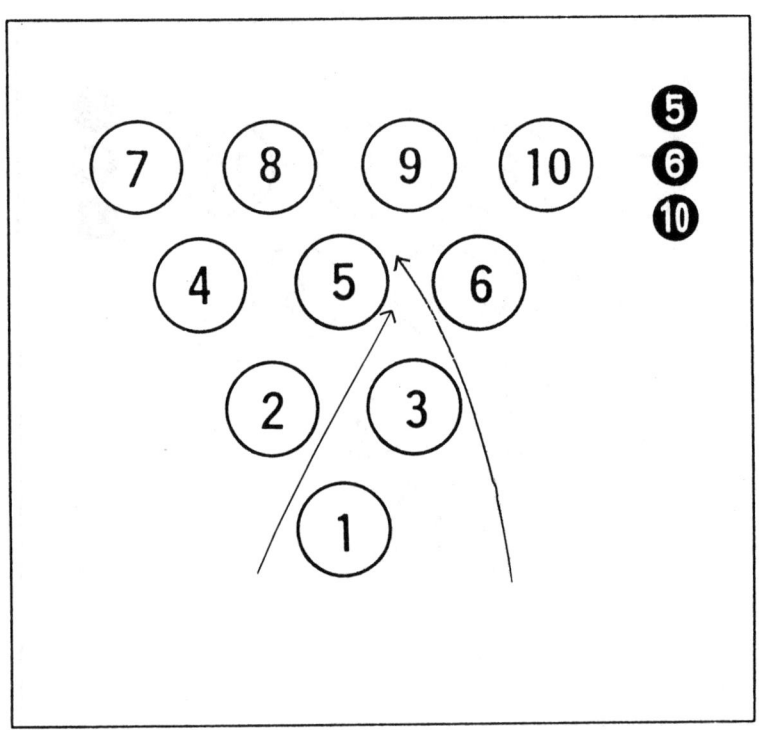

⑤⑥⑩의 스페어
- ⑥-⑩ 스페어가 싫으면, ⑩번 핀 코오스로 ⑥-⑩을 따자.

□⑥⑨⑩의 스페어

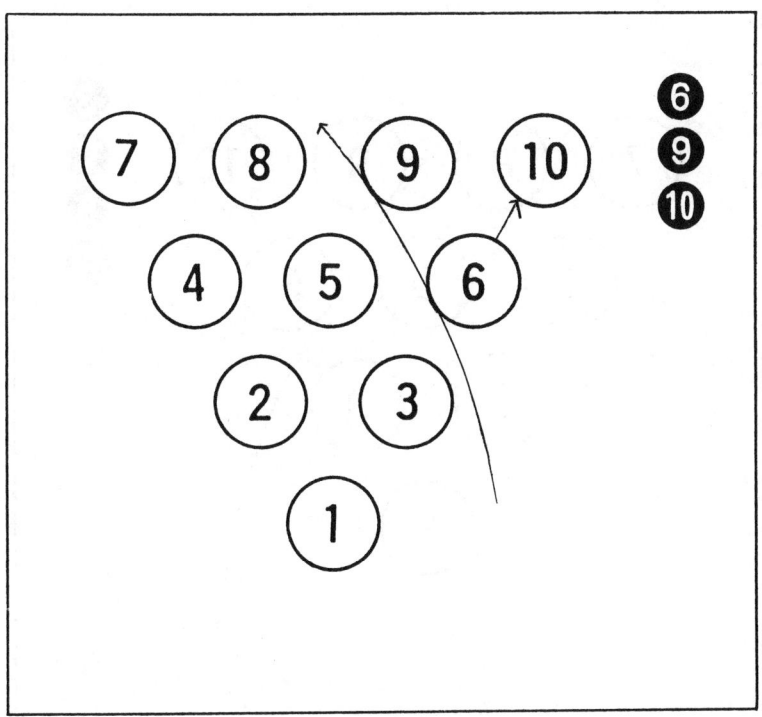

⑥⑨⑩의 스페어
- 키 핀인 ⑥번 핀 왼쪽으로 조금 두툼하게 볼을 넣어 준다.
- ⑨번 핀을 볼로 딴다.

□③⑥⑨⑩의 스페어

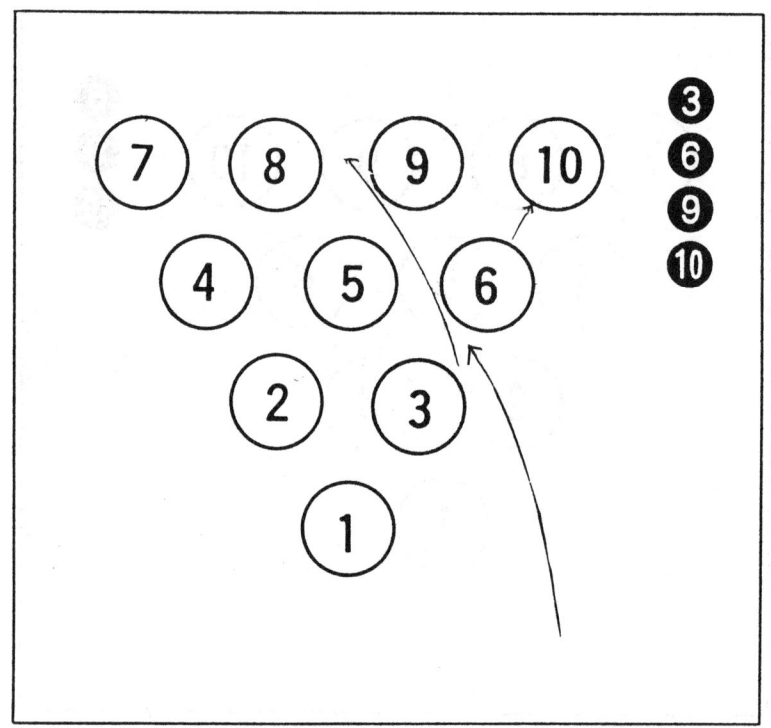

③⑥⑨⑩의 스페어

- ③-⑥의 포켓 겨냥.
- 훅력이 강하면 그대로 ⑨번 핀도 볼이 히트한다.

③⑤⑥⑨⑩의 스페어

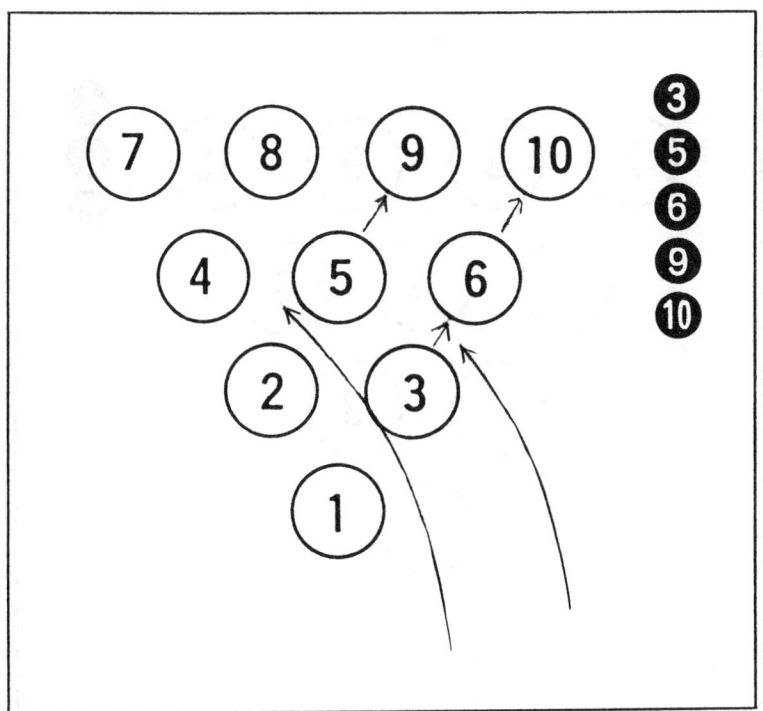

③⑤⑥⑨⑩의 스페어

• 스트라이크 포켓 겨냥으로 딸 수 있지만, 불안하면 ③-⑥ 포켓 겨냥이라도 괜찮다.

• ⑩번 핀 스페어에 주의한다.

□④⑥⑩의 스페어

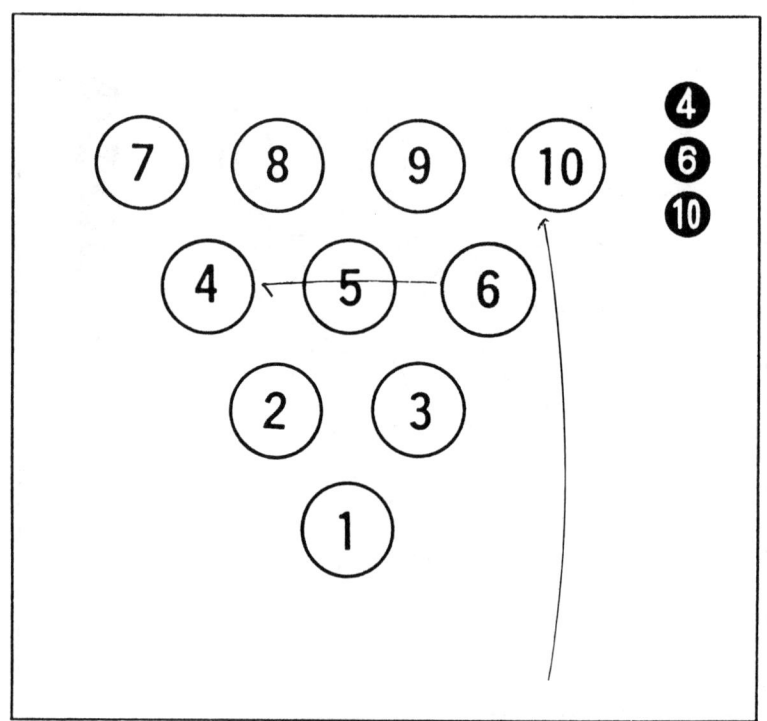

④⑥⑩의 스페어

- ④번 핀은 버리고 ⑥-⑩만을 따는데 집중하는 편이 좋다.
- 도전하고 싶은 사람은, 조금 스트레이트 기색으로 ⑥번 핀을 스치게 한다.

□①②⑩의 스페어

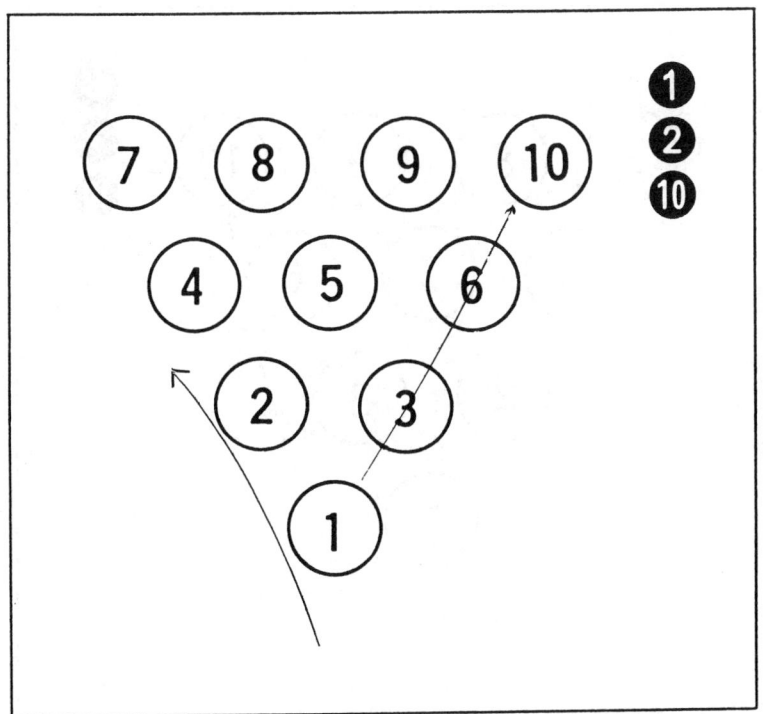

①②⑩의 스페어
- ①-②의 포켓을 노리는 느낌으로.
- ⑩번 핀은 포기해도 좋다.

⑥⑦⑩의 스페어

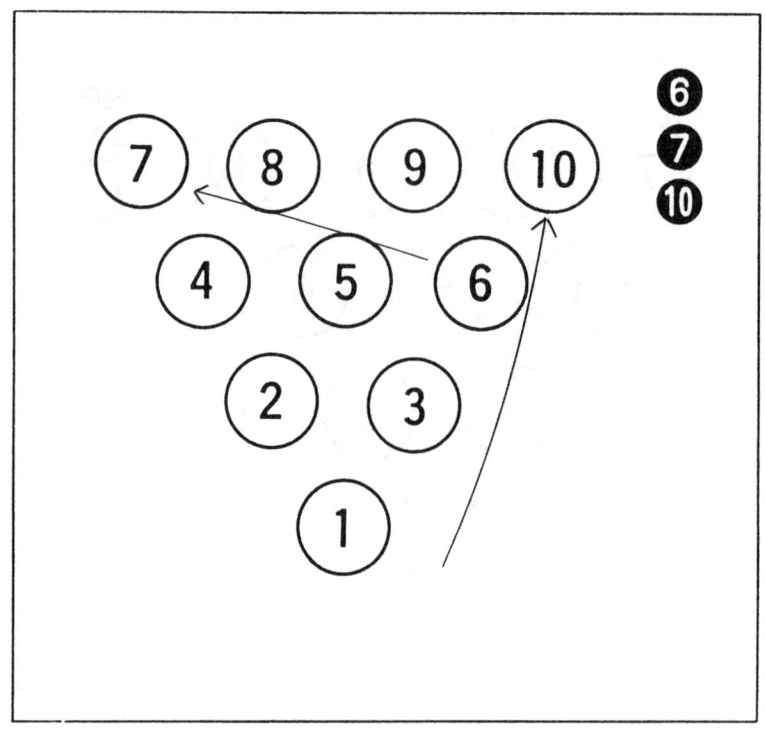

⑥⑦⑩의 스페어

- ⑥-⑩ 포켓을 ⑩번 핀 코오스를 이용해서 히트한다.
- 마찬가지로 ⑦번 핀은 버려도 된다.

④⑩의 스페어

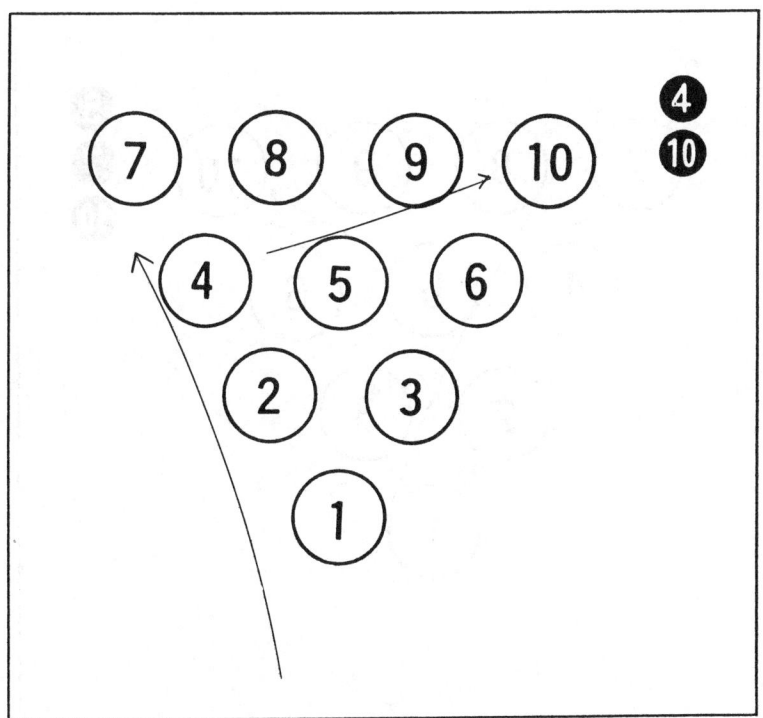

④⑩의 스페어
- ④번 핀 왼쪽을 스쳐서 ⑩번 핀까지 튀긴다.
- 불가능하지는 않지만, 회전력이 강하지 않으면 ⑩번 핀까지 튀기지 않는다.

□⑤⑦⑩의 스페어

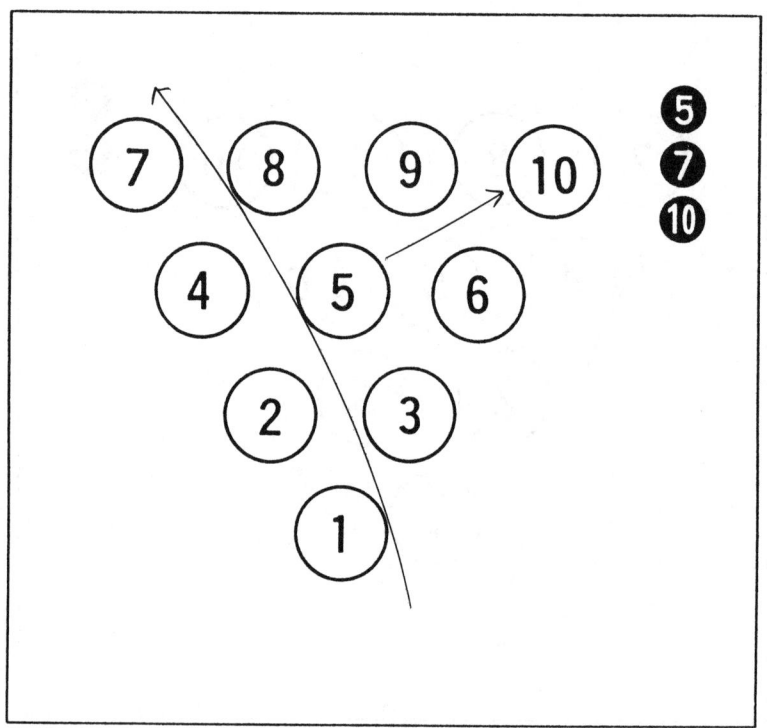

⑤⑦⑩의 스페어

• 거의 불가능하기 때문에, 어느 쪽인가 두 개만을 따도록 유의하는 편이 좋다.

□ ⑦⑩의 스페어

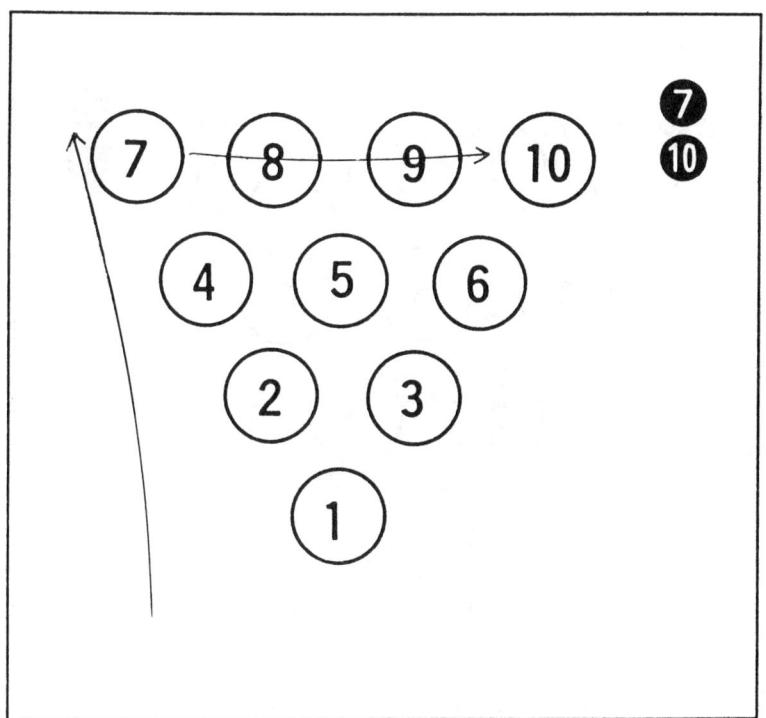

⑦⑩의 스페어
- 이것을 딸 수 있는 것은 신기나, 완전히 우연.
- 1개만을 확실히 따도록 한다.

□⑧⑩의 스페어

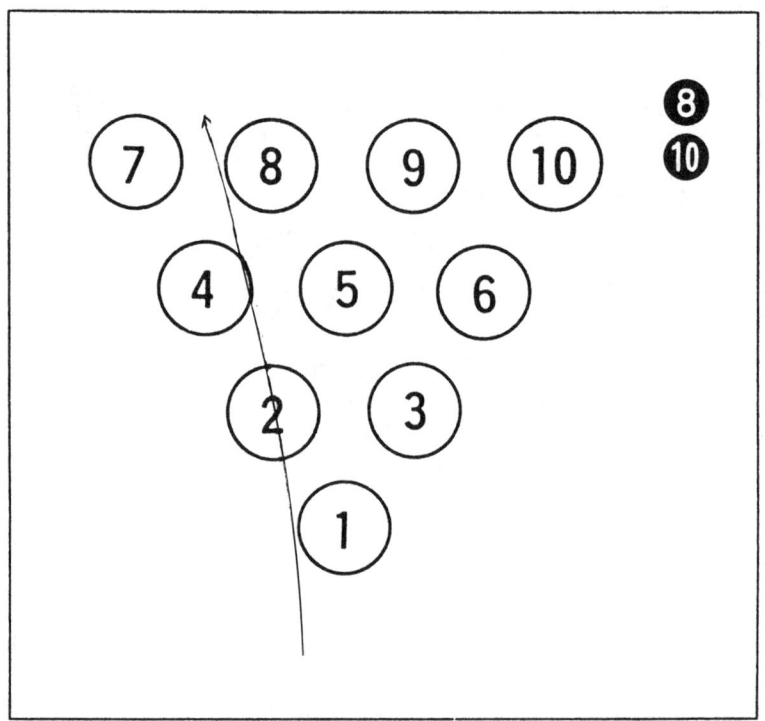

⑧⑩의 스페어
- 프로라도 거의 딸 수 없다.
- 운에 맡기기 보다, 1개를 조심해서.

□④⑥⑦⑩의 스페어

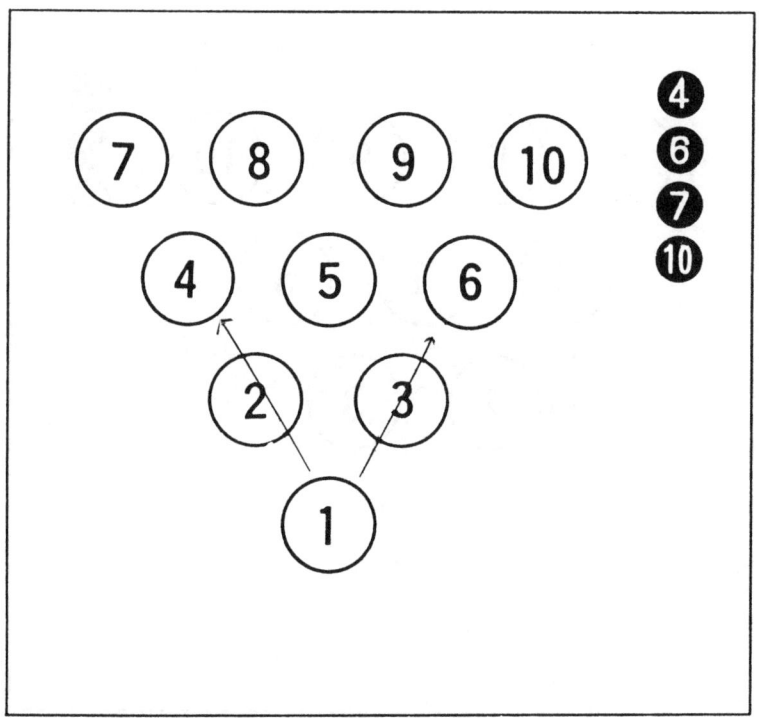

④⑥⑦⑩의 스페어

- 2개에만 집중할 것.
- 빅 포를 딸 수 있는 것은 기적에 가깝다고 말할 수 있다.

☐②⑦⑩의 스페어

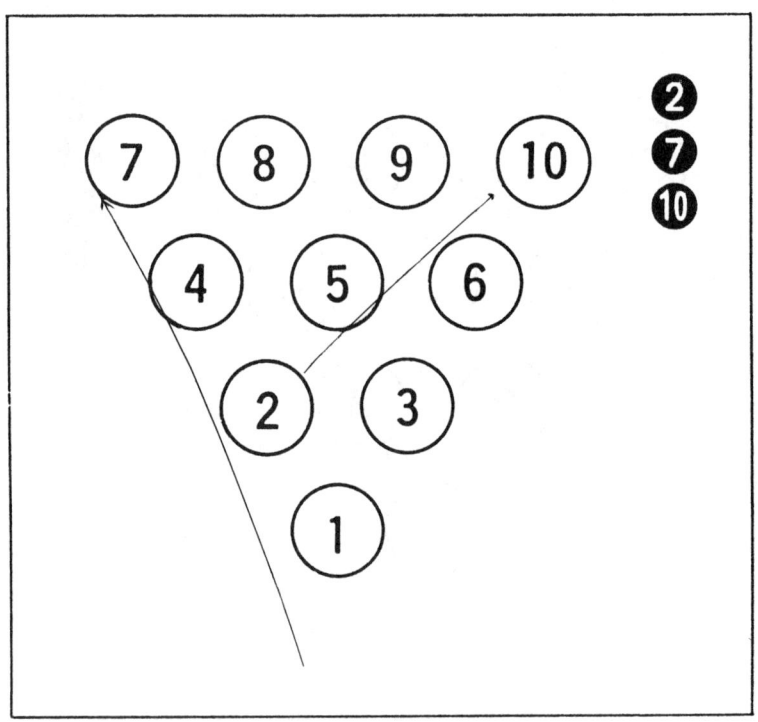

②⑦⑩의 스페어

• 스플릿이라도, 바로 앞에 또 1개의 키 핀이 있을 경우는 도전해 보기 바란다.

• ②번 핀에는, 가능한 한 살짝 맞힌다.

제6장
최종 체크

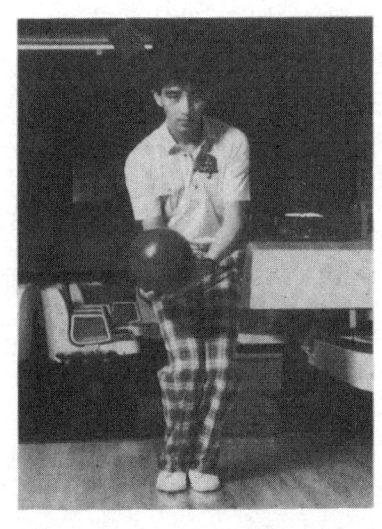

1. 투구 폼의 체크

　자신의 투구 폼이 어느 정도까지 굳어지면 그 폼은 좀체로 고칠 수 없게 된다. 또한, 조금 변칙적인 투구 방법이라해도, 그것이 모두 나쁜 것은 아니다. 프로 중에는 변칙 투법으로 높은 애버리지를 내고 있는 사람도 많이 있다.
　그렇지만, 아무래도 볼의 컨트롤이 나쁘다든가, 혹이 커서 흐트러진다고 하는 사람은, 다시 한 번 폼을 체크해 보면, 의외로 결점이 발견되는 경우가 있다.
　그런 경우는, 역시 올바른 폼으로 개선하는 편이, 이후 유리하다. 물론, 한 번 몸에 익숙해진 폼을 고치는 것이기 때문에 상당한 노력이 필요하고, 처음부터 다시 시작하는 결의가 필요하다. 스코어도 떨어지고, 잠시 동안은 슬럼프가 계속될 것을 각오해야 한다.
　또한, 폼을 개량하기 위해서는 자신만의 힘이 아닌 우수한 코치의 도움을 필요로 한다. 반드시 자기식이 아니라, 올바른 어드바이스를 받고 개량하도록 해 노력한다.

스탠스 어드레스

부자연스런 힘이 들어가 있지 않은 무리 없는 폼

① 극단적으로 팔꿈치나 등을 구부리고 있지 않은가

클라우칭 스타일이라고 하는데, 겨냥을 하려고 한 나머지, 극단적으로 팔꿈치나 등을 구부리고 있는 사람이 있다. 이 스타일이라면, 몸의 중심이 너무 앞으로 가 버려서, 앞으로 앞으로 중심이 쏠리기 때문에 어프로치가 너무 빨라져 버리게 된다.

클라우칭 스타일에서 다시 몸을 일으켜서 어드레스에 들어가는 사람도 있지만, 무엇 때문에 이렇게 팔꿈치나 등을 구부리는지, 전혀 알 수 없다. 처음부터 몸을 구부리지 말고, 어드레스에 들어가면 바람직하다.

② 볼을 오른쪽 가까이에서 준비하고 있는가

절대로, 몸의 오른쪽 가까이에서 준비하지 않으면 안된다고 하는 의미는 아니지만, 현재는 자주 사용하는 팔 쪽에 볼을 준비하는 편이, 다음 동작으로 들어가는데 훨씬 수월하다고 하는 것이 상식으로 되어 있다.

이것은, 몸의 중앙 부분에서 볼을 준비하면, 다음에 푸쉬 어웨이 할 때에 오른쪽 방향으로 밀어 내지 않으면 안되기 때문이다.

또한, 중앙으로 밀어 내 버리면, 다음의 다운 스윙에서 크게 바깥쪽으로 스윙이 불룩해져 버릴 위험성이 있다.

③ 볼을 준비하는 높이는 맞는가

본서에서는, 초보자들은 웨스트 위치에서 준비하도록 지시했다. 그것은 다음의 푸쉬 어웨이 때에 스무드하게 볼을 밀어 내기 쉬운 높이이기 때문이다.

볼의 위치는 오른쪽 옆, 몸 가까이

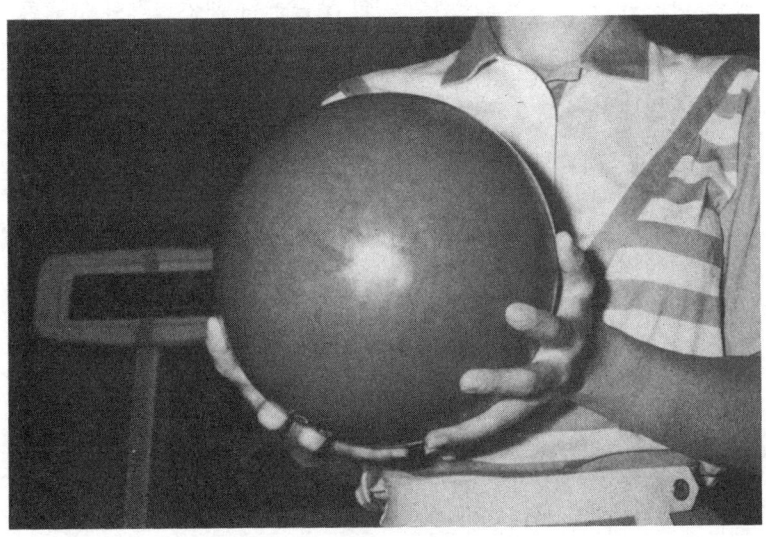

새끼 손가락끼리 닿을까 말까 한 정도가 베스트

중급자 이상이 되면, 차츰 볼을 높은 위치에서 준비하는 경향이 있는 것 같다. 이것은, 볼의 무게를 최대한 이용해서, 볼에 파워를 주려고 하기 때문이다. 그러나, 너무 높은 위치에서 볼을 준비하면, 진자 운동은 커지지만 궤도에 문제가 생기기 쉬워진다.

반대로 너무 낮은 위치에서 준비하면, 푸쉬 어웨이는 스무드하게 되지만, 폼이 작아져서 볼의 파워가 작아져 버린다.

무리없이, 더구나 스무드하게 푸쉬 어웨이할 수 있는 높이를 다시 한 번 확인해 주기 바란다.

④ 왼손은 정확하게 볼을 지탱하고 있는가

어드레스에서는, 왼손이 중요한 역할을 맡고 있다. 무거운 볼을 왼손으로 지탱해 줌으로써, 오른손에 가해지는 무게를 분산시켜 주는 것이다. 기본적으로는, 볼을 쥔 오른손의 새끼손가락과 왼손의 새끼 손가락이 겨우 닿을까 말까할 정도로 지탱하는 것이 편안한 방법이다.

또한, 어드레스 때에는 엄지를 비롯해서, 구멍에 넣은 손가락이, 스윙 때와 같은 위치 관계가 아니면 안된다. 그렇지 않으면, 푸쉬 어웨이 때 오른손 손목을 비틀게 되어, 스윙의 궤도를 뒤틀리게 해 버리기 때문이다.

⑤ 볼은 몸 가까이에 준비하고 있는가

이것은, 볼을 절대로 몸에서 너무 떨어진 위치에서 준비해서는 안된다고 하는 말이다.

몸에서 떼어서 준비한다고 하는 것은 , 팔이 앞으로 그만큼 펴져 있다고 하는 말이다. 즉, 이미 푸쉬 어웨이 도중까지 끝나버리고 있는 셈이 된다. 스윙과 스텝이 뿔뿔이 흩어지게 되는 원인이 되어 버린다. 게다가, 볼은 상당히 무겁기 때문에, 팔 자체에도 강한 부담이 되어 버린다.

완력이 남아 돌아가서, 파워와 스피드만을 의지해서 던지는 볼러 이외는, 반드시 몸 가까이에서 볼을 어드레스하는 것이 바람직하다.

푸쉬 어웨이

투구 폼을 설명했을 때, 푸쉬 어웨이에서 이하의 폼이 모두 결정된다고 설명했다. 이것은, 푸쉬 어웨이가 구체적으론 최초로 움직이기 시작하는, 바로 제 1보의 동작이기 때문이다. 그 후부터는 밀려난 볼의 움직임에 따라서 스텝을 진행해 가는 것이기 때문에, 도중에서 폼을 수정하기는 어렵게 된다.

따라서, 폼을 수정하려고 생각한다면 우선 이 푸쉬 어웨이를 변경하지 않으면 안된다. 그러기 위해서는 체크하지 않으면 안될 포인트는 다음 항목이다.

① 높이와 스텝은 피트한가

웨스트 부분에서 볼을 어드레스하고 있었던 경우, 볼을 푸쉬 어웨이할 때는 비스듬히 아래쪽이 된다고 설명했다. 이것은, 볼의 무게에 거슬려서, 무리하게 전방으로 밀어 내는 것이 아니고, 순순

비스듬히
아래로
푸쉬
어웨이

푸쉬 어웨이를
스텝에 맞춘다

히 앞으로 푸쉬하면 아무래도 볼의 무게로 비스듬히 아래쪽이 되어 버리기 때문이다. 여기에 반해, 높은 위치에서 어드레스하는 사람이나, 낮은 위치에서 어드레스해도, 한 번 윗쪽으로 볼을 들어 올리도록 푸쉬하는 사람의 푸쉬 어웨이는 매우 높은 위치가 되어 버린다. 큰 푸쉬 어웨이의 경우, 문제가 되는 것은 스텝과의 타이밍, 그리고 리듬의 관계다. 제 1보째의 스텝은 비교적 작은 스텝이 되지만, 스텝과 동조하지 않고 폼이 무너져 버릴 우려가 있다.

이것은 푸쉬 어웨이가 극단적으로 너무 낮은 경우에도 마찬가지이다. 팔의 움직임이 스텝보다 먼저 나가, 나중에 스텝이 따라가게 되어 버린다.

이런 스텝과 푸쉬 어웨이가 일치하지 않은 경우의 수정 방법은 두 가지 방법을 생각할 수 있다. 하나는, 푸쉬 어웨이의 높이를 바꾸는 방법이고, 또 하나는 스텝의 폭이나 속도를, 푸쉬 어웨이의 높이가 얼굴 높이 위치와 같은 정도까지 높은 사람에게는 높이를 바꾸는 방법이다. 어드레스 위치는 바꾸지 말고, 볼을 비스듬히 아래로 푸쉬 어웨이해 주는 것이다. 팔에 필요 이상으로 힘을 줄 필요는 없다. 오른손과 왼손으로 볼을 지탱하면서 무리없이 밀면 위치는 자연히 낮아진다.

푸쉬 어웨이가 낮은 사람, 이것은 여성에게 많이 발견되는 것이지만, 이 경우는 푸쉬 어웨이를 스텝에 맞추도록 한다. 볼의 움직임에 스텝을 맞추는 것이 이상적이지만, 제1보째이므로, 우선 스텝과의 피트를 유의해 주기 바란다.

② 좌우로 흔들리고 있지 않은가

높이와는 별도로, 푸쉬 어웨이에서의 좌우 흔들림도 체크하도록 한다.

일반적으로는, 오른쪽으로 푸쉬 어웨이하면, 볼은 백 스윙에서는 등 쪽으로 들어가 버린다. 당연, 포워드 스윙에서는 오른쪽 바깥으로 볼이 나가 버리게 된다. 이것을 '인사이드 아웃'이라고 하는데, 극단적인 인사이드 아웃은 수정하는 편이 좋을 것이다.

반대로, 왼쪽으로 푸쉬 어웨이하면, 볼은 다운 스윙에서 몸 바깥쪽으로 불룩해졌다, 다시 안쪽으로 되돌아 온다. 이것을 '아웃사이드 인'이라고 한다. 이런 경향이 강한 사람은 릴리스 전에 왼발 복사뼈에 볼을 부딪쳐 버리는 경우가 많은 것 같다. 어느 쪽인가

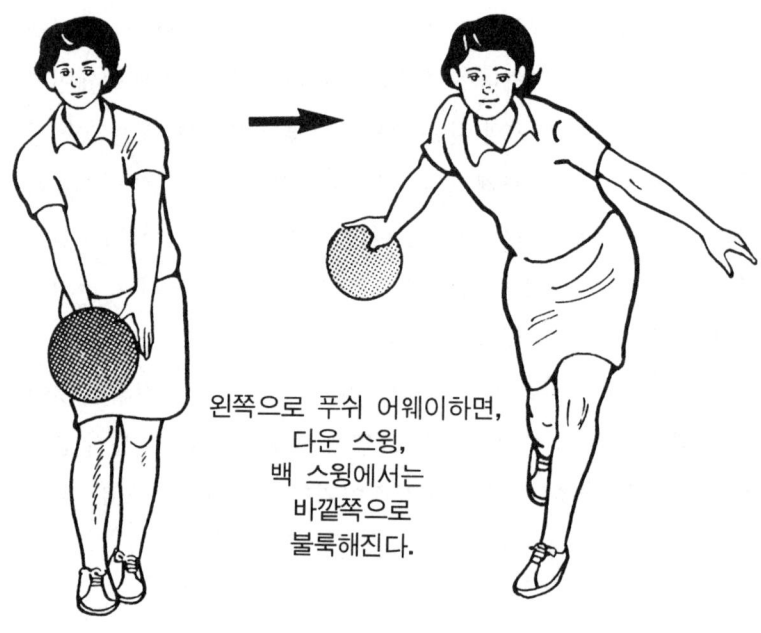

왼쪽으로 푸쉬 어웨이하면,
다운 스윙,
백 스윙에서는
바깥쪽으로
불룩해진다.

하면, 아웃사이드인 쪽이 나쁜 폼이라고 말할 수 있으므로 수정하도록 한다.

③ 왼손은 최후까지 볼을 지탱하고 있는가

왼손은 한계점까지 볼을 지탱하고 있지 않으면 안된다. 왼손의 역할은, 올바른 푸쉬 어웨이의 포인트까지 볼을 운반하는 일이다.

그러기 위해서는, 오른팔이 완전히 다 펴지기 직전까지 볼을 지탱해야만 한다. 오른팔이 다 펴지면, 올바르게 푸쉬 어웨이하고 있는 한, 왼손은 볼에서 떨어질 것이다. 또한, 이 동안에 조금씩

제1부 / 정통 볼링 기초 입문 231

| 왼손이 볼의 전면을 감싼다 | 왼손과 오른손이 너무 떨어졌다 |

볼의 무게를 오른팔 쪽으로 옮겨 가는 작업도 필요하다. 어드레스 때 왼손이 볼의 전면을 감싸듯이 볼을 지탱하고 있으면, 왼손이 푸쉬 어웨이를 방해하는 결과가 되어 버린다. 반대로, 왼손이 오른손과 너무 떨어져 있어도 푸쉬 어웨이 때 왼손이 빨리 볼에서 떨어져 버린다. 양쪽 모두 좋지 않으므로, 체크해 보도록 한다.

다운 스윙

다운 스윙은 볼의 중력을 사용해서 진자 운동을 시작하는 것이기 때문에, 완력(腕力)을 사용할 필요는 없다. 올바른 방향으로 푸쉬(밀기)하고, 어웨이(떼기)해 주면 되는 것이다.

다운 스윙에서 주의하지 않으면 안될 것은 스텝의 방향이다.

① 사행(斜行)하고 있지 않은가

어프로치는 타게트를 향해서 똑바로 걷는 것이 올바르지만, 의외로 휘어진 어프로치를 하고 있는 사람이 많다.

이것은 1보째보다, 2보째의 다운 스윙 때에 발생하기 쉽다. 이것은, 볼이 몸의 옆을 통과할 때에 몸에 부딪치는 것을 피하려고 순간적으로 몸을 비틀어 버리기 때문이다. 다소는 괜찮지만, 극단적인 비틀기는 사행의 원인이 된다. 주의하도록 한다.

백 스윙

백 스윙은 진자 운동의 반환점이 되지만, 그 고저(高低)에는 너무 신경쓸 필요는 없다. 정확한 궤도상을 진행하고 있는 한 컨트롤할 수 있기 때문이다. 단, 이상하게 높은 경우는 손목이 젖혀 있거나, 궤도를 벗어나 있거나 둘 중 어느 쪽이므로 수정해야 한다. 이 스윙에서의 체크 포인트는 궤도와 손목이 젖혀져 있지 않는가 하는 점이다.

① 올바른 궤도를 진행하고 있는가

백 스윙이 등 쪽으로 들어가 버리는 것은, 푸쉬 어웨이 시점에

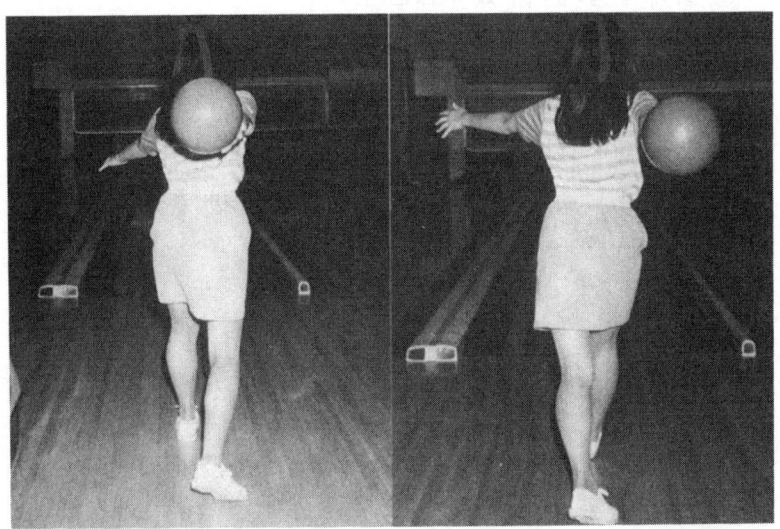

　　등으로 볼이 들어간다　　　　볼이 바깥쪽으로 흐른다

서 바깥쪽으로 밀어내 버린다고 하는 것이 대부분이다. 그리고 또 한 가지 생각할 수 있는 것은, 백 스윙의 정점 근처에서 손목을 안쪽으로 젖혀 버리는 경우도 등으로 볼이 들어가 버리는 것이다. 볼은 반드시, 손이 바로 위에서 덮이는 느낌으로 스윙하도록 유의해 주기 바란다. 손목을 젖히는 버릇이 있는, 시중에서 판매되고 있는 리스트 밴드를 사용해 보는 것도 좋은 방법이다.

　등으로 볼이 들어 가는 것과는 반대로, 볼이 바깥쪽으로 흘러서, 팔과 겨드랑이가 크게 벌어져 버리는 사람도 있다.

　이 경우도, 푸쉬 어웨이의 방향이 몸 안쪽으로 돌아가 버리는 케이스가 대부분이다. 이것도 컨트롤 미스의 원인이 되므로, 반드시 수정하도록 한다.

② 어깨가 당겨지고 있지 않은가

백 스윙 때에 어깨를 크게 잡아 당겨 버리는 사람이 있다. 이것은, 진자 운동의 중심이 되는 지점이 이동해 버리기 때문으로 좋은 형상은 아니다. 왼손으로 중심을 잡고, 어깨가 뒤로 제껴지지 않도록 유의해 주기 바란다. 지점은 가능한 한 흔들림이 없는 것이 원칙이다.

릴리스

최종 릴리스에서는, 진자 운동으로 되돌아 온 볼을 목표를 향해서 정확하게 릴리스하지 않으면 안된다. 그러기 위해서는 몇 가지의 체크 포인트가 있다.

① 슬라이드는 충분히 하고 있는가

갈 때의 진자 운동과 비교하면, 올 때의 진자 운동은 일보(一步)로 종료하지 않으면 안된다. 당연히 스텝도 커지지만 중요한 것은 그다음 다리를 슬라이드(미끄러짐)시켜 주지 않으면 안되는 점이다.

슬라이드시키므로써 쇼크를 완화함과 동시에, 볼을 정확하게 보내 줄 수 있는 것이다. 슬라이드가 불충분하다면, 갑자기 쇼크가 다리에 가해지지 때문에 발끝이 옆을 향하고, 몸도 마찬가지로 옆을 향하게 되어 버린다. 극단적인 경우는 스핀해 버리는 사람도 있다.

여기에는 두 가지의 원인을 생각할 수 있다. 하나는, 어프로치의 어드레스 위치가 너무 가깝기 때문에 파울 라인을 넘은 것 같아서 당황하여 브레이크를 걸어 버리는 케이스이다. 이것은, 서는 위치를 조금 뒤로 옮기면 해결된다.

또 하나는, 슬라이드시킬 거리는 충분히 있는데, 발이나 몸이 옆을 향해 버리는 케이스로, 이것은 몸은 파울 라인까지 왔는데, 스윙이 극단적으로 늦어져 버려서, 몸이 기다리지 못하고 옆을 향해 버린 케이스이다. 스텝과 스윙의 발란스를 체크할 필요가 있다.

또 하나 잊어서는 안될 것은, 정상적인 슬라이드를 했을 경우, 볼의 릴리스는 슬라이드 종료보다 조금 늦게 릴리스 된다고 하는 점이다. 이것은, 앞의 백 스윙으로 아주 한 호흡 정도이지만, 볼을

오른쪽 어깨가 처져 있으면‥

저장하고 있기 때문이다. 파워를 충분히 축적해서 내보내 주므로써 회전력과 파괴력을 높여 주는 것이다.

② 오른쪽 어깨가 너무 내려가 있지 않은가

무거운 볼을 쥐고 릴리스하는 것이기 때문에, 오른쪽 어깨가 조금 내려가는 것은 하는 수 없다. 그러나, 너무 지나치게 내려가면 볼이 빨리 레인에 튀겨 버려서 스폿 미스의 원인이 되어 버린다. 또한, 볼의 회전력도 약해져 버린다. 이것은 푸쉬 어웨이 때에 밀어내기가 완전하지 않기 때문에, 또 강인하게 자신의 힘으로 다운 스윙했기 때문에 일어나는 경우가 많은 것이다. 스무드하게 릴리스하기 위해서도, 오른쪽 어깨를 너무 떨어뜨리지 않도록 유의해야 한다.

③ 가슴을 펴고 릴리스하고 있는가

이것은 아무 것도 아닌 것 같지만, 볼의 스피드를 살리기 위해서 필요한 일이다. 몸을 구부리고 투구하면, 볼에 파워가 생기지 않는다. 가슴을 펴고, 상체를 일으키는 것 같은 기분으로 릴리스한다.

④ 엄지의 빼는 방법은 중요 체크 포인트

볼이 최하점에 접근함에 따라서, 우선 엄지가 빠지기 시작하고, 볼의 중력은 중지와 약지로 이동한다. 볼에 회전을 주는 것은 중지와 약지이다.

그래서 중요해지는 것이 '엄지의 빼는 방법'이다. 엄지가 잘 빠지지 않으면 회전력이 감소하고, 서투르면 꽝하고 아래로 볼이 떨어지는 로프트 볼이 되어 버리게 된다.

엄지를 잘 빼주기 위해서는, 무엇보다도 손목이 구부러지지 않는 것이 중요하다. 손목이 펴지면 엄지는 자연히 빠질 것이다.

훅 력을 강화시키기 위한 리프트 앤드 턴을 진자운동의 정점으로부터 최하점에 이를 때까지 완료하고 있지 않으면 안된다. 그리고나서 다음은 중지와 약지로 인한 리프트가 시작된다. 그때에 엄지가 10시에서 12시 사이 근처를 가리키고 있다면, 엄지는 스무드하게 손가락 구멍에서 빠지게 된다. 따라서 릴리스의 순간에 손목을 비트는 것은 전혀 의미가 없게 된다. 손목의 비틀기로 훅 회전이 생기는 것은 아니다.

폴로 스로는 정확하게

테니스와 같은 폴로 스로

훅 회전은 엄지가 빠지기 시작하고 난 후의, 나머지 중지와 약지의 리프트에 의해 주어지는 것이다.

⑤ 폴로 스로를 정확히 하고 있는가

폴로 스로를 별로 의미가 없다고 생각하고 있는 사람도 있겠지만, 정확한 폴로 스로를 권한다.

폴로 스로의 목적은, 릴리스를 보다 확실하게 하는 것이다. 볼을 릴리스한 순간에 스윙이 멈춰 버린다고 하는 것은, 이미 릴리스 도중부터 브레이크가 작용하고 있었던 것이 되기 때문이다. 스무드하게 릴리스하고 있으면, 오른손은 자연히 윗쪽으로 올라 올 것이다. 즉, 그만큼 볼의 회전이나 스피드를 최후까지 높이려 하고 있다는 증거이기도 하다. 특히 초보자는, 어떤 경우라도 폴로 스로까지 중요시하도록 유의하기 바란다. 그렇지만 오버 액션이 될 필요는 없다. '목표와 악수를 하도록' 스무드하고 무리 없는 폴로 스로가 이상적이다.

2. 증례별 결점 체크

볼링에서는 각각의 여러 가지 버릇 때문에 스코어가 늘지 않는 케이스가 있다.

그래서 비교적 눈에 많이 띄는 케이스를 증례별로, 어디가 잘못되어 있는지 설명해 보기로 한다.

드로핑그 볼이 많다

드로핑그 볼은 로프트 볼과 혼동되기 쉽지만, 전연 다른 것이다. 로프트 볼은 파울 라인 앞에서 쾅하고 볼을 내던져 버리는 것이고, 드로핑그 볼은 자신이 결정한 릴리스 포인트(파울 라인의 바로 앞)보다 훨씬 앞에서 볼을 릴리스해 버리는 것이다. 그 결과 볼의 착상 위치가 상당히 바로 앞이 되어 버리는 것이다. 착상 위치는 파울 라인의 바로 앞이 많아진다.

양쪽 모두 릴리스 미스로 볼링장 측에서 꺼리는 점은 같다. 더구나 드로핑그 볼을 계속 던지고 있으면, 엄지가 아파오고, 스코어도 늘지 않는다.

어째서 이와 같은 증상이 나타나는가 하면, 우선 볼 자체에 원인을 생각할 수 있다. 볼의 무게가 너무 무겁다든가, 볼의 구멍 위치 등이 피트하고 있지 않다든가 등을 생각할 수 있다. 하우스 볼의 경우는 손가락 구멍이 느슨하게 만들어져 있기 때문에, 가능한 한 단단히 그립할 수 있는 볼을 선택하도록 해야 한다. 또한, 볼의 무게를 다시 한 번 아래 라인으로 바꿔 보면 좋을 것이다.

다음에 생각할 수 있는 것은, 폼에 기인하고 있는 케이스다. 손목이 뒤로 꺾여 있으면, 볼은 쑥 빠지기 쉬워진다. 강인하게 앞으로 리프트할 필요는 없지만, 확실하게 리프트하도록 유의하기 바란다.

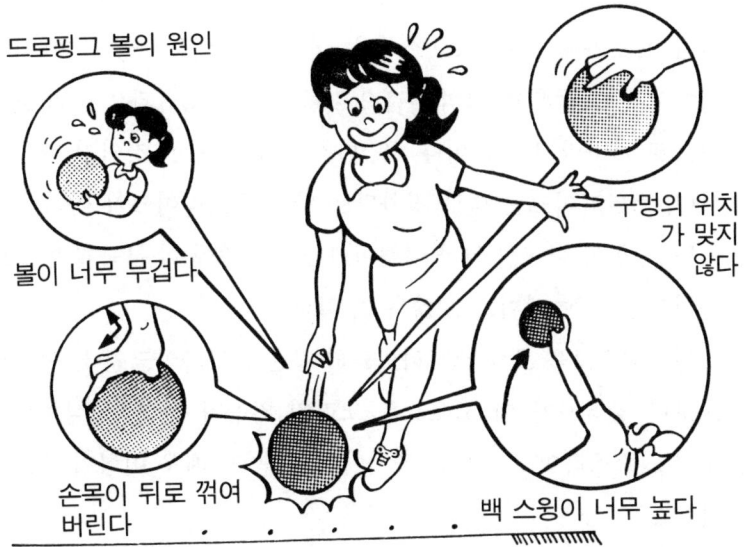

폼에서는, 이 밖에도 극단적으로 백 스윙이 너무 높아져 있지 않는가, 정확하게 슬라이드하고 있는가, 스피드를 내려고 한 나머지 릴리스가 지나치게 빨라지고 있지 않는가를 체크해야 한다.

대체로 원인은, 그 중에 포함되어 있을 것이다. 볼의 그립 문제는 하우스 볼을 교환하든가, 마이 볼이라면 드릴러에게 상담하면 해결할 수 있다. 폼에 결점이 있었을 경우는, 그 부분을 수정해 주기 바란다. 특히 손목의 리스트 휘어짐은, 수정해 두지 않으면 안된다. 드로핑그 볼이나 로프트 볼이 발생하는 것은 모두 서투른 기술의 증명이기 때문이다.

부룩클린 스트라이크가 많다

뒤쪽 스트라이크 코오스라고 하는 부룩클린 스트라이크는 상급자나 프로가 꺼리는 코오스이다. 이것은 포켓을 노렸는데 너무 휘어져서, 종종 ①번 핀의 좌측으로 들어가서, ①번과 ②번의 포켓 쪽으로 가버리기 때문이다. 즉, 미스 코오스를 한 것이기 때문에 가령, 스트라이크는 별로 칭찬받을 만한 스트라이크가 아니다.

또한, 힘이 비교적 약한 여성이나 초보자중에 이 부룩클린 스트라이크를 내는 케이스가 많은 것 같다.

원리적으로는 포켓 스트라이크와 같은 스트라이크인데, 어째서 프로나 상급자가 이 코오스를 노리지 않는가 하면, 의식적으로 노려도 스트라이크가 되는 조건이 매우 좁고, 매우 어렵기 때문이다.

우선, 너무 파워가 있으면 볼이 안으로 깊이 휘어 버린다. 왼쪽 사이드의 핀 모두를 제대로 히트시키고, 더구나 히트된 핀이 제대로 뒤로 튀어서 다른 핀을 쓰러뜨리지 않으면 안된다.

즉, 몇 가지의 행운이 겹치지 않으면, 좀체로 노려도 스트라이크는 딸 수 없는 것이다. 부룩클린 코오스는 스트라이크를 따기 위한 코오스가 아니라, 일투째에 남은 핀을 쓰러뜨리기(①②⑤⑧)핀을 직접 쓰러뜨릴 수 있다) 위한 코오스라고 생각해 주면 된다.

어째서, 부룩클린이라고 하는가 하면, 뉴욕시에서는 이스트 리버를 끼고 맨하탄이 오른쪽, 부룩클린이 왼쪽에 있기 때문에, 그렇게 불리고 있다.

그렇지만, 초보자는 게임에서 부룩클린 스트라이크를 내도 슬퍼할 필요는 없다. 하지만, 스트라이크임에는 틀림없다. 다음에 던질 때에, 다시 한 번 체크하면 될 것이다. 체크할 것은, 우선 어드레스의 위치다. 3·1·2 이론에 따라 오른쪽으로 몇 장인가 이동해서 던져 보도록 한다.

혹이 약해서, 갑자기 자취를 감추는 커브 볼을 던지는 사람의 경우도 부룩클린으로 볼이 들어가기 쉬워진다. 이 경우는, 다시 한 번 리프트 앤드 턴에 의한 훅 볼의 연습을 다시 하기를 권한다.

또한, 릴리스 때에 무의식 중에 손목을 시계 방향으로 비트는 버릇이 있는 사람도 부룩클린 코오스로 가기 쉬워진다. 의도적으로 던지는 경우는 차치하더라도, 좋은 투구 방법이라고 할 수는 없다.

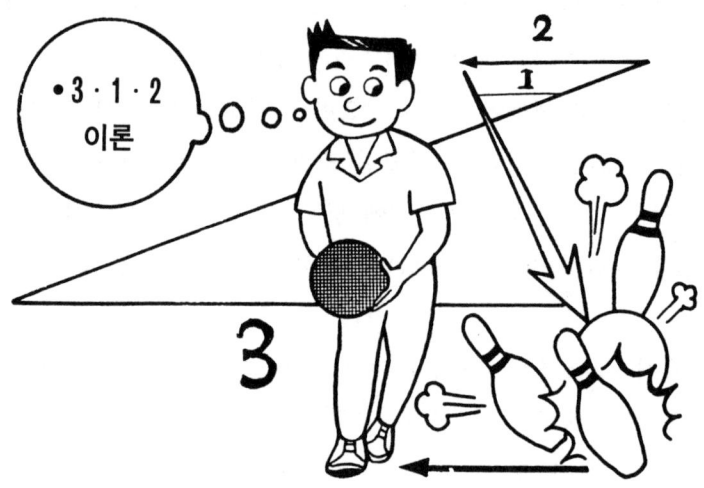

3·1·2 이론을 상기하고 판자 이음새 몇 장인가를 이동해서 던져 보자.

그리고 또 한 가지 중요한 것은, 스폿 미스다. 눈으로는 스폿을 목표로 하지만, 막상 던지면 팔 때문에 스폿 미스가 나오기 쉽다. '목표는 오른쪽 어깨에 맞춰서'라고 하는 교훈이 있지만, 최종 릴리스 포인트 위로 릴리스하도록 하면, 미스는 좀처럼 발생하지 않는다.

⑦번 핀, ⑩번 핀을 딸 수 없다

이것은, 우선 볼러가 자신의 볼의 점과 선을 확립하고 있지 않은 것이 최대의 원인이다.

제1부 / 정통 볼링 기초 입문　245

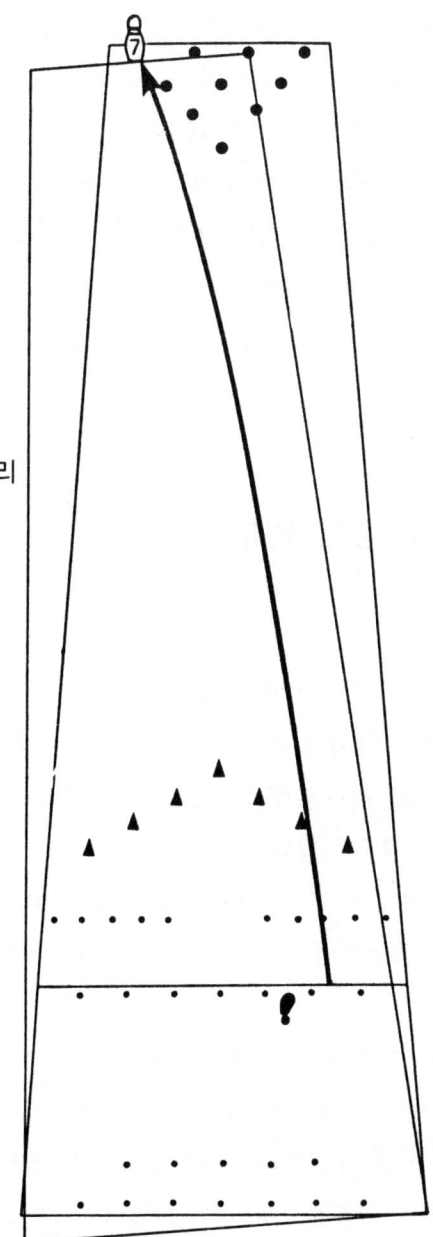

크로스 앨리

또 하나의 원인은, 가터하는 것이 아닐까라고 하는 프레셔가 강해서, 무의식적으로 레인의 중앙 부분으로 던져 버리는 케이스다. 이 케이스의 경우는, 크로스 레인 투법을 사용해 주기 바란다. 레인의 끝에 핀이 서 있다고 생각하기 때문에 프레셔가 가해지는 것으로써, 왼쪽 그림과 같은 가상 레인(크로스 앨리)을 머리에 그리고 투구하면 될 것이다.

　⑦, ⑩번 핀을 스페어 하지 않는 것은 큰 잘못이다. 도전해 주기 바란다.

볼에 스피드가 없다

　마치 슬로우 모션을 보고 있듯이, 볼이 데굴데굴 굴러 가는 것은 던진 본인이 가장 기가 막히는 일이다.

　여기에는 여러 가지 원인을 생각할 수 있지만, 그 중에서도 중요한 것은, 그런 사람은 폼이 흐트러져서 진자 운동을 다 사용하고 있지 않은 경우가 많다.

　볼링은 완력으로 던지는 것이 아니고, 몇 번이나 반복했지만, 올바른 폼으로 흐르듯이 투구하면 볼에 자연히 스피드가 오르는 것이다.

　물론, 머리로 그것을 이해 한다 해도, 폼이 흐트러져 버릴 수 있지만, 그런 사람에게는 어프로치를 지금까지보다 빨리 하기를 권한다. 어프로치를 너무 지나치게 천천히 해서, 볼의 진자 운동과 스텝이 일치하지 않기 때문에, 거의 1보, 혹은 2보 도움닫기 뿐인 운동으로 투구하고 있는 사람이 많은 것이다.

그리고, 스텝마다의 타이밍을 몸으로 느껴 주기 바란다. 푸쉬 어웨이, 다운 스윙, 백 스윙, 릴리스로 리드미컬하게 이행해 가는 것이다.

이때, 잘못되어도 완력으로 스피드를 내려고 해서는 안된다. 포워드 스윙 때의 슬라이드가 충분하면, 볼에는 훨씬 스피드가 붙는다. 충분히 슬라이드해서, 조금 느리게 볼이 릴리스되면 바람직한 것이다.

스피드를 내려고 높이 푸쉬 어웨이하거나, 마음껏 백 스윙을 높이 하는 사람이 있지만, 이것은 반대로 폼을 무너뜨리는 원인이 되어 버리므로 피하는 편이 좋을 것이다.

볼링은 타이밍의 스포츠이기도 하다. 어프로치의 타이밍이 있다면 볼에 스피드가 붙는 법이다.

4보 도움닫기의 리듬이 맞지 않는다

4보 도움닫기의 리듬과 발란스가 딱 들어 맞지 않는 사람은, 5보 도움닫기를 해 보기 바란다.

4보 도움닫기라면, 1보째에 푸쉬 어웨이로 들어가지 않으면 안되기 때문에 심리적으로 분주하다고 느끼는 법이다. 5보 도움닫기라면 1보 더 여유 스텝이 덧붙여진다.

원 투의 2보째에 푸쉬 어웨이하면 되기 때문에, 타이밍은 맞추기 쉬워진다. 프로 중에 5보 도움닫기가 많은 것은 그 때문이다.

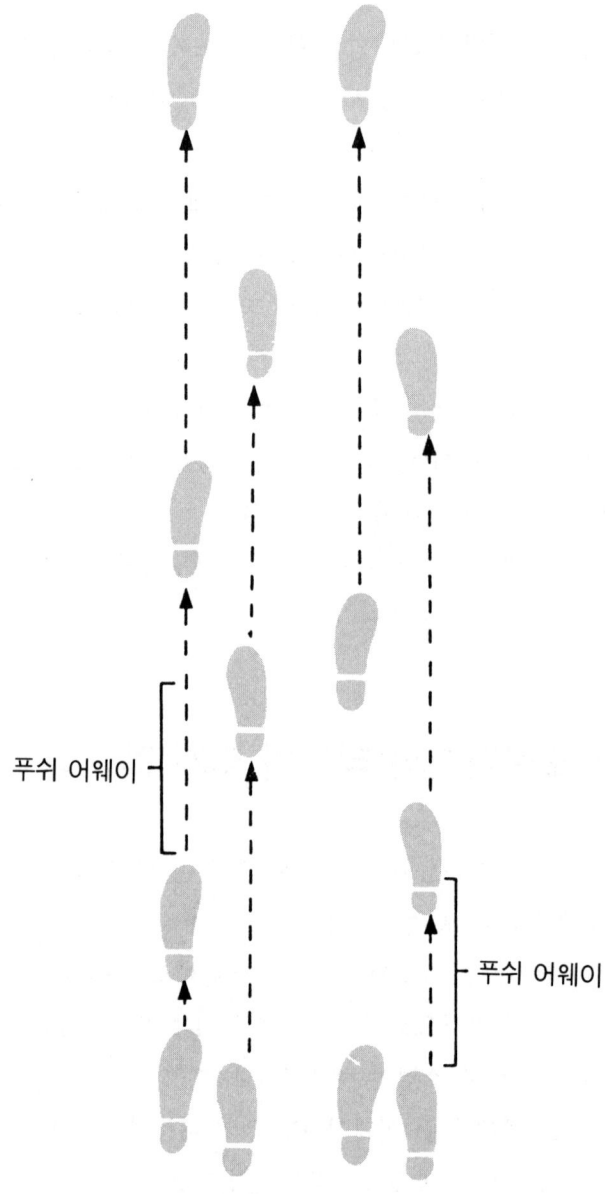

4보 도움닫기에 익숙해져 있는 사람에게는, 최초의 1보째 아무것도 하지 않는 데에 망설임이 있을지도 모르지만, 도움닫기를 위한 도움닫기라고 생각하고, 원 투의 투에서 푸쉬 어웨이에 집중하도록 한다.

5보 도움닫기에서도 4보 도움닫기와 마찬가지로, 오른발을 왼발보다 조금만 벌린 형태로 최초의 1보를 내딛도록 해 주기 바란다.

가터가 많다

한 마디로 말하자면, 초보자는 모든 일에 있어서 서투르지만,

그렇다 하더라도 가터에 신경쓰지 말고, 자꾸자꾸 던져서 폼을 굳혀 주기 바란다.

어느 정도 폼이 굳어 있는데도 불구하고 가터가 많은 사람의 특징은, 다운 스윙에서 등으로 볼을 짊어지거나, 반대로 바깥쪽으로 크게 벌려 버리는 경우이다.

이것은 볼의 궤도를 크게 뒤틀리게 해 버린다. 옆구리를 조르고, 오른쪽 앞 아래로 올바르게 푸쉬 어웨이해 주면, 이와 같은 사이드 어밍 등은 발생하지 않는다.

올바르게 전방으로 릴리스한 셈이라도 사이드 어밍 등으로 단 한 번 각도가 틀려도 핀 위치에서는 30cm나 틀려지는 것이다.

■ 볼링의 역사

④ 볼의 진화 ― 2

경화 고무, 볼의 시대에 들어와서도, 제1차 세계대전까지는, 2혈(二穴) 시대가 계속되고 있었다. 이윽고, 볼에 또 하나, 약지 구멍이 추가되어, 3혈(三穴) 시대가 시작 되었는데 2혈과 마찬가지로 누가 시작했는지는 기록에 남아 있지 않다. 단지 생각할 수 있는 것은, 두 개의 손가락만으로 볼을 던지는 것은, 힘이 있는 몸집이 큰 남자라면 가능하지만, 여성이나 힘이 별로 없는 사람에게는 불가능하다. 그래서, 남녀 노소 모두가 즐길 수 있도록 3혈이 뚫린 것이 아닐까. 사실, 그 이후 볼링은 전아메리카에서 인기 스포츠로써 확대되고 있다.

3혈 시대가 시작되자, 구멍을 뚫는 방법도 연구되게 되었다. 중지와 약지의 제2관절까지 들어가는 컨벤셔널 그립 등, 현재도 사용되고 있는 그립을 비롯해 여러 가지 그립이 개발되었다.

1960년에는, 그 때까지의 경화 고무(에보나이트)뿐이었던 세계에 플라스틱 볼이 등장한다. 검은색뿐이었던 볼에 채색이 시작된 것이다. 결과적으로는 플라스틱 볼은 재질이 너무 딱딱해서 곧 사라져 버렸지만, 동시에 각 메이커들은 볼의 개발에 몰두하기 시작했다.

부드러운 플라스틱 볼이나 우레탄제의 볼 등, 전혀 새로운 재질의 볼이 잇따라 개발되어 갔다. 현재도, 주류는 에보나이트이지만, 프로 볼러는 레인에 따라서 수 종류의 볼을 가지고 있다. 볼은 아직까지 진화하고 있는 것이다.

제7장
스코어 매기는 방법과 기본 용어

1. 스코어 매기는 방법

스코어 마크

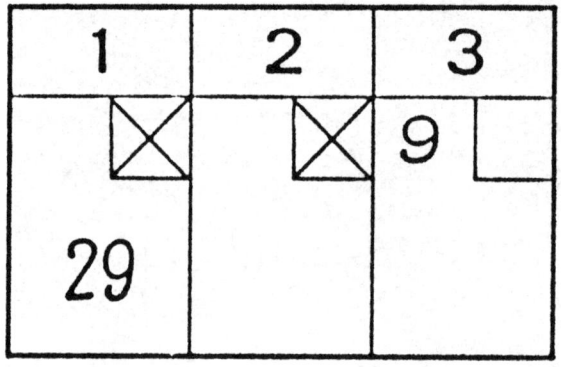

• 스트라이크

프레임 제1투째에 10개의 핀을 모두 쓰러뜨렸을 때의 마크다. 득점은 10점, 보너스로써 다음의 2투분 득점을 가산할 수 있다.

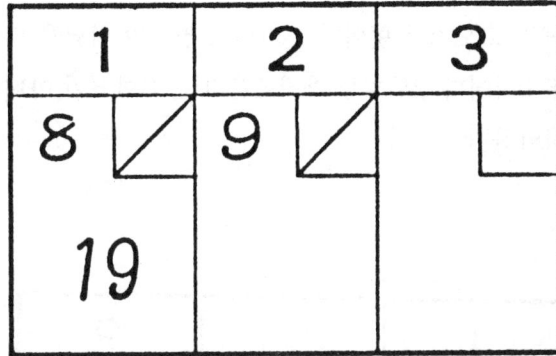

● 스페어

프레임 제1투에 남은 핀은, 제2투째에 전부 쓰러뜨렸을 때의 마크다. 득점은 10이지만, 다음의 1투째의 득점을 가산할 수 있다.

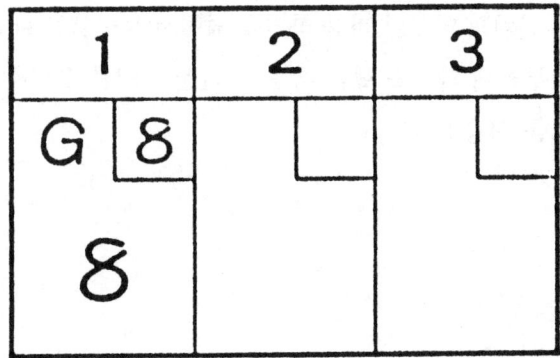

● 가터

제1투째가 코오스를 벗어나서 가터로 떨어져 버렸을 때의 마크다. 득점은 0점이다. 2투째를 가터했을 때는 G마크가 아니라 미스 마크를 기입한다.

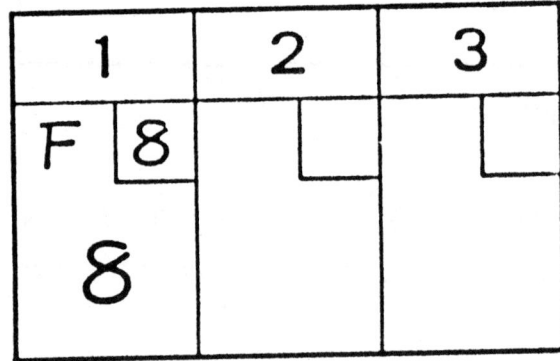

● 파울

발끝 등 신체의 일부가 파울 라인을 넘어서 투구했을 때는 파울이 된다. 1투째에 파울을 했을 때는 이 파울 마크를, 2투째 때에는 미스 마크를 사용한다.

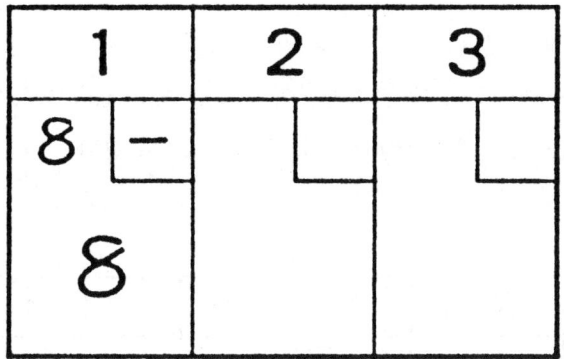

• 미스

제2투째에, 핀을 1개도 쓰러뜨리지 못했을 경우는 이 마크를 사용한다. 마찬가지로 2투째에 가터가 되었을 경우나, 파울이 되었을 때에는 이 마크를 이용한다.

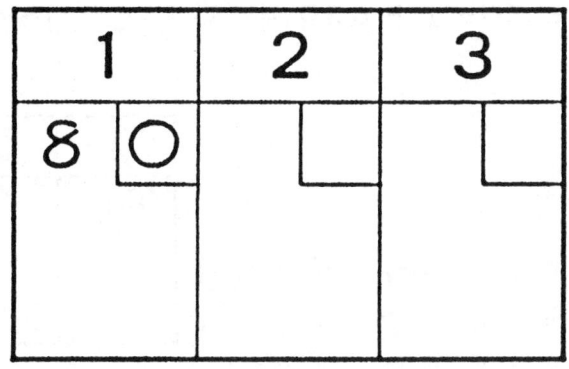

• 스플릿

1투째에 남은 핀이 2개 이상 있고, 더구나 볼이 동시에 히트할 수 없도록 떨어진 상태를 스플릿이라고 한다. 기술적으로, 이 스플릿을 잡는 것은 매우 어려운 테크닉을 필요로 한다.

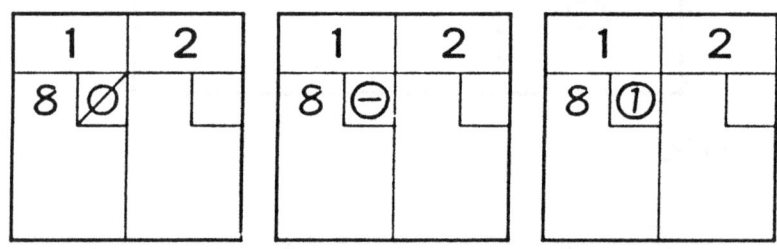

스플릿이 나왔을 경우에는 미스 중에 0표를 기입한다.(헤드 핀이 남아 있을 경우에는, 스플릿이라고는 부르지 않으니까 주의해 주기 바란다.)

스플릿 후, 제2투째에 쓰러뜨린 핀의 수를 ○안에 기입한다. 전부 쓰러뜨리고 스페어가 되었을 때는 스페어 마크를, 미스를 해서 1개도 쓰러뜨릴 수 없었을 때는 마찬가지로 미스 마크를 기입한다.

• 탭

공식전에서는 사용하지 않지만, 탭(핀의 1개 나머지)의 마크도 흔히 사용된다.

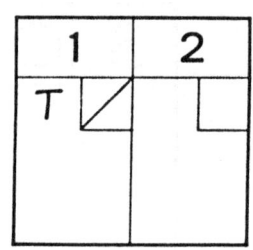

스코어 계산법

① 스트라이크도 스페어도 없을 때는 단순 합계

1	2	3	4	5	6	7	8	9	10
6　3	8　⊖	8　①	5　2	G　7	3　6	F　-	G　3	9　-	8　1
9	17	26	33	40	49	49	52	61	70

　1프레임의 합계가 9점이고, 2프레임의 합계가 8점일 때는, 2프레임까지의 점수는 17점이라고 하는 것이 되고, 합계란에 17이라고 기입한다. 이하, 마찬가지로 가산해 나가서, 10프레임까지 가산한 것이 득점이 된다(스트라이크도 스페어도 없을 경우의 최고 득점은 99점이 된다).

② 스페어는 득점 10점에 다음의 제1투째의 득점을 가산한다

1	2	3	4
8　／	G　9		
10	19		

1	2	3	4
7　／	8　／	9　／	
18	37		

1프레임 : 10+0=10
2프레임 : 0+9=9 / 19

1프레임 : 10(7+3)+8=18
2프레임 : 10(8+2)+9=19 / 37

1	2	3	4
G╱ 8 ⌐ ⌐			
18			

1	2	3	4
9╱ ⊠ ⌐ ⌐			
20			

1프레임:(0+10)+8=18   1프레임:10(9+1)+10=20

2. 볼링의 기본 용어

아웃 오브 렌지 : 머신 트러블의 일종으로 핀 세트 때에 핀이 정규의 핀 스폿으로부터 벗어나서 머신이 멈춰 버리는 것.

아웃 스텝 : 최후의 스텝이 도움닫기 라인보다도 크게 바깥쪽으로 비어져 나와 버린 스텝.

아웃 리거 : 손가락 구멍에 들어가지 않는 손가락.

어드레스 : 도움닫기를 시작하기 전의 상태. 스탠스를 정하고, 볼을 준비하고, 목표가 되는 애로에 주목.

어프로치 : 도움닫기. 어프로치가 정확하다면 컨드롤도 좋아진다.

애버리지 : 최근 실시한 게임의 평균점. 애버리지가 높을 수록 상급 볼러가 된다.

암 라인 : 팔의 선. 특히 다운 스윙부터 릴리스까지의 암 라인은 중요한 체크 포인트.

앨러 : 레인을 가리키는 말.

인사이드 : 어프로치의 왼쪽을 인사이드, 오른쪽을 아웃사이드라

고 부른다. 인사이드 볼러는 주로 인사이드에서 애로의 15장째보다 왼쪽을 사용해서 투구한다.

인스텝 : 도움닫기의 4보째를, 그때까지의 라인보다 안쪽으로 내딛고 릴리스하는 스텝. 몸의 중앙에 딱 오도록 하면 몸이 안정되어 컨트롤하기 쉽다.

인스트럭터 : 지도원. 처음에는 인스트럭터의 지도를 받는 편이 상달이 빠르다.

인치 : 볼인은 피트와 인치로 표시되는 경우가 많다. 1인치는 12분의 1피트로, 약 2.54cm.

위시 아웃 : ①-②-⑩이나 ①-②-④-⑩ 등과 같이 핀이 한 가운데가 쓰러지고 끝이 남았을 경우의 부르는 방법.

에러 : 미스를 가리키는 말.

에이밍 : 목표의 취득 방법을 가리키는 말.

오일 : 레인 보호와 볼의 스피드 유지를 위해 레인에 칠해지는 오일을 가르키는 말. 오일의 칠하는 방법으로 레인 컨디션도 달라진다.

오일 존 : 오일이 칠해져 있는 면을 가리키는 말.

가터 : 레인의 양끝 홈통을 가리키는 말로, 이곳으로 볼이 떨어지는 것을 의미한다. 득점은 0점.

킥 백 : 핀 덱의 양끝에 서 있는 수직 보드. 볼로 튀겨진 핀이 되튀겨져서 다른 핀을 쓰러뜨리는 (킥 백)경우가 종종 있다.

키 핀 : 남겨진 핀의 가장 가까운 핀을 가리키는 말. 키 핀을 쓰러뜨리지 않으면 스페어는 기대할 수 없다.

킹 핀 : ⑤번 핀을 가리키는 말. 정삼각형으로 늘어선 9개의 핀으

로 둘러 싸여있기 때문에 이렇게 불려지고 있다.

그립 : 볼링의 경우는 손가락 구멍에 손가락을 넣어 본 상태를 가리키는 말. 그립이 너무 느슨하거나 너무 조이면, 올바르게 릴리스되지 않는다.

클린 게임 : 미스를 내지 않고, 스페어와 스트라이크만으로 끝난 게임을 가리키는 말.

크로스 오버 : 오른손잡이 사람의 경우는 헤드 핀의 좌측으로, 왼손잡이 사람의 경우 헤드 핀의 오른쪽으로 볼이 가버리는 것.

코너 앵글 : 오른손잡이의 경우, 10장째의 판자 이음새보다 오른쪽을 사용해서 투구하는 앵글 팁 사이드 앵글과 동일.

컨디셔닝 : 오일 등으로 레인을 조정, 정비하는 것.

컨벤셔널 : 습관적인, 이라고 하는 의미로, 볼링의 경우는 중지와 약지의 제2관절로 줄 수 있는 볼을 가리키는 말.

섬 : 엄지를 가리키는 말.

사이드 어밍 : 볼을 등으로 넣어 버리거나, 반대로 바깥쪽으로 너무 벌리거나 하는 것.

사이드 롤링 : 볼이 횡회전하는 것. 좋지 않은 회전이 된다.

섬 앵글 : 그립 때의 엄지의 각도.

제시 사이드 : 부룩클린과 같은 의미로 사용된다.

샤드 볼 : 레인에 볼이 세트되어 있지 않은 상태에서 실시하는 투구 연습.

스윙 : 푸쉬 어웨이부터 폴로 스로까지의 팔의 움직임.

스탠딩 포지션 : 어드레스를 하고 스타트하는 위치.

스탠스 : 어프로치에 있어서의 양발의 위치.

스트라이크 : 프레임의 1투째에 10개의 핀을 전부 쓰러뜨리는 것.

스트라이크 아웃 : 3회 이상의 스트라이크를 연속시키고, 게임을 종료시키는 것.

스트링 : 스트라이크의 연속.

스트롯 : 릴리스 때 엄지가 빠진 후, 중지와 약지로 리프트하지 않고, 직선적으로 앞으로 볼을 운반해 버리는 것.

스폿 : 타게팅 애로와 같은 의미.

스폿 미스 : 노린 스폿을 벗어나 버리는 것.

스팬 : 볼의 엄지 구멍과 약지, 중지 구멍과의 거리.

스플릿 : 헤드 핀이 쓰러지고, 남은 핀과 핀 사이가 넓은, 나머지의 핀 상태.

스페어 : 프레임의 제2투째에 남은 핀을 전부 쓰러뜨리는 것.

스폿 : 겨냥을 결정한 레인 위의 표적물.

슬라이드 : 최후의 스텝에서 발을 미끄러뜨리는 것.

슬라이드 에리어 : 발을 슬라이드시키는 어프로치 위의 구역.

세컨드 임팩트 : 볼이 2번째에 핀에 맞는 히팅 포인트, 퍼펙트 스트라이크에서는 ③번 핀의 히트 방법.

세미 핑거 그립 : 중지와 약지의 제1관절과 제2관절 중간에서 볼을 그립하도록, 스판과 피치를 맞춘 구멍의 뚫는 방법.

세미 롤로 : 볼의 회전 궤도가 엄지의 바깥쪽을 통과하는 투구 방법으로 훅 볼이 된다.

터키 : 스트라이크가 3회 연속.

타게팅 애로 :   스폿과 같은 의미.

탭 : 볼은 완전히 스크라이크 포켓으로 들어갔는데, 한 개만 남아 버린 상태.

더블 : 스트라이크가 2회 연속.

더블 우드 : 인 더 다크라고도 하며, ②-⑧, ③-⑨와 같이 세로로 핀이 겹쳐서 남아 있는 상태.

턴 : 릴리스 때에 리스트를 회전시키는 것.

체리 : 스페어를 딴다고 해서, 앞에 있는 핀만 쓰러뜨리고, 뒤의 핀이 1개만 남아 버리는 것.

딥 아웃사이드 앵글 : 오른손잡이의 경우, 타게트를 판자 이음새 20장 이상 사용해서 던지는 방법.

데드 우드 : 투구 후, 핀 덱이나 가터 속으로 쓰러져 있는 핀.

텐 투 텐 : 볼의 착상점도 타게트로, 오른쪽에서 판자 이음새 10장의 부분을 통과하는 볼로, 스트라이크의 표준적인 코오스.

텐 핀 탭 : 스트라이크 코오스로 볼이 가면서 ⑩번 핀만이 남아 버린 케이스.

텐 보드 : 오른손잡이의 경우는 오른쪽에서 판자 이음새 10장째를 가리키는 말. 2번째의 타게팅 애로와 같은 위치가 된다.

드릴러 : 볼에 구멍을 뚫는 사람.

드로핑그 볼 : 볼이 릴리스하는 포인트보다, 훨씬 앞으로 떨어져 버리는 것. 투구 미스.

노즈 스플릿 : 헤드 핀에 바로 정면으로 볼이 히트해버려서, 좌우로 스플릿이 되어 버린 것.

노 슬라이드 : 최종 스텝에서 슬라이드하지 않는 것.

퍼펙트 게임 : 1게임 모두 스트라이크를 따는 것. 300점이 된

다.

하이 애버리지 볼러 : 애버리지가 높은 상급 볼러.

하우스 볼 : 볼링장 비치용의 볼. 피트하지 않는 경우가 많다.

바게트 : ②-④-⑥-⑧이라든가 ③-⑤-⑥-⑨형으로 남은 스페어. 모양이 크레인의 바게트와 비슷하기 때문에 이렇게 불린다.

백 업 : 오른손잡이의 경우, 볼이 왼쪽으로 휘어져 버리는 구질. 훅과는 반대가 된다.

백 스윙 : 다운 스윙으로부터 뒤의 스윙을 가리키는 말.

펀치 아웃 : 최후의 3구 이상을 스트라이크로 끝내는 것.

핸디캡 : 레벨이 다른 사람 끼리라도 즐길 수 있도록 스코어에 더해지는 득점.

빅 포 : ④-⑥-⑦-⑧번이 남은 스플릿. 이것을 스페어하는 것은 매우 어려운 기술이 필요하다.

피치 : 볼의 손가락 구멍이 중심부를 향하고 있는 각도.

피칭 포인트 : 스트라이크나 스페어를 따기 위해서 맞히지 않으면 안되는 핀의 일점.

핀 덱 : 핀을 나열하는 장소.

퍼스트 임팩트 : 스트라이크를 따기 위한, 헤드 핀에 대한 히팅 포인트. 스페어를 따기 위한 키 핀에 대한 히팅 포인트를 가리키는 경우도 있다.

파울 : 투구 때에 파울 라인을 밟거나 넘거나 하는 것. 0점이 된다.

피칭 : 손이나 기법에 맞춰서 드릴하는 것.

핑거 : 중지와 약지를 가리키는 경우가 많다.

펜스 : ①-②-④-⑦, ①-③-⑥-⑩ 등과 같이 핀이 남은 상태. 담장과 비슷하기 때문에 이렇게 불린다.

포 스텝 어프로치 : 4보 도움닫기.

폴로 스로 : 릴리스한 후의 팔의 움직임.

후킹 포인트 : 볼이 직진을 그만두고 휘어지기 시작하는 포인트.

후킹 레인 : 볼이 훅하기 쉬운 레인. 느린 레인이라고도 한다.

훅 볼 : 오른손잡이의 경우는, 왼쪽으로 각도를 결정해서 휘어져 가는 볼.

푸쉬 어웨이 : 볼을 어드레스해서 앞으로 밀어 내는 동작. 4보 도움닫기의 경우는 1보째에 해당한다.

부룩클린 : 뒤쪽의 스트라이크 코오스라고 해서 오른손잡이의 경우는, 볼이 ①-②번의 포켓으로 들어가 버리는 것.

프레임 : 볼링의 경우는 전부 10프레임으로 이루어져 있다.

헤드 업 : 릴리스 때에 머리가 올라가는 것.

헤드 핀 : ①번 핀.

헤드 스플릿 : ②-⑦, 혹은 ③-⑩과 같이 핀이 남아 버린 상태.

보드 : 레인으로 사용되고 있는 판. 일반적으로는 39장의 판자의 마주 깔기로 되어 있다.

보텀 : 볼의 손가락 구멍이 있는 쪽을 톱, 그 반대를 보텀이라고 한다.

파운드 : 1파운드는 약 454 g.

마이 볼 : 자신 전용의 오리지널 볼.

매치 플레이 : 두 사람이 겨루는 게임.

리커버리 : 앞으로 미스를 만회한다고 하는 의미.

리스트 : 손목을 가리키는 말. 리스트가 뒤로 젖혀지거나, 반대로 너무 앞으로 꺾여도 좋지 않다.

리스트 워크 : 릴리스 때의 손목의 움직이는 방법.

리프트 : 엄지가 릴리스 때에 빠진 후, 남은 중지와 약지로 볼을 들어 올리는 액션.

리프트 앤드 턴 : 강한 훅 볼을 내기 위해 실시하는 액션.

릴리스 : 볼을 떼어 놓는 것.

레인 : 앨리라고도 하며, 볼이 굴러가는 부분.

레인 컨디션 : 레인에 칠해진 오일의 상태에 따라 볼이 휘어지거나 휘어지지 않거나 하는 것.

레인 메인티넌스 : 레인을 좋은 상태로 유지하기 위해서 실시되는 청소나 손질.

로케이터 타게트 : 어프로치 위에 새겨진 점으로, 스탠스나 릴리스의 목표가 된다.

롤 아웃 : 릴리스로 가해진 횡회전이 없어져 버리는 현상. 스피드가 부족할 때에 흔히 발생한다.

롤 오프 : 무승부, 동점의 경우에 실시되는 결승전.

로프팅 : 레인 위에 볼을 떨어뜨려 버리는 것 같은 릴리스.

제2부

초보에서 마스터까지 10일만에 완성하는
정통 볼링 실전 작전

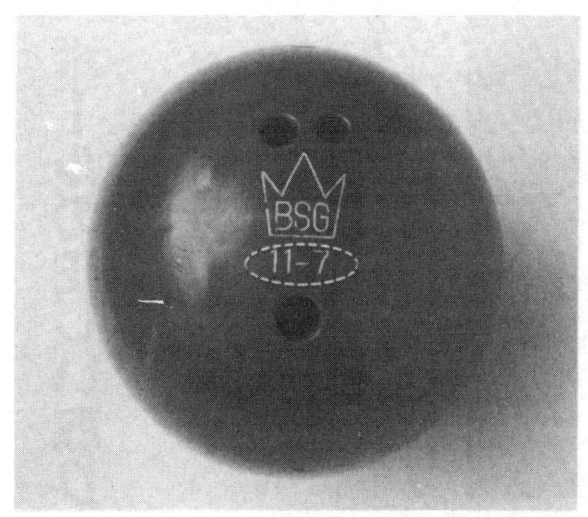

제1장
어떻게 하면
볼링을 잘할 수 있을까

1. 마음가짐

능숙해지는 스텝

　전문가의 조언을 직접 받으면 오히려 그것을 의식하기 때문에 실수를 저질러 버린다. 역시 지금까지 자기 나름대로 던지는 편이 스코어는 낫다——때문에 곧 자기 식으로 해버린다. 자기식도 매일 10게임 정도씩 1년 365일을 던지면, 그것은 그 나름대로 폼이 고정되어 버려 비록 변칙이라도 개성적이어서 좋을런지 모른다. 그러나 이렇게 코치도 받지 않고 볼링책도 읽지 않고 모두 자신의 체험에만 의지하는 것은 시간과 게임료가 상당히 들어 비경제적일 뿐만 아니라 빨리 향상되지 않게 된다. 자신보다 경험이 있는 능숙한 볼러에게 묻거나 볼링의 입문서를 읽는 편이 향상이 빠를 것이다.
　볼링 센터에는 프로 볼러가 있어서 무료로 코치해 주고, 프로가 없는 센터에는 인스트럭터(볼링 전반의 기술, 레인 관리 과정을 연수한 지도원)가 있으므로 프론트에 지도를 신청하면 좋지만

좀처럼 철저하게 개인지도를 받기는 힘들다. 그러나 4명이 한 팀을 구성하여 정기적으로 코치를 받으면 센터에서도 친절하게 가르쳐 준다.

평소 트레닝할 때 자신보다 약한 볼러와 플레이를 하여 이기는 것보다 항상 자신보다 강한 볼러와 대전 하는 것이 득점 상으로는 약한 사람에게 이겼을 때 보다 훨씬 좋아져 있을 것이다.

그렇더라도 우선 책을 읽어 볼링의 기술을 지적(知的)으로 이해하는 것이 제일의 조건일 것이다. 왜냐하면 39개의 판 위에 표시된 각각의 스폿(표시)이나 돗트(점)나 볼의 회전, 중량 등의 용구와 볼링 시설은 모두 계산되어 설계되어 있기 때문이다. 볼링은 역학·공학·물리학·운동 생리학·심리학이라는 종합적 과학성을 가진 게임 플레이라는 것을 인식하기 바란다.

즉 '감'이나 '체험'뿐만이 아닌 '계산적, 두뇌적'인 것이다. 그러므로 스코어는 쑥쑥 향상되고 성장 속도도 빨라진다.

입문하기 쉽고 내용이 깊은 볼링의 매력과 흥미, 그 델리케이트함에 분명히 놀랄 것이다. 골프라면 프로와 아마츄어가 시합한 경우, 우선 프로가 이긴다는 것을 분명히 단정 지을 수 있지만 볼링의 경우, 1게임 1발 승부로는 승패를 단정 지울 수 없을 정도로 복잡한 요소로 얽혀 있다.

즉 그만큼 볼링 쪽이 단순하고 시작하기 쉬운 듯이 보이지만 실은 골프보다 '안정도의 유지'가 어려운 게임이라고 할 수 있다.

● 인스트럭터
레인 멘테넌스. 투구 기술 기술원이다. 볼링의 각 미신 메이커가 아메리카로부터 많은 프로를 초청하여 연수 과정을 주최한다. 시험에 합격하면 증서와 유니폼이 수여된다. 코칭 프로로서 조언한다.

폭주(暴走)는 스피드 위반

새우처럼 자세를 잡고 폭주(暴走)하는 어프로치(가까운 지점에서 볼을 향하여 치는 타구법)는 상대에게 당신의 이미지를 나쁘게 만든다. 제일 먼저 균형이 깨져 버릴 것이다. 그러므로 천천히 스마트하게 어프로치하고 스윙(볼의 운반과 흔들기)을 스탭에 맞추면서 스폿(표시)에 바르게 볼을 얹어 준다. 릴리스(방구)와 왼발의 슬라이(활주)를 조정해 주는 것이 스트라이크의 타이밍이다. 정신을 통일시킨 다음 스타트하도록 명심하자. 그렇다고 해도 어프로치 스탠스로 서서 인타발을 너무 길게 가지면 좌우의 레인에서 던지고 있는 볼러에게 폐를 끼치게 됨으로 주의한다. 즉 바른 기본을 익힌 다음 그것을 마스터하고 그 위에 개성을 첨가한다는 생각으로 트레이닝하면 되는 것이다.

나체에 가까운 자유로움으로

넥타이나 타이트 스커트 차림으로 유도나 테니스를 할 수는 없을 것이다. 볼링도 스포츠이므로 되도록 가벼운 차림으로 임한다. 인간 공학으로 태어났다는 스트레치(신축 자유로운 섬유) 섬유가 좋고, 신발이나 양말, 팬티나 브리프도 미묘한 영향을 미치는 것이라고 생각하는 편이 좋을 것이다. 하의(下衣)에 의해 근육이나 지체(肢體) 관절의 움직임이 달라진다. 슬랙스의 포켓에는 일체 아무 것도 들어 있어서는 안된다.

플레이 전에 가볍게 준비 체조를 하여 몸을 풀 필요가 있다. 넥타이를 푸는 것 만으로도 오른손이 훨씬 자유로이 흔들릴 것이다.

가능하면 오른손, 왼손 관계없이 스포츠에는 스포츠웨어, 볼링웨어, 여성은 큐롯 스커트라면 공식전에도 나갈 수 있다. 나체에 가까워야 한다고는 해도 지나치게 분방하면 프론트 맨으로부터 주의를 받게 된다.

영광의 길로 연결된다

가족과 함께 패밀리 볼링, 회사의 대회, 단체의 친목 볼링, 은밀한 애인끼리나 상점에서 일하는 사람들 등 볼링은 남녀노소를 막론하고 즐길 수 있다. 조금씩 능숙해져 가면 그룹으로 유니폼을 입고 던지기도 한다. 그 다음은 전국 볼링협회에 개인명으로 등록하고, 약칭으로 된 마크를 유니폼에 붙이고 회원이 된다. 회원이 되면 당신의 공식전 기록은 본부에 집계 기록되어 공인된다. 드디어 본격적인 볼러가 되는 것이다. 따라서 공인되고 싶은 사람은 협회의 회원이 되는 것이 선결이다.

2. 심신을 단련하는 법

체력의 열등감을 없앤다

　작은 거인이라고 일컬어지는 딕 웨버의 신장은 175센티, 체중은 57kg이다. 우리나라 사람의 평균 신장이기는 하지만 아메리카인의 표준으로는 분명히 '작은 거인'일지도 모른다. 그를 만났을 때 체격에서 오는 위압감이나 기가 죽는 느낌은 받지 않았다. 마른 체격에 뽀얀 것이 영화 배우 같은 미남이었다. 나이는 38세로 3명의 자녀가 있었는데, 그들도 우리나라 사람보다 작은 체격으로 아메리카에서의 프로 볼러 중에서는 결코 체력적으로 유리할 것이라고는 생각할 수 없었다.
　그러나 1개월 동안 각지의 센터에서 합계 148게임을 던져 토탈 에버리지(총 합계 평균 득점) 205라는 대단한 전적을 남겼다. 즉 던졌다 하면 언제나 200을 상회하는 것이었다.

세미 프로적인 의식

　180의 에버리지라 해도 3일 천하가 되어서는 바람직하지 못하다. 다소 낮더라도 일정한 에버리지를 유지할 수 있는 안정도가 높은 것과는 내용적으로 전혀 다른 것이다. 즉 일발형(一發型)과 지속형(持續型)의 차이이다.

　일발형은 경험적이지만 스코어의 상하가 오늘의 운세와 같아 바람직하지 못하다. 하이 게임을 마크 하는가 싶으면 다음 게임에서는 100 정도가 고작이기도 하다. 지속형은 기본적 이론과 체험을 혼합하고 있으므로 결점의 수정이나 유리한 앵글의 발견을 곧 추리하고 판단할 수 있다.

말하자면 실전에 임했을 때의 임장성(臨場性)과 순응성(順應性)을 지니고 있는 것이다.

175~180 에버리지까지 도달하면 이미 기술 만의 문제가 아니다. 정신면과 육체면, 그리고 생활 환경의 조정, 태도 등 일체를 포함하는 육체, 감정, 지성의 바이오 리듬(주기적·규칙적인 인체의 파동)까지 계산에 넣는 것이 옳을 것이다. (주, 빌헬름, 프리즈 박사 학설) - 라고 했듯이, 드디어 세미 프로적 의식을 갖고 식사, 휴양, 수면, 훈련, 일 등의 생활 사이클을 조정하는 편이 볼링뿐만 아니라 일상의 건강을 위해서도 좋을 것이다. 즉 세미 프로적 의식을 갖는 것이 강화 트레닝의 제2의 조건이 된다.

이론을 소화시키고 몸을 조정한다

손이 작아 손의 힘이 약하다 해도 그렇게 걱정할 것은 없다. 누구나 간단히 할 수 있는 팔굽혀 펴기를 하여 손목과 손의 힘을 단련시키고 철, 아령, 바벨 등으로 완력을 강화시켜 준다. 단 50 세를 넘은 올드 시니어의 볼러에게는 그다지 권유할 것이 못된다. 바벨이나 아령은 양 어깨의 관절에 과중한 부담을 주어 오히려 역효과를 가져올 경우가 많기 때문이다. 오히려 유연 체조나 2킬로그램 정도의 가벼운 로드웍으로 전신적인 트레이닝을 하는 편이 좋을 것이다. 트레이닝을 시작했다고 해서 곧 스코어가 좋아지는 것은 아니지만 1개월 정도가 지나면 그 효과는 체력적 지구력이 되어 나타난다. 말하자면 연투해도 컨트롤이 흐트러지지 않는 것이다. 초보자라면 매일 3~4킬로그램정도 로드웍을 하여 발목의 탄력을 강화시키면 자연히 완력도 강화된다. 물론 줄넘기도 좋다.

볼링의 신이라 일컬어지는 어느 일본 프로는 신농에서 신궁 외곽을 일주하고 신숙(新宿)에 있었던 동경 스타렌까지 매일 아침 마라톤을 한 뒤 근무하러 나갔다고 한다.

칼멘 사루비노 프로는 모래 주머니를 배에 묶고 1시간 반이나 샤토우 볼링을 하여 몸을 단련했다고 한다.

체력 강화 트레이닝 따위가 볼링에 필요할까라는 생각을 하는 사람이 있는 것 같은데 실제로 해보면 근육이나 관절의 활동 범위가 넓어지고 자신이 생각하는 대로 볼을 던질 수 있게 된다. 그 이상의 효과는 인내력이 생긴다는 것으로, 이것은 체력이 강화되었다는 것을 나타내는 것이기도 하다. 또 40세 이상의 시니어 볼러에게는 잃었다고 생각하고 있던 체력을 재발견할 기회를 준다.

이와같이 육체면의 강화는 정신면의 자신으로 바뀌고, 머리로 이해한 볼링의 이론을 몸으로 실행할 수 있게 되는 것이다.

스태미너 보존법

프로 야구나 프로 복싱 등과 같이 보는 입장의 스포츠에서 자신이 해보는 스포츠가 볼링이다. 관중석에서 어프로치 프로어의 선수로서 당신은 대전자를 맞이하게 되는 것이다. 이것은 당신

자신에게 매우 혁신적인 일일 것임에 분명하다. 프로 야구나 복싱도 시합전 식사법이나 조정이 중요한 하나의 승인이 되듯이, 볼링도 영양, 휴양, 수면의 컨트롤이 하이 스코어를 마크하는 조건이 되므로 가장 좋은 컨디션으로 시합에 임해야 하는 것이다.

현재 해설자로 활동중인 A씨는 거인군(巨人軍)의 선수 시절 1회에 8백 그램의 돼지 고기와 동량의 야채, 그밖의 것을 먹고, 2식주의(二食主義)를 실행하고 시합 3∼4시간 전에 식사를 취하고 공복시에 플레이에 임했다.

체코 선수인 B씨는 만복 상태에서 경기를 하면 몸이 자유롭게 움직이지 않아 테크닉이 흐트러진다고 하여 경기 3시간 전에는 일체 음식물을 입에 대지 않았다. 어떤 프로 야구 선수는 아침 식사 겸으로 2킬로그램의 고기를 먹고, 시합 중에는 배를 완전히 비우고 시합이 끝난 뒤 스태미너를 돕는 식사를 취했다는 것이다. 마찬가지로 원래 선수 생활을 했던, 명감독이기도 한 C씨는 시합 전에는 선수들과 같이 음식을 먹지 않았던 사람이다.

배나 위 주변에 음식물이 있으면 왠지 명쾌한 동작을 취할 수 없기 때문이었다.

경기 전 3∼4시간 전에 식사를 하면 어째서 몸이 좋지 않은가 하면, 음식물은 보통 그 정도의 시간이 걸리지 않으면 소화 흡수되지 않고 에네르기가 되지 않는다는 간단한 이유에서이다. 소화 흡수된 것은 에네르기원(아미노산)이 되어 저장되고 필요에 따라 지출된다. 스태미너가 있다, 없다 하는 것은 이 에네르기원의 저장액에 따른 것이다.

소화를 위해 일하는 것은 '부교감신경'으로, 음식물이 들어오면

에네르기원의 저장에 박차가 가해진다. 그런데 운동에 사용하는 '교감신경' 쪽은 그동안 휴식하고 있는 것이다. 즉 '자고' 있는 것이므로 그런 때 운동을 해도 '교감신경'의 지배하에 있는 '운동신경'이 당신의 의지에 반대되는 일만을 하여 실수를 일으키게 된다. 그러므로 음식물을 '부교감신경'이 에네르기원으로써 다 저장한 3~4시간 후 무렵에 운동을 시작하면 '교감신경'이 활발하게 움직여 실로 우수한 집중력과 육감(六感)을 발휘하게 되는 것이다.

너무 배가 고파도 오랫동안 게임을 할 수 없지만 요는 그에 견딜 수 있을 정도의 스테미너를 비축해 두면 게임 중에 공복감이 있어도 스테미너가 부족한 것이 아님으로 게임은 걱정이 없다.

이상 심신 강화 트레이닝의 4가지 조건 ('체력의 열등감을 없앤다', '세미 프로적인 의식', '이론을 소화시키고 몸을 조정한다', '스태미너 보존법')에 대해 말했는데 이들 조건을 어떻게 생각하고 실천하느냐가 볼링을 빨리 숙달되게도, 느리게도 만들 것이다.

이들 조건을 극복함으로써 신체, 감정, 지성, 훈련을 쌓을 수 있게 된다.

말하자면 활자의 수양이나 지적 이해나 말의 암시를 빌려 볼링이라는 물리적 역학의 방법으로 스스로 체험하고 스스로 자득함으로써 자신 있는 기술이 완성되는 것이다.

오전 1시 무렵부터 오후 3시에 걸쳐 벌어지는 종합대전 때는 점심 시간이 되면 식당이 만원이다. 영양을 생각한 음식 등을 지참하여 적시에 보급하고, 만복감을 주지 않도록 하는 것이 비결이다.

3. 승패 결정법

게임의 연출을 해보자

트럼프에 여러 가지의 놀이법이 있듯이 볼링에도 승부의 결정법이 여러 가지 있다. 그것을 연출하는 것으로 게임이나 전체를 멋지게 만들 수 있다. 잘하는 사람과 못하는 사람이 섞여 시합하는 '콤비'에는 잘 못하는 사람이라도 우승할 기회가 있듯이 참가 볼러 몇사람, 참가 볼러 전체의 기술을 측정하여 기획된다.

그러나 극히 보통의 놀이나 연습 중 결정 방법을 보면 한 게임마다 득점이 많은 쪽이 승리라고 정해지고 있는 것 같다. 레저 볼링이라면 그대로 좋을 것이라고 생각한다. 그러므로 게임수를 3게임으로 정하고 3게임의 총합 득점이 많은 쪽이 이긴다는 승패의 기준을 처음에 정할 필요가 있다. 이렇게 하면 첫 게임을 잃더라도 두번째 게임에서는 분발하여 역전하려는 비장한 마음을 갖게 될 것이다.

승패제

이 방법은 탁구처럼 1게임 마다 승부를 정해 그 이긴 수가 많은 쪽을 승자로 하는 것으로 3포인트제라고도 한다.

다음 페이지의 그림 예제에서는 A선수가 2대 1로 승리했음을 나타낸 것인데 합계 득점에서는 B선수 쪽이 많으므로 그 점에 다소 의문이 남는다. 이 경우의 승부 결과는 3대 0, 2대 1이라는 2가지이다.

4점제

각 게임마다 승부를 정하기까지는 앞의 '승패제'와 같은데 이

```
           승패제

         A선수            B선수
  (승)  136─────1 ─ ─────122
        173─────2 ─ ─────204  (승)
  (승)  152─────3 ─ ─────140
        ─────        ─────
         461    합계    466
       〈2승 1패〉로 승  〈1승 2패〉로 패
```

```
            4점제

         A선수            B선수
  (승)  136─────1 ─ ─────122
        173─────2 ─ ─────204  (승)
  (승)  152─────3 ─ ─────140
        ─────        ─────
         461    합계    466  (승)
       〈2승 2패〉   비김   〈2승 2패〉
```

4점제에서는 합계 득점이 많은 쪽에도 1승을 준다.

윗 그림 예제를 보면 알 수 있듯이 이 방법은 '승패제'의 결점을 보충한 것이며 A선수, B선수 모두 2승을 올려 무승부가 된다.

이것을 4포인트제라고도 하고 승부 결과는 4대 0, 3대 1, 2대 2의 3가지가 있다.

점수제

```
┌─────────────────────────────────────────┐
│              점수제                      │
│                                         │
│     A선수                    B선수        │
│     136────1 게 임────122               │
│     173────2 게 임────204               │
│     152────3 게 임────140               │
│     ─────              ─────            │
│      461      합계      466   (승)       │
│         합계점이 많은 쪽이 이김           │
└─────────────────────────────────────────┘

┌─────────────────────────────────────────┐
│              피터슨제                    │
│                                         │
│         A선수              B선수         │
│         203────1 게 임────210   (승)    │
│    (승) 263────2 게 임────225           │
│    (승) 272────3 게 임────254           │
│         ─────              ─────        │
│          738       합계     689         │
│           ↓                  ↓          │
│        14 포인트   포인트로  13 포인트    │
│        38 핀      고치면    39 핀       │
│          +                   +          │
│        2 포인트             1 포인트     │
│        (2승분)              (1승분)     │
│          +                   +          │
│        0.5 포인트                        │
│        (25핀 분)            (없음)      │
│        ─────                ─────       │
│        17 포인트    합계    14 포인트    │
│        13 핀               39 핀        │
│        (17p 13)            (14p 39)    │
│                                         │
│       A 선수의 승리        B 선수의 패배 │
└─────────────────────────────────────────┘
```

앞 페이지 윗 그림은 가장 많이 사용되고 있는 일반적인 계산 방법이다.

3게임의 합계 득점이 많은 쪽이 승자가 된다. 이 방법은 센터 기획의 토너먼트, 일반 토너먼트에 채용되고 있다. 사내 대회나 선수권 대회 등은 이 방법으로 행해지고 있다.

피터슨제

앞 페이지 아래 그림의 피터슨제(피터슨 포인트 시스템)는 BPAA 올스타 토너먼트를 비롯해 아메리카의 프로 토너먼트에 많이 채용되고 있는 방식이다. 우리 나라에서도 세미 프로클라스를 모아서 여는 토너멘트에서는 이 방식이 쓰여지기도 한다.

두 점 50점을 1포인트 단위라고 정한다. 1포인트는 50점인 것이다. 그러면 150점은 3포인트이고, 155점은 3포인트 5핀이다. 200점은 4포인트이다.

* 넘어진 핀 50핀마다 1포인트라고 부른다.
* 한 게임마다 승자는 1포인트를 받을 수 있다(동점인 경우는 양자 0.5포인트(25점)씩 나눈다).
* 3게임의 합계 득점이 많은 쪽에 0.5포인트(25점)를 준다.
* 50핀(점)에 달하지 않는 핀의 수는 그대로 핀 수로 나타낸다.

예제에서는 A선수의 3게임 토탈 득점이 738점이므로 포인트로 고치면 14포인트 38핀(점)이 된다. 그리고 3게임 중 2게임을 이겼으므로 2포인트를 받을 수 있다. 그러면 16포인트 36핀이 된다. 거기에 3게임의 합계에서도 이겼으므로 0.5 포인트(25점)를 받는다. 이래서 합계 16포인트 63핀이 된다. 63핀 중에는 50핀(1포인트)이 있으므로 7포인트 13핀이라고 하는 것이 A선수의 종합 득점이다.

B선수 쪽도 이런 식으로 계산해 보면 14포인트 39핀이 된다.

이 방식은 대부분 4점제의 채점 방식을 포인트로 나타낸 것이라고 생각하면 곧 이해할 수 있을 것이다. 앞으로 큰 토너먼트나 리그전에 많이 쓰일 것 같다.

3게임의 단위는 6게임, 7게임, 12게임이라는 게임 단위의 가산법으로 시합 게임수를 정한다.

동점의 판정에 대하여

3게임의 합계 득점(토탈)이 A선수, B선수 모두 동점인 경우는 자신의 3게임 중 최고 게임 득점에서 최저 게임 득점을 뺀다. 그 차(差)의 핀 수(점)가 적은 쪽이 승리가 된다. 그러나 이것도 같을 때는 스트라이크 수, 그 다음은 스페어 수가 많은 쪽이 승자가 된다.

여기까지가 KBC 룰 제 11조이다. 이래도 결정할 수 없을 때는 심판원이 합의하여 결승 게임을 설정하거나 승자를 두 사람으로 하는 것이 일반적인 방법이다.

핸디캡의 산출법

KBC 룰의 제2장, 경기 일반 규정 28조의 핸디캡 항에는 다음과 같이 규정되어 있다.

'경기자의 기량에 특히 차이가 있을 경우, 경기 조건을 공평하게 하기 위해 핸디캡을 설정할 수 있다. 핸디캡은 경기 기간의 에버리지 차(差) 또는 어떤 기준선의 설정에 의해 이것을 경기자의 에버리지와의 차를 계산의 기초로 하고 그 70~80 퍼센트를 준다.

에버리지가 없는 자에 대해서는 경우에 따라 특별히 기량 판정을 행하고, 이것을 갖고 에버리지로 대신할 수도 있다.'

예를 들면 에버리지 170점인 A선수와 에버리지 140점인 B선수가 핸디전을 할 때는 170에서 140을 뺀다. 그 차는 30이다. 그 30에 70퍼센트를 던지면 21이 된다. 이것이 B선수에게 주어지는 것이다.

그러므로 B선수가 150점을 치면 핸디 21점을 더해 171점이 되는 것이다. 80퍼센트이면 24점이다.

리그전이나 토너먼트의 경우는 그 시합에 참가하고 있는 볼러 전체의 기량을 판단하여 핸디를 낼 기초 숫자를 구한다. 그것을 기준선, 또는 기정점(基定点)이라고 부르고 핸디 산출의 기준으로 삼는다. 잘 치면 180점, 보통이라면 170이 극히 일반적으로 채용되고 있는 기준선이다. 예를 들면 기준선을 180으로 정한 경우, 당신의 에버리지가 160이라면 빼어 20점이 된다. 그 20점에 80퍼센트를 내면 16점이 당신의 한 게임의 핸디가 되는 것이다.

　기준선 180 이상의 에버리지를 가진 볼러는 물론 제로이다.

　핸디 산출의 퍼센테이지는 66퍼센트, 70퍼센트, 75퍼센트, 80퍼센트의 4단계가 있다. 참가 볼러의 실력을 측정하여 적당한 퍼센테이지를 정하자. 또 핸디를 주지 않는 실력전을 '스크러치제'라고 부른다. 핸디는 '핸디제'이다.

　에버리지 내는 방법은 프로테스트(프로의 자격을 얻는 기술 시험)에서는 120게임의 종합 득점을 120으로 나누어 190 에버리지이면 합격인데, 일반적으로 18게임, 24게임, 33게임, 42게임 중 하나를 기준으로 삼으면 될 것이다. 그때 너무 오래된 과거 기록은 버리고 최근의 기량 실력의 게임으로 산출하도록 하자.

4. 자신에게 맞는 볼 선택법

던지기 쉬운 볼

 가벼운 볼과 무거운 볼 어느 쪽이 좋을까? 라는 질문이 가장 많은 것 같다. 물론 가벼운 볼보다 무거운 쪽이 파괴력이 있다는 것은 물리적으로 당연하고 당신이 생각하고 있는 대로이다.
 그런데 남녀의 차(差), 연령, 체격, 완력, 악력, 손가락의 힘의 차이나 볼링 케리어(경험 년수)에 따라 볼의 선택법이 달라지는 것도 당연하다. 그때문에 16파운드(7킬로 258그램)의 볼이하로 14, 13, 12, 11, 10파운드라는 구분으로 점점 가벼운 볼이 있는 것이다. 또 팔이 약한 여성이나 학생들을 위해 10파운드(4킬로 54그램) 아래에 9파운드, 8파운드(3킬로 63그램)이라는 경량의 볼이 있는 것이다. 경량의 볼이라도 스코어는 공인된다.
 당신에게 맞는, 던지기 쉬운 볼은 쉽게 말하자면 당신 체중의 10분의 1의 무게가 되는 볼이 이상적이라는 것이 기본적인 공식론이다.

가벼운 볼의 장점과 단점

　그러면 체중 45킬로 전후의 사람은 그 10분의 1인 4킬로 45그램(10파운드)의 볼이 딱 좋다는 뜻이 된다.
　초보자에게 가벼운 볼을 권하는 인스트렉터(기술 지도원)와 처음부터 무거운 볼을 권하는 인스트렉터가 있는데 가볍고 무거운 것에 대해서는 2가지로 생각할 수 있다.
　가벼운 볼이 초보자에게 유리한 점은 볼의 무게에 힘겨워 하지 않고 편하게 볼을 던질 수 있다는 것이다. 따라서 컨트롤을 잘하면 자신이 생각하는 대로의 방향으로 볼을 투구할 수 있는 것이다. 이 설은 아메리카의 프로 볼러 버드 파지오의 지론이다.
　그런데 어프로치나 투구법이 미숙하면 볼이 가벼운 만큼 엉뚱한 방향으로 가버리기도 하고, 약하게 던지면 볼의 가벼움 때문에 멋대로 휘는 성질이 있는 것이 불리한 점이라고 할 수 있을 것이다.
　그러나 볼에 눌리지 않고 던질 수 있다는 것은 뭐니뭐니 해도 초보자에게 편한 것임에는 틀림없다.

무거운 볼의 직진성

　무거운 볼이 초보자에게 유리한 점은 무거운 만큼 직진성이 있어서 좌우로 흔들리지 않고 목적지에 곧장 도달할 가능성이 크다는 것일 것이다. 또 무거운 만큼 핀에 맞으면 강한 파괴력이 있다는 것이다.
 그런데 한편 볼이 무겁기 때문에 운반하기에 힘이 들어 몸이나 팔, 손가락이 자신의 생각대로 움직이지 않으며, 볼의 무게에 자신의 몸이 흔들려 밸런스가 깨져 정확한 투구를 할 수 없기도 하고, 3개의 손가락에서 볼이 쿵 하고 떨어지는 것이 결점이라고 할 수 있다. 그러나 프로 중에는 젊고 건강한 청년에게 처음부터 일부러 무거운 볼을 주어 인내와 끈기를 붙여 트레이닝 하는 강화 단련법을 사용하는 사람도 있다.

하우스 볼

 가벼운 볼, 무거운 볼 각각에 장점과 단점이 있다. 그러나 나는 초보자인 볼러에게는 아직 경험이 적고 기술도 미숙하며 몸도 플레이에 익숙해져 있지 않으므로 손가락이나 팔, 다리, 허리를 다치지 않도록 무리없이 다소 가벼운 볼을 권하고 있다.
 그러면 스트라이크가 나지 않는다—라고 비관하는 사람도 있는데, 초보자 단계에서는 스트라이크보다도 스페어(남은 핀을 전부 쓰러트리는 것) 처리를 할 수 있도록 가벼운 볼로 제어하는 것을 몸에 익히는 편이 더욱 중요한 것이다. 왜냐하면 초보자의 스트라이크는 우연히 생기는 것이다. 반복되는 것이 아니기 때문이다.
 진짜 스트라이크는 코스나 앵글을 계산하여 이론적으로 납득할 수 있는 것이다.

● 하우스 볼 락
　멘테넌스 요원(관리 기술자)이 개장전에 볼을 깨끗히 닦아 두고 있다. 볼 포릿쉬 미신으로 오토메틱으로 닦아 마무리한다. 이른 아침의 힘든 작업이다.

단, 가벼운 볼이라는 것은 당신이 들어 보아 이것이라면 편하고 자유롭게 던질 수 있겠다라는 의미의 무게이므로 오해 없기 바란다.

따라서 16파운드가 편하고 자유롭게 투구할 수 있는 볼러는 그 16파운드의 볼이면 되는 것이다.

재미있는 것은 같은 10파운드 무게의 볼이라도 당신의 손바닥의 크기와 손가락 길이에 딱 맞는 볼은 가볍게 느껴지고, 손가락이나 손에 맞지 않으면 무겁게 느껴지는 것이다.

보통 볼링장에 있는 볼을 하우스 볼이라고 한다. 엄지손가락을 홀(손가락 구멍) 가득 넣고 중지, 약지는 제2 관절까지 넣을 수 있는 볼이다. 컴벤셔널이란 표준형 볼이라는 의미로, 보통은 스트레이트 볼(똑바로 달리는 구질)에 적합한 것이다. 이 컴벤셔널의 손가락 구멍이 같으면 가볍게 느껴진다. 당신이 장방형의 것을 취할 때 폭이 좁은 부분을 잡으면 가볍게 느끼고, 길게 세로 부분을 잡으면 무겁게 느껴지는 역학의 원리와 같다.

기술로 볼을 가볍게 한다

볼링의 신이라고 일컬어지는 어떤 프로는 163센티 56킬로그램이라는 작은 몸집이다. 56킬로그램이라면 기껏해야 12나 13파운드의 볼을 사용하는 것이 기준이지만 그는 30년이라는 캐리어가 있어서 15나 16파운드의 볼을 편하게 던질 수 있다. 현재 사용하는 볼은 15파운드 7온스이다.

• 레인 컨디션

어레이(볼을 굴리는 바닥면)의 관리를 끝낸 인스트럭터가 레인 컨디션를 조사하고 있다. 레인의 상태야 말로 볼러에 대한 최상의 서비스이기 때문이다.

즉, 기본 폼을 잘 익히고 1주일에 21 게임 정도의 강화 훈련을 6개월 동안 하면 비록 힘없는 48킬로그램 전후의 여성 볼러라도 13에서 14파운드의 볼을 편하게 자유 자재로, 그리고 강하게 던질 수 있다.

왜냐하면 어프로치를 스무드하게 할 수 있으면 볼을 드는 손의 스윙과 후드웍이 잘 연동되어 일종의 댄스적인 리듬을 타는 것이다. 리듬을 타면 밸런스가 좋아지고 타이밍 좋게 릴리스할 수 있다. 즉, 볼의 무게가 몸의 움직임과 일체가 되어 무게를 잃게 되는 것이다.

외국인과 우리의 차이

손이나 팔로 던지고 있을 때는 볼은 무겁게 느껴진다. 전신일체, 일구일심이 되어 있지 않은 위화감이 그렇게 만드는 것이다. 따라서 전신에 탄력성과 유연성을 갖도록 로드웍을 권하고 싶다.

볼링 설비의 규격이나 칫수, 용구의 무게 등은 구미인의 체격, 역량, 스테미너를 기준으로 해서 만들어진 것이므로 구미인보다 다소 떨어지는 동양인의 체격은 스테미너를 계산에 넣어 파워(힘)보다 테크닉(기)의 볼링을 하도록 하는 것이 바람직하다.

체력이 약한 사람은 무거운 볼을 무리하게 사용하면 릴리스 순간 심장의 혈액이 전신의 말초부까지 급승할 필요가 생기고, 심장에 부담이 가서 빈혈 상태가 된다. 또 그것에 의해 자율신경이 흐트러지기 때문에 컨트롤도 흐트러지는 것이다.

볼의 선택법은 가벼움과 무거움이 기준이 되고, 또 구질에 따라 스핀이 다름으로 자신의 전용 볼이 있는 것이 이상적이지만, 초보일 때는 아직 구질이나 폼, 투구법이나 용구에 대한 지식이 없으므로 어느 정도의 연습과 시기를 갖고 연구하는 편이 좋을 것이다. 초급일 때의 볼의 선택법은 당신이 14파운드라도 괜찮다고 생각된 때는 1파운드 낮추어 13파운드로 연습하도록 하면 컨트롤이 잡혀 스코어를 향상시킬 수 있다.

당신의 체중에 맞는 볼

볼의 종별	볼의 무게	당신의 체중
16 파운드	7 킬로 25 그램	73 킬로 그램
15 파운드	6 킬로 80 그램	68 킬로 그램
14 파운드	6 킬로 35 그램	63 킬로 그램
13 파운드	5 킬로 90 그램	59 킬로 그램
12 파운드	5 킬로 44 그램	54 킬로 그램
11 파운드	4 킬로 99 그램	49 킬로 그램
10 파운드	4 킬로 54 그램	45 킬로 그램
9 파운드	4 킬로 08 그램	40 킬로 그램
8 파운드	3 킬로 63 그램	36 킬로 그램

- 당신의 체중을 10으로 나누면 당신이 사용할 볼의 무게를 알 수 있다.
- 초보자는 체중이 나가는 사람이라도 최고 14파운드 정도가 좋다.
- 이 표는 어디까지나 '기준'이며 당신이 정말로 던지고 싶은 볼이 이 표와 맞지 않는 경우 그것을 버릴 필요는 없다. 편의상 소수점 아래는 잘랐다.

5. 당신의 스타트 라인은

서는 위치의 결정법

 볼을 들고 서는 위치를 스탠딩 포지션이라고 한다. 무엇이든 마찬가지겠지만 볼링에서도 이 제1보째의 스타트 라인 설정이 가장 기본적인 조건이다.
 어디쯤에서, 어느 정도의 보폭과 속도가 좋을까 처음에 누구나가 헤매게 되는 문제이다. 키가 작은 사람과 키가 크고 다리가 긴 사람, 마른 사람과 뚱뚱한 사람은 보폭도 다르고 어프로치의 속도도 다름으로 그 거리도 달라지는 것이다. 따라서 각각에 따라 스타트 라인의 위치 설정도 달라지는 것이다.
 어프로치 플로어의 거리는 4미터 5센티 2밀리이다. 이 거리는 어느 볼링 센터나 마찬가지이다.
 센터에 따라 멀어 보이기도 하고 가깝게 느껴지기도 하는 것이다. 이것은 천정의 고저나 조명의 차이에 따른 것이기도 하다.
 한 단 올라간 어프로치 프로어에 서서 앞을 보면 볼을 릴리스

하는 최종 지점 부근에 1개의 검은 횡선(橫線)이 있다. 그 선이 파울 라인인 것이다. 이 선에서 조금이라도 신발 끈이 닿으면 좌우의 빨간 램프가 달린 부자가 울려 파울임을 알린다. 그리고 그때의 득점은 아무리 스트라이크이었더라도 제로가 된다. 따라서 4미터 57센티 이내에서 도움닫기 해야 한다.

파울 라인에서부터 앞은 어레이 벳이라고 부르는 투구대이다. 즉 투구대의 어레이 벳과 그 어프로치 프로어의 경계선이 파울 라인인 것이다.

그 경계선인 파울 라인에 당신의 등이 딱 보이도록 선다. 평소에 걷는 것보다 다소 크게 한 발, 2발, 3발, 4발 세면서 보고, 마지막으로 반을 걸어 빙그르 돌아 핀 방향으로 얼굴을 돌리자. 그 서 있는 위치가 당신에게 가장 좋은 스타트라인인 것이다(4보 도움닫기법).

발가락을 본다. 거기에 둥근점(돗트)이 플로어에 박혀 있을 것이다.

그 돗트를 잘 기억해 두는 것이다. 그것이 당신의 출발점이니까. 이것은 4보 도움닫기 출발점인데 3보 도움닫기는 3보 반, 5보 도움닫기는 5보 반이라는 식으로 그 수에 반 보 가해 이것이 가장 기본적인 라인 결정법이다.

이 위치에서 스타트하면 더 이상 파울 라인을 밟고 넘어갈 일은 없을 것이다. 반 보의 여유가 있기 때문이다. 보폭을 스트라이드나 스텝이라고 하기도 하므로 이것들도 기억하기 바란다.

짧은 도움닫기와 긴 도움닫기

발밑에 박혀 있는 10개의 돗트는 스타트 라인의 기준인 것이다. 앞 쪽에 있는 5개의 돗트를 스탠스 스팟트 A, 후방의 5개를 스탠스 스팟트 B라고 한다. A는 파울 라인에서 3미터 65센티, B는 4미터 27센티의 거리에 있다. 그러므로 키가 작은 사람은 보폭도 좁고 작을 것이므로 A쪽에 서고, 키가 크고 보폭이 넓은 사람은 B쪽에 서면 좋은 것이다. 또, A, B 스탠스에 관계 없이 거의 뒷쪽에서도, 반대로 A 쪽에서도 상관없다. 요는 자신의 보폭과 도움닫기 보수(步數)가 잘 맞는 곳에 서면 되는 것이다. 그래도 돗트라는 표시 부근이면 항상 정확한 위치에 헤매지 않고 설 수 있다고 할 수 있다.

어프로치 플로어 맨 뒤에 서는 볼러를 자주 보는데 어프로치의 거리를 너무 길게 하면 불리하다. 왜냐 하면 거리가 길면 길수록 어프로치의 밸런스를 깰 기회가 많은 것이다. 전선을 너무 벌리면 게릴라의 기습을 만나는 것과 마찬가지이다.

그 증거로는 파울 라인에 서서 볼을 던지면 좋은 볼을 던질 수 있다. 그러나 한 번이나 두 번이라면 모르겠지만 무거운 볼을 던질 경우에는 도움닫기를 이용하는 것이 볼링 폼이다.

3개의 스타트 위치

스타트 라인이 정해지면 그 위치를 전후로 이동해서는 안된다. 보수(步數)나 보폭이 흐트러지고 스윙과 스텝이 맞지 않게 된다. 스윙과 스텝의 연동이 조화를 이룰 때 비로소 좋은 볼을 던질 수 있는 것이다. 만일 스타트 라인을 전후 좌우로 바꿔도 스트라이크가 나오는 볼러가 있다면 그 거리 어딘가에 조화를 이루는 일점의 위치가 있어서 본인도 모른 채 우발적으로 스트라이크가 난 것임에 틀림없다. 말하자면 해트닝 볼러다. 이래서는 일정한 에버리지를 유지하기가 불가능하다. 즉 스타트 라인의 주소 부정(住所 不定)이므로 그 날의 컨디션으로 좌우되기 쉬워진다.

스타트 라인을 좌우로 이동하는 것은 좋은 일이다. 왜냐하면 레인이 항상 일정한 상태로 있지 않기 때문에 빠른 레인일 때는 오른쪽에서 스타트 하고, 느린 레인일 때는 왼쪽에서 스타트한다. 그때의 레인의 컨디션에 따라서 스타트 라인을 좌우 자재로 선택한다.

오른쪽에 서서 투구하는 것을 아웃사이드 볼링이라 하고, 왼쪽에 서서 투구하는 것을 인사이드 볼링이라 한다.

또 중간에 서서 투구하는 것을 미디움 볼링이라 한다. 어째서 3개의 스타트 위치가 있느냐 하면 그것은 구질(① 스트레이트 ② 훅 ③ 커브)에 따라서 볼의 패도와 스폿(레인상에 있는 각종의 표시)이 다르기 때문이다. 또 투구폼에 따라서도 스타트의 위치가 달라진다.

숫자로 파악하는 거리감

제2부 / 정통 볼링 실전 작전 303

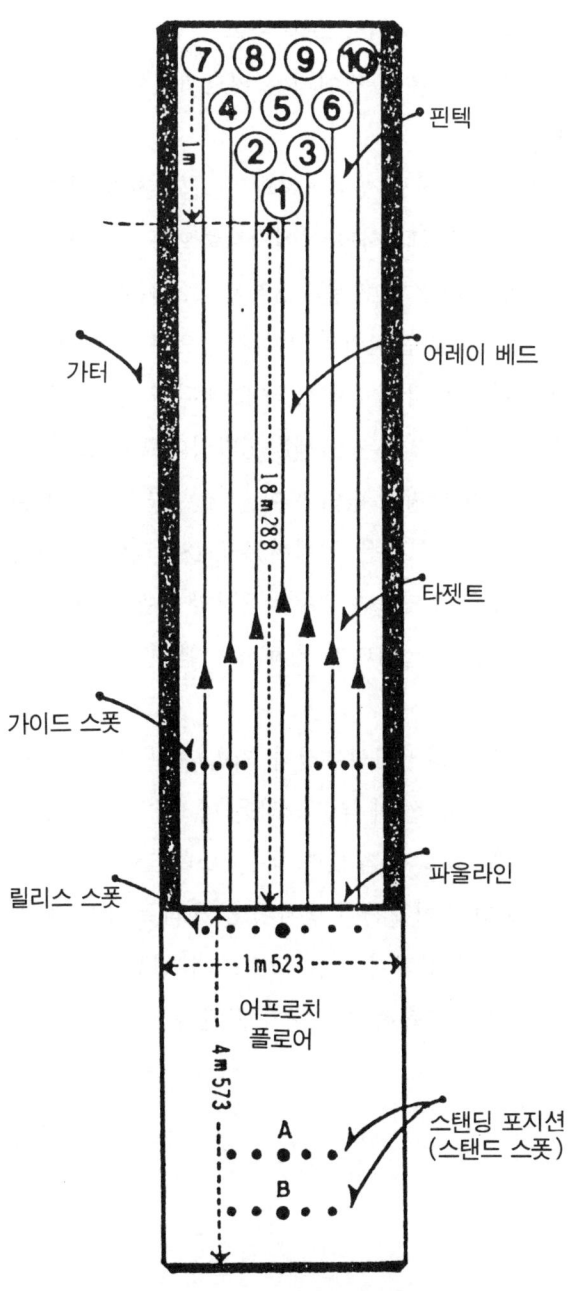

파울 라인에서 1번 핀(앞 페이지의 그림 참조)까지는 18미터 28센티 7밀리이고, 볼이 떨어지는 핏트까지는 19미터 15센티 2밀리이다.

프로야구의 핏쳐에서 캣쳐까지의 거리와 거의 비슷하다.

핀은 10개이고 1미터 사방 속에 3각형으로 놓여 있다. 1열째가 한 개(①), 2열째가 2개(② ③), 3열째가 3개(④ ⑤ ⑥), 4열째가 4개(⑦ ⑧ ⑨ ⑩)라는 4열의 정삼각형으로 늘어서 있다. 핀과 핀의 간격은 핀의 바닥 중심에서 약 30센티의 같은 간격으로 각각 세워져 있다. 볼의 직경은 21센티 5밀리이므로 볼이 핀과 핀의 사이를 지나갈 것 같지만 핀의 볼이 크게 부풀어 있으므로 실제로는 핀의 간격은(가장 좁은 곳에서) 약 18센티이다. 따라서 볼이 핀과 핀 가운데를 통과하면 좌우의 2개의 핀은 볼에 맞아 쓰러지게 되어 있다. 핀이 쓰러지기 위해서는 볼이 핀에 5밀리 닿으면 된다.

이와같이 파울 라인에서부터의 거리나 핀 배치의 칫수를 쓴 것은 스타트 라인에 선 때의 거리감을 머리속으로 계산하여 알고 싶기 때문이다. 그렇지 않으면 바른 스타트 라인에 서도 항상 불안감이 동반되어 자신감이 생기지 않기 때문이다. 또 이런 것을 알고 있으면 힘의 강약이나 볼 코오스의 변화를 빨리 파악하는 요령을 알게 되고 급속히 능숙해지게 된다.

6. 플레이 용구

슈즈와 백

  회사나 자택에서 맨손으로 볼링 센터에 가도 센터에는 하우스 슈즈나 하우스 볼이 준비되어 있으므로 플레이는 가능하다. 그러나 이전에 사용했던 볼이 좋았다고 해도 수백개의 하우스 볼 중에서 찾아 내기란 여간 힘든 일이 아니다. 게다가 누군가가 사용하고 있을 지도 모른다. 센터에 갈 때마다 볼이 다르다는 것은 손가락이나 손이 볼에 익숙치 않기 때문에 불리하다. 그러므로 자신 전용의 볼이 필요하게 되는 것이다. 야구에서 말하자면 선수 전용의 벳트나 글러브이다. 슈즈도 마찬가지인 것이다.
  볼링에 필요한 용구에는 레인은 별도로 하고 볼, 슈즈, 유니폼(스포츠 웨어)과 그들을 넣어 갖고 다닐 백이 있을 것이다. 그중에서 가장 중요한 것은 뭐니뭐니 해도 볼인데 이 볼에 대해서는 다음 항에서 서술할 것이므로 여기에서는 그 외의 용품에 대해 서술하겠다.

우선 슈즈부터 정하자. 볼링 슈즈는 일반 슈즈와는 달리 왼발의 바닥이 가죽제로 슬라이딩(미끌어 지는 것) 하기 쉽게 만들어져 있다. 오른쪽 바닥은 합성 수지제(고무제)로 만들어져 있어 브레이크를 걸 수 있다. 뒷꿈치는 좌우 모두 고무질인데 일반 고무질과 형태가 좀 다르게 어프로치하기 쉽도록 고안되어 있다. 그런데 센터의 하우스 슈즈 바닥은 좌우 모두 피혁제이고 많은 사람이 사용하는 것이므로 자신의 발에 딱 맞지 않는다. 즉 발과 신발이 위화감을 느끼고 어프로치도 스무드하게 되지 않아 폼도 안정되지 않는다. 볼링은 후두웍(발놀림)의 플레이라고 해도 과언이 아님으로 우선 자신의 발을 잘 고정시키기 위해 마이 슈즈를 갖도록 하자. 15점 정도의 스코어가 향상된다고 한다.

백은 레쟈, 비닐, 프라스틱, 캠버스 등 여러 가지 재질이 있고, 기능도 여러 가지이다. 예를 들어 열면 볼이 솟아 오르는 것으로 원 핸드 지퍼식, 키부착식, 볼과 슈즈가 각각 들어 있는 세퍼레이트식 등으로 백에는 볼, 삭스 타올, 슈즈, 유니폼 그 외의 엑세서리가 들어 가도록 설계되어 있다.

볼 사는 법

처음부터 1개의 볼로 잘 할 수 있으면 제일 바람직하지만 볼링은 초급, 중급, 상급으로 기술이 진보됨에 따라 투구의 방법이나 구질이 달라지는 것이 보통이다. 구질이 달라지면 스핀도 달라진다. 처음에는 10파운드의 볼을 무겁다고 느끼던 사람이 기본 폼을

● **볼링용품 매장**
스포츠 용구점의 볼링용품 매장에서는 볼, 슈즈, 백 등 볼링에 관계되는 여러 가지 용구, 악세서리를 팔고 있다. 볼의 드릴링도 한다.

익혀 익숙해지면 볼이 가벼워지고 점점 무거운 볼을 사용할 수 있게 된다.

대부분의 사람은 빠른 사람이면 3개월 정도, 느려도 2년 정도까지는 자신에게 맞는 이상적인 볼을 알 수가 있다. '기술의 진보'와 '볼링 이론'을 알게 됨에 따라 볼의 질적 성능, 특징, 웨이트, 스핀, 그립 등의 '적성'을 구하여 준프로가 된다.

그립, 구질, 제품 등의 본 테스트를 포함하여 37개의 볼을 사용해 본 특이한 나의 경험을 별도로 하고, 톱 플레이어나 미들 볼러라도 10개 정도의 볼은 바꿀 것이다. 그러므로 당신의 경험이 적고 아직 안정되어 있지 않은 초기에는 너무 비싼 고가의 볼을 바라지 말고 기술과 함께 단계적으로 '정확성'이 있는 볼을 구해가는 방법을 취해야 할 것이다.

볼은 모두 ABC(아메리칸 볼링 컨그레스)와 KBC(대한 볼링 협회)의 인가 특허를 받고 있고 그렇게 간단하게 만들어지는 것은 아님으로 성능, 성질의 염려는 없다.

그 중에서 특수한 볼로써 브랜즈 윙크사의 '트랙마스터'와 같은 훅 전용 볼도 있다.

훅하는 각도에 따라 T1. 미니엄 T2. 미디움 T3 맥심이라는 식으로 3개의 굽기가 설계된 볼이 있다. 에보나이트사의 '쟈이로 밸런

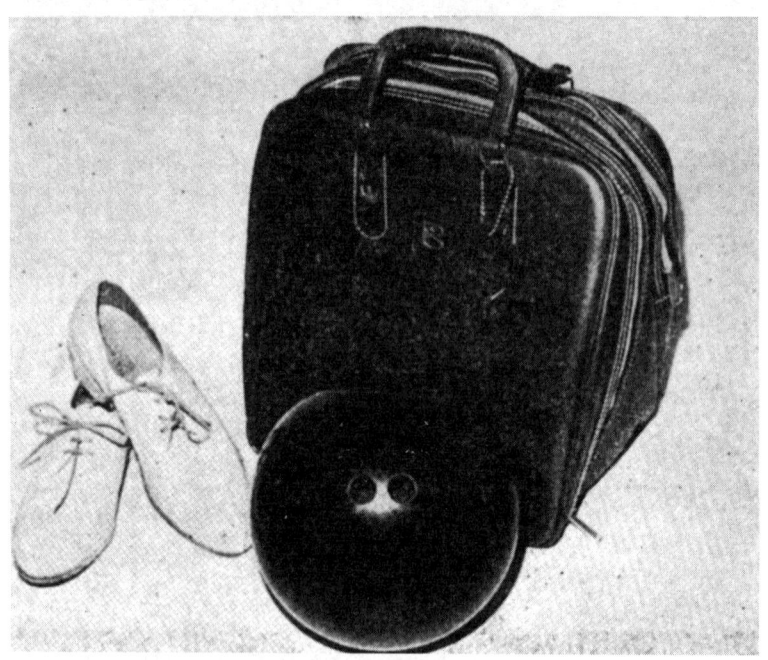

● 볼 슈즈 백
브랑즈윅사 제품의 블랙 뷰티 볼과 하이테락스한 백과 슈즈

● 볼
3가지 성질의 혹이 걸리는 브란즈윅사 제품(트렉마스터)

스'는 자동 조정이라는 의미를 갖는 볼로, 볼면에 각인되어 있는 Y형 기호에 따라 엄지 손가락, 중지, 약지 사이드 등 상하좌우 전후의 볼 웨이트를 자유로이 조정하여 리드할 수 있는 볼도 있다. 즉 손가락 구멍의 드릴 위치의 설정이나 볼 밸런스에 대해 밀도가 높고 정확한 측정이 미리 과학적 계산으로 표시되어 있어서 알 수 있다.

아무리 여러 종류의 볼이 있더라도 볼 자체가 멋대로 스트라이크를 내는 그런 볼은 없다.

볼의 규정과 선택법

볼은 ABC, KBC에서 규정하고 있듯이 비금속으로 만들어져 있다. 표면의 재질은 에보나이트와 프라스틱제 2가지 종류가 있고, 내부는 중옥(中玉)이라고 하여 생고무를 가류(加流)한 판상 에보나이트와 콜크를 섞어 압축시킨 것이다. 무겁게 하거나 가볍게 하는 방법은 중옥을 가감하는 제법과 중옥을 싸는 에보나이트의 두께로 가감하는 방법이 있다. 볼의 중량적 중심이 맨가운데 있다고 생각하는 사람이 많은데 실은 톱웨이트라고 해서 볼의 표면에 메이커 브랜드의 마크가 각인되어 있는 곳에 특수한 무게를 갖고 있는 물질을 넣는 것이다. 그것이 볼의 구면체에서 가장 무거운 부분이 되는 것이다. 이것은 나중에 여러 가지 중요한 의미를 갖게 됨으로 알아 두기 바란다.

톱웨이트라는 위치 표시와 돗트(점)가 있는 것이다.

볼의 직경은 21센티 5밀리, 원주는 68센티 5밀리 77이다. 규정 최고 중량은 16파운드이고, 이 이하라면 전부 공식전에 쓸 수 있다. (1964년 F1 Q 규정) 볼은 완전한 구형(球型)인데 재질, 형태, 중량, 밸런스에는 일정한 규정이 있다. 형태란 볼의 표면 그 외의 것을 말하는데 거기에 특수한 가공을 해서는 안된다는 것이다. 의외로 볼의 규정을 모르는 볼러가 많아 공식전 때 '볼 검사'에서 실격하고 있다.

볼은 6면으로 분석되고 있고 각각 면에 대한 밸런스 웨이트가 규정상 요구된다.

A. 볼의 두부(톱웨이트가 있는 곳)와 피부(톱웨이트의 정반대면)의 사이드 밸런스가 3온스(약 85그램) 이내의 차일 것.

  B. 손가락 구멍의 좌우의 면 간격의 밸런스가 1온스(28.35그램) 이내의 차일 것.

  C. 손가락 구멍의 전후면 사이 밸런스가 1온스 이내의 차일 것.

  ──으로 규정되어 있으므로 자칫 손가락 구멍을 드리링하면 볼 밸런스 계산기에 걸려 '실격'이 되어 버리는 것이다. 큰 공식전에서는 2주일 전에 볼 검사를 하여 볼 넘버를 등록해야 출장권을 잃지 않는다.

  그 외 액세서리로써 커터글로브, 리스타이, 웨버리스트 등 손목이 굽는 것을 방지하는 보조 용구나 미끌어지는 것을 방지하는 글립 퍼스터 송진가루를 넣은 샌드 백, 어프로치 조정용 파우더 등 여러 가지가 있다. 톱 볼러는 손톱깎기, 구급 의약품을 셋트로 하여 백에 상비하고 있다. 시합중의 사고를 응급 처치하는 것도 이기는 요인의 하나이기 때문이다.

  너무 무거운 백의 운반도 힘이 듦으로 센터에는 로커시설이 되어 있다.

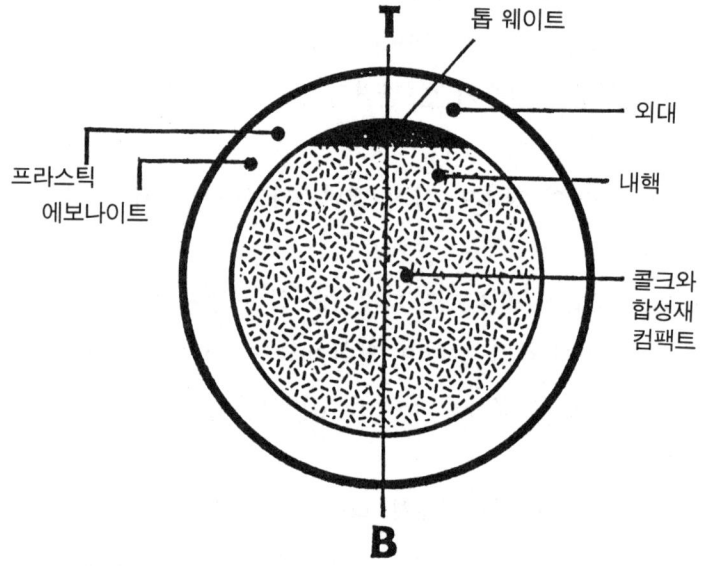

• 볼의 구조

• 외피의 두께를 일정하게 하고 내핵으로 무게를 조절하는 식으로 만드는 법과, 내핵을 일정하게 하고 외피의 두께를 조절하는 식의 2가지 방법이 있다는 것은 앞에서도 서술했다.

• 톱 웨이트는 에보나이트에 특수한 화합물을 넣는데 각 회사마다 만드는 비밀 사항으로 되어 있다.

• 내핵은 콜크와 합성재와 컴팩트인데 메이커에 따라 소재는 발포(發泡) 스티로폴오리스즈, 화산재와 비슷한 특이한 물질 등으로 일정하지 않다. 금속질은 허락되지 않는다.

• 톱 웨이트는 특수한 비중액체통에 볼을 부상시키고 볼의 바닥에 해당하는 개소(個所)를 과학적으로 탐지하여 돗트(점) 한다. 이전에는 공기를 강하게 분출시키고 거기에 볼을 띄워 톱을 탐지하거나 비중이 무거운 수은액통에 부상시키거나 했으나 현재는 전기 방법 밖에 실시되고 있지 않다.

제2장

10일 만에 볼링을 잘하게 되는 법

제1일
게임과 득점 계산법

1. 게임 진행법

　게임 진행법에 대해 당신은 이미 알고 있을 것이지만 이제부터 시작하려는 지인(知人)이나 친구를 위해 게임 구성에 대해 설명할 필요가 있을 것이다.

　볼링 경기는 폭 1미터, 거리 약 19미터 앞의 레인 위에 10개의 핀이 핀 바닥의 중심에서 약 30센티 간격으로 4열로 정삼각으로 늘어서 있다. 그 핀을 목표물로 볼을 던져 굴려 핀을 쓰러뜨린 합계의 수가 득점이 되고, 득점이 많을수록 우수한 플레이어가 되는 경기이다. 던진 뒤 핀에 닿을 때까지의 거리는 야구와 거의 마찬가지로 투수로부터 포수까지의 약 18미터라고 생각하면 될 것이다.

　1게임이라는 것은 10회의 프레임(투구 권리)으로 되어 있고 각각을 1프레임 2프레임이라고 부른다.

　1프레임 후에 득점수를 기입하는 난이 2개 있고, 1프레임은 2구로 나누어 던지는데 처음 1투 1구로 10개 전부의 핀을 쓰러뜨린 경우는 '스트라이크'이므로 1구로서 그 플레임은 완료된다.

최초의 1투 1구에서 6개 쓰러뜨릴 경우 아직 4개가 남아 있으므로 그 4개를 겨냥하여 두번째 투구를 한다. 만일 4개 쓰러뜨리면 1투구째의 6개와 2투구째의 4개로 합계 10개이다. 이것을 '스페어 메이드'라고 한다. 2 투구째 나머지 전부 4개를 쓰러뜨리지 못하고 가령 2개를 쓰러뜨렸다면 1투구째의 '6'과 2투구째의 '2'로 합계 8점이 된다. 10개가 되지 않는 수로 이것을 '미스'라고 한다.

 스페어를 처리하면 다음 프레임 1투구째 쓰러뜨린 핀수를 보너스로 받을 수 있다. 전 프레임의 득점에 가산되는 것이다.

 스트라이크는 1투구째의 득점과 2투구째의 득점을 받을 수 있다. 미스는 그 프레임 내의 득점 뿐이다. 미스의 부르는 법에는 '미스 프레임'이나 '오픈 프로우'나 '브로우' 등 몇 가지로 부르는 법이 있다.

스페어나 스트라이크를 많이 내어 보너스 득점을 늘리면 스코어가 향상되는 것이다. 던지는 순서는 1프레임씩 서로 던진다. 프레임을 쫓을 때마다 지금은 A군이 이기고 B군이 지고 있다는 것을 득점표로 알 수 있다. 이렇게 해서 10프레임분을 다 던지면 1게임이 끝나게 된다.

* 스페어를 처리하면 1구분(一球分)의 보너스 득점을 받을 수 있다.
* 스트라이크를 내면 2구분(二球分)의 보너스 득점을 받을 수 있다.

——이렇게 단순하게 외우기 바란다. 볼링은 혼자서도 여럿이서도 플레이를 즐길 수 있는데 보통 1레인에 4명 정도가 시간적으로도 금전적, 체력적으로도 가장 좋은 것 같다.

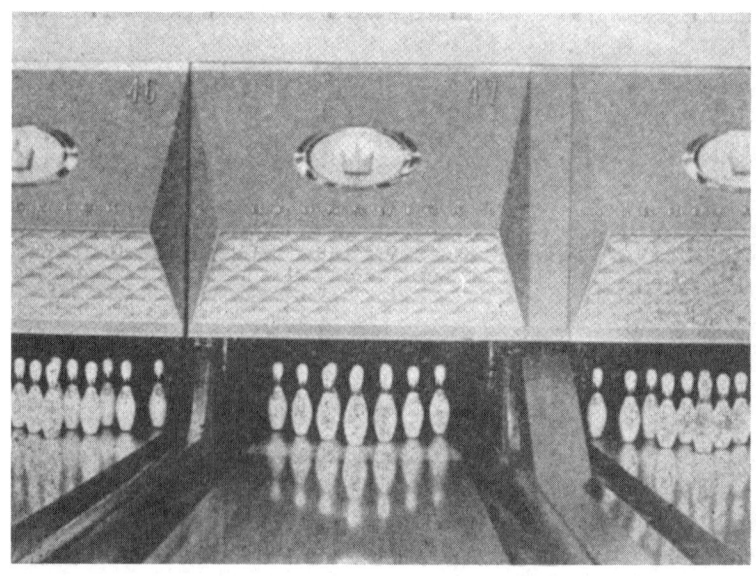

• 브란즈사의 '스코어 킹' 핀

동시 시합 때는 대부분 3명이나 4명이 1레인을 쓰므로 평소부터 4명의 편성으로 익히는 편이 심리적으로도 유리하다고 할 수 있을 것이다. 또 KBC의 경기 규정 속에 '게임의 구성'이라는 항에는 다음과 같이 기록되어 있으므로 일단 머리에 넣어둘 필요가 있을 것이다.

볼링의 1게임은 10개의 프레임을 가지고서 구성되어 있다. 각 경기자는 스트라이크인 경우를 제외하고 각 프레임에 2회 투구한다. 단 제10 프레임에서 스트라이크 또는 스페어인 경우는 3회 투구한다.

게임 성적은 적정(適正)한 투구에 의해 쓰러뜨린 핀의 수를 계산하여 10개의 프레임의 득점을 합계하여 나타낸다. 적정하게 투구된 볼이란 볼러가 갖고 있는 볼이 손에서 떠나 파울 라인을 넘어 레인의 경기하는 부분으로 들어가는 것을 말한다. 볼링 볼은 손의 작용에 의해 투구되고, 볼의 내부 또는 외부에 어떤 작용을 가해서는 여하한 것을 막론하고 병용해서는 안된다.

2. 득점법과 작례표

　득점법과 계산법(다음 페이지 그림)을 보기 바란다. 스페어 보너스와 스트라이크 보너스를 머리에 넣어두고 1프레임에서부터 10프레임까지 순서대로 가산하면 토탈(합계) 득점을 알 수 있다.
　1투 1구째 볼이 좌우의 가터(도랑)에 빠졌을 때는 'G'의 가터 기록을 한다. 2투구째 가터는 '–'로 미스 표시를 한다. 도랑에 빠진 볼은 핀에 맞지 않는다. 즉 득점은 제로이다. 그러나 간혹 도랑에서 튀어 나와 핀을 쓰러뜨리는 일이 있으나 이것도 득점이 되지는 못한다.
　가터(gutter)는 도랑이라는 의미이다.
　'G', '–'도 득점 제로로 손해이므로 가터에 볼을 떨어뜨리지 않도록 주의한다. 1프레임에서 9프레임까지는 2투구분의 득점 기입단으로 되어 있는데 10프레임만은 3투구분 기입란이 있다 – 이것은
　Ⓐ 1투구째 8개를 쓰러뜨리고 2투구째 1개 쓰러뜨려 합계 9개

• 득점 기록과 계산법

	프레임	1	2	3	4	5	6	7	8	9	10	T
	네임	G 9 / 9	9 - / 18	- 6 / 24	6 - / 40	7✖ / 49	6 3 / 68	✖ / 77	7 2 / 87	6✖ / 103	G✖ 6✖ 9 / 122	122
1	프레임득점	9	9	6	10	9	10	9	10	10	10	
2	덤 득점	0	0	0	6	0	9	0	0	6	9	
3	1·2합계점	9	9	6	16	9	19	9	10	16	19	
4	앞의 득점		+9	+18	+24	+49	+49	+68	+77	+87	+103	
	3·4합계점	9	18	24	40	49	68	77	87	103	122	

이면 나머지 1개가 있으므로 '미스 프레임'이다. 이것은 각 프레임과 같은 계산법으로 '득점9'로 게임이 완료된다.

Ⓑ 1투구째 8개 쓰러뜨리고 2번째 나머지 2개를 쓰러뜨리면 '스페어'이다. 따라서 보너스로 한 번 더 던질 수 있는 권리를 얻는다. 그것이 9개이면 19점이 되고 스트라이크이면 20점의 프레임이 된다. 즉 3투구로 게임 완료이다.

Ⓒ 1투구째 스트라이크인 경우는 보너스로 두 번을 더 던질 수 있는 권리를 받는다. 2구째 스트라이크, 3구째 스트라이크의 대량 득점으로 역전 게임을 해낼 수 있는 찬스이다.

이것을 '베트 아웃'이라 한다.

특히 9프레임과 10프레임이 헷갈림으로 위 표로 9프레임과 10프레임 만 여러 가지 계산하는 예(例)를 참고로 들어 놓았으니 보기 바란다.

9프레임은 '파운데이션 프레임'이라 하여 10프레임에 득점을 잇는 승부의 중요한 분기점이므로 충분히 활용하도록 한다.

9프레임과 10프레임의 계산예

9		10		T
6	2	8	1	−
8		17		

①

9		10		T
✕		9	9	
20		39		

②

9		10		T
6	2	8	/	9
8		27		

③

9		10		T
6	/	✕	8	/
20		40		

④

9		10		T
6	2	✕	8	1
8		27		

⑤

9		10		T
6	/	✕	✕	9
20		49		

⑥

9		10		T
6	2	✕	8	/
8		28		

⑦

9		10		T
6	2	✕	✕	✕
8		38		

⑧

[그림의 해설]

그림 ①은 6+2+8+1로 계17점이라는 가산법이다. 그림 ④는 9프레임의 스페어가 10점, 그리고 10프레임의 1구분(一球分)의 스트라이크 10점을 보너스로 받으므로 합계 9프레임 20점이다. 10프레임은 1·3 스트라이크 10점에 2구분(二球分)의 보너스가 붙어 계 20점, 9 프레임의 20점과 10프레임의 20점을 합계하면 40점이 된다.

득점 기입예

프레임	1	2	3	4	5	6	7	8	9	10	T
네임	G 9	9 –									
	9	18									
1 프레임득점	9	9									
2 덤 득점	0	0									
3 1·2합계점	9	9									
4 앞의 득점		+9									
3·4합계점	9	18									

득점 기입의 구체적인 예

득점 적는 법을 아직 확실히 모르는 사람을 위해 다음의 그림을 참고로 하면서 구체적으로 게임을 진행, 득점을 기입해 보도록 하자.

♣ 1 프레임

1구째＝오른쪽으로 가 가터에 빠져 버렸다. 핀을 쓰러뜨리지 못했으므로 〈0〉점이 된다. 〈즉 G〉 기호를 기입한다.

2구째＝9개를 쓰러뜨렸다 〈9〉로 기입한다. 당신의 1프레임째 득점은 〈9〉이다.

♣ 2 프레임

1구째＝9개 쓰러뜨렸다. 〈9〉라고 기입하자.

2구째＝나머지 1개를 충분히 겨냥한 뒤 던졌으나 빗나가 버렸

득점 기입예

프레임		1	2	3	4	5	6	7	8	9	10	T
	네임	G 9 9	9 - 18	6 - 24	7 ◣ 40	6 3 49						
1	프레임득점	9	9	6	10	9						
2	덤 득점	0	0	0	6	0						
3	1·2합계점	9	9	6	16	9						
4	앞의 득점		+9	+18	+24	+40						
	3·4합계점	9	18	24	40	49						

II

다. 〈미스〉이므로 〈−〉 기호를 기입한다.

2프레임의 득점은 〈9〉, 1프레임째의 득점 〈9〉와 합쳐 〈18〉이 된다. 이것이 2프레임이 끝난 당신의 득점이다.

♣ 3프레임

1구째＝6개를 쓰러뜨려 〈6〉이라 기입하자

2구째＝가터에 빠져 버렸다. 3구째의 가터는 미스와 같이 〈−〉 기입한다. 3프레임의 득점은 〈6〉이다. 합계 〈24〉 점이다.

♣ 4프레임

1구째＝7개 쓰러뜨렸으므로 〈7〉이라고 기입하자

2구째＝나머지 3개를 쓰러뜨렸다. 10개 전부 쓰러뜨렸으므로 〈스페어〉이다. 스페어의 기호를 기입하자.

4프레임의 득점은 〈10〉인데 5프레임째 1구째의 득점도 받을 수 있으므로 합계 득점은 아직 알 수 없다.

득점 기입예

프레임	1	2	3	4	5	6	7	8	9	10	T
네임	G 9 / 9	9 - / 18	6 - / 24	7 / / 40	6 3 / 49	X / 68	7 2 / 77	6 /			
1 프레임득점	9	9	6	10	9	10	9	10			
2 덤 득점	0	0	0	6	0	9	0				
3 1·2합계점	9	9	6	16	9	19	9				
4 앞의 득점		+9	+18	+24	+40	+49	+68	+77			
3·4합계점	9	18	24	40	49	68	77				

III

빈 칸으로 비워두자.

♣ 5프레임

3구째=6개를 쓰러뜨렸다. 〈6〉점이다. 〈6〉이라고 기입하자. 또 이 〈6〉점은 4프레임과 보너스 득점이 됨으로 4프레임의 득점은 〈16〉점이 되어 합계 득점은 〈40〉점이다.

2구째=3개 쓰러뜨렸다. 6과 3해서 5프레임은 〈9〉, 합계 〈49〉점이다.

♣ 6프레임

1구째=스트라이크가 나왔다. 스트라이크의 기호를 기입했다. 득점 기입은 아직이다. 그것은 스트라이크에는 다음 프레임의 2구분(二球分) 득점이 가산되기 때문이다.

2구째=1구째 전부 쓰러뜨렸으므로 던지지 않는다.

♣ 7프레임

1구째＝7개 쓰러뜨렸다. 하지만 6프레임의 득점 기입은 아직이다.

2구째＝2개 쓰러뜨렸다. 7프레임의 득점은 〈9〉이다. 동시에 6프레임의 득점 〈19〉도 정해졌다. 합계 득점은 6프레임에서 〈68〉, 7프레임에서 〈77〉이 되었다.

♣ 8프레임

1구째＝6개 쓰러뜨렸다.

2구째＝나머지 4개를 전부 쓰러뜨렸다 〈스페어〉이다. 다음 1구째 득점을 받을 수 있으므로 합계란은 아직 빈칸이다.

♣ 9프레임

1구째＝가터에 빠져 버려 〈G〉의 기호를 기입한다.

1구째가 〈0〉 점이어서는 8프레임에 〈스페어〉를 가산할 수가 없다. 8프레임의 득점은 〈10〉으로, 합계 득점은 〈87〉이다.

2구째＝겨냥을 잘해 스트라이크를 냈다. 그러나 2구째의 스트라이크는 〈스페어〉가 되어 버림으로 〈스페어〉 기호를 기입한다. 득점은 아직이다. 다음 1구째 점수를 받을 수 있기 때문이다.

♣ 10프레임 (최종회)

1구째＝6개 쓰러뜨렸다. 9프레임의 득점이 103으로 결정되었다.

2구째＝나머지 전부 쓰러뜨렸다. 〈스페어〉가 되어 보너스로

득점 기입예

프레임	1	2	3	4	5	6	7	8	9	10	T
네임	G|9| 9	9|- 18	6|- 24	7▲ 40	6|3 49	✕ 68	7|2 77	6▲ 87	G▲ 103	6▲9 122	122
1 프레임득점	9	9	6	10	9	10	9	10	10	10	
2 덤 득점	0	0	0	6	0	9	0	0	6	9	
3 1·2합계점	9	9	6	16	9	19	9	10	16	19	
4 앞의 득점		+9·	+18	+24	+49	+49	+68	+77	+87	+103	
3·4합계점	9	18	24	40	49	68	77	87	103	122	

Ⅳ

한 번 더 던질 수 있는 권리를 얻는다.

3구째=안타깝게도 1개가 남겨져 버렸다. 즉 〈9〉이다 10프레임의 득점은 〈19〉점이다. 합계 득점은 〈122〉. 이것이 당신의 1게임 합계 득점이다.

3. 기호 적는 법과 기호표

볼링에 쓰이는 기호는 F1 Q에서 국제 기호로써 정식으로 규정하고 있다. 물론 그것을 우리도 사용하고 있다. 그러나 그들 기호를 분명히 알고 있는 사람은 적은 것 같아 다음 페이지에 적어 두었다. 외워 두기 바란다. 그 중에서도 스페어나 스프릿 메이드의 기호 적는 법의 정식을 모르는 것 같다. 일반적으로는 1투구째 스플릿이 나오면 득점이 스플릿의 기호 〈0〉을 적지 않는 것 같은데 반드시 〈0〉 기호로 득점을 둘러치기 바란다. 스플릿을 냈으면 다음 난에 사선 기호를 넣는다. 스플릿이라는 것은 나머지 핀이 뿔뿔이 있어서 쓰러뜨리기가 어려운 형의 핀 위치를 말한다. 대표적인 예는 베비라고 부르는 ③번 핀과 ⑩번 핀의 형, ②번 핀과 ⑦번 핀 형이 그것이다. 파울은 〈F〉 기호로 나타낸다.파울 라인을 1구째 밟으면 볼이 핀을 쓰러뜨려도 득점은 무효로 〈0〉 점이 된다.이 경우 리셋트 보턴을 눌러 핀을 정리하고 다시 한 번 10개의 핀을 셋트 한다. 그리고 2구째를 던져 쓰러뜨린 핀 수가 득점이 된다. 이 2구째에 스트라이크가 나와도 〈스페어〉로 격하된다.

스코어의 기호(SCORE MARK)

① **스트라이크**(득점 10점+2구분의 보너스 득점이 있다) : 제1구째 10개의 핀을 전부 쓰러뜨린 때의 마크이다.

② **스페어**(득점 10점-1구분의 보너스 득점이 있다) : 제1구째 핀이 남고 2구째 나머지 핀 전부를 쓰러뜨려 1구째와 2구째 그 합계 10개를 쓰러뜨린 때의 기호

③ **미스**(득점 없음) : 핀을 1개도 쓰러뜨리지 못한 때의 기호

④ **스플릿**(쓰러 트리기 어려운 배열의 핀형) : 2개 이상의 나머지 핀이 뿔뿔이 남겨져 있어 쓰러 트리기 어려운 배치임을 나타내는 기호이다.

⑤ **스플릿 메이드**(스페어가 된다) : 2구째로 스플릿의 나머지

핀 전부를 쓰러뜨려 성공한 때의 기호로, 득점은 스페어와 마찬가지이다.

⑥ **파울**(득점 없음) : 발끝 그 외 신체의 일부가 파울 라인을 넘은 때의 기호이다. 부자가 울리고 램프가 켜진다.

⑦ **가터**(득점 없음) : 볼이 레인을 벗어나 좌우의 가터(도랑)에 빠지는 것, 시합중 고의로 떨어트리면 실격한다.

⑧ **스리퍼** : 2개와 핀이 겹쳐 1개로 보여 2구째로 앞 핀만을 쓰러뜨린 경우 나머지 뒤의 핀을 스리퍼라고 한다.

⑨ **더블**(득점 20점＋보너스 점 있다) : 스트라이크가 2회 계속되는 것. 다음 프레임에서 9개 쓰러뜨리면 합계 29점이 되고 득점 배증(倍增)의 챤스이다.

 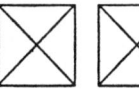

⑩ **터키**(득점과 보너스 합계 30점) : 스트라이크가 3회 연속, 최초의 스트라이크에 2구분의 보너스 점이 가산된다.

제2일
플레이와 테크닉의 전법

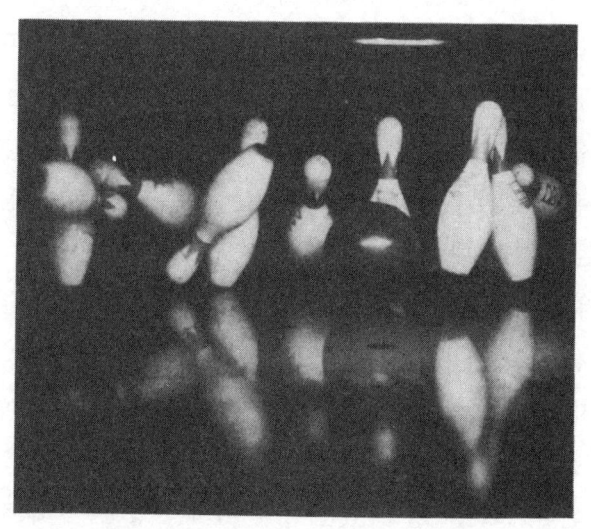

1. 볼 드는 법과 준비 자세

회사나 학교, 단체의 볼러들이 볼링센터에서 집단 트레이닝을 받을 경우, 제1일째는 센터의 미팅 등에서 도표나 영화, 칠판을 사용하여 '득점 기입법과 기호'를 배우고 또 플레이 중의 에티켓을 익힌다. 2일째에는 '플레이와 테크닉'의 과제로 '볼 드는 법과 준비 자세', 체격에 맞는 도움닫기법'—에 관련되는 질의 응답 뒤에 어프로치 플로어에 서서 실기 실습으로 들어간다. 예비 지식이 있는 것과 그렇지 않은 것은 나중에 큰 차이가 생기기 때문이다.

우리들도 제1부에서 볼링 지식을 얻었고, 제1일째 '득점 기록법과 그 기호'를 배웠다. 그리고 오늘은 드디어 어프로치 플로어에 서서 볼을 들고 자세를 갖추어 보도록 하자.

초보자들이 볼을 잡는 방법을 보면 대부분의 사람이 엄지의 홀을 오른쪽으로 기울이고 있다. 왼손잡이의 경우 '사우스포'는 왼쪽이 된다. 그리고 들고 있는 볼의 위치는 상·중·하로 여러 가지인데 가슴 앞에서 높게 들고 몸 중심에서 자세를 갖추는 사람이 많을 것이라고 생각한다.

그런데 이와 같은 준비 자세로 던지면 다음과 같은 결과가 되어 실패한다.

A. 볼이 왼쪽으로 굴러 간다.

B. 볼이 오른쪽으로 굴러 간다.

C. 좌우. 그 어떤 도랑에 빠져 가터의 기록 〈G〉로 득점 제로가 된다.

어째서 이렇게 휘어지는가 하면, 엄지 손가락을 볼 옆에 두고 볼을 몸 중심선에 두면 인간의 몸이 둥글기 때문에 그 둥근 기둥 주변을 따라 팔이 반원형으로 볼을 돌리게 된다. 따라서 폭이 넓게 벌어져 좌우 그 어느 쪽 방향으로 치우쳐 버리게 되는 것이다.

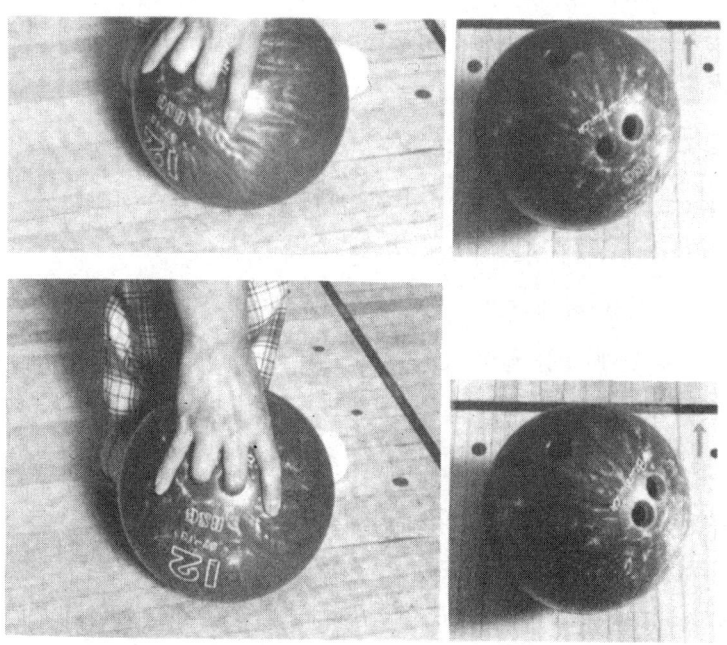

2. 볼 궤도 만드는 법

바른 볼 잡기법 '기본론'은 손바닥을 위로 향해 어프로치 플로어에 맞추어 수평으로 한다. 아이가 과자를 보고 '주세요!'라며 손을 내미는 형이다. 그런 다음 볼을 얹으면 볼은 안정된다. 엄지손가락은 가슴쪽으로 볼 바로 뒤에 온다. 그러면 당신의 인차지(人差指) 위치는 볼의 바닥 중심선이 되는 것이다. 인지를 중심으로 볼과 무게를 좌우로 평균이 되게 하여 가져간다. 그때 손목을 아래로 구부려 꺾어서는 안된다. 단단히 볼을 누르기 바란다. 손목이 꺾이면 볼에 위력이 없어진다.

어째서 이렇게 드는 것이 좋은가 하면—알기 쉽게 시계의 문자판 위에 볼을 놓아 보자—이대로 손가락 위치로 볼을 12시 방향으로 던지면 볼은 직선으로 달리는 원리이다.

그러나 볼이 가슴이나 몸통이나 오른발 쪽으로 와 백 스윙(뒷쪽으로 볼을 흔드는 동작)할 수 있으므로 아직 충분하다고는 할 수 없는 자세이다. 그러므로 코를 중심으로 해서 전신을 2분(二分)하고 오른쪽 반의 가슴 범위내에 볼을 준비하기 바란다. 여기에서 볼의 괘도로(掛圖路)가 몸의 오른쪽에 완성되게 된다. 또 볼이 둥근 몸을 도는 것이 아니고 곧장 던질 수 있게 된다. 당신의 둥근 몸을 사각 기둥이라고 생각하면 되는 것이다.

하지만 오른쪽 어깨에 붙어 있는 오른팔의 팔꿈치는 오른팔 오른손이 왼쪽 방향(안쪽)으로 굽도록 관절이 만들어져 있으므로 무거운 볼을 들고 똑바로 던지라고 머리에서 아무리 명령을 내려도 무거운 볼을 지탱하는 힘이 어깨(오른팔의 지점)에 들어가 버려 팔꿈치가 굽는 것이 보통이다. 팔꿈치가 구부러지면 구부러진 만큼 안쪽 왼쪽 방향으로 뻗어 볼은 똑바로 구를 수 없다.

둥근 몸을 4각 기둥이라고 생각하듯 오른팔도 한 개의 직선적인 봉(棒)이라고 생각한다.

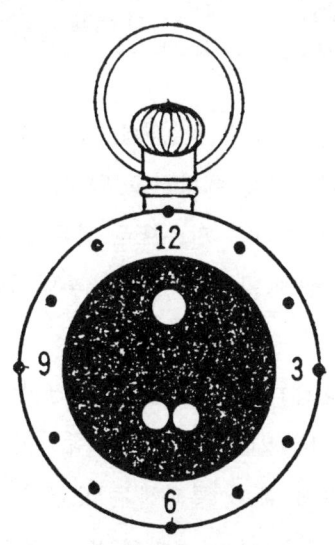

● 볼의 바른 투구법
엄지는 12시 방향, 중지와 약지는 6시 방향에 위치시킨다.

프로 폼 분석

① ②

① 준비 자세이다. 좌우의 팔꿈치를 안쪽으로 조이고 투구시 겨드랑이가 벌어지는 것을 예방하고 있다. 오랜 게임의 피로를 예방하기 위해 볼의 중심을 왼손으로 받든다. 눈은 방구(放球) 착지점의 스폿에서 떼지 않는다. 정신을 통일시키고 있음을 표정으로 알 수 있다.

② 볼을 앞쪽으로 내미는 푸쉬 어웨이 장면이다. 4보 도움닫기는 1보째, 5보 도움닫기는 2보째로 행하는 동작이다. 왼손으로 볼의 흔들림을 방지하면서 볼이 통과하는 오른쪽 겨드랑이 괘도로 바르게 유도한다. 몸을 다소 ㄱ자로 만든 것도 괘도를 만들기 위해서이지만 도움닫기는 똑바로 한다.

③　　　　　　　　　　　④

　③ 볼을 뒷쪽으로 흔드는 백 스윙 장면이다. 볼의 높이는 레인과 평행으로 어깨보다 위로 올리지는 않는다. 컨트롤을 바르게 하는 방법이다. 왼손을 옆으로 편 것은 방구(放球) 때 오른쪽 어깨가 내려 가는 것을 막기 위해서이며 전체의 밸런스를 잡기 위해서이다.

　④ 백 스윙에서 볼을 앞으로 보내는 포워드 스윙의 장면이다. 엄지를 먼저 빼기 위해 바르게 앞으로 향하고 있다. 왼발은 오른발 앞 안쪽에 스텝 인하고 있다. 볼은 왼발 거의 가까이 바르게 통과한다.

⑤　⑥

　⑤ 왼발을 미끄러 뜨리는 라스트 슬라이딩에 맞추어 오른손의 볼이 손에서 떠난다. 릴리스 타이밍의 순간이다. 좌우의 양 어깨가 파울 라인과 딱 평행이 되고, 오른팔은 몸에 대해 90도의 각도를 잡고 똑바로 아름답게 뻗어 있다.

　⑥ 릴리스된 순간의 완벽한 폼이다. 중지, 약지로 날카롭게 리프팅(당겨 올리기)하여 볼에 회전을 준 뒤의 충실감이 있다.

　프로는 손목을 꺾거나 하지 않는다.

　⑦ 던진 뒤의 '폴로 스로'라는 자세이다. 유도(柔道)에서 말하자면 상대를 던진 뒤의 잔신이다. 이것이 아름다운 것은 바른 폼이라는 증거이다. 던진 뒤에는 아무래도 좋다는 생각으로는 에버리

⑦

지가 안정되지 않는다는 것이다. 반복해서 같은 동작을 하는 것이 중요하다. 즉 리듬, 밸런스, 타이밍을 완전하게 동조시켜야 한다.

3. 볼의 고저에 대해

 볼 잡는 법은 오른손 손가락으로 지탱하는 힘이 40퍼센트, 왼손으로 지행하는 힘이 60퍼센트이면 이상적이다. 중요한 오른손 손가락을 피로하지 않게 하기 위해 컨트롤을 잘 하기 위해서이다. 왼손잡이는 물론 그 반대이다.
 가장 표준적인 볼 잡는 법은 오른쪽 흉부 근처에서 오른쪽 팔꿈치가 허리선 위에 있는 오른쪽 위에 해당하는 높이이다. 이 위치이면 백 스윙이 시계 추와 같이 직선이 되고 몸이 돌아가거나 하지 않는다. 볼을 높이 드는 볼러, 낮게 드는 볼러 등 프로들도 여러 가지 폼이 있다. 이것은 자신의 힘의 강약을 컨트롤하기 위한 하나의 제어 방법이므로 이유 없이 폼만을 흉내 내서는 아무런 소용이 없다.
 신장, 체중, 완력, 악력을 생각하면서 자신에게 딱 맞는 볼의 정위치를 정한다. 볼을 얼굴보다 높이 들면 볼 괘도와 호(號)는 그 만큼 커지고 구위(球威)로 증대되지만, 백 스윙 때 완력과 악력이 없는 사람은 컨트롤이 되지 않아 폼이 깨져 눈 앞의 스폿을 확인할 수 없다. 그렇다고 해서 너무 낮게 들면 푸쉬 어웨이 (볼을 앞으로 내미는 동작)에서 백 스윙까지의 호(號)가 작아져 구위(救威)가 감소된다.

볼을 흔드는 호(반원형 패도)가 크면 클수록 볼에 위력이 생기지만 기본적으로는 후방의 높이는 어깨선까지 어프로치 플로어와 볼이 평행 간격이 되는 높이이다.

4. 공격과 방어의 폼

　자세는 우선 직립하여 목표의 핀과 스폿을 연결, 서는 위치를 결정한다. 이 동작을 스탠딩 포지션 어드레스라고 부른다. 턱을 당기고, 겨드랑이를 조이고, 등을 구부리는 '크라우칭 스타일'을 갖춘다. 스타트 준비이다. 호흡을 가다듬고 어깨, 허리, 발 등 전신의 힘을 일단 빼고 릴렉스한 심리 상태로 자신을 이끌고 긴장을 없애도록 한다.
　시합 등에서는 긴장하게 되는 것이 보통이지만 긴장하면 내장, 혈류, 근육, 관절이 위축되고 경화되어 버려 화이트나 의욕과는 상관없이 무너져 버린다. 그럴 때는 좋아하는 노래를 소리내지 않고 마음 속으로 부르는 것도 좋은 방법이다. 껌을 씹는 것도 효과가 있다. 껌을 씹으면 귓속의 고우(稿牛) 신경을 완화시킴으로 뇌신경의 혈행이 좋아진다. 즉 스트레스 해소법이다. 단 공인전에서는 관례적으로 시합중에는 껌을 씹는 것이 금지되어 있다.
　턱을 당기고 오른팔의 겨드랑이를 조이고 다소 등을 앞으로 구부리는 폼은 야구, 복싱, 유도 등 모든 스포츠에 공통되는 요령이다. 이 폼은 동물이 노획물을 겨냥할 때 취하는 본능, 원시적인 공격과 방어의 '완전한 형'이며, 인간도 마찬가지이다. 그러므로 야구 등에서 몸의 컨디션이 나쁘면 턱을 내밀고 겨드랑이가 벌어지는 나쁜 폼이 나오는 것이다.

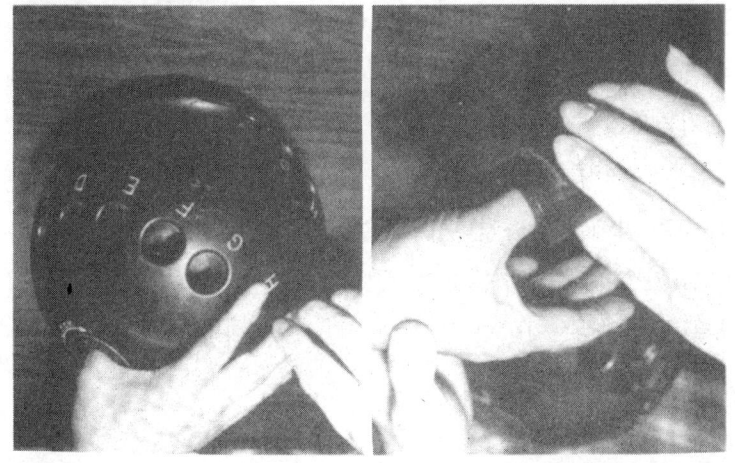

5. 기본을 익힌 뒤에 개성화를 기한다

자주 처음부터 새우처럼 허리를 구부리기도 하고 젖히기도 하고 비스듬히 던지는 볼러가 있다. 드문 폼으로 재미있다고 생각되지만 기본을 마스터하지 않은 이런 폼으로는 어프로치도, 데리버리도 부자연스럽기 때문에 에버리지가 안정되지 않는다.

또 이런 투구법을 취하는 볼러는 개성적이고 독창적이라는 장점은 있으나, 반면 지도자의 어드바이스를 받아 들이지 않아 서로 불쾌감을 느끼게 됨으로 그런 일이 없도록 개인적으로 지도를 받지 말고 20~30명의 단체 기본 훈련 멤버로서 동일 조건하에서 기본부터 수정하는 방법을 취하도록 한다.

아무튼 연령, 성별, 체격, 구질, 도움닫기, 경험에 의해 볼 잡는 법, 준비 자세가 달라진다. 그것은 기본을 마스터한 뒤 그 기본을 안 뒤 자신에게 맞는 독창과 개성을 더하면 당신의 몸을 활용한 참된 폼이 되는 것이다. 그때에 비로소 위력있는 볼을 던질 수 있게 될 것이다.

6. 4보로 파악하는 리듬감

볼 잡는 법과 준비 법이 다음 플레이 테크닉인 어프로치와 연관된다. 어프로치에 대해서는 앞에서도 잠시 언급했지만 거기에서는 주로 서는 위치 '스탠스'에 대해 설명한 것이다. 그러므로 여기에서는 어프로치에 대해 서술하기로 하겠다.

어프로치에는 3보 도움닫기, 4보 도움닫기, 5보 도움닫기의 3가지 도움닫기가 있다. 이중에서 가장 기본적인 것이 '4보 도움닫기'이다. 어프로치란 발을 옮기는 발놀림이다.

일보 일보의 발의 전진법은 스텝이라고 부르지만 그것이 연속 동작이 되면 후드웍이 된다. 어프로치는 단순히 4보로 걸어 볼을 던지면 된다라는 발의 문제 만이 아니고, 오른손에 들고 있는 볼의 조작 운동과 '동조'하여 비로소 '어프로치'라고 할 수 있는 것이다.

4보 도움닫기는 따라서 4가지의 스윙 (오른손 흔드는 법)과 함께 성립되는 대표적인 폼인 것이다.

4보 도움닫기

볼을 잡고 스탠스를 잡자.

1발=오른발에서부터 스타트 1보째를 스텝이라 한다.

팔=볼을 앞으로 내민다(푸쉬 어웨이).

2발=왼발로 2보째 스텝을 간다.

팔=볼은 오른쪽 겨드랑이 아래로 내려간다 (다운 스윙). 가속을 이용하여 후방으로.

3발=오른발로 3보째 스텝으로 백 스윙한다.

팔=백 스윙으로 볼은 뒷쪽으로 흔들어 올리고 있다. 3과 4의 연속 동작이다.

4발=왼발로 4보째의 스텝=슬라이딩 한다.

팔=흔들어 올린 볼을 앞으로 흔들어 방구(放球)한다(포워드 스윙).

──1에서부터 4까지 발과 팔이 동작하면서 연속해서 '어프로치'한다.

이것은 대표적인 기본을 알기 쉽도록 4가지 발, 4가지 팔로 이해한 것인데, 이 발과 팔이 어긋나면 최후의 릴리스 타이밍이 흐트러져 버리는 것이다.

알기 쉽게 4가지 연속 동작을 해설했으나 여기에 그 직후의 동작을 가하면 하나의 완전한 폼이 생기는 것이다. 그것을 '파운데이션 폼(기초체형)'이라 부른다.

파운데이션 폼은 다음과 같은 순서이다.

① 스탠딩 포지션 결정(투구자가 서는 위치)

② 어프로치(3이나 4, 5보 도움닫기)
③ 스윙 모션(투구 동작의 체형)
④ 푸쉬 모션(볼을 앞으로 밀어 내는 동작)
⑤ 다운 스윙(볼을 아래로 내리는 동작)
⑥ 백 스윙(볼을 뒤로 흔들어 올리는 동작)
⑦ 포워드 스윙(볼을 흔들어 내리고 핀 방향으로 투구하는 동작)
⑧ 라스트 슬라이딩(최후 스텝을 15센티 미끌어트리는 동작)
⑨ 릴리스(볼을 손가락 구멍에서 떼는 동작)
⑩ 피니시(방구 위 결정수가 되는 동작)
⑪ 펄로우 슬로(투구 후에 유지하는 바른 자세의 동작)

──이 순서가 '리듬을 탄 후드웍', '전체의 흐름을 담당하는 밸런스', '릴리스의 순간을 파악한 타이밍'의 3박자로 유동하면 그것이 이상적인 어프로치 폼의 투구법이 되는 것이다.

활자로 분석하면 매우 길어지지만 이 어프로치 타임은 겨우 1~2초 사이에 실시하는 동작이라는 점에 어려움이 있는 것이다.

볼을 갖고 있는 볼러의 자세를 보고 있으면 대부분 그 애버리지나 기술을 알 수 있다. 등급 볼러라도 기본을 마스터하지 않은 사람은 볼을 잡을 때 양 팔꿈치가 동 체 옆 좌우로 빠져 나와 있는 것을 알 수 있다. 이래서는 어프로치를 잘 해도 목적한 스폿으로 볼을 보낼 수가 없다. 반드시 양 팔꿈치를 몸쪽으로 조이도록 한다. 양 팔꿈치가 뒤에서 보면 보이지 않을 정도로 푸쉬를 잘 할 때 볼이 살아 있는 느낌을 몸으로 느낄 수 있다.

4보 도움닫기의 기본적 투구법

- **스타트 준비 〈스탠스〉**
  볼을 가슴 높이로 들고 다소 오른쪽으로 WNSQL, 왼손으로 볼의 무게를 받치고 목표한 스폿 또는 핀을 겨냥한다.

- **제 1스텝(푸쉬)**
  오른발부터 작은 스텝 동작과 함께 볼을 앞으로 내고 낮은 자세로 준비하여 목표를 겨냥한다.

제 2스텝(다운 스윙)
볼의 운동에 맡겨 볼을 몸 옆에 내리고 동시에 왼손을 볼에서 떼고 왼손을 뻗는다.

제 3스텝(백 스윙)
오른발로 스텝하고 볼을 후방 어깨 높이까지 흔들어 올리고 허리를 내릴 준비를 한다.
추 운동.

제 4스텝(릴리스)
왼발의 슬라이딩에 맞추어 볼의 구멍에서 손가락을 뺀다. 허리를 넣은 전향 자세가 이상적이다. 좌우의 어깨에 주의한다.

4보 도움닫기의 기본적 투구법

7. 체격에 조화된 도움닫기

　스윙(팔 흔들기)과 맞추기 위해서는 처음에는 '4보 도움닫기'를 완전히 마스터하기 바란다.
　다음은 5보 도움닫기인데 4보 도움닫기에 1보의 스텝을 가한 것으로 왼발부터 스타트를 하고 4보와 마찬가지로 왼발의 스트라이트로 끝난다. 따라서 제1보째의 왼발을 스텝으로 한 때는 볼을 든채 스타트한다. 다음의 오른발 2보째의 스텝은 4보 도움닫기의 제1보째가 됨으로 그대로 후드웍을 계속한다. 즉 최초와 1보는 아무것도 하지 않고 스텝하는 것만 다르다. 도움닫기의 거리는 4보나 5보 모두 같으므로 5보 쪽이 보폭이 좁은 것이다. 보폭이 좁으면 폼이 안정되기도 한다. 게다가 보폭이 좁으면 뛸 수 없으므로 천천히 타이밍을 재면서 도움닫기할 수 있고 목표 스폿에 정확히 볼을 올릴 수가 있다. 이런 어프로치의 하이 테크닉은 중급 볼러 이상이 아니면 하기가 어렵지만 4보 도움닫기를 마스터하면 바꿀 수가 있다.
　즉 4보로 크게 달리는 결점을 커버하고 또 오랜 시간 게임을 계속해도 체력 소모가 적으므로 프로 톱 볼러는 거의가 5보 도움 닫기를 한다.

  3보 도움닫기는 파울 라인 가장 가까운 단거리의 도움닫기이므로 상당히 앞쪽에 선다. 극단적인 볼러는 A스탠스 앞의 보다 1미터나 앞에 서서 던진다. 그다지 걷지 않고도 던질 수 있으므로 달리기 힘든 비만형 팔에 힘이 있는 타입의 볼러에게 적합하다. 스윙은 왼발 1보째, 오른발 2보째 중에 푸쉬, 다운, 백 스윙을 해버리는 것이다.

8. 전차처럼 허리를 낮게

 어프로치 펄로우는 롤러 스벤치 보다 15센티 높다. 그 곳을 밟고 도움닫기하는 사람이 있는데 이래서는 서는 것 자체가 불안정함으로 아무리 연습해도 능숙해지지 않는다.
 작은 사람은 스피드를 붙여 도움닫기하고, 체격이 좋은 사람은 다소 천천히 도움닫기 하는 것이 잘 치게 되는 비결이다.
 요약하면 다음과 같다.
 A. 4보 도움닫기는 기본 폼이다. (표준적인 우리의 남녀 공통, 일반에게 적합).
 B. 5보 도움닫기는 최초의 1보째를 버리고 4보 도움닫기를 하는 것(톱 볼러에게 적합).
 C. 3보 도움닫기는 생략형 주법이다(비만형, 대형, 팔의 힘이 강한 형에 적함).
 ——이라고 생각하면 되는 것이다.
 이 외에 6보 도움닫기를 하는 특수한 타입도 있듯이 체질, 체격, 상해(傷害)에 적합한 연구도 필요한 것이다. 예를 들면 허리

주변이(히프) 1미터 이상이나 되는 비만형 볼러는 도움닫기에 허리의 흔들림이 있다. 전차처럼 허리가 무겁고 양 어깨로 파울라인에 평행하여 안정되어 있지만 깡마른, 허리가 가는 볼러는 상급자라도 도움닫기 중에 허리가 흔들리는 경우가 종종 있다.

그 결점을 보완하기 위해 최대한 허리를 낮춘 자세로 도움닫기 한다.

9. 이구(離球)할 때의 주의

 전술한 A·B·C의 분류는 단순히 몸의 크기로 구분한 것은 아닙니다. 그와 같은 체격, 보폭을 생각에 넣고 이 3가지 도움닫기법에서 자신에게 적합한 타입을 선택하면 되는 것으로, 그 한 가지 어드바이스에 불과한 것이다.

 그러나 어떤 도움닫기법이나 최후의 왼발은 파울 라인 직전 15센티 되는 곳에서 슬라이딩하기 바란다. 볼이 전신의 리듬을 타게 하기 위한 슬라이딩이기 때문이다. 이것은 강한 핀 액션이 일어나는 것이다. 그러나 최근 아메리카의 뉴스에 의하면 슬라이딩하지 않고 딱 도움닫기의 왼발을 멈추고 순간 그 반동력을 이용하여 쌓인 힘을 단숨에 볼에 얹어 역투하는 도움닫기 기술이 유행하고 있다고 한다. 그 시비는 차재에 가리기로 하고 양쪽 모두 일단 물리적 논리가 있을 것이라고 생각하는데 최후의 발을 미끌어뜨릴 여분을 갖지 않으면 넘어질 위험도 동반하게 된다. 그 때문에 어프로치 펄로우를 미끌어지도록 관리하고 있는 것이다.

 릴리스의 순간 튀어오르는 것은 몸을 젖히는 폼과 마찬가지로 좋은 것은 아니다. 2개의 발이 바닥에서 떨어져서는 공중을 유영(遊泳)하며 던지는 것이 됨으로 허리가 들떠 버려 볼은 위력을 잃고 사구(死球)가 된다. 볼링은 손끝으로 던져 50점, 팔꿈치로 70점, 팔로 100점, 어깨를 넣어 120점, 허리를 내리고 150점, 전신으로 180점 이상의 하이 스코어를 마크할 수 있다고도 할 수 있을 것이다.

집에서 트레이닝할 때는 다리를 한 손에 들고 트레이닝하는 것도 효과적이다. 마지막 왼발의 슬라이딩 때, 인 스텝이라고 해서 반드시 오른발 끝 앞을 디딘다. 그러면 볼이 왼발의 복사뼈 근처를 바르게 지난다. 2개의 발이 거기에서 벌어져 버리면 오른발 옆을 볼이 통과하게 되어 왼발 프러스 오른발까지의 판 만큼(13센티) 오른쪽으로 기울어진 코오스로 볼을 던지는 것이 됨으로 볼은 오른쪽으로 굴러가는 것이다. 왼발을 인 스텝한다고 외워둔다. 이것은 산책 때 연습할 수 있다. 해 보면 왼발과 오른발이 전후 일직선이 됨으로 내려온 (포워드 스윙) 볼의 패도가 거기에 생긴다는 것을 분명히 알 수 있다. 평소 걷고 있을 때 깔려 있는 돌의 선상을 사용하면 안짱다리도 고칠 수 있다.

자신의 몸과 비슷한 프로 볼러의 도움닫기 폼을 배우는 것도 잘하게 되는 비결이다.

스트라이크가 12회 연속 나면 1게임 최고 득점 300점으로, 퍼펙트 게임이라고 부른다. 스트라이크가 12회 계속 나온다는 것은 12회의 어프로치와 릴리스가 완전히 똑같은 동작의 결과임을 의미한다. 말하자면 기계에 가까운 정밀도로 같은 일을 반복하는 것이므로 인간의 기계적 기능 부분의 완성에 프러스 감정 억제와 또 하나 운이 따라야 하는 것이다.

볼을 어떻게 잘 움직여 스트라이크를 마크할 것이냐를 생각하고 있다는 것은 아직 초보자임을 증명하는 것일 지도 모른다.

볼이라는 구체(球體)의 성질이나 운동에 구애되지 말고 볼의 습성에 인간 쪽이 순순히 자연스럽게 따르려고 하면 190 애버리지 이상의 볼러가 될 수 있을 것이다.

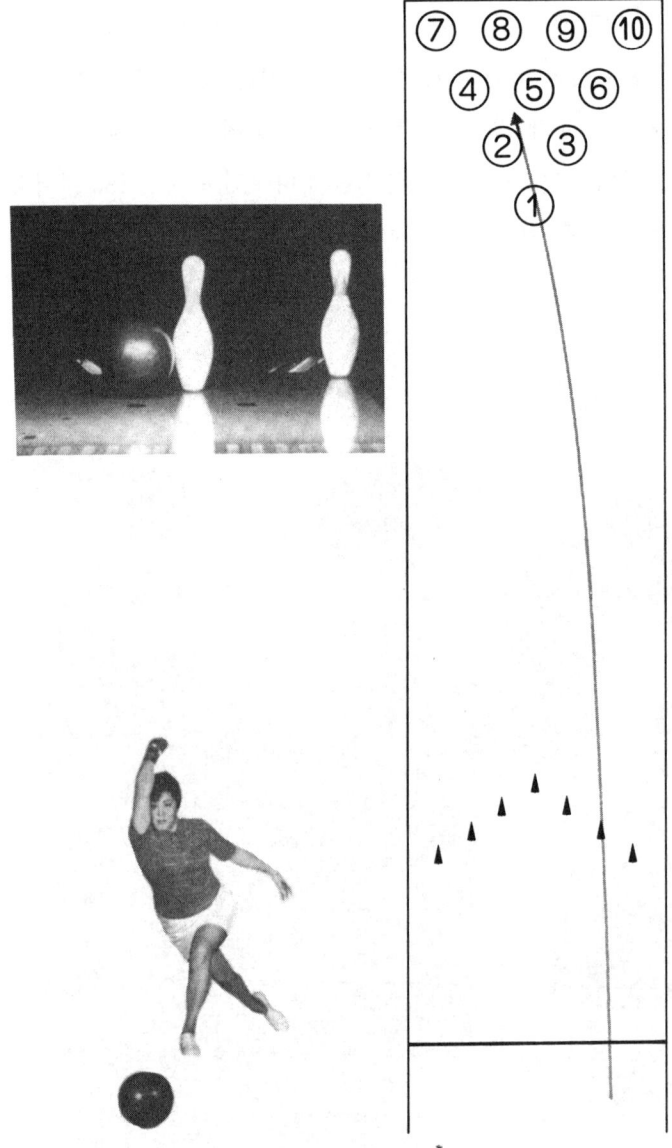

제3일
스트레이트 볼의 확실 전법

1. 스트레이트 볼의 유리설

스트레이트 볼 데리버리(직구 투법)는 파울 라인에서 ①번 핀까지 약 18미터의 거리를 일직선으로 똑바로 던지는 볼 코오스(궤도)의 구질(球質)이다. 야구의 스트레이트 볼과 같다고 생각도 좋을 것이다.

볼링의 볼은 중심(重心)이 중심(中心)에 없으므로 똑바로 던지는 것 자체가 어려운 일이다. 초보자는 처음에는 볼이 똑바로 회전하도록 트레이닝하기 바란다. 볼이 똑바로 달려 주면 어디에 어느 핀이 서 있더라도 그 목표의 핀을 전부 쓰러뜨릴 수 있기 때문이다.

또 볼을 똑바로 던질 수 있다는 것은 폼이 바르다는 것과도 연관되는 것으로 폼의 기본을 트레이닝하는 데도 도움이 되는 것이다. 따라서 이것은 초보자들에게 적합한 투법이며 가장 확실한 구질이다. 볼링은 '스트레이트로 시작하여 스트레이트로 끝난다'라고 해도 과언은 아니며 스트레이트의 완성만큼 아름답고 확실성이 있는 것은 없다.

제2부 / 정통 볼링 실전 작전 359

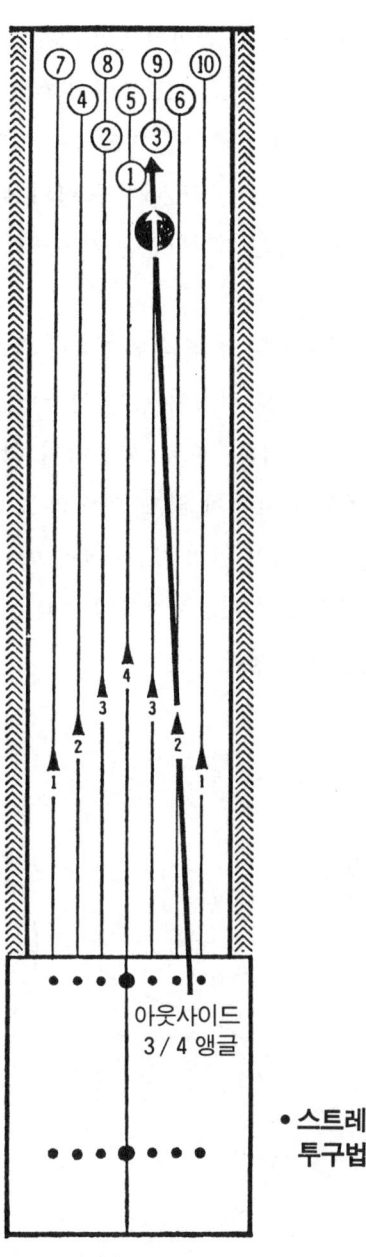

아웃사이드
3/4 앵글

• **스트레이트 볼의
투구법**

프랭크 크라우스나 인간공학적으로 내츄럴하게 던진다는 버즈 파지오 프로의 플 레이를 보아도 분명히 스트레이트 볼이야 말로 완벽한 폼이며 확실한 스코어를 마크하는 것임을 알 수 있다.

크라우스(58세)와 파지오(62세) 두 명의 300점 퍼펙트 게임의 합계가 70회 이상이라는 거짓말같은 기록으로도 스트레이트 볼의 위력이 증명된다.

현재 두 사람의 프로는 협회 위원으로서 활약하고 있다. 스트레이트 볼이 초보자에게도 시니어(중년 이상)의 볼러에게도 던지기 쉽고, 무리가 없고, 기술적으로 복잡하지 않고, 레인 컨디션의 영향도 적고, 몸도 피로하지 않고, 악력의 소모도 적어 컨트롤이 쉽다는 여러가지 이점이 있기 때문이다. 이와 같이 '생명적으로 긴'――특색이 '스트레이트로 시작하여 스트레이트로 끝난다'라고 일컬어지는 이유라고 생각된다.

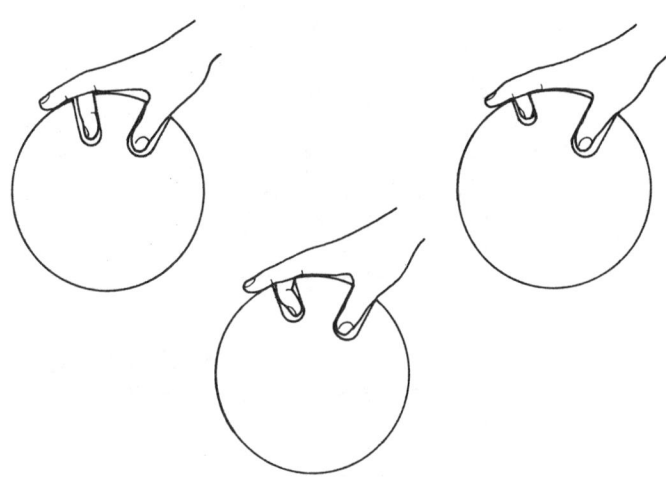

2. 구질과 회전을 과학한다

 볼은 스탠다드(표준형)의 컨벤셔널 볼(그립)로 연습하자. (옆 그림) 즉 중지와 약지의 제2관절까지 넣을 수 있고, 엄지와의 거리(스판)가 짧은 볼이다. 생략하여 컴베라 부르고 있다. 센터의 볼칸에 있는 하우스 볼은 거의가 컴베 그립의 볼이다.
 3개의 구멍의 거리가 좁으면 볼을 밀어내는 힘이 볼의 면(面)에 대해 1점에 집중되기 쉬우므로 볼의 완전구체 68센티의 원주를 그대로 완전 원주 회전한다. 오일을 막 바른 이른 아침의 레인에서 던져 보기 바란다. 중지와 약지의 2개의 구멍과 엄지의 구멍 중간에 회전한 볼 그대로 오일선이 분명히 묻는 것을 알 수 있다. 이것으로 원주 68센티를 바르게 회전했다는 것을 알 수 있다. 물론 다소 좌우로 빗나가는 경우도 있으나 홀과 홀 중간에 조정하는 이런 세로 회전의 구질을 '풀 로링'이라 부른다.
 즉 스트레이트 볼의 구질은 풀 조정이며 그대로 직진하는 것이다. 거기에는 '컴베'의 스판 볼이 좋다는 말이 된다. 다행히 센타의 하우스 볼을 언제라도 사용할 수 있다.

스트레이트의 볼 원주는 6센티로 1회전하므로 파울 라인에서 ①번 핀까지의 거리 약 18미터를 나누면 볼 회전은 27회 하여 36센티이다. 그러나 볼을 릴리스한 뒤 4~5미터까지는 스윙에 의한 힘이 강하기 때문에 볼은 로링이라기 보다도 오히려 스립 기미쪽이 실은 많은 것이다. 5미터를 지난 뒤 겨우 그 앞 13미터를 완전 회전하는 것이다. 그러므로 최대 회전수는 약 20회전이라는 말이 된다.

스피드를 붙이는 볼러가 있는데 스피드를 붙인다고 해서 볼의 회전수가 느는 것은 아니다. 18미터를 68센티로 나누면 27회전이라고 정해져 있으므로 그 이상이 될 까닭이 없는 것이다. 오히려 스피드를 붙인 만큼 스립이 늘어 회전수는 죽게 된다. 스피드는

● 볼링 볼
볼링에 사용되는 볼은 직경 21.5센티, 원주 약 68센티이다.

● 풀 롤링
컨베 볼에 의한 스트레이트의 풀 롤링 궤도

 느린 것보다 빠른 편이 분명히 핀 액션이 강해진다. 너무 빠르면 10개의 핀이 연쇄 반응을 일으킬 시간이 없어 볼은 다 쓰러지지 않고 1~2개가 딱 남게 된다. 볼링은 10개의 핀의 연쇄반응(각도와 시간과 강도)을 이용하여 완전히 쓰러트리는 것이므로 볼의 '회전수'를 컨트롤하는 것이 중요한 포인트가 된다.

 보기에는 비록 느리게 보여도 팽이가 굉장한 회전수로 돌고 있는 것처럼 볼의 회전수 그 자체가 '볼의 위력, 파괴력, 산발력'으로 다른 '물체'에 맞는다는 물리학을 알아두기 바란다. 이처럼 스피드도 중요한 것이다. 볼 스피드는 프로의 평균 타임으로 2초 4이므로 보통은 3초 이내면 좋을 것이다.

3. 결정적인 스트레이트 투법

 볼의 종류와 회전이나 스판, 핀의 연쇄 반응이나 레인을 수학적, 과학적으로 알게 된 다음 투구법으로 들어가자. 전술한 것을 모르고 잠자코 던지는 것이 스트레이트라고 해도 납득하기 어렵기 때문이다.
 우선 손바닥 오목한 곳에 물이 고여 있다고 생각해 보자. 그 볼이 릴리스(방구) 때 중지와 약지 사이의 도랑을 전방으로 흐르면 물의 흐름에 따라 볼은 곧은 코스로 달린다. 만일 몸이 엄지와 인지 사이를 흐르면 볼은 오른쪽으로 구부러진다. 새끼 손가락 부근으로 흐르면 볼은 왼쪽 코스로 달린다.
 '볼은 물의 흐름을 따른다'——라고 간단히 생각하고 당신이 정원에 몸을 뿌린다 라는 극히 평범하고 자연스러운 생각으로 던지면 곧 능숙하게 스트레이트의 요령을 익힐 수 있다.
 물의 흐름과 3개의 손가락이 그때 볼 면(面) 어느 위치에 있느냐 하면 볼이 곧장 달리는 때는 엄지는 시계의 문자판 12시 방향에 있고, 중지 약지는 볼의 엉덩이 6시 부분에 있는 것이다. 좀

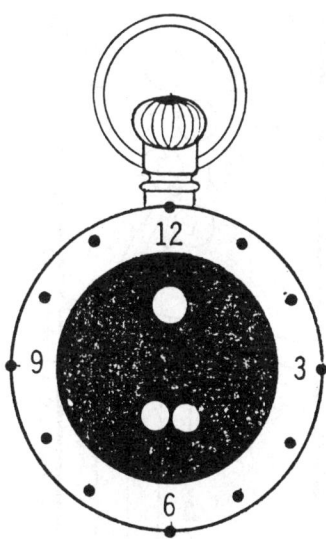

● 스트레이트
엄지는 12시 방향, 중지와 약지는 6시에 위치하고 있다.

이상한 말 같지만 2개의 손가락으로 볼의 엉덩이를 밀 뿐이다. 그때 엄지 손가락을 끝에 빼 두지 않으면 잘 되지 않는다.

그러나 곧장 가기만 해서는 핀 액션이 약하기 때문에 나머지 핀이 자주 생기게 된다. 그러므로 릴리스 때 볼을 조금 밀어올려 (리프트) 주는 기분으로 보내는 것이다. 그러면 볼에 회전이 걸려 위력이 배가 되는 것이다. 이때 너무 의식적으로 멀리 던지면 쿵하고 볼이 떨어져 레인과 볼의 쇼크로 모처럼의 회전을 일단 죽여 버리게 된다.

쾅 하고 던지는 것을 로프트 볼이라 하여 레인에 손상을 입힌다 하여 금지되어 있으므로 주의하기 바란다.

이 수류식(水流式) 스트레이트 투구법의 스폿은 오른쪽에서

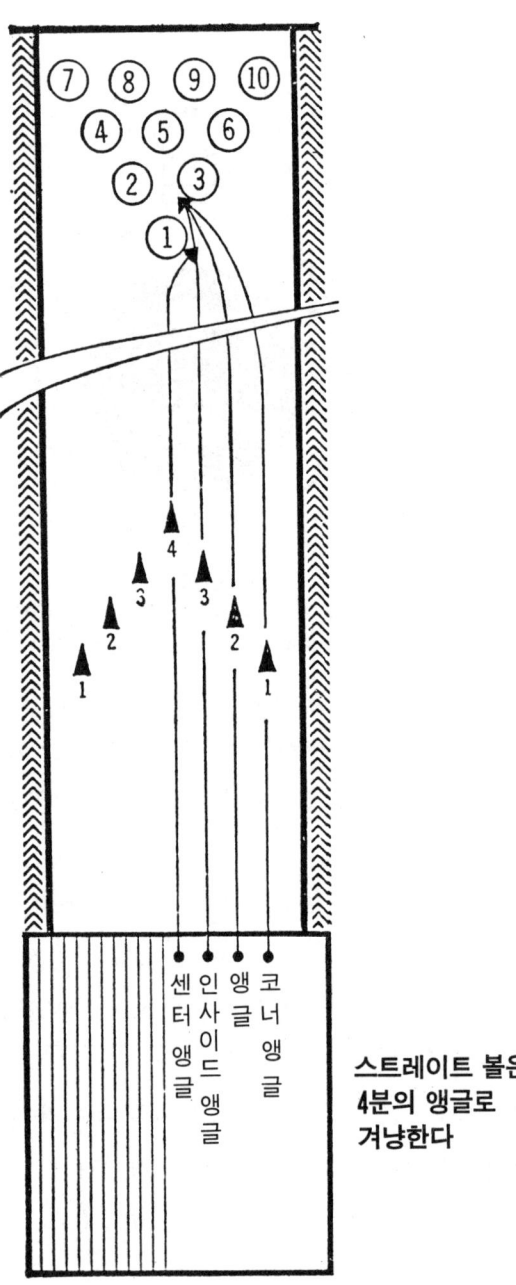

스트레이트 볼은
4분의 앵글로
겨냥한다

3번째의 스폿과 한 가운데 있는 4번째 스폿까지의 5개의 판 만큼의 범위를 겨냥하여 볼을 통과시키고, ①번핀 ②번 핀 사이의 스트라이크 포켓에 볼을 던지면 좋다.

 그러나 레인의 판대로 볼을 직선적으로 ①, ② 사이에 넣는 것보다도 비스듬한 위치, 각도(앵글)에서 ①, ② 사이의 포켓에 넣는 편이 스트라이크 존이 넓어지고 맞는 힘도 강해진다. 그러므로 아웃사이드——즉 오른쪽 어프로치에 스탠스를 잡고 오른쪽 2번 스폿 위에 볼을 굴려 ①, ② 사이 포켓을 공격하는 것이 스트레이트의 가장 유효한 필승 전법이다. 비록 비스듬한 위치에서 볼이 달려도 그것은 직선임에 변함이 없으므로 비스듬하다고 해서 의식적으로 손을 빼거나 몸을 비틀면 실패한다.

 어째서 비스듬히 던지는 것이 유효하냐 하면 스트레이트 볼은 원주 68센티의 세로 회전을 하고 있다. 이 풀로링은 훅이나 커브처럼 핀을 휘젖는 각반 작용이 없다. 그러므로 비스듬한 위치에서 ①, ② 사이를 겨냥하여 '각도'로 훅이나 커브의 효과를 대용하려는 것이다. 그를 위해서는 당신 자신의 몸이 ①, ② 사이 포켓과 정반대가 되도록 '각도'를 잡을 필요가 있는 것이다. 이것을 아웃사이드 앵글의 '3/4 앵글 스폿법'이라 부른다. 3/4이라는 것은 레인의 폭을 4등분하여 3을 취하면 2번 스폿이 딱 그 위치가 되기 때문이다. 알기 쉽게 '대각선'으로 공격한다고 생각하면 될 것이다.

4. 스트레이트 스트라이크 겨냥법

스트라이크 죤은 ①, ② 사이를 포켓이라 부르고, ①, ② 사이를 부룩클린이라 부르며 2개가 있다. 부룩클린은 뉴욕의 왼쪽 길이라는 의미라고 생각된다. 부룩클린을 '관서'라고 이름 붙인 아메리카의 프로 볼러가 있었는데 분명 포켓을 서울이라고 생각했을 것이다.

①, ② 사이 포켓에 들어간 볼은 다음 페이지 오른쪽 그림과 같이 ①, ②에서 ①의 오른쪽에 맞고 그것이 ⑨에 맞는 코스를 잡는다. ①, ② 사이 부룩클린에 들어간 볼은 다음 페이지 왼쪽 그림과 같이 ①, ②에서 ⑤ 왼쪽에 맞고 ⑧을 뚫는 코스를 취한다.

이것은 고속 사진이나 계산으로 공학, 역학, 물리학적으로 증명할 수 있다. 10개의 핀의 완전한 연쇄반응에 의한 전도(스트라이크)의 과학적인 실험상 이론이다. 그러나 자주 ⑤번 핀이 남을 것이다. 그것은 ①번 핀과 ③번 핀에 볼이 되쳐져 회전력이 부족해지기 때문이다. 핀 1개의 중량은 3파운드 2온스에서 3파운드

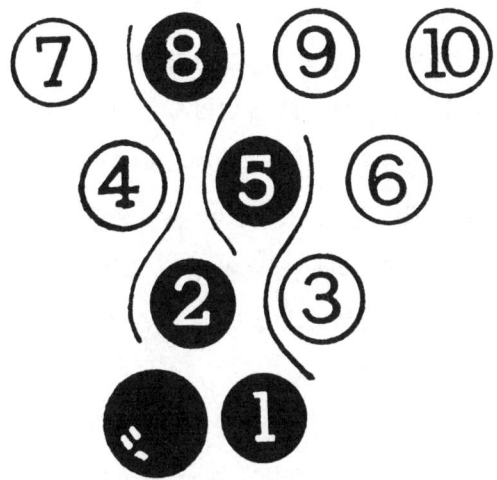

- **포켓 스트라이크**
  포켓에 들어갈 핀 액면은 ① ③ ⑤ ⑨오 연동하여 스트라이크가 된다.

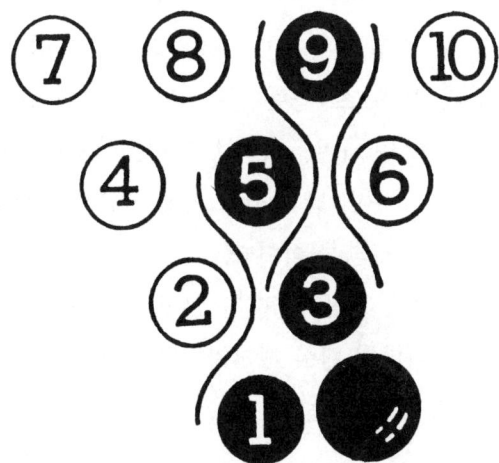

- **브룩클린 스트라이크**
  브룩클린에 들어간 핀 액션은 ① ② ⑤ ⑧로 연동하여 스트라이크가 된다.

10온스의 것이 일반적으로 사용되고 있으므로 ①,③,⑤,⑨ 핀의 합계 중량은 약 13파운드(약 6킬로그램)인 것이다. 적어도 이 4개를 쓰러뜨릴 수 있을 정도의 공격력을 볼에 주어야 하는 것이다. 10개이면 약 30파운드(13킬로그램)의 중량이 된다. 그러나 여성이 8파운드의 밴덤 볼로 던져 핀이 전부쓰러져 스트라이크가 되듯이, 약한 가벼운 볼이라도 앵글이 좁고 스핀이나 조정이 좋으면 볼이 핀을 돌려 핀 자체가 빙글빙글 돌면서 다른 핀에 연쇄반응을 일으켜 쓰러지는 것이다.

　방금 전에 핀의 중량은 3파운드 2온스에서 3파운드 10온스라고 했었는데 10개의 핀 전부가 3파운드 2온스이고, 3파운드 10온스일 때도 마찬가지이다. 가장 가벼운 핀은 2파운드 14온스이다(규정내 중량).

　핀이 무겁고 가볍고 하는 구분은 프로급이나 전문업자가 아니면 일반적으로 알 수 없지만 가벼운 핀은 쓰러지기 쉽고 터프라고 하여 1개가 남기 쉬우므로 그런 때는 보통 때보다 힘을 조금 뺀다. 무거운 핀 일때는 가벼운 핀 보다 힘을 주면 좋은 것이다. 아무튼 강하면 ⑩번 핀이 남기 쉽고, 약하면 ⑦번 핀이 남기 쉽다고 판단하는 것이 프로의 상식이다.

　스트레이트의 볼은 핀을 돌리지 않고 후방으로 쓰러뜨리는 작용이 강함으로 나머지 핀이 생기기 쉬운데 아웃사이드 3/4스폿법은 그 결점도 해결해 준다.

5. 스폿과 드릴의 기술

스트레이트 볼 직구투구법도 3/4 스폿법의 비스듬히 던지기로 진보하면, 다음에는 반듯이 '스폿 볼링'으로 하기 바란다. 스폿 볼링이라는 것은 레인 위에 있는 3각형의 표시로 오른쪽에서부터 1, 2, 3, 4, 왼쪽에서부터 1, 2, 3, 4는 공통이므로 합계 7개의 스폿이 있다. 널판지 5장째 마다 이 스폿이 있다.

따라서 오른쪽 2번 스폿은 오른쪽에서부터 10개째 판이 된다. 각각의 스폿을 10개의 핀의 각 코오스에 연결하여 코오스를 머릿속으로 계산하고 던지는 것을 '스폿 볼링'이라고 부르는 것이다. 극히 일반적인 볼러가 핀을 보고 핀을 겨냥하여 던지는 법은 '핀 볼링'이라고 한다.

당신은 이미 스폿 볼링의 고등 기술을 완전히 마스터한 것이다. 그러므로 핀 볼링은 버리도록 하자. 그리고 혹 과정에 들어가면 이번에는 '라인 볼링'이라는 핀의 눈금을 착구점으로 세분하여 볼 코오스를 설정하게 된다.

스트레이트 볼의 손가락 구멍은 컨벤셔널 그립이므로 엄지의

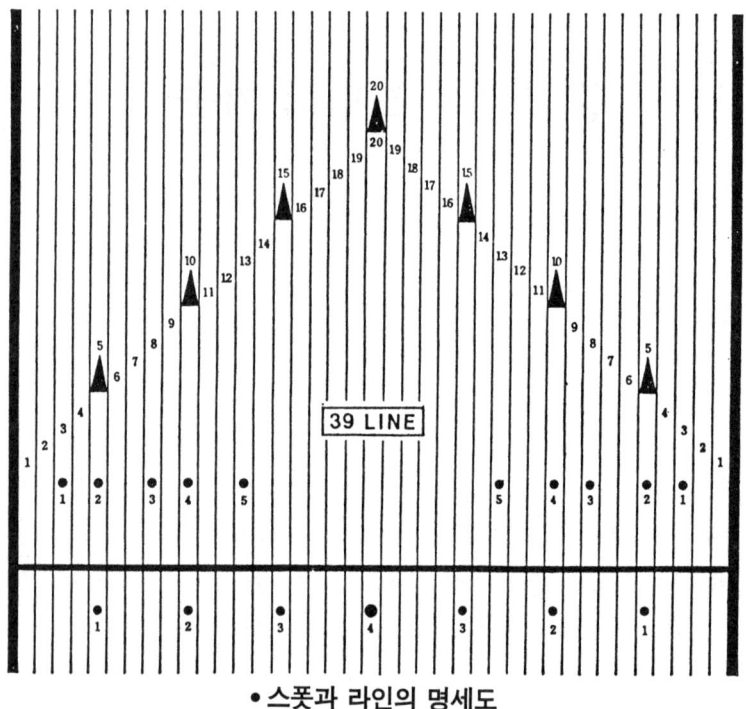

● 스폿과 라인의 명세도

구멍은 포워드 핏치 0~1/4, 중지는 포워드 1/4~3/8, 약지는 포워드 1/8~1/4이 구멍을 뚫는 각도의 표준이다. 상세하게는 드릴 전문가와 충분히 상담하여 결정하기 바란다. 포워드라는 것은 볼의 중심을 0각도로 한 경우 3개의 손가락을 구멍에 넣어 잡기 좋아지는 방향, '즉 손가락이 안쪽으로 구부러지는 방향의 각도'의 구멍 뚫는 법을 말한다.

뭐니뭐니 해도 손가락 구멍이 단단하고 스트레이트 전용의 각도를 가진 손가락 구멍이고 컴베 스판의 것이 아니면 완전한 스트레이트 풀 로링은 불가능하다. 스트레이트는 초보 볼러의 구질이라고 생각하는 경향이 있는데 현재 아메리카에서는 스트레이트 볼의 유리설이 높고, 스트레이트 볼이 재인식되어 전성기를 맞고 있다.

자, 당신도 이 스트레이트 볼의 확실전법으로 애버러지 200점을 딸 수 있는 것이다.

'안전하고 확실하고 유리한 저축법'이라는 은행 광고도 있으나 분명 리그의 하이 애버리지를 유지하기 위해서 가장 견실하고 이상적인 투구법은 스트레이트 볼이라고 불리우는 직구투구법(直球投球法)이다.

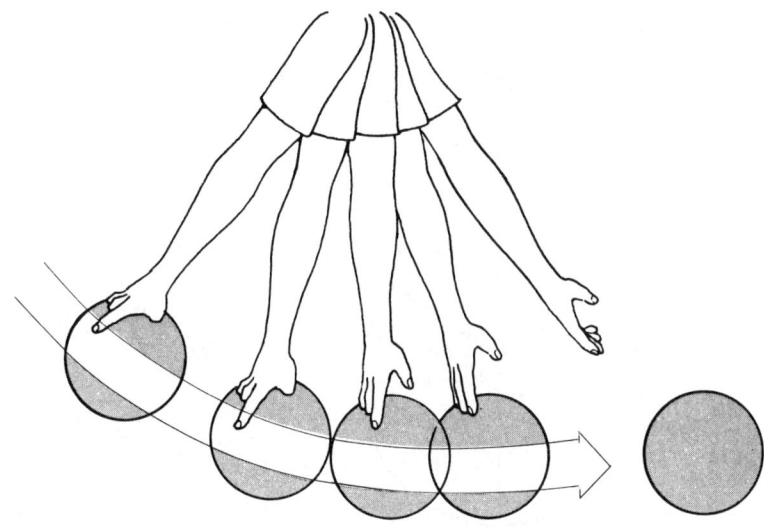

각부 명칭

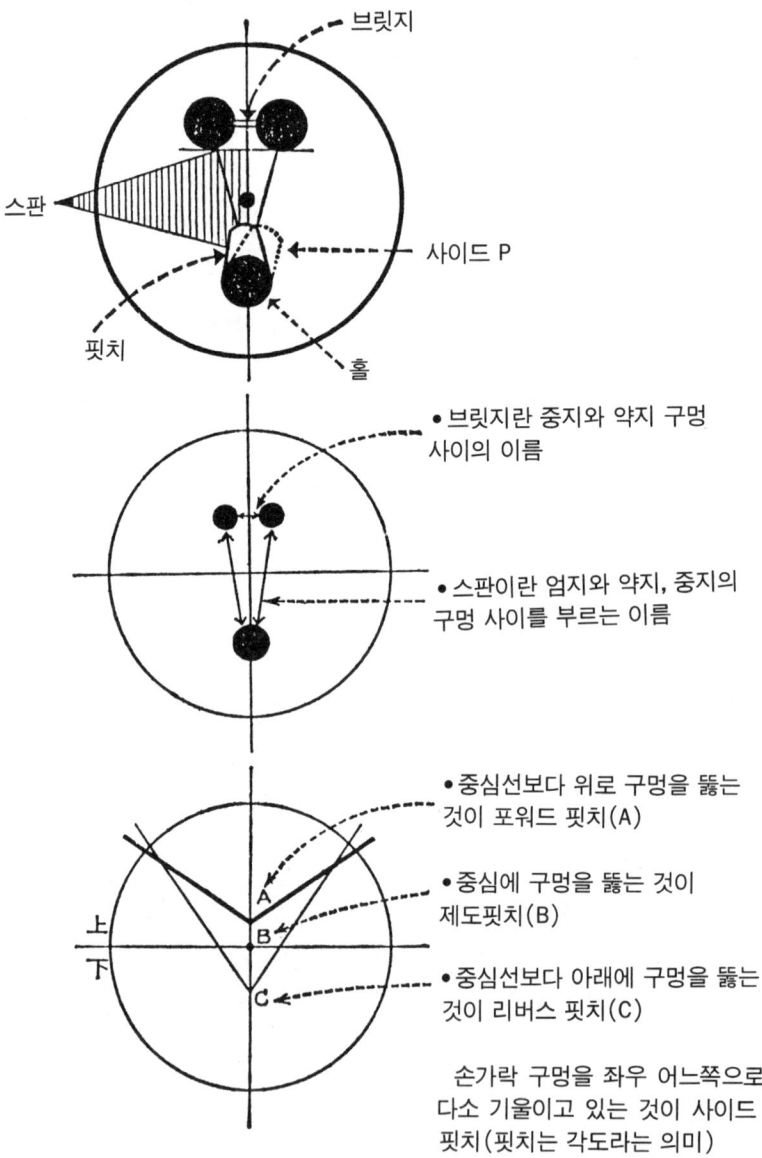

투구상(스트레이트)의 어드바이스

♣ 볼이 앞에서 회전하면서 앞쪽으로 굴러 가는 것은 엄지 손가락 빼는 법이 느리기 때문이다.

♣ '수류식(水流式)'으로 던져도 볼이 왼쪽이나 오른쪽으로 흐르는 것은 양 어깨가 파울 라인에 평행하지 않거나, 오른쪽 어깨가 내려가거나, 옆구리가 너무 벌어져 있기 때문이다. 그러므로 양 어깨를 평행이 되게 하고, 오른손의 스윙은 곧장 몸에 대해 90도의 각도로 던진다.

♣ 볼이 오른쪽으로 흐르는 것은 엄지손가락이 1시 방향(오른쪽)으로 향해 있기 때문이다.

♣ 볼이 왼쪽으로 흐르는 것은 엄지가 11시 방향(왼쪽)으로 향해 있기 때문이다.

♣ 직진중인 볼이 볼 가까이 가서 갑자기 오른쪽으로 슈트하는 것은 볼을 손바닥의 살 두툼한 부분에 대고 오른쪽 방향으로 손목을 돌렸기 때문이다. 여성에게 많은 현상으로 '백 업 볼'이라고 부른다. 손목을 오른쪽으로 돌리지 않으면 여성의 팔은 뻗어 보면 남성과 달라 곧장 펴지지 않는다. 팔꿈치에서부터 오른쪽으로 구부러져 있다. 여성 특유의 골격 구조인 것이다. 따라서 볼을 오른쪽으로 던지는 형이 되어 백 업이 되는 것이다. 이를 방지하기 위해서는 볼을 방구(放球)한 손끝을 코주변으로 들어 올리도록 하여 안쪽보다 손끝을 빼기 바란다.

♣ 남성이 앞 항처럼 슈트하는 경우는 볼의 착지점을 다소 멀리 하기 바란다. 파울 라인 바로 앞이나 멀리 할 때는 백 업한다.

376

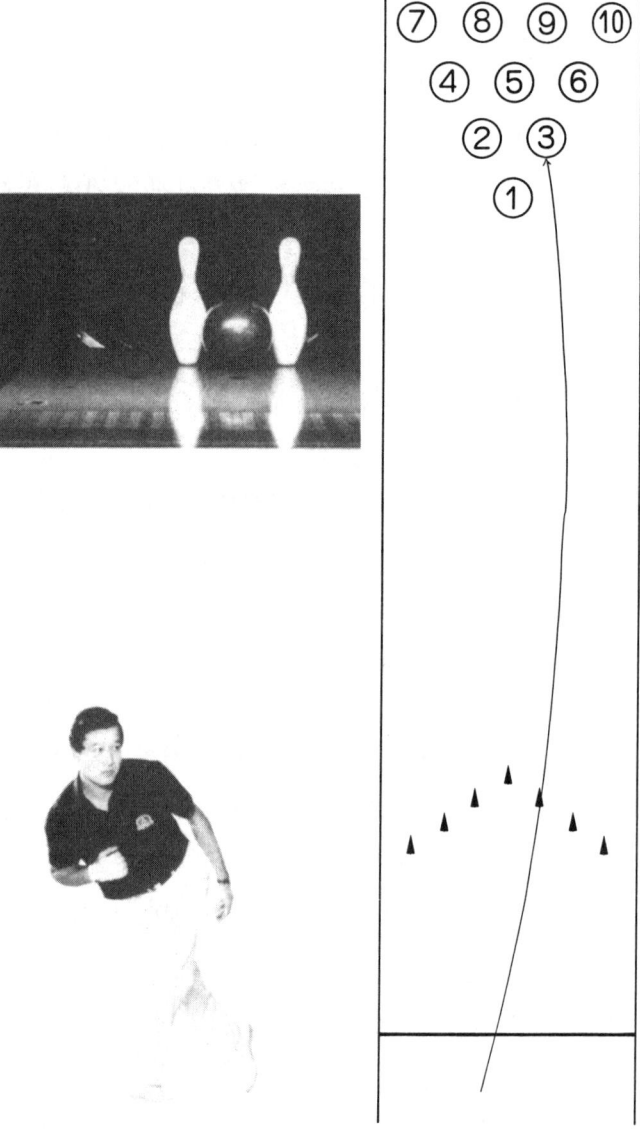

제4일
훅 볼의 필살 전법

1. 훅 볼의 필살성

훅 볼 투구법은 핀의 앞 30센티 되는 곳에서 갑자기 볼이 왼쪽으로 구부러져 ① ② 핀 사이의 포켓으로 들어가는 구질(球質)이다. 이것을 쇼트 훅이라 부른다. 또 1~3미터 앞에서 볼이 왼쪽으로 휘는 훅도 있다. 말하자면 균형의 호(弧)와 같은 구질이다. 그것은 릴리스 때 볼 놓는 법, 스윙법, 중지, 약지 등의 조작 기술이나 레인의 상태, 볼의 무게 등으로 바꾸는 것이다.

어느 것을 취하더라도 스트레이트 볼이 중간에서 둔탁한 호를 그리거나 갑자기 들어가 ① ③ 핀 사이 포켓으로 들어가는 강렬한 볼이 훅이다. 따라서 릴리스 때 볼이 도중에서 휘도록 왼쪽 스핀을 그리는 투구법을 취하는 것이다. 422명의 프로 볼러를 조사해 보면 5·6명을 제외하고는 대부분의 프로가 훅의 성질을 가지고 있는 구질로 승부를 건다.

① ③ 포켓에 직각적으로 들어가는 '형(型)' 뿐만이 아니고 볼 그 자체의 회전 궤도가 스트레이트와 같은 완전 원주 68센티가 아니고 엄지 홀 왼쪽 볼 구 체면(體面)의 사면에 회전한 선이

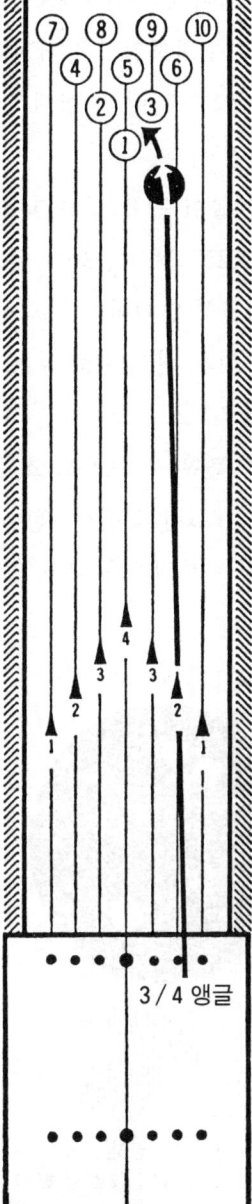

3 / 4 앵글

훅 볼의 투구법

분명히 찍혀 있다. 스트레이트의 원주 68센티에 대해 혹 성(性)원은 55에서 60센티 정도의 회전원이 적어진다. 이것은 볼의 회전수가 늘어 많아진다는 뜻으로 볼이 혹 상태로 들어간 뒤에는 왼쪽 사면으로 굴러 가는 '구질'이 된다.

이 왼쪽 경사 구질의 볼이 핀에 맞으면 핀도 볼의 왼쪽 경사 회전으로 유도하여 빙그르 경사 운동을 일으켜 반응한다. 눈으로 보면 핀이 서로 비스듬히 연쇄되어 부딪치는 것을 알 수 있을 것이다. 그런 만큼 핀이 다른 핀과 서로 닿는 폭이 커짐으로 스트라이크가 나오기 쉽다.

볼이 핀 앞면을 밀면 핀은 뒤쪽으로 쓰러질 뿐 서로의 연쇄 반응을 일으키지 않는다. 그런 점에서 혹이라는 구질은 가로와 세로와 비스듬히 부딪치는 복잡함을 갖고 있다.

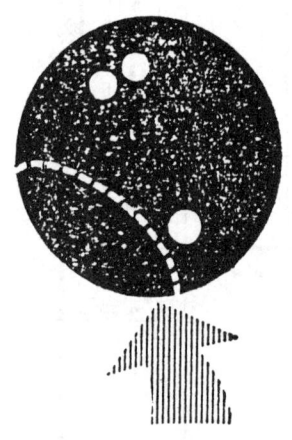

● 세미 롤링
세미 핑거에 의한 세미 롤링의 회전 궤도

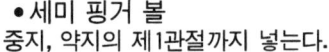
● 세미 핑거 볼
중지, 약지의 제1관절까지 넣는다.

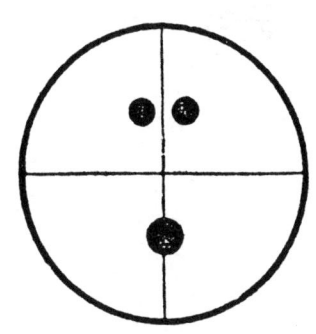

　이와 같은 훅성 좌회전 구질을 '세미 롤링'이라 부른다. 좀더 경사면의 회전 궤도의 원이 작아지면 '세미 스피너'라고 부르는데, 이는 회전수가 더욱 늘어 볼에 위력이 생기는 것이다.
　아메리카에서 처음부터 훅 볼 던지는 법을 가르치고 있다고 해서 우리나라에서도 훅 부터라고 말하는 사람이 있으나 그다지 칭찬할 만한 일은 아니다. 프로나 아마의 톱크라스도 처음 1년 정도(매일 던져 12개월이라는 계산)는 스트레이트였던 것이다.
　손목을 비틀거나 팔을 돌리는 기분으로 던지거나 볼을 비틀면 훅이 된다는 단순한 생각으로 플레이를 하면 나중에 그 나쁜 버릇(진정한 훅 던지는 법이 아닌) 이 몸에 배어 버려 버릇을 고치는 데 상당한 노력을 기울여야 된다. 가끔 끊는 맛이 좋은 훅성의 스트라이크가 나와도 그것은 우발적인 것이며 과학적인, 필연적인 것이 아닐 것이다. 손목을 돌리거나 팔을 돌리거나 해서는 나머지 핀은 스페어 메이드를 못하여 애버리지의 고저가 심해져 곤란하다.

2. 훅 이론의 분석

볼은 훅성 세미 롤링을 내기 위해 세미, 핑거, 칩(그립이라고도 부른다)을 사용한다. 윗 그림과 같이 이것은 중지와 약지는 엄지에서부터 컴베까지 멀게 하고 중지·약지의 제1관절 또는 제1과 제2관절 중간까지 넣는 스판 그립이다.

따라서 컴베보다 잡기 어렵고 그 만큼 악력(握力)을 필요로 한다. 중지와 약지가 엄지보다 멀어지면 멀어질수록 볼면에 손이 크게 벌어짐으로 볼은 그만큼 저항을 받아 휘기 쉬운 것이다.

훅성 세미 롤을 이론적으로 계산하여 분석해 본다. 이것을 두뇌적으로 과학적으로 이해하기만 하면 당신은 곧 파괴력이 강한 훅을 마스터할 수 있을 것이다.

오른쪽 그림을 본다. 레인의 거리를 5, 7, 6 미터로 3가지로 나누었다. 5프러스 7프러스 6은 10미터이다. 이것은 릴리스하여 ① ② 포켓까지의 거리이다. 처음 5미터 레인까지는,

1. '스윙'에 의한 강한 발사력 때문에 볼은 거의 스립 기미의 직진구체로 완전한 원주 회전을 하지 않지만, 다음 7미터, 레인에

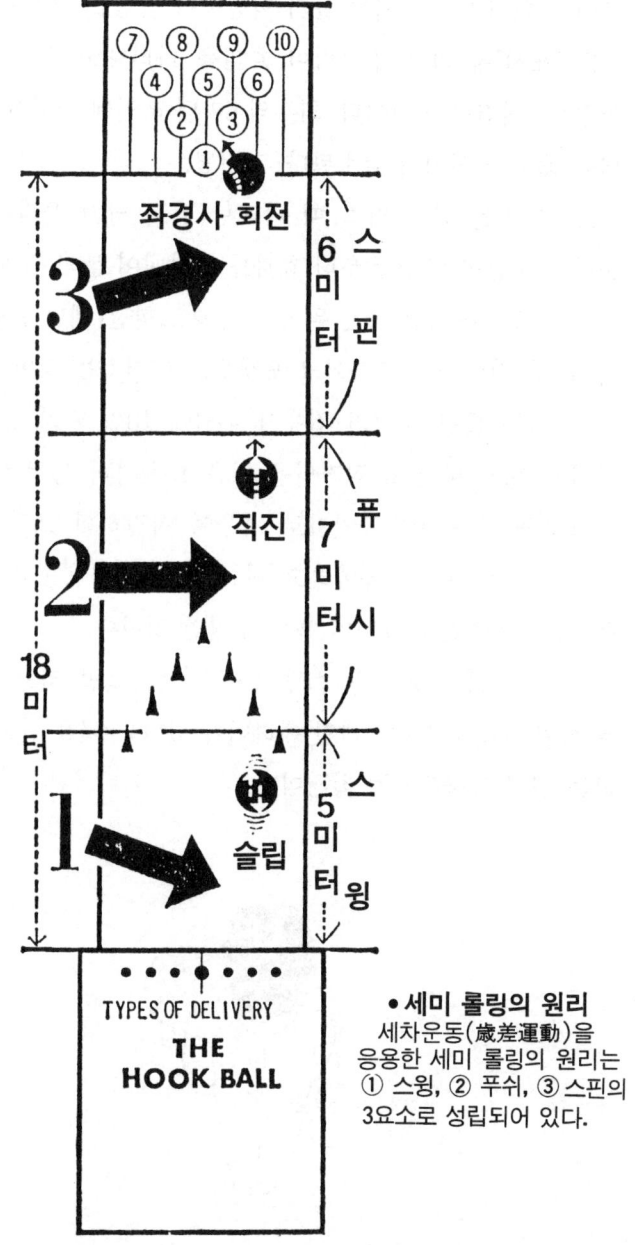

• 세미 롤링의 원리
세차운동(歲差運動)을 응용한 세미 롤링의 원리는 ① 스윙, ② 푸쉬, ③ 스핀의 3요소로 성립되어 있다.

볼이 들어가면 이번에는 볼의 회전축이 안정을 되찾고,

2. '표시'에 의한 추진력이 효과를 나타내고 스트레이트(풀, 조정)로 직진하는 것이다. 최후의 6미터 레인에 돌입한 볼은 추진력을 잃고 전진성이 감소된다. 그러면,

3. '스핀'을 건 릴리스 때 리프팅(위로 당겨 올리는 작용)의 물리적 운동이 이 즈음부터 효과를 나타내어 볼의 왼쪽 사면으로 치우쳐 팽이와 같은 작은 원의 강한 궤도회전(세미 롤링)을 일으켜 ① ② 사이의 스트라이크 포켓으로 들어가는 것이다.

―예를 들면 자신의 집에서 바닥에 10원 짜리 동전을 굴려 실험해 보기 바란다. 직진력을 잃은 10원짜리 동전은 중간에서 중심축을 좌우 어느쪽인가로 기울여 회전하다 쓰러진다. 이와 같은 운동을 세차운동이라고 하는데, 이 세차운동의 원리(팽이운동)을 응용한 테크닉이 훅의 구질인 것이다.

즉 훅 성 세미 회전은 '스윙 모션' '풋싱' '스핀, 리프팅'의 3요소로 성립되고 5, 7, 6의 레인 에리어가 있다는 것을 알고 트레이닝 하는 것이 능숙해지는 첩경이다.

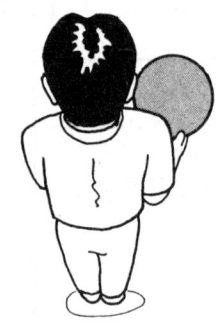

3. V자 훅의 투구법

  미묘한 손가락 끝의 촉감(리프팅)과 악력이 필요함으로 세미 핑거의 볼은 전문가와 상담하여 만든다. 그 투구법은 백 스윙에서 릴리스로 옮길 때 엄지와 인지가 파울 라인에 대해 V자형이 되도록 던진다. 시계 바늘로 말하자면 엄지의 단침이 11시, 인지의 장침이 1시가 되면 V자가 되는 것이다. 이 V자형을 잘 보면 악수할 때 내미는 손 모양이 되고, 또 걷고 있을 때의 손 흔드는 법과 같다는 것을 알 수 있다. 이것을 '내츄럴 훅'이라고 한다. 의식적으로 무리하게 팔이나 손끝을 구부리지 말고 악수하는 형 그대로 파울 라인에 직접 팔을 뻗어 스윙하면 훌륭한 훅 볼이 되는 것이다. 그 때 손목을 꺾어 굽혀서는 안된다. 릴리스 때 엄지를 먼저 빼고 중지와 약지로 리프팅하여 볼을 푸쉬해 준다. 그 순간 엄지의 위치가 10시 방향이면 '세미 롤'이 되고 9시 방향으로 더 턴하면 '스피너 롤'이 된다. 이것이 '리프트 앤드 턴 훅'이다. 이렇게 되면 핀 액션이 날카로워 지고 연속 스트라이크도 꿈이 아니게 된다.

● 훅

엄지는 11시 방향, 중지와 약지는 5시~4시부터 1시 방향으로 이동한다.

실제로 트레이닝해 보면 엄지와 중지, 약지로 핸드백을 잡고 있듯 볼의 무게로 볼의 면(面)과 손바닥 사이에 틈이 생겨 거기로 전방의 핀이 들여다 보인다. 이래서는 애써서 11시, 1시로 향한 V자형 투구법도 헛된 스타일이 되어 볼은 쿵 하고 떨어져 위력을 발휘할 수가 없다. 이것이 80 퍼센트의 중급 볼러 V자형 투구법이다.

그러므로 진정한 V자형 투구법은 '팜 리프팅'이라고 해서 손가락은 11시, 1시도 좋지만 손바닥에 있는 볼의 면과 손바닥을 딱 밀착시켜 그 손바닥을 오른쪽 아래에서부터 오른쪽 옆 위로 볼의 면(面)에 따라 푸쉬하는 기분으로 반회전을 준다. 이 완성된 형이

V자형이 된 때 뻗은 팔을 리프팅하는 것이다. 그때 11시의 엄지 손가락을 10시에서 9시 방향으로 가져 가는 것이다.

여기에서 이미 볼과 손바닥과의 공간은 없어지고 중지와 약지의 홀을 옆면에서 윗쪽 세로로 빼면 그것이 리프트가 된 스핀으로 나타난다. 즉 팜 리프팅 법 속에 '스윙' '푸쉬' '스핀'의 혹성 세미 롤링 구질이 숨어 있다고 할 수 있다.

활자로 쓰면 V자형이나 엄지가 11시나 중지, 약지가 1시 방향이면 혹 던지는 법이라고 표현하지만, 이 중요한 '팜 리프팅' 법을 마스터한 V자형 투구법이 아니면 전술했듯이 V자형은 아무 쓸모가 없게 되어 버림으로 그점에 충분히 주의하기 바란다. 또 반회전할 때 손목만을 돌리는 것이 아니고 손목이 꺾이지 않도록 가볍게 팔과 손목은 한 나뭇가지라고 생각하여 반회전적으로 리프팅한다. 이것이 '리스트 혹'인 것이다.

혹 볼은 스폿트 선택법의 커브보다 편하고 컨트롤이 쉽고 게다가 적당한 스핀이 걸리기 때문에 핀 액션이 강하고 미스가 적다는 원리에 맞는 이상적인 구질이라고 할 수 있다.

4. 훅 스트라이크의 앵글

훅 볼에서 ① ② 사이 포켓에 넣는 훅성 스트라이크에는 3가지 코스, 앵글이 있다. 그것은,

1. 각도가 큰 롱 훅의 경우 코너, 앵글의 5개째 1번 스폿을 사용한다. 물론 목표 핀과 정반대의 스탠스를 취하지 않으면 ③ ⑥핀으로 달려가 버린다. 다음 페이지의 그림 1의 '내츄럴 훅' '쇼트 훅이라고도 한다'가 그것이다.

2. 날카로운 훅성의 경우는 3/4 앵글의 2번 스폿을 사용하는 것이 프로 볼러의 상식이다. 그림 2의 '맥시밈 훅'이라고 불리우는 것이 그것으로, 훅에 커브를 믹스한 구질로 예각에 ① ③핀 사이 포켓도 택한다.

3. 훅이 더욱 예각인 경우, 그림 3의 '인사이드 훅ㄱ으로 오른쪽 3번 스폿을 사용하고 왼쪽 어프로치에서부터 던진다. 이것은 컨트롤이 좋고 하이 테크닉이 아니면 마스터할 수 없으나 인사이드에서 던지면 스폿이 잘 보인다는 유리한 면이 있다.

TV 프로 선수전 시합 등을 보고 있으면 각 선수가 센터, 앵글

중앙 4번을 통과시키고 있어 이상하게 생각하는 경우가 있을 것이다. 그것은 레인의 오일이 두껍고 빠른 레인(퍼스트 레인)의 상태일 때 사용하는 스폿이다. 또 각 선수가 전원 인사이드에 서서 던지는 장면이 있는데 이런 때의 레인은 오일의 저항이 많아 볼이 휘기 쉬운 느린 레인(슬로우 레인) 상태임을 의미한다.

레인 컨디션은 이와 같이 앵글이나 스탠스에 가장 큰 영향을 미치고 훅의 중요한 과제이므로 제6일째에서 가서 상세하게 해설하고 설명하겠다.

전술한 3가지의 공격법(코너 앵글)에서 훅이 되지 않은 때는 레인 컨디션이 원인이므로 빨리 간파하여 스폿 포인트를 발견하기 바란다.

프로 조차 수 게임을 치룬 마지막 게임에서 겨우 스트라이크 포인트와 스폿을 잡는 경우가 있는 것이다. 일반 볼러가 안정된 애버리지를 유지할 수 있는 것은 던지는 방법 뿐만이 아니고 이와 같은 레인 상태의 진단을 모르기 때문이다.

훅 볼 투구법은 세미 핑거 칩이라는 그립의 볼이나 핑거 칩의 볼을 사용한다는 것은 전술한 대로이다.

세미 핑거의 스판은 엄지가 리버스 핏치 0~1/4 C사이드 핏치 1/16~5/16), 중지는 포워드 핏치 0~1/4, 약지가 포워드 핏치 0~1/4이라는 것이 드릴 표준이다.

그러나 인간의 얼굴, 수상, 지문이 각각 다른 것처럼 '천 명 있으면 천 명의 그립이 있다'고 아메리카의 프로 볼러 텍 어보씨가 말했듯이 구멍을 뚫는 것은 매우 미묘한 일임에 틀림없다.

볼의 품질이 아무리 좋아도 구멍 뚫린 상태가 당신에게 맞지

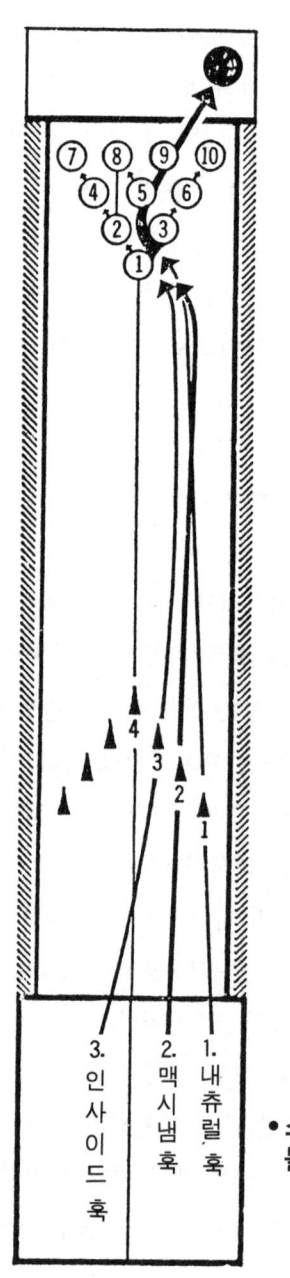

● 스트라이크의 볼 코스

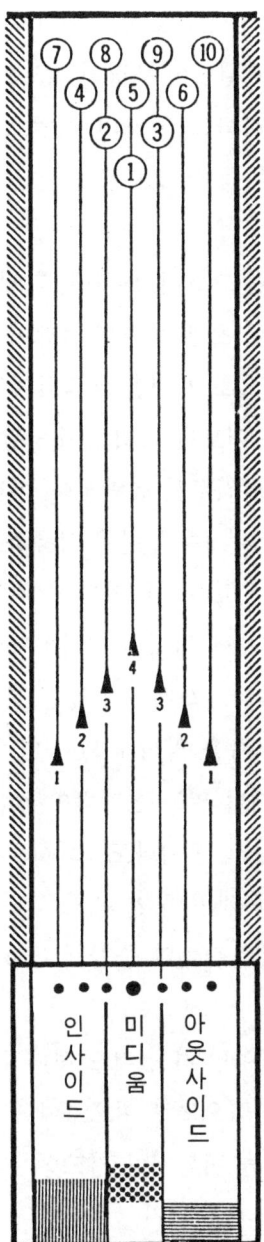

오른쪽이 아웃사이드, 중앙이
미디엄, 좌측이 인사이드
레인의 상태에 따라 프로는
각 사이드를 사용하는데
일반적으로는 어딘가에 고정된다.

• **투구 위치를 정하는
3가지 포인트**

않는 혹성 스판과 핏치이면 투구법에 조화가 생기지 않는다. 모든 악조건이라고도 일컬어진다. 드릴링이 볼링의 최고의 조건이라는 증거로는 드릴 기술이 전문화되고 하나의 직업으로 독립되어 있는 것 만으로도 알 수 있다. 즉 그 정도로 드릴은 어려운 일이다.

손가락 구멍을 뚫는 기술자를 드릴러, 드릴맨, 볼 닥터라고 아메리카에서는 부르고, 드릴러들은 오랜 동안의 플레이 경험과 투구법의 과학적 이론을 데이터적으로 체험을 포함하여 갖고 있다.

ABC 공인 300점을 가진 텍 어보나 하리는 수억원이라는 수입을 아메리카에서 얻은 2세 드릴러로서 유명하다. 아직 마이 볼을 갖고 있지 못한 볼러는 볼링장의 하우스 볼을 사용하여 훅을 던지게 되는데, 하우스 볼은 컴베 볼로 중지, 약지의 제2관절까지는 들어가지 않는다. 즉 스트레이트에 적합한 그립이므로 바른 훅의 릴리스에는 다소의 무리가 있다. 그 때문에 많은 볼러가 손목을 젖히거나 팔을 돌려 얼버무린 훅을 익히게 되어 버리는 것이다.

하지만 하우스 볼은 수백 개나 있고 손가락이 짧은 사람, 손이 작은 사람에게 있어서는 하우스 볼이라도 그 사람에게는 세미 핑거의 볼이 된다. 바르게 말하자면 구멍 쪽의 각도는 컴베라도 그립은 중지, 약지의 제1과 제2 관절의 중간으로 일단은 세미로 되어 있는 것이다.

이런 볼을 선택하여 훅 트레이닝 하는 것도 하나의 아이디어이다. 즉 손가락 구멍 쪽이 좋아 졌으므로 어프로치나 스윙의 폼도 바르게 되고 무엇보다도 손목을 비틀거나 겨드랑이를 벌려 크게 돌려 던지는 나쁜 버릇도 생기지 않는다.

갑자기 세미 그립을 하면 이번에는 같은 볼의 무게라도 더욱 무겁게 느껴진다. 볼도 심하게 구부러져 이상하게 생각된다. 실은 이것이 중요한 것이다.

훅이므로 구부러져야 한다. 그러므로 이것은 좋은 것이다.

다만 연습 부족이기 때문에 컨트롤이 잡히지 않는 것이다. 트레이닝만 하면 그 구부러지는 볼을 응용하여 훅의 구질을 낼 수 있다.

공격, 파괴력이 강한 필살성(必殺性)의 훅이 이것으로 당신에게도 확약(確約)이 되는 것이다. 훅을 던지는 단계에서는 '이론파'의 지적 볼러가 되는 것이 절대적인 조건이라고 할 수 있을 것이다.

저 필살성(必殺性)의 스트라이크, 스릴 있는 훅으로 하이 스코어를 마크하여 우승배를 그 황금팔에 안아 보기 바란다.

투구상(훅)의 어드바이스

♣ 팔이나 손 끝을 무리하게 구부리는 소세공(小細工)은 하지 않는다. 팔꿈치를 구부려 던지면 스플릿이 된다.

♣ 엄지 손가락은 아래로 향해 던지면 구위가 없어진다. 손목을 뒤로 꺾어도 구위가 없어진다.

♣ 걸리는 순간 V자형으로 만드는 것이 어렵다고 생각되는 사람은 백 스윙 때 6시 장소에 있는 중지와 약지를 3시로 향하고 리스트를 고정시켜 그대로 파울 라인에 대해 직각으로 스윙하면

편하게 요령을 익힐 수 있을 것이다.

♣ 무리하게 힘을 넣어 필요 이상으로 스피드를 붙이는 것도 위험하다. 스핀이 걸리지 않아 볼은 직진하여 뻗어 버린다. 스피드보다 스핀 쪽이 중요하다.

♣ 코너 앵글의 1번 스폿을 사용할 때는 ① ③ 사이 포켓에 자신의 몸을 다소 향하여 정반대로 자리 잡는다.

♣ 극단적으로 빠른 레인 때는 프로는 중앙 4번의 센터 앵글을 사용하지간 다소 스피드를 가감하기 바란다. '빠져 나가는 스프릿의 방지책이다.'

♣ 빠른 레인 때는 볼의 착지점을 보통 때보다 가까이 하고, 느린 레인 때는 평소보다 멀리 던져 앞으로 가서 볼이 휘도록 조정하기 바란다. 힘으로 가감하지 않기 바란다.

♣ 훅 어프로치는 보행 중 천천히 하기 바란다. 스피드 있는 도움닫기로는 미묘한 릴리스 순간 조작 할 수 없기 때문이다. 엄지의 방향에 전신경을 집중시키기 바란다.

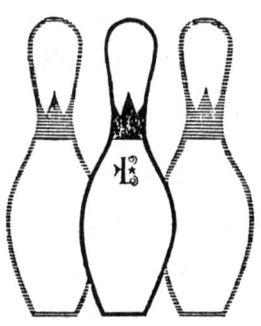

제5일
커브 볼의 기습전법

1. 커브 볼의 충격성

커브 볼 투구법은 구형의 호를 그리며 ① ③ 핀 사이로 들어가는 구질의 볼이다.

특히 쇼트 혹은 ① ③ 포켓 앞에서 갑자기 휘기 때문에 야구에서 말하자면 타자 앞에서 갑자기 떨어진 드롭 볼이라고 할 수 있다. 커브 볼은 활형의 호를 그리며 타자를 위협하고 밖으로 빠진다. 볼링의 커브도 그와 마찬가지로 레인 오른쪽을 크게 사용하여 큰 호를 그리고, ① ② 핀 사이의 스트라이크 존에 훅보다 더 예리한 각도로 급습하기 때문에 핀 액션이 굉장하고 믹싱(믹서와 같이 핀을 휘젓는 것)하는 주위와 파괴력이 있다.

따라서 횡폭 약 1미터 4센티의 레인 스페이스를 가장 크게 사용하는 궤도 회전의 볼이다. 커브가 너무 크기 때문에 겨냥한 핀의 방향과는 너무 틀리다고 생각되어 보는 사람은 조마조마하다. 그러다가 보기 좋게 명중되면 스릴이 넘치며 감탄을 하게 된다. 말하자면 일종의 무기적 매력을 가진 만큼 컨트롤과 레인 컨디션을 파악할 수 있을 정도의 숙련자가 아니면 이런 하이 테크닉은

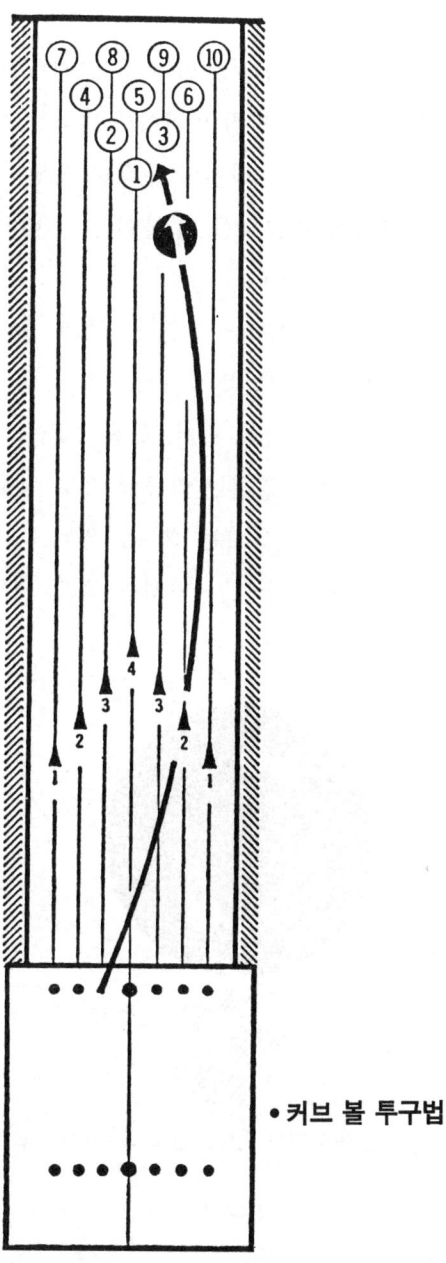

● 커브 볼 투구법

구사할 수가 없다.

예를 들면 우편 구석에 남은 ⑩번 핀을 쓰러뜨릴 경우 활형의 호는 먼저 가서 왼쪽으로 도망칠 위험이 동반되고, 이른 아침이나 오전의 빠른 레인인 경우는 레인의 두터운 오일의 영향을 받아 볼이 호를 잘 그리지 않고 오일을 탄 볼이 흘러 허사가 되는 경우도 있다.

스트레이트나 훅 볼은 스윙이 강한 발사력과 원심력으로 처음 5미터까지는 스립 느낌의 회전을 하지만, 커브 볼은 처음부터 왼쪽 회전이 걸린다는 점에 특징이 있다. 왼쪽 그림은 인사이드에서 오른쪽 2번 스폿을 통과한 강렬한 커브로 레인 상태에 따라 스폿은 3번 또는 4번 센터를 선택하는 경우도 있다.

레인 상태의 변화를 재빨리 파악하는 것도 커브 투구에서는

핑거에 의한 커브의 스피너 궤도

● 스피너

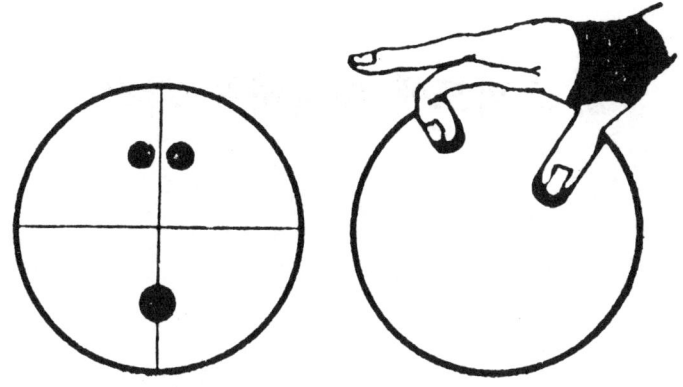

핑거 볼은 중지, 약지의 제1 관절까지 넣는다.

● **핑거 칩**

매우 필요한 일이다.

커브 볼은 충격성이 강하고 게다가 각반 작용의 회전의 원이 작고 가장 계수적으로 많은 '스피너' '오른쪽 그릴'이라는 위력 발군의 구질이지만 그것을 알고 있으면서도 프로가 사용하지 않는 것은 전술한 바와 같이 레인 컨디션의 영향력이 크기 때문으로 스트라이크 포인트를 파악하기 어렵다는 이유에서인 것이다. 물론 커브 볼을 던지기 위해서는 '핑거 칩' 또는 '풀 핑거 칩'이라는 스판의 가장 먼 그립의 볼을 사용한다(그림).

만일 오일이 다소 건조되기 시작하고 있는 슬로우 레인에 이 커브 볼이 정해지면 손을 댈 수 없을 정도로 스트라이크가 연발 다발하여 그야말로 관중을 흥분시키는 드라마틱한 것이 된다.

구질은 커브는 아니지만 핑거 칩을 사용하고 있는 프로도 많다.

2. 스피드에 대결하는 회전

커브 볼은 스피드를 빼고 투구한다. 스피드를 걸면 볼이 직진적으로 뻗어 중형의 호를 그리기 어렵기 때문이다. 따라서 스피드로 승부를 거는 것이 아니고 오히려 스피드를 줄이는 기분으로 볼의 회전에 중점을 두는 두뇌적 기략(機略)의 볼이다.

스피너라는 구질은 볼의 사면에 만들어지는 가장 작은 원이다. 아이들이 돌리며 노는 팽이를 알고 있을 것이다. 그 중심축의 회전은 극히 작은 원이다. 그 팽이처럼 횡회전인 채 ①③핀 사이로 나가면 핀은 사방 팔방으로 강하게 튀겨지는 것이다.

실제로 팽이를 돌려 팽이에 물건을 부딪치면 그 각반력(攔拌力)의 강도를 알 수 있다.

팽이와 같은 스피너성 구질을 처음부터 내보아도 볼이 앞으로 진행하지 않으면 어쩔 수가 없다. 그러므로 팽이와 같은 횡회전에 가까워질 방법으로써 최초의 5미터와 다음 7미터의 에리어까지 볼을 크게 우회시키고 최후의 6미터 에리어로 돌입할 즈음 활형 각도의 궤도에 볼이 올라 횡회전에 가까운 상태로 돌면서 ①③

제2부 / 정통 볼링 실전 작전   401

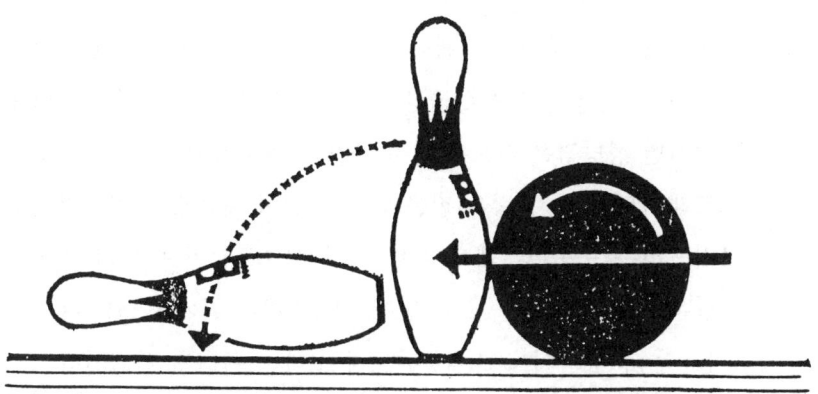

● **풀 롤링성의 스트레이트 볼**
이 구질은 볼이 핀에 맞으면 핀을 직선으로도 후방으로 쓰러뜨리는 작용이 있다.

● **스피너성 커브 볼**
이 구질은 볼이 핀에 맞으면 핀을 빙글빙글 돌리는 작용이 있다.

사이 포켓에 들어가도록 한다.

완전 원주 회전의 스트레이트 볼에 성냥곽을 부딪혀 보면 성냥곽은 볼의 진행 방향으로 곧장 튕겨 나가는데 커브 볼의 스피너에 부딪치면 성냥곽은 횡으로 튕겨 나간다. 실험으로도 알 수 있듯이 스트레이트의 풀 롤링은 핀을 앞에서 밀어 뒷쪽으로 직선적으로 쓰러뜨리는 운동(앞 페이지 윗 그림)이 있고 커브 볼의 스피너 롤링은 핀을 빙글빙글 돌려 옆으로 튕겨 다른 핀에 연쇄되는 반응 운동(앞 페이지 아래 그림)이 보다 크다는 원리도 연관된다.

즉 핀을 세로로 쓰러뜨리는 폭보다도 핀을 비스듬히 또는 옆으로 쓰러뜨리는 폭의 편이 핀과 팬에 접촉되는 범위가 보다 크고 강해지는 것이다. 그러므로 스피드 있는 강렬한 스트레이트 볼을 던져 스트라이크이라고 생각한 순간 몇 개의 핀이 남는 것은 직선적으로 핀을 쓰러뜨리고 나갔다는 증거이다. 그런 점에서 스피너는 핀과의 연쇄가 가로 세로 비스듬히로 연결되는 넓은 운동력을 갖고 있다.

여기에 스피드와 대결하는 커브와 기습적 비밀이 숨겨져 있는 것이다. 프로 볼 스피드의 평균은 대부분 2초 28로 ① ② 핀 사이 포켓으로 돌입한다. 어프로치 타임의 평균은 1초 6 정도이다. 볼의 스피드는 힘을 빼고 던져도, 전력 투구해도 이상하게 생각될 정도로 그다지 다름이 없어 그치는 경우 0.2초에서 0.4초 정도이므로 오히려 역후보다도 타이밍 볼 쪽이 스트라이크가 나오게 되는 것이다.

일반 볼러의 볼 스피드는 여성도 포함하여 평균 3초 전후 정도이다. 물론 개중에는 굉장히 빠른 볼을 던지는 사람도 있다. 스피

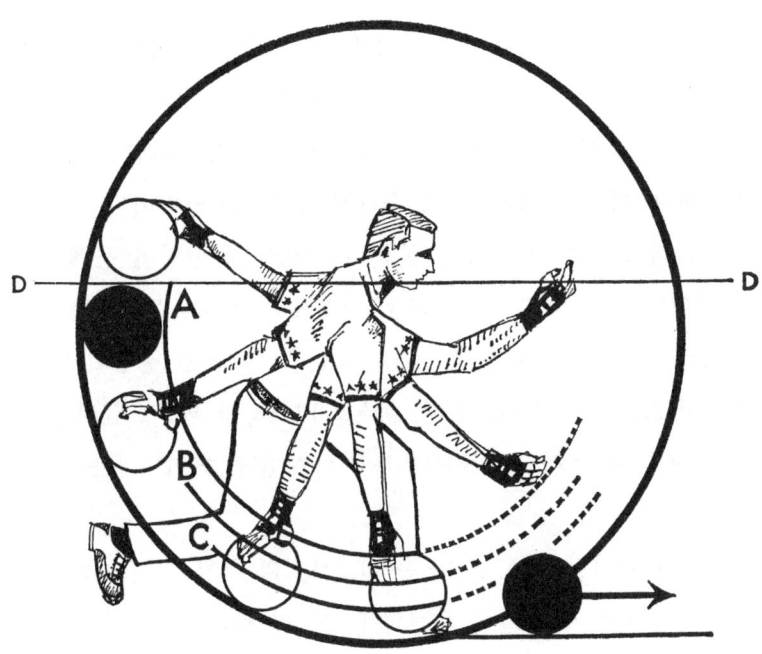

● 스피드 조정
 A.B.C 순으로 호는 커지고 구속은 증가한다. 백 스윙의 볼의 정점은 어깨까지의 D선이 표준이다. 이것을 넘으면 컨트롤을 잃는다.
 체력이 우수한 프로의 백 스윙은 낮은 B점에 멈추고 팔의 힘을 세이브한다. 체력이 떨어지는 프로는 A점 높이까지 백 스윙하여 비력(飛力)을 보충한다. 스피드는 어깨에 힘이 들어가는 힘으로 던져서는 안된다. 볼의 고저차로 조정하면 노동 소모가 감소한다.

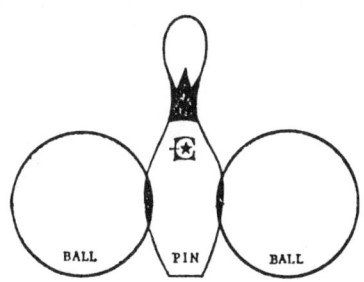

드를 내고 싶을 때는 볼을 조금 높게 잡고 스피드를 늦추고, 싶을 때는 낮은 듯 잡으면 스피드를 조정할 수 있다(앞 페이지 그림). 호(號)가 크면 클수록 빨라지고, 호가 작으면 작을수록 느려진다. 또 어프로치를 빠르게 하면 스피드가 생기고, 느리면 스피드가 떨어진다. 이들이 스피드를 능숙하게 제어하는 방법이다.

그러나 스피드의 문제는 볼의 웨이트에 관련지어 분쇄해야 할 것이다. 예를 들면 경량급의 13 파운드 이하의 볼은 ①,③ 핀에 짐으로 ⑤번 핀 까지 닿지 않아 ⑤번 핀이 남는 경향이 있다. 따라서 스피드를 필요로 한다. 반대로 14, 15, 16 파운드급의 무거운 볼에 너무 스피드를 붙이면 빠져 나가 ⑦번 핀이나 ⑩번 핀이 남게 된다.

하지만 뭐니뭐니 해도 볼링은 어프로치와 스윙, 그리고 릴리스의 타이밍으로 내는 볼의 회전력에 승부가 달려 있다. 필요 이상으로 서둘러 투구할 것은 없다. 프로 볼러의 투구 동작을 보고 있으면 항상 신중하게, 그리고 느긋하게 리듬을 타고 밸런스 있게, 스무드하게 어프로치하고 있을 것이다. 이 어프로치 방법이야말로 커브 볼을 내는 비결이다.

릴리스의 타이밍이 깨끗하다고 일컬어지는 볼러의 어프로치를 잘 관찰하기 바란다. 볼이 겨냥한 스폿 위를 타고 포켓으로 들어가게 된다.

3. 투기적인 커브 투구법

　레인 컨디션은 항상 평등, 균일해야 하는 것이 국제 규격이지만 20게임을 소화한 레인과 60게임을 소화한 레인을 보면 오일의 상태가 일정하지 않다. 상식적으로 말해서 50게임을 소화한 게임은 다소 슬로의 상태일 것이다. 이 무렵이 되면 아마도 '야간'일 것이다.
　볼링 센터에서 계획하는 백 이벤트가 시작되는 골든 타임은 오후 8시 무렵으로 오일이 말라 있는 스로우 레인일지 모른다. 이렇게 되면 볼은 상당한 마찰 저항을 받아 휘어 버린다. 프리 볼러들이 오늘은 커브나 훅이 나온다고 잘못 느끼는 시간대이다.
　이런 레인 컨디션이 되면 커브 볼러들의 독무대가 된다. 퍼스트 레인이라도 중앙의 미디움이나 인사이드에 스핀스를 잡는다. 레인의 상태에 따르는 것인데 2번이나 3번의 스폿을 사용하는 것이 상식이다. 극단적으로 슬로우일 때는 중앙 4번 스폿이 볼 앵글이 된다. 물론 왼쪽 인사이드 플로어에서 스폿도 다소 몸을 향하고

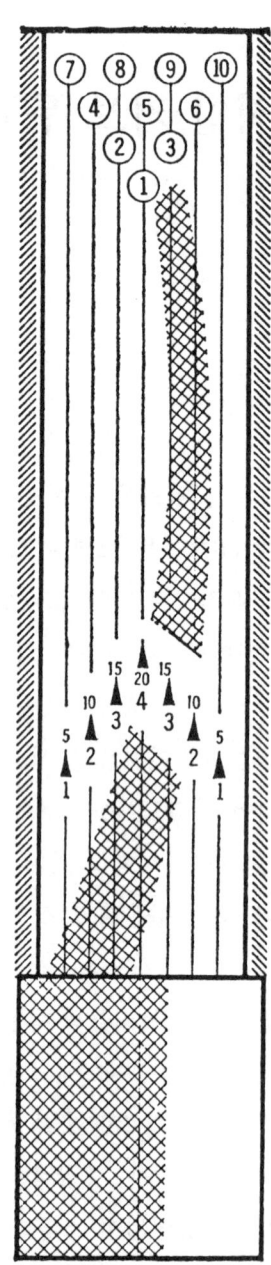

• 망 눈금은
 커브 볼 에리어와
 어프로치 프로어

두뇌 속으로 파울 라인을 비스듬히 가상(이미지네이션 라인)하고 어프로치하도록 한다.

볼은 중지와 약지의 제1관절까지 들어가는 핑거를 사용하자.

어프로치는 서두르지 말고 허리를 낮게 안정시키고 전향 자세를 취하면서 스윙의 힘을 빼고 천천히 포워드 스윙으로 릴리스하자. 이렇게 하면 겨냥한 스폿으로 정확하게 볼을 착지시킬 수 있다.

커브 투구법은 스트레이트나 훅과 달리 다소 볼을 등쪽으로 돌리는 적당한 가감이 있고 릴리스 때 만 윗팔을 날카롭게 안쪽으로 돌리는 기분으로 던지고 강하게 리프트를 하여 펄로우 슬로를 하기 때문이다(주=볼을 등으로 돌리는 것은 어떤 투구법에서나 좋은 것은 아니다. 커브 때는 그런 기분이라는 델리케이트함을 이해하기 바란다).

볼 그립은 1시로 향한 엄지를 릴리스 때 9시 30분 방향으로 손목을 뻗은 채 볼의 옆면을 따라 안는 듯한 기분으로 돌려 던진다(뒷페이지의 그림).

또는 훅과 같이 11시의 엄지에서부터 9시 방향으로 작게 회전시키고, 중지와 약지로 강하게 리프트(회전 기분으로 밀어 올리는 것)한다.

이것으로 충분히 스핀이 걸리고 핀에 강한 쇼크를 줄 수가 있다.

초보자 볼러가 손목을 비틀어 커브 볼을 던지려 하고 있는데 손목은 뎅그르 1회전 하도록 관절이 구조를 이루고 있으므로 항상 9시 부근에서 스톱 브레이크가 걸리지 않아 일정점을 잃어 안정도

• 커브

가 없어진다. 또 흔들어 돌린 탓에 겨드랑이가 벌어지기 때문에 볼은 왼쪽으로 흐른다. 이것은 참다운 커브 투구법이 아닌 것이다.

하지만 센터에서 보면 일반 볼러 중에서도 어느 정도 잘 치는 사람은 이 손목 비틀기를 하고 있다. 스트레이트에서 조금 진보된 훅이나 커브 볼을 던지고 싶기 때문일 것임에 틀림없다. 그러나 이 손목 비트는 것은 관절염이라는 질환의 원인이 됨으로 주의하기 바란다. 훅이나 커브는 톱 볼러의 바른 지도를 받은 뒤에 던지도록 한다.

4. 커브 스트라이크의 요점

 이제까지 '스트라이크' '훅' '커브' 각각의 투구법을 해설해 왔는데 또 한 가지 '백 업 볼' 투구법이 있다. 똑바로 볼을 던져 좋아하고 있노라면 핀 가까이에 간 뒤 기묘하게 볼이 왼쪽에서 오른쪽으로 역회전하여 휘기 시작하는 구질의 볼이다(뒷면 그림). 이것에 대해서는 제3일째 투구상의 어드바이스에서도 잠시 언급했지만 속칭 '슈트한다'라고 하고 있다.
 다 던진 뒤 어프로치에 서서 비관하기도 하고 목을 갸우뚱하면서 볼이 가는 끝을 걱정하고 있는 초보자나 여성 볼러가 많은 것이 이 '백 업 볼'이다. 투구법의 하나로 덧붙여 설명하고는 있으나 구태여 권유할 만한 투구법은 아니다.
 오른손으로 릴리스한 볼이 앞으로 가 왼쪽에서 오른쪽으로 역회전을 일으키는 것으로 우선 파괴력이 감소된다는 이유 때문이다.
 그러므로 이 투구법이 좋다고 하여 던지는 볼러는 거의 없다. 이 방법으로는 안정도가 높은 하이 애버리지를 유지하기 곤란할

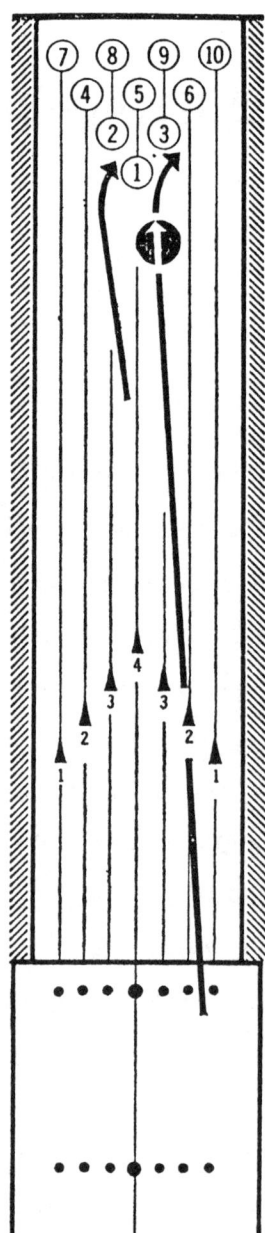

• 백 업 볼 투구법

것이기 때문이다.

그럼 어째서 이런 투구법이 있는가 하면, 앞에서도 언급했듯이 릴리스 때 손목에서 가까운 손바닥의 두툼한 살 부분으로 볼을 오른쪽을 향해 밀어 내는 것이 제1의 원인이다.

남성의 팔은 곧장 뻗어 있지만 여성의 팔은 팔꿈치에서부터 그 끝이 오른쪽으로 〈ㄱ〉자로 구부러져 있다. 이런 팔의 볼러는 양성을 막론하고 백 업한다. 여성이라면 상당히 여성다운 정서가 있는 사람, 남성이라면 어깨가 동그스름한 다소 중성 볼러에게서 많이 볼 수 있다.

유도에서 역수 잡기로 남성의 팔을 돌리면 곧 '항복!'이라고 말하지만, 여성은 어깨를 피할 정도로 상당히 비틀어도 아프다고는 하지 않는다. 이런 것에서도 여성과 남성의 팔의 차이를 알 수 있을 것이다.

──그럼 어떻게 하면 좋을까

♣ 던지는 오른손의 엄지를 몸 안쪽으로 향해 팔로 슬로우 하기 바란다. 최후의 손 끝이 코 왼쪽에 오도록 한다. 즉 안쪽으로 던지는 것이다.

♣ 힘이 약한 볼은 앞으로 가서 역회전을 일으키기 쉬운 성질이 있으므로 조금 스피드를 붙인다.

♣ 파울 라인 앞에서 릴리스하거나 쾅 하고 볼을 던지면 백 업하므로 가능한 한 멀리, 그리고 스무드하게 던지는 연습을 하도록 한다.

♣ 허리를 세우고 릴리스하는 것도 원인이다. 허리를 낮춘다.

──이런 과정법으로 트레이닝하기 바란다. 5~6게임으로 요령

을 파악할 수 있고 훌륭한 구질로 변하게 된다. 그러므로 '백 업 볼'은 결코 걱정할 것 없다.

1구째의 백 업은 자신의 볼이 슈트하는 것을 계산에 넣어 걱정 없다고 생각할 지 모르지만 여기 저기에 핀이 남아 있으면 여간 고생스러운 일이 아니다. 백 업은 1~2게임의 지도로 간단하게 고칠 수가 있다. 진보와 능숙한 볼러가 되기 위해 일찍부터 교정한다.

투구상(커브)의 어드바이스

♣ 정공법(正攻法)은 오른쪽 2번 스폿 앵글이고, 스탠스는 센터와 미디움이다.

♣ 레인 컨디션도 상당한 영향을 받으므로 레인의 상태를 빨리 파악하여 스탠딩의 위치를 결정하는 것이 중요하다.

♣ 무리하게 힘을 넣거나 손목을 비틀거나 하면 컨트롤이 흐트러지고 구속(球速)이 뻗어 활모양이 되지 않는다.

♣ 스윙의 힘은 약하지만 리프팅은 그 순간 강하고 날카롭다.

♣ 무리하게 끌어 당기지 않아도 당기는 위치에 중지와 약지의 홀이 오면 우선 바른 스윙이다.

♣ 커브는 '어느 투구법이나 마찬가지이지만 특히' 여유가 중요함으로 겨냥한 스폿에 서두르지 말고 볼을 얹는다.

♣ 볼이 왼쪽으로 너무 달릴 때는 엄지가 6시 방향까지 회전하고 있거나 또는 스탠스가 오른쪽으로 치우쳐 있기 때문이다.

♣ 커브는 특히 허리를 낮추고 앞으로 기우는 자세를 취한다. 허리를 세운 자세로 던지거나 상반신을 젖히고 릴리스해서는 안된다.

♣ 세미나 핑거 그립 볼로 한다. 컴베는 적합지 않다.

5. 핑거의 창조와 그립

 이제까지의 분석이나 연구로 구질이나 투구법의 하이 테크닉 이론을 알았을 것이라고 생각한다. 이같이 볼 코오스가 변하고 변화구가 나오는 것은 '스윙에 의한 구속력', '볼의 톱 웨이트를 주축으로 한 회전력', '구지(球指) 조작에 의한 편향력', '스판의 드릴 조정법' 등을 총합한 것이 플레이 기술과 밀접하다는 것이 해명되었다.
 '컴베' '세미' '핑거' 등 3가지 종류의 그립 외에 여러 가지 그립이 있는데 특히 대표적인 것으로는 '옵셋 그립'과 '상우도' '카리 그립' '상좌도'라는 볼일 것이다.
 '옵셋 그립'이라는 것은 중지와 약지를 톱 웨이트의 중심선에서부터 좌측으로 빗겨 드릴링한다. 그러면 오른쪽 부분이 무거워지고 왼쪽 부분이 가벼워진다. 회전이 보다 많아진다는 이론의 드릴 방법이다. 힘이 약한 사람, 리프팅이 약한 사람에게 적합하다.
 '카리 그립'은 옵셋과는 반대로 중심선의 오른쪽에 중지와 약지를 빗겨 드릴링한다. 그러면 오른쪽의 웨이트가 가벼워지고 오른쪽

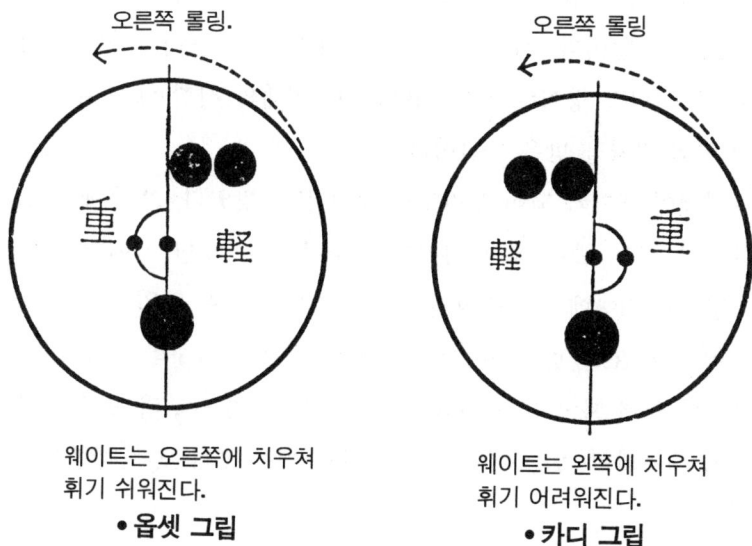

웨이트는 오른쪽에 치우쳐
휘기 쉬워진다.
• 옵셋 그립

웨이트는 왼쪽에 치우쳐
휘기 어려워진다.
• 카디 그립

부분이 무거워짐으로 심하게 휘는 것을 막을 수 있다. 아메리카의 프로 볼러들이 즐겨 사용하는 이 카리계의 그립 볼은 몸집이 크고 팔의 힘이 센 사람에게 적합하다.

하이 테크니션인 톱 볼러의 최후의 결정수는 역시 드릴 기술의 이론과 체험을 과학화하는 것이라고 생각한다. 볼링이 미묘한 플레이라고 일컬어지는 것도 실은 어떻게 볼에 드릴하느냐의 개발과 창조에 걸려 있기 때문이다.

세미 롤링이나 세미 스피너나 스피너의 구질을 용이하게 낼 수 있는 핑거 칩이라는 드릴이 발견된 것은 극히 최초의 일로 1926년의 일이다. 사지라는 아메리카외 프로 볼러가 고안하여 이 볼을 비밀 병기로 하여 PBA(프로 최대의 시합)에서 우승한 뒤 일약 각광을 받은 스판이다.

이것이 계기가 되어 우리들도 핑거 붐을 맞았다. 그 후에 프로 볼러인 빌리 웰이 세미 핑거를 창조하고 이 또한 신예 병기의 그립으로 PBA에서 우승하자 또다시 세미의 붐이 일었던 것이다.

이 외에 쏘우 핑거라는 2개의 구멍의 볼이나 4개의 구멍의 볼, 중지와 약지 사이를 판 것 등 현재도 아메리카 일부의 프로 볼러에게 애용되고 있는 볼이 있다. 그 이전에는 볼이 모두 컴벤셔널이었다.

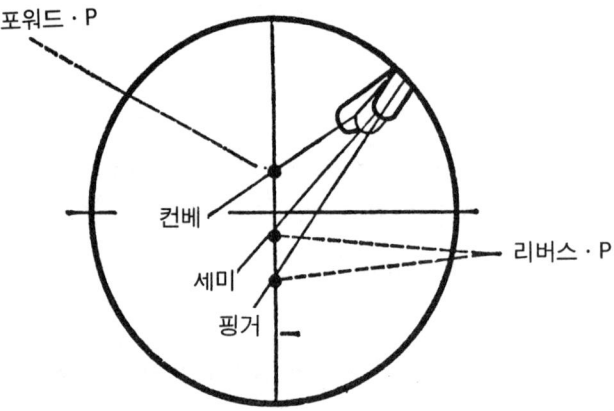

• 핏치(pitch)

구멍의 각도를 핏치라고 한다. 컨베는 잡기 쉬운 방향의 구멍, 세미 핑거 순으로 각도가 볼면으로 이동한다.

그러나 볼의 6면 구체에는 각각 상대성의 밸런스 규정이 있으므로 멋대로 구멍을 뚫는 것이 아니다.

아메리카의 프로 볼러 돈 카너나 칼멘 사르비노의 볼을 조사했는데 스판이 넓고 먼 데 놀랬다. 즉 우리식으로 말하자면 풀 핑거 칩인 것이다. 그러나 잘 생각해 보면 돈이나 칼멘의 손이나 손가락이 우리보다 크고 길다는 것은 극히 당연한 일이다. 그리고 그것은 그들로서 보면 실은 컴베일 것이다.

아무튼 '스판' '핏치' '웨이트' '볼 밸런스'는 당신의 '투구법' '구질' '손' '손가락' '체격' '힘' '스태미너' '캐리어' 등과 조합하여 다시 한 번 검토해 보는 것도 하이 게임을 마크하고 애버리지의 두터운 벽을 돌파하는 첩경이 될 것이라고 생각한다. 애버리지가 170 이상 정도가 되면 대부분의 사람이 기술 보다 볼 그립의 문제로 고민하는 것이 보통이다. 말하자면 볼링을 어느 정도 알게 되는 분기점에 서는 것이다. 그리고 더욱 능숙해 지는 과정으로 들어가느냐 아니냐의 중요한 시기가 이 때이다.

여러 가지 볼의 구멍의 위치나 뚫는 각도, 무게 등을 연구하게 된다. 그리고 새로 만들어진 볼로 던지게 된다. 그러면 갑자기 스코어가 떨어지고 원래의 볼과 뉴 볼 이라는 식으로 2개의 볼을 사용하게 된다. 슬럼프 시기이다. 이런 때는 크게 마음 먹고 원래의 볼을 사용하지 않는 결단이 필요하다. '헤매는 일' 없이 옛날의 그림자가 어려 있는 볼을 없애 버리는 것으로 해결하자.

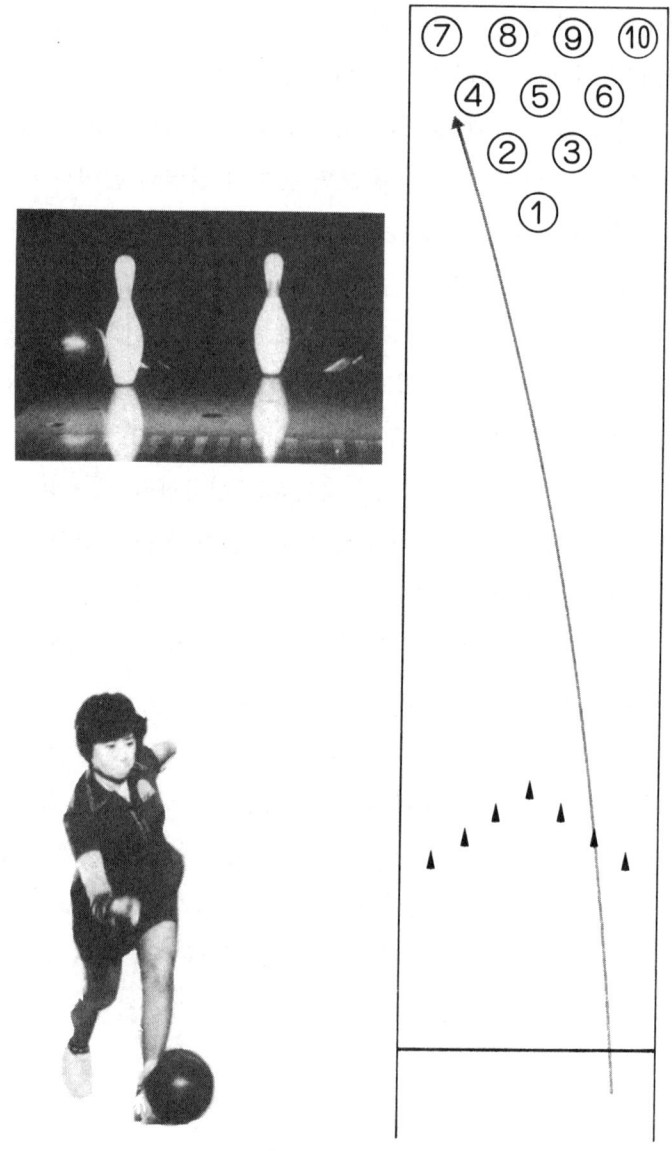

제6일
레인 상태의 감별전법

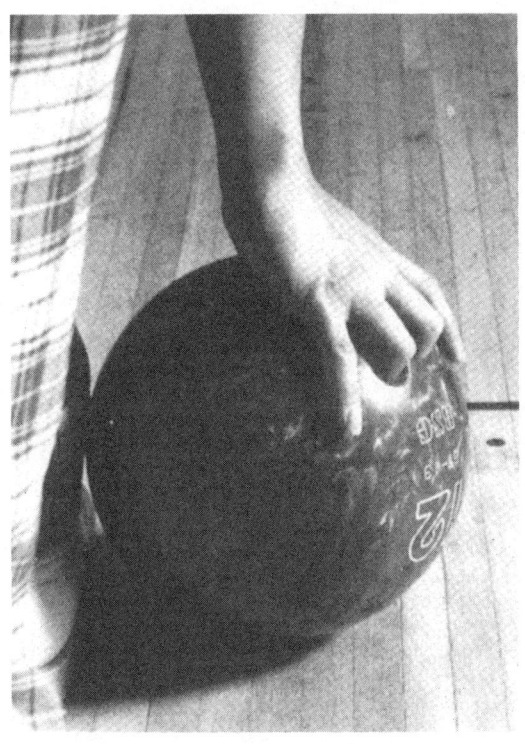

1. 레인은 미묘한 여체(女體)이다

　어프로치나 스윙의 하이테크닉을 익히고 그립이나 드릴, 구질의 이론을 연구했다. 그러나 막상 실제로 투구해보면 이론대로 볼이 맞아 주지 않는다. 그것은 레인 컨디션, 즉 '레인의 상태'를 파악하는 진단법을 모르기 때문이다. 지금까지는 모두 자신의 몸으로 익히는 기술이고, 거기에 필요한 플레이 용구로써 볼의 연구를 했다. 자기측 만의 일방 통행적인 과목 뿐이었다. 대조가 되는 상태측은 투구대(레인) 그 자체와 핀이므로 이번에는 그 상대인 레인의 멘테넌스(조정 관리 만드는 법)에 대해 연구하고 투구의 기술과 일체화하지 않으면 하이 스코어는 기대할 수 없고 완벽하다고 할 수 없는 것이다.
　레인은 여체의 살갗처럼 언제나 아름답게 치장되어 있으나 각각 갖는 감도가 다르다. '완전히 같은 레인은 이 지구상에 두 개가 있을 수 없다'라고 일컬어지고 있는데 바로 그대로이다. 야구에서 말하자면 박스에 서는 한 사람 한 사람의 타자처럼 '타자의 성격'이 '레인의 성격'에 해당한다고 생각하면 좋을 것이다.

또 아침, 점심, 저녁 시간대에 따라 인간의 감정이나 생리가 변하듯이 레인도 미묘하게 변화한다. 그와 같은 성질을 갖는 레인의 상태를 직감적으로 재빠르게 읽을 수 있는 것과 읽지 못하는 것은 득점에서 큰 차이가 난다. 레인의 진단법을 익혔으면 150 애버리지는 이미 탄탄하고 이 난관을 돌파할 수 있다.

레인의 표면 상태는 어프로치 앤드(측)에서 본 때, 파울 라인에서 본 때, 어프로치 스탠스에서 본 때는 매우 다른 것이다. 이즈음까지 세밀한 신경을 쓰는 것이 세미 프로급의 볼러인 것이다. 예측하기 어려운 2개의 다른 볼링 센터에서 딕 웨버는 141게임을 던져 206이라는 애버리지를 기록했는데 그 비결은 레인이라는 여체를 초진으로 진단할 수 있는 명의적 통찰력과 기술이 있었기 때문이었다.

레인 읽기가 느리면 그만큼 스로우 볼(헛된 볼)을 반복하고 센터 히트의 스트라이크 앵글 발견이 늦어져 버리는 것이다. 투구법은 자기 자신이 수정할 수 있으나 레인 멘테넌스는 룰상으로 자신이 수정하는 것은 인정되지 않는다. 거기에 레인 빨리 읽기의 필요성이 플레이의 중요한 과제가 되는 것이다.

레인이라는 판의 표면의 오목 볼록은 천분의 40센티(약 1밀리)라는 엄격한 국제 규격의 규정이 있다. 말하자면 거울의 면과도 같은 평편함을 유지할 정도이므로 그래서 볼링을 미크로의 스포츠라고 일컫는 것이다. 때로는 조명이나 위치 관계로 이 레인은 조금 경사가 져 있지 않나, 오른쪽으로 휘어져 있지 않나 라고 생각하는 초보자가 있는데 절대로 그런 일은 없다.

2. 여체(女體)의 감별법

레인의 멘테넌스는 약 17종류의 약품과 용구를 사용하여 멘테맨이라고 불리우는 기술자의 손에 의해 리코팅 되어 있다. 예를 들면 삭분과 피니쉬가 섞여도 레인면은 미립 전대가 생기는 것이다. 레인의 표면에 말라져 있는 컨디셔널 오일은 시간과 게임 횟수의 경과에 따라 오전 8시부터 밤 12시 사이에 직선으로 달리는 볼에서 점점 커브 코오스로 변화되어 간다. 즉 오전과 오후의 레인은 스트레이트 볼러에게 유리하고, 밤에 들어가서는 훅 커브 볼러에게 유리하다는 말이다.

이것은 시간이 흐름에 따라 오일이 건조되기도 하고 볼에 부착된 눈에 보이지 않는 먼지 등의 관계로 레인면의 오일이 점점 없어지는 것이 원인이다. 그러면 볼러와 레인의 접후면에 마찰 저항도가 높아지기 때문에 오일 위를 미끌어지는 이른 아침의 볼보다 볼은 반대로 미끌어지지 않고 휘는 결과가 되는 것이다. 아침, 점심, 저녁, 비, 맑음, 바람, 일조의 기상은 물론이고 장내의 온도와 습도가 레인 컨디션에 가장 크게 영향을 미친다.

예를 들면 장내가 더울 때는 레인의 판이 팽창하고, 추울 때는 스팁, 어레이라고 하여 단단하게 수축되기 때문에 오일이 잘 마르지 않게 된다. 따라서 평상시 레인 관리를 위해 실은 21~22도 습도 42~5 정도로 공조관제를 하는 것이다. 또 만원 상황으로 볼링 관객까지 잔뜩 있거나 하면 공조의 컨트롤이 듣지 않게 되어 장내 온도·습도가 올라가 오일이 빨리 건조되고 낮에 이미 슬로우 레인이 되어 볼이 휘는 화학, 물리적 변화도 기술 계산에 넣어 플레이에 임해야 한다.

정오부터 스타트한 프로 토너멘트에서 프로 볼러들이 왼쪽 인사이드에서 투구하고 있는 것을 보았는데 과연 프로답다. 관객이 많으면 레인도 달아 오를 것임에 틀림없는 것이다.

• 원플로어 16레인의 볼링 센터

스코어 시트를 프론트에서 받은 때 빨간 연필로 142나 763이라는 숫자가 기입되어 있을 것이다. 142라면 대략 14게임 소화한 레인이므로 아직 오일이 있어 빠를 것으로 생각하고 763게임을 소화했다면 오일이 적어 늦은 레인일 것이라는 식으로 판단하는 방법은 간단하다.

레인은 레인의 사용 횟수, 나란히 있는 위치에 따라 미묘한 변화와 자태를 나타내는 것이다――라는 것을 알면 그에 따라 던져 잘 조절할 수 있다.

레인 폭은 1미터 4센티 2밀리이고, 레인 표면의 오목볼록 정도는 국제 룰로 천분의 40인치 이하라는 엄격한 규정이 있다는 것은 앞에서도 서술했다. 그점에 대해서는 어느 센터의 레인이나 실은 균일 정확하게 만들어져 있는 것이다. 또 레인 상태를 규격적으로 정상으로 만드는 관리 이론과 작업 기술도 하나의 과학적 원칙 룰이 있다. 그러나 기계 용구를 다룬다 해도 멘테넌스 기술은 인간이 하는 일이므로 그 센터의 입지 조건이나 환경에 맞도록 창의되거나 인간적인 기호, 개성, 경험 등이 다소의 차이를 낳는 것은 당연하다.

그러나 보다 좋은 레인을 만들기 위해서는 노력해도 결코 나쁜 레인을 만들려고는 하지 않을 것이다. 우선 레인 멘테를 신뢰하는 것에서부터 자신을 갖고 어떤 레인과 마주쳐도 그것을 정복할 수 있다는 필승의 신념과 끈기로 싸우는 것이 중요하다.

레인의 센터가 나쁘기 때문에 오늘 스코어가 나쁘다라고 핑게를 대고 볼러가 멘테를 멋대로 수정할 수는 없다. 레인 컨디션의 연구와 도전의 흥미는 바로 이런 것에 있는 것이다.

3. 페스트 레인의 공략법

 보통 2번 스폿에 던져 ① ③번 핀 사이 스트라이크에 볼이 들어가면 우선 표준적인 정상 레인 상태라고 한다. 그러나 2번 스폿에 던지면 볼이 빨리 달려 ② ⑥ 번 핀으로 직진해 버리는 레인이 있다. 즉 오일을 타고 흐르는 레인으로 '페스트 레인'이라고 부른다는 것은 몇 번이나 서술했다.
 그럼 어째서 이런 '페스트 레인'의 현상이 일어나느냐 하면,
 ♣ 오일을 막 바른 이른 아침부터 오전, 오후에 많은 레인의 상태이다.
 ♣ 오픈한지 얼마 안되는 새 볼링 센터의 레인
 ♣ 리서페이스(레인면을 다시 깎아 교정하는 작업) 직후의 레인
 ♣ 사용 횟수 '제로, 게임'의 레인
 ♣ 볼 자체에 문제가 있는 경우도 있다. 즉 신품인 경우나 볼을 닦기 위한 오일이나 왁스, 파우더 등이 잘 닦이지 않고 부착되어 있으면 슬립한다.

① ③ 사이로
들어가야 할 볼이
③ ⑥으로 달린다.

FAST-LANE

● 페스트 레인

──이상과 같은 조건 때문에 '페스트 레인'이 생기는데 이에 대한 대처법은 다음과 같은 투구법으로 해결할 수 있을 것이다.

♣ 스탠스를 오른쪽으로 이동하여 ① 1번에서 2번 이내의 스폿을 겨냥한다.

♣ 어프로치를 다소 느리게 한다.

♣ 다소 슬로우 볼을 던져 본다

♣ 코너 앵글을 사용하여 포켓에 정대한다.

♣ 초보자는 평소보다 무거운 볼을 사용해 본다.

♣ 먼 쪽으로 볼을 던지지 않는다──그런 만큼 먼저 가서 코스가 뻗으므로,

──이것이 '페스트 레인' 공략법의 기본 투법이다. 이것으로 해결되지 않을 때는 레인 컨디션이 아니고 투구법에 문제가 있다고 생각할 수 있으므로 다음에 주의한다.

♣ 겨드랑이를 벌리고 몸을 오른쪽 바깥으로 향해 스윙하고 있지 않은가.

♣ 릴리스 순간 엄지를 오른쪽 바깥쪽을 향해 스윙하고 있지 않은가.

♣ 최후의 슬라이딩 때 오른발과 왼발 사이가 바닥 칸에서 5칸 정도 옆으로 벌어지고 있지 않는가. 즉 5칸째(원 스폿) 만큼 오른쪽에서 볼이 나가고 있지 않은가

──이것으로 '페스트 레인'을 공략할 수 있을 것이다. 자신의 결점을 레인 때문이라고 생각하고 있으면 잘못이 2중이 된다. 이런 곤경에 빠지면 좀처럼 탈출할 수가 없다. 슬럼프라는 것은 기술상의 잘못이 2가지 이상의 '복수'가 될 때 자주 나타나는 것이

다. 원인을 알 수 없기 때문에 인간은 그것을 '위화감'으로써 느끼므로 슬럼프를 '정신적'인 것으로 생각해 버리는 것이다. 그러므로 이 2가지 이상의 기술적 잘못의 부조화를 발견하기만 하면 곧 슬럼프에서 탈출할 수 있다. 결코 '정신적'인 것이 아니고 이 정신적 혼란은 정신이 만드는 '망상'이지 '원인'이 아니다.

오일이 극단적으로 두텁게 발라져 있는 빠른 레인에 대해 프로 볼러들은 센터 라인에 있는 4번 스폿을 겨냥한다. 레인의 상태를 간파하고 안전성 있는 확률을 계산한 것임에 틀림없다. 아직 안정되지 않은 상태의 레인일 때는 평소에 자신이 특기로 하고 있는 스폿을 사용할 수 없으므로 이런 빠른 교체를 해 버리는 결의도 시합에서는 중요한 조건이다.

4. 슬로우 레인 공략법

페스트 레인의 반대이다. ① ③번핀 사이 포켓에 들어갈 볼이 ① ② 번핀 방향으로 흐르는 레인을 '슬로우 레인'이라 부른다(다음 페이지 그림).

이 원인은,

♣ 오일이 건조되기 시작하는 야간 50게임 정도의 횟수를 소화한 레인에 많은 컨디션이다.

♣ 오일도 더러워져 읽거나 습도가 많은 비오는 날 등에 생긴다.

♣ 레인 관리를 소홀히 할 때 일어난다.

♣ 리서페이스의 기한이 가까운 레인

♣ 장내의 습도가 높을 때

♣ 볼의 더러움, 송진 등이 부주의하게 묻어 있을 때

——이상과 같은 레인 상태일 때는 레인이 평소보다 무겁게 느껴지고 레인과 볼의 마찰로 휘기 쉽다. '슬로우 레인'의 대처법은 다음과 같이 해결한다.

①③ 사이로
들어가야 할 볼이
①③ 사이로
달린다.

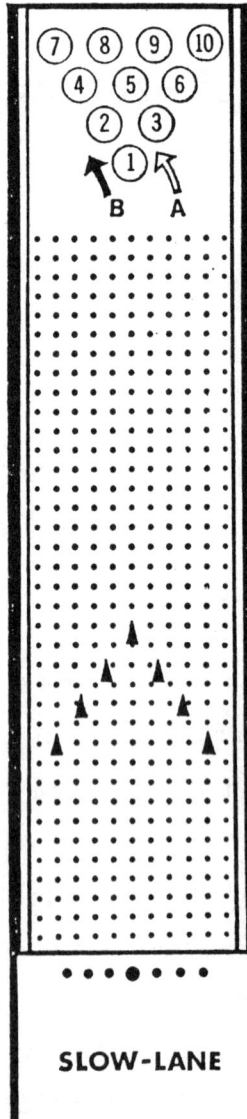

● 슬로우 레인

♣ 스탠스를 평소보다 왼쪽으로 이동한다. 인사이드에서도 유리.

♣ 몸을 다소 오른쪽으로 벌리고 평소보다 칸 2~3칸 왼쪽으로 스폿한다.

♣ 볼을 평소보다 멀리 던지고 먼저 간뒤 휘는분 만큼 뻗는다.

♣ 어프로치를 다소 빠르게 하고 볼에 스피드를 준다.

♣ 휘는 것이 너무 심할 때는 스트레이트 느낌으로 손가락을 뺀다.

──이런 일들을 해도 아직 해결되지 않을 때는 투구상의 결점이 있는 것이라고 생각할 수 있으므로 다음 같은 것에 주의한다.

♣ 방구(放球), 이구(離球) 때 손목을 지나치게 비틀거나 하지는 않는가.

♣ 볼을 동체 주위에 둥글게 스윙하고 있지는 않는가.

♣ 볼에 스피드가 없지는 않은가.

──이상과 같은 레인 감별법과 투구 과정으로 어떤 레인에도 약해지지 않게 된다. 아메리카의 레인에 비해 우리의 레인 컨디션은 대체로 '슬로우 레인'이라고 일컬어지고 있다. 딕 웨버나 여러 프로 등은 이 때문에 늘상 사용하는 볼보다 가벼운 볼을 사용하여 스피드를 내 휘는 것을 방지하고 있다. 웨버는 레인 즉석 감별법에 있어 전미 프로의 제일인자라 일컬어질 정도로 천재적 소질을 갖고 있다.

레인 멘터에 대해서는 프로 볼로인 아베드 포지오, 멘테 전문기사인 테리 락슨, 프랭크, 프라우스, 허슬리 등이 아메리카 제일류이다.

5. 레인 멘터와 플레이

레인의 상태, 관리 작업이나 방법을 레인 멘테넌스라고 한다. 멘테맨이나 레인스트락터 요원이 이것을 실시한다. 레인 멘테넌스 크리닉이라고 해서 이론적 강의와 실습을 연수하면 수강증 또는 인정서를 수여한다. 세계 제일의 레인 멘테넌스맨이라고 일컬어지는 리모 피케디나 프랭크 크라우스 등 몇 사람의 멘테넌스 기술 전문가가 프로 볼러 이상의 권위 있는 자격으로 일하고 있다.

많은 프로 볼러가 레인 컨디션을 빨리 파악할수 있는 것은 일찍이 그들이 그 연수를 받아 작업에 종사하고 있던 경험이 있기 때문인 것이다.

'레인 멘테넌스' 방법은 지금 여기에서 모든 것을 소개할 수는 없지만 극히 상식적으로 알고 있는 것 정도로 레인의 감별법의 기준이 되고 스코어가 업될 이야기를 해 보자.

컨디셔너 오일을 락카로 굳힌 레인 면에 스프레린(분무기)으로 도포한다 그 도포 범위는 여러 가지여서 한 마디로 말할 수는 없지만, 부근의 중심선에서부터 11미터 앞 정도까지가 가장 많은

제2부 / 정통 볼링 실전 작전 433

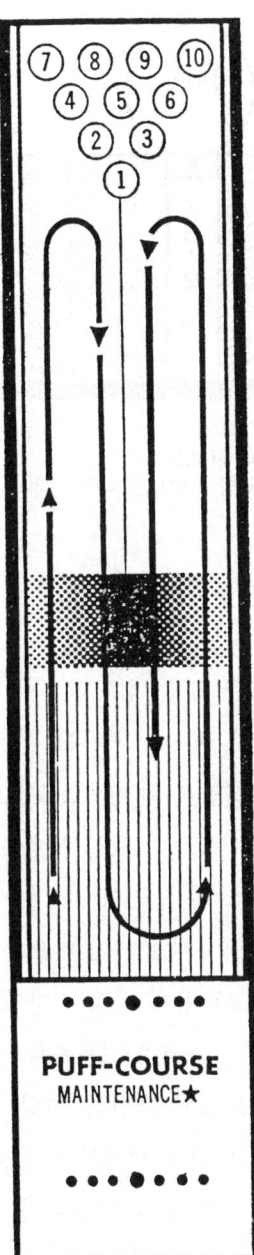

오일을 분무한 뒤
로타리에서
퍼프하는
순로(順路)를
나타낸다.

PUFF-COURSE
MAINTENANCE★

• 레인 메인테넌스

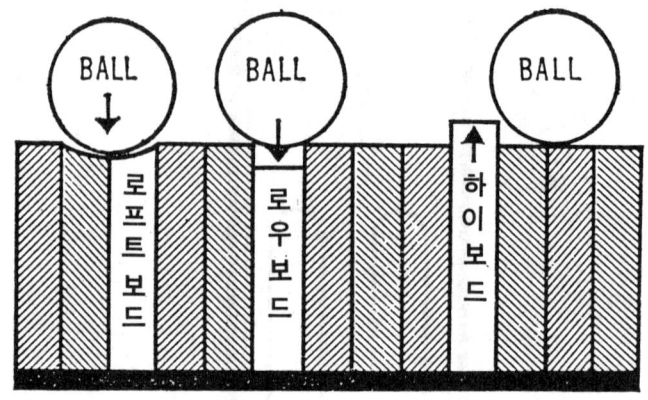

- **로우보드나 하이보드**
  튀어나온 보드, 오목한 보드는 레인 장해이므로 수리한다.

것 같다.

스프레이한 오일은 30~60분 정도면 정착됨으로 그 뒤 로터리 미신 하부에 있는 해면체 섬유질의 듀러 팻트에 소량의 컨디셔너 오일을 포함하여 레인 전면을 회전식으로 퍼프한다. 퍼프 코오스가 끝에 가까워짐에 따라 팻트의 오일이 배어 여분의 오일이 묻는 레인 부분이 3번과 4번 스폿 부근이다

물론 이 코오스 부근은 볼의 통과가 많으므로 다른 면보다 처음부터 오일을 의식적으로 두텁게 바르는 것이 보통이다. 마지막으로 롱브러쉬로 닦아 레인 멘테넌스를 종료한다.

레인 감별법의 지식으로써 오일은 중앙 부근에 두텁게 좌우판 10칸 부근을 얇게 바른다고 생각하면 좋을 것이다. ⑦번 핀이나 ⑩번 핀을 향해 던지면 볼이 미끌어져 버리는 것은 레인의

좌우는 그다지 사용되지 않기 때문에 오일은 얇지만 아직 남아 있기 때문인 것이다.

또 핀텍이나 ①번 핀 앞 60센티 정도까지는 오일을 바르지 않는다. 레인의 베이지색에 비해 핀텍이 희게 보이는 것을 알 수 있다. 그러므로 이 범위에 볼이 들어가면 오일이 없으므로 왼쪽으로 휘는 것이다.

극히 드물지만 로우보드라고 해서 1칸의 눈금이 오목하기도 하고, 하이보드라고 해서 튀어 나와 있는 레인 장해를 일으키고 있는 경우가 있다. 로프트 볼의 쇼크로 레인을 접시 모양으로 만들거나 하면 볼은 그 영향을 받아 코오스가 이상해진다.

이와 같은 레인 장해 감별도는 프로, 세미 프로 크라스라면 곧 알겠지만 일반 볼러들은 모르는 레인 컨디션이다.

6. 하이 스코어 레인의 수수께끼

120게임을 던져 그 애버리지가 190점 이상이면 프로 볼러 실기 테스트에 합격한다. 난공 불락의 이 두터운 벽을 넘는 볼러는 극히 몇 사람이라는 아주 좁은 문이다. 그러나 한 때는 십수명이라는 대량 생산을 낳은 적이 있었다. 협회도 업자도 깜짝 놀랄 일이었다. 그리고 더욱 놀란 것은 실기 테스트에 쓰인 '수수께끼'의 레인으로 던지면 200업이 계속되는 것이었다. 소위 '하이 스코어 레인'의 등장이라고 화제가 되었다. 그 레인 멘테의 수법에 대한 시비가 있었음은 물론이다.

하이 스코어 레인이라는 것은 중앙 레인을 중심으로 좌우 19칸의 범위에 극단적으로 두텁게 오일을 도포한다.

좌우의 각 10칸은 오일을 얇게 바르는 것이다. 그러면 얇은 오일면의 1번 2번 스폿에 볼을 얹으면 이른 아침 오전에도 슬로우 레인화되어 스핀이 걸리며 스트라이크 죤으로 훅되는 것이다. 또 손목을 잘못 하여 2번과 3번 스폿 범위에 볼을 얹으면 이번에는 두터운 오일면으로 볼이 흘러 들어가 이것 또한 스트라이크

제2부 / 정통 볼링 실전 작전 437

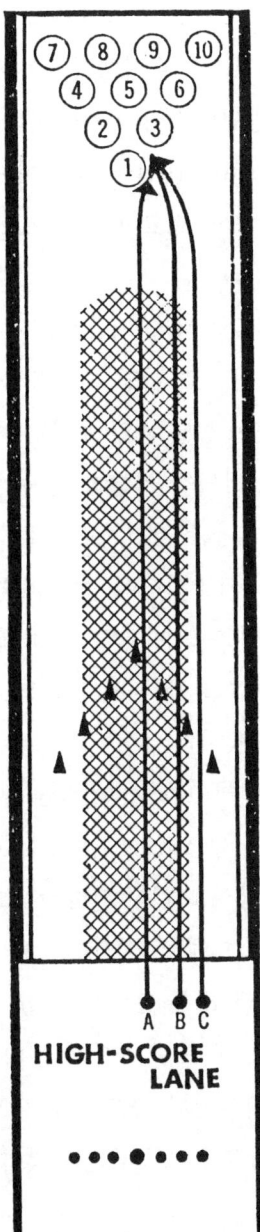

센터 부로의 오일을
두텁게 바르고
좌우측은
극히 얇게 한다.

• 하이 스코어 레인

죤으로 혹된다. 스트라이크 앵글의 범위가 넓어지는 것이다. 일설에 의하면 '트릭 레인'이라고 하여 아메리카의 프로들이 지방 순회 때 연출하는 멘테넌스 방법이라고 일컬어진다(앞면 그림).

그러나 ABC는 하이 스코어 레인에 대해 어느 센터의 레인이나 균일 정상일 것을 희망하고 권고하고 있으므로 현재는 본래의 정상 레인 펜테로 돌아왔다.

레인 멘테넌스 공작의 원칙적 기준으로써 공식론 방정식이 있는데 규칙은 없다. 그러므로 어떤 레인을 레이아웃하든 상관없지만 모든 센터의 레인이 동일 균일 멘테로 하는 편이 볼러들에게 있어서는 공평하고도 타당한 기술적 평가의 판정이 내려지므로 현재의 레인의 상태가 바른 것인지도 모른다.

균일하다고 해도 A센터와 B센터에 동일 기술자가 레인 멘터를 하는 것은 아니고, 또 프리 볼러가 많은 레져 센터 주택가에 있는 타운 센터, 역 근처의 터미널 센터 등 각각의 입지 조건에 따라 레인의 상태가 달라지는 것이다.

또 하이 스코어 레인이라고 해서 기술에 관계없이 누구나가 좋은 스코어를 낼 수는 없는 일이고 인사이드에서 플레이 하는 볼러들에게 있어서는 최악의 레인이 된다는 결점은 없다. 아무튼 기본적인 기준은 아웃사이드에서 겨냥하는 2번 스폿이지만 실제로는 여기다라는 결정적인 스폿 포인트는 없으므로 그때 그 때 만나 대결하는 레인이라는 미묘한 레인의 컨디션을 재빨리 감정하고 발견하는 지성과 케리어가 중요하다. 어느 레인이나 자유자재로 조정할 수 있는 기술을 마스터하는 것이 승리자의 자격이기도 하기 때문이다.

제7일
핀 공격의 포인트 전법

1. 스페어 메이드의 전략

남은 핀의 형태가 여러 가지 있듯이 핀을 공격하는 방법도 몇 가지나 있다. 어느 코오스에서 어느 스폿을 통과하여 어느 핀에 맞추면 완전히 쓰러지는가──그 가능성과 확률의 높이와 용이성을 분석하는 것이 오늘의 과제이다.

단순히 목표의 핀 만을 겨냥하여 던지는 '감'만으로는 지도성도, 합리성도 없다. 오히려 감에 익숙해져 버리면 조건반사가 의식 밑으로 들어가 버리기 때문에 실수를 저지르게 되는 일이 많아진다.

평범한 핀을 실수하는 것은 지나치게 익숙해져 조건반사가 면역되기 때문이다. 그와 같은 일이 없도록 어디까지나 조건반사를 설계도 상에 두고 핀의 연쇄 반응의 물리적 운동을 분명히 머릿속에 재현, 영사할 수 있도록 할 필요가 있다.

볼을 던지기 전에 머릿속에서 볼을 던지고 그 결과를 예측할 수 있으면 좋을 것이다. 이것이 이론적인 뒷받침이 되고 자신이 되고 실기에도 반영되는 것이다.

포켓 또는 부룩클린에 들어간 스트라이크의 볼은 핀에 충격을 주어 윗 그림과 같은 연쇄 반응을 유도하고 핀은 화살표와 같은 충격을 받아 쓰러진다. ⑤ ⑨번 핀은 볼의 진행통로(표시)에 맞추어 볼을 쓰러뜨린다. ① ②번 핀 사이 부룩클린의 스트라이크는 볼이 ⑤ ⑧번 핀을 쓰러뜨린다.

스트라이크를 마크하기 위해서는 아무튼 ①번 핀을 하이 힛트(완전 타도)한 것인데 로우 힛트—즉 ①번 핀을 벗어나면 그 벗어난 ①번 핀을 비롯하여 수 개의 핀이 남게 된다. 나머지 핀 중에서도 특히 쓰러뜨리기 어려운 핀의 위치를 스플릿이라고 부른다. 스트레이트계의 풀 로링 등 ① ③에 들어가도 나머지 핀이 많고 나머지 스피드를 붙이면 핀은 빠져 나가 버려 ⑦번 핀이나 ⑩번 핀에 연동할 여유가 있어 핀이 남는 경우도 있다.

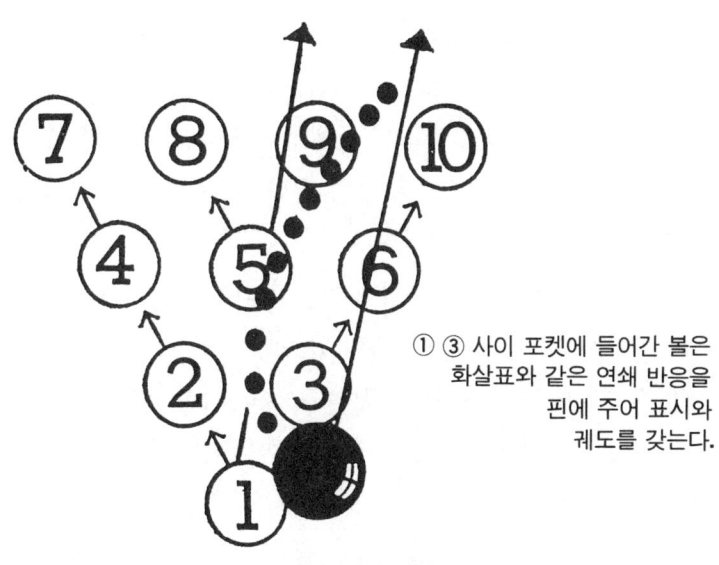

① ③ 사이 포켓에 들어간 볼은 화살표와 같은 연쇄 반응을 핀에 주어 표시와 궤도를 갖는다.

• 핀의 연쇄 반응

스플릿이 한 번 시작되면 이상하게도 다음에도 유발된다. '오늘은 이상하다'라는 생각에 빠지면 전체적으로 위축되어 팔을 충분히 앞으로 뻗을 수 없는 생리적 원인이 된다.

볼링은 핀이 어떻게 남든 미스를 하든, 그것은 그대로 자신의 책임이 되고 자신이 던진 볼의 결과라는 현재와 '사실'을 스스로 진실하게 긍정하는 것에서부터 시작된다. 그러므로 투구(投球)로 순간에 '충실한 자신감'을 볼에 걸고 전력 투구하는 것이 중요하다. 그 결과에 '후회'할 틈도 없는, '심각한 승부'인 것이다. 뒤를 돌아볼 수 없는 게임이다. 그러므로 미스는 미스, 남은 핀은 남은 핀으로써 그대로를 긍정하면서 담담한 평상심으로 신중하게, 그리고 릴렉스 하게 게임을 쫓을 수가 있다.

그러나 정신론 만으로는 유물, 무기질의 미신(기계)이나 볼에 적용할 수 없으므로 인간의 기계적 부분부터 운동 기능을 이끌어 내 트레이닝을 반복, 공격의 테크닉을 과학적으로 마스터하면서 '혈육'에 동화시킬 필요가 있는 것이다. 즉 '물(物)'이라는 초구의 합리성과 '심(心)'이라는 정신의 통합성이 하나로 결집된 때 '예(藝)'라는 지경에 달하는 것은 볼링 뿐만이 아니고 모든 도(道)에 관계되는 것이라고 생각된다.

그러면 무심의 마음이나 무아의 마음이 되어 던지면 되는 것이구나, 라고 간단하게 말하는 사람이 있는데, 무심으로 던진다거나 무아의 지경으로 던질 수 있을 때까지는 손가락이 피멍울이 맺힐 정도가 되지 않고서는 진정한 의미의 '무심(無心)'적 기술에 이를 수가 없는 것이다.

역시 초보에서부터 중급 볼러들은 생각하면서, 헤매면서, 의심

하면서, 고민하면서, 초조해하지 말고 연구해 가는 근면 성실함이 '무기교의 기교'에 달하는 첩경인 것이다.

2. 스리 핀 작전의 겨냥법

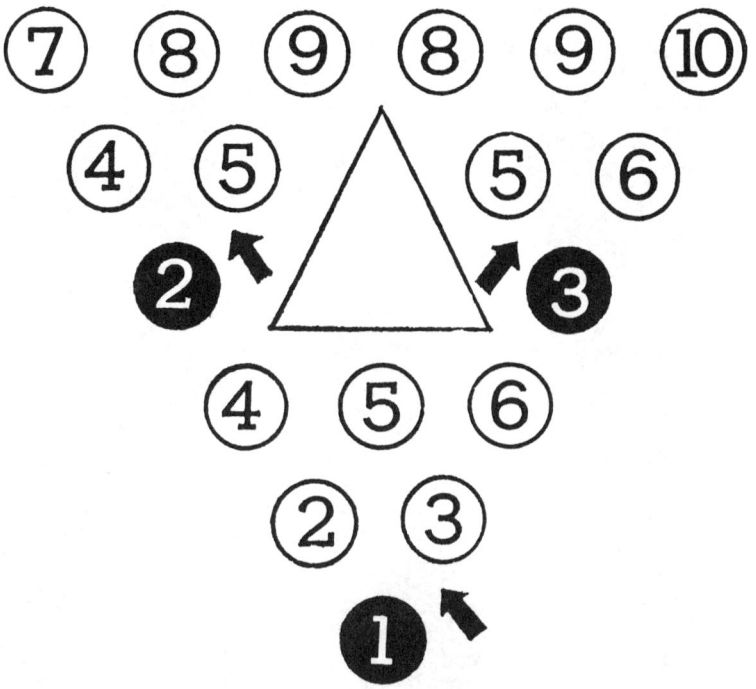

● **스리핀 작전**
　삼각형으로 있어 10개의 핀을 3등분으로 세분화하여 겨냥하면 미스를 방지할 수가 있다.

언제나 나머지 핀 중 맨 앞에 있는 핀을 헤드핀(①번 핀)이라고 가정하고 던지는 공격법이다.

그림은 10개의 핀을 3개의 삼각형으로 분할해 본 스리 핀 직전의 핀 배열도이다. ① ② ③의 검은 핀을 헤드핀이라고 가정하고 던진다.

① ③번 핀 사이의 포켓에 볼을 넣으려면 ② ⑤번 핀 사이나, ③ ⑥번 핀 사이에 볼을 통과시키면 각각의 나머지 핀을 쓰러뜨릴 수 있다. 단 ②번 핀을 ①번 핀으로 상정해도 ②번 핀은 ①번 핀 후방 30퍼센트 되는 곳에 서 있으므로 오른쪽의 사이드 스탠스와 스폿을 바꾸기 바란다. ②번 핀을 ①번 핀이라고 상정한 때는 반대로 왼쪽 사이드에 스탠스를 잡는다.

라이트 죤의 핀과 왼쪽 사이드에서 겨냥한 레프트 죤의 핀은 오른쪽 사이드에서 겨냥하는 것이 정공법이다. 이 스리핀 작전으로 대부분의 나머지 핀을 쓰러뜨릴 수 있게 된다.

3. 식스 핀 작전의 겨냥법

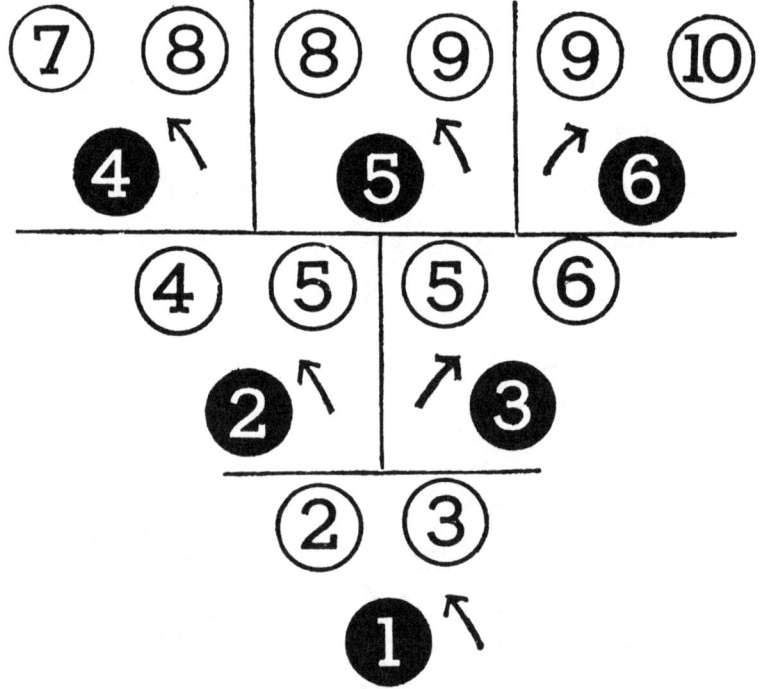

● **식스 핀 작전**
　삼각형으로 선 10개의 핀을 다양하게 세분화하여 겨냥하면 더욱 정확하게 겨냥할 수 있다.

10개의 삼각 구멍 핀을 다시 6개 삼각형으로 세분화한 것이다. 다음 페이지 그림을 보기 바란다. ①②③④⑤⑥번의 검은 것을 ①번 핀이라고 상상한 작전도이다. 3열째에 늘어선 ④번 핀 ⑤번 핀 ⑥번 핀은 ①번 핀의 후방 60센티 스폿에 서 있으므로 ①번 핀에 던져도 이르지 않는다.

④번 핀이라면 ④번 핀 앞을 그냥 지나칠 위험이 있는 것이다. 그러므로 60센티 멀어진 만큼 스탠스와 스폿을 좌우로 각각 변화시킨다.

3개의 핀 중 1개 또는 2개가 없는 경우에도 3개라고 상정하고 겨냥한다. 그러면 목표 범위가 넓어지기 때문에 불안감이 있다. ①번 핀에서 최후 열에 늘어선 바로 앞까지의 거리는 1미터이므로 핀열이 뒤가 될수록 거리가 멀어진다.

따라서 훅이나 커브 볼러는 그만큼 볼이 휘는 것을 계산에 넣어 볼 코오스를 설정하기 바란다.

또 핀텍은 오일을 바르지 않으므로 그 속에 들어간 볼은 반드시 휜다. 그것도 계산에 넣자.

4. 서치 라이트 작전 겨냥법

　옆면 그림을 보기 바란다. 라이트 죤에 남은 핀은 왼쪽 사이드에서 어프로치하여 공격한다.
　레프트 죤에 남은 핀은 오른쪽 사이드에서 고역한다. 즉 크로스 앵글 방식의 볼 코오스를 잡는 것이다. 즉 남은 핀의 위치에 따라 레인을 머릿속에서 대각선으로 사용하면 가터의 위험률이 적어지는 것이다. 초급 볼러가 왼쪽 미스의 ⑩번 핀을 쓰러뜨리기 위해 왼쪽 사이드 가까이로 볼을 똑바로 던지는데 그것은 볼의 착지점에서 ⑩번 번 핀까지는 백 퍼센트 가터의 위험이 있는 것이다.
　그 점에서 서치 라이트 작전은 항상 중앙 레인의 안전 지대를 사용함으로 위험없고 던지기 쉬운 것이다. 단, 레인을 대각선으로 사용할 때는 당신의 몸도 핀에 정대하고 파울 라인은 비스듬히 상정하여 어프로치해야 한다.
　즉 남은 핀, 쓰러뜨리고 싶은 핀에 정대(正對)하는 것이다. 알기 쉽게 말하자면 ⑦번 핀을 공격할 때 몸을 다소 왼쪽으로 향하고

제2부 / 정통 볼링 실전 작전 449

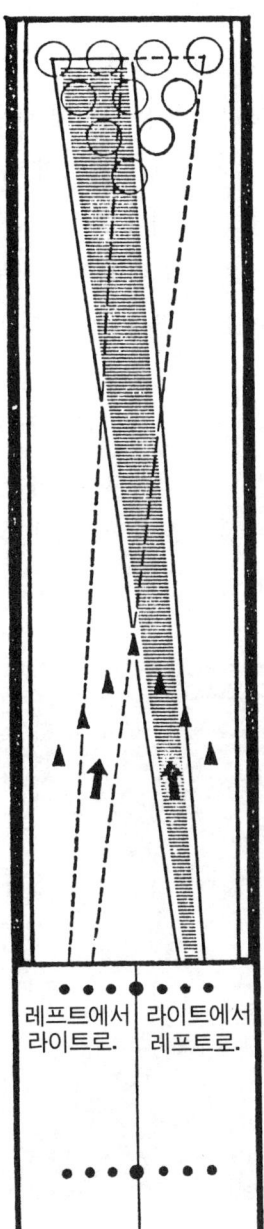

라이트 죤에 남은 핀은 왼쪽 사이드에서, 레프트 죤에 남은 핀은 오른쪽 사이드에서 공격한다.

레프트에서 라이트로. 라이트에서 레프트로.

• 서치라이트 작전의 기본도

⑦번 핀에 정대(正對)하여 대각선 코스로 쓰러뜨린다. 특히 스트레이트성의 구질 볼러는 그렇게 한다.

혹이나 커브성 볼의 볼러는 파울 라인에 좌우의 어깨를 평행하게 맞추고 똑바로 어프로치한다. 그대로의 폼으로 오른팔을 90도 직각으로 스윙하면 좋은 것이다. 왜냐하면 몸을 핀 방향으로 구부리지 않아도 볼이 도중에서 왼쪽으로 구부러지기 때문이다. 그래도 기분적으로는 다소 ⑦번 핀으로 향하는 편이 정확하게 쓰러뜨릴 수 있다.

⑦번 핀을 비롯하여 왼쪽에 남은 핀은 이것으로 해결되지만 오른쪽에 남은 ⑩번 핀을 시작으로 하는 다른 핀에 대해 혹이나 커브를 던지고 있는 사람은 스트레이트와 마찬가지로 몸을 다소 오른쪽으로 향하여 정대(正對)하기 바란다.

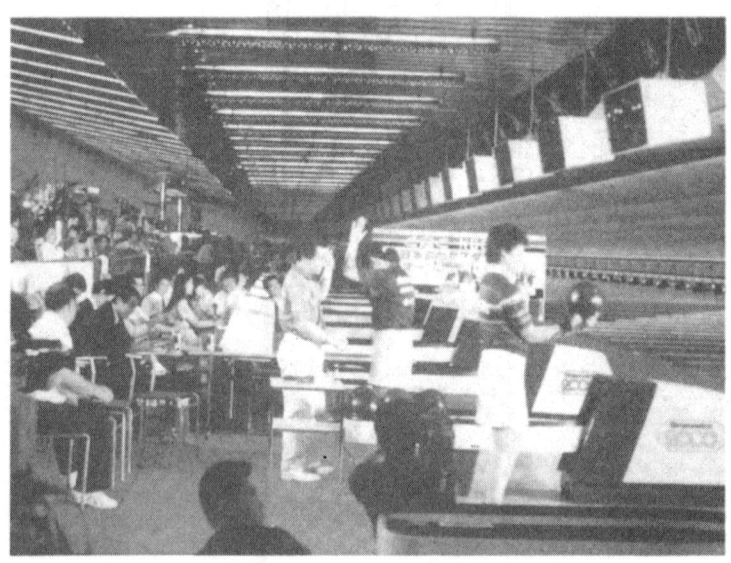

5. 3단 로켓 작전의 겨냥법

그림 ④⑤⑥번 핀은 3열째에 있다. 이 핀을 1개씩 완전히 쓰러뜨릴 수 있도록 연습하는 것이다. ④번 핀이 쓰러지면 ⑦ ⑧번을 잡을 수 있다. ⑤번 핀이 쓰러지면 ⑧ ⑨번 핀을 잡을 수 있다. ⑥번 핀을 쓰러뜨리면 ④ ⑩번 핀은 편해진다. 즉 3단째의 ④ ⑤ ⑥번 핀이 쓰러지면 4열째의 ⑦ ⑧ ⑨ ⑩번 핀은 전부 그 선상에 있으므로 쓰러지게 되고 또 앞 열에 있는 ① ② ③번 핀도 전부 잡을 수 있게 되는 것이다. 왜냐하면 ① ② ③은 ④ ⑤ ⑥ 코오스의 선상에 있는 앞 핀이기 때문이다.

이것이 스페어 핀을 쓰러뜨리는 방법 중 가장 단순 방정식으로 3단 로켓식 작전이라고 부른다.

하지만 10개의 핀을 늘어 놓는 핀셋트는 ④ ⑤ ⑥번 핀만을 늘어 놓아 주지 않기 때문에 트레이닝할 수가 없다. 그러므로 ④번 핀이 남은 때, ⑤번 핀이나 ⑥번 핀이 남은 때 이것을 생각하면서 정성스럽게 던지고 로켓 코오스를 확인하고 기억하려는 마음을 가져야 한다.

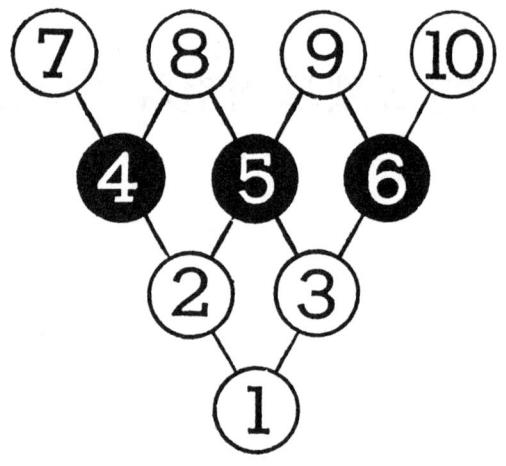

● **삼단 로켓트 작전**
④⑤⑥번 핀의 코오스를 트레이닝하면 전후의 핀은 모두 그 코오스 선상에 나오므로 정확히 쓰러트릴 수 있다.

볼링 센터에 따라 가끔 트레이닝 레인이라는 특수한 핀센터가 있어서 희망하는 핀 만을 쓰러뜨릴 수 있는 보턴 방식의 기계가 있다. 만일 설비가 있으면 이용해야 한다.

양쪽 구석에 남은 ⑦번 핀이나 ⑩번 핀은 위치적으로 겨냥하기 어렵고 한 가운데 남은 핀처럼 핀의 조우에 볼 코오스가 있다. ⑦번 핀은 핀의 오른쪽 안, ⑩번 핀은 핀의 왼쪽에만이라는 식으로 일방 통행의 도로 같이 도폭이 좁은 것이다. 구석에 있으므로 쓰러뜨리기 어렵다는 것 뿐만 아니라 한쪽 흑편에 가터라는 단벽이 있기 때문에 미스가 많은 것이다.

그런 만큼 ⑦번 핀에 통하는 ④번 핀 코오스와, ⑩번 핀에 지나는 ⑥번 핀 코오스를 철저하게 연습할 필요가 있는 것이다.

프로를 양성하는 아메리카의 프로 코치는 볼러가 ⑩번 핀을 미스하면 하루 반나절 이상이나 ⑩번 핀을 전문적으로 던지게 한다고 한다. 3단 로켓트 작전의 겨냥도 실은 아메리카 방식의 트레이닝 방식이다. 물론 당신의 구질과 볼 코오스에 따라 스폿은 고정화해야 한다.

6. 이미지너리 작전의 겨냥법

한 개 남은 핀은 목표가 작아 10개를 쓰러뜨릴 때보다 불안해진다. 이 1개를 잡느냐, 못 잡느냐로 그 프레임의 실수 스페어의

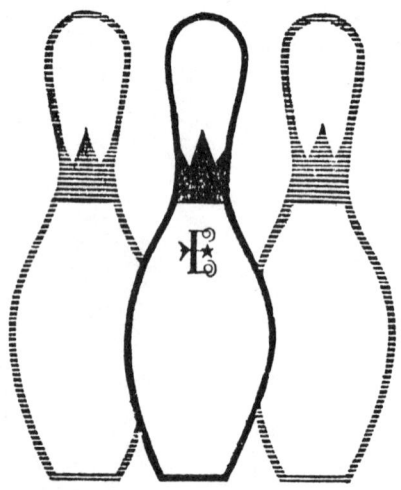

● **이미지너리 작전** I
2개의 핀이 뒤에 있다고 상상하여 1개를 3개라고 생각, 목표를 크게 하는 자기 암시 방법으로 미스가 적어진다.

갈림길이 되는 것이다. 불안감, 긴장으로 실수해버리는 것을 간단히 쓰러뜨리는 요령이 있다.——그 방법이 이미지너리(상상, 가상, 상정)한다는 의미의 작전이다.

그 방법은, 볼이 핀에 5밀리 닿으면 핀이 쓰러진다는 것을 우선 알아 두기 바란다. 그러면 다음 아래 그림과 같은 계산이 성립된다. 그러므로 레인 반의 폭 54센티 중에 볼이 들어가면 핀은 반드시 쓰러진다. 볼의 직경 2센티 5밀리의 그 5밀리를 핀의 좌우 어느 쪽에 넣는 계산이 되는 것이다.

핀 1개의 폭 12센티 만 신경 쓰고 있으면 목표가 작아 미스가 난다. 이로써 당신은 남은 핀을 미스 없이 쓰러뜨릴 자신이 붙을 것이다.

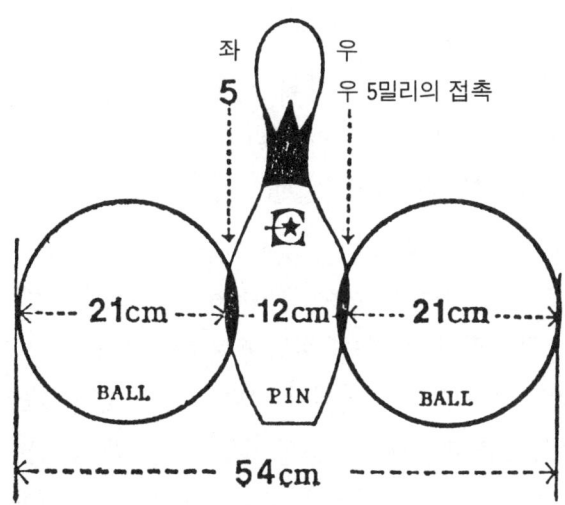

• **이미지너리 작전 Ⅱ**
왼쪽 볼폭 21센티+핀폭12센티+오른쪽 볼폭21센티=54센티는 레인폭 1미터 4센티의 반문에 해당한다. 이 반속에 던지면 1개를 쓰러뜨릴 수 있다.

7. 스리퍼에 주의하라

스리퍼가 ③번과 ⑨번 핀이나 ②번과 ⑧번 핀이라는 식으로 2개의 핀이 일직선으로 나란하여 뒤의 핀이 보이지 않고 한 개처럼 보이는 핀의 배치 스플릿을 말한다. '인 더 닥'이라거나 '바우 메이드'라고도 불리운다. 일반적으로는 '체리'라고 불리고 있고, 스코어 시트에도 그렇게 인쇄된다. 그러나 이것은 잘못이다. 스리퍼를 겨냥하여 던져 앞 핀이 쓰러지고 뒷 핀이 남은 때가 바른 의미의 '체리'인 것이다.

이 스리퍼도 상당히 미스가 많은 스플릿 중 하나이다. 앞에 있는 핀의 정면에 맞지 않으면 완전하게 뒤의 핀이 쓰러지지 않는다. 다음 페이지의 윗그림은 정면에 맞추어 완전히 타도하는 훅성 볼의 돌입 코오스이다. 아래의 그림은 ②번 핀에 3분의 2 정도 많지만 볼이 가볍기 때문에 핀이 되튕겨져 ⑨번 핀이 남아 버리는 예이다. 볼이 무거우면 직진동이 있기 때문에 3분의 2라도 쓰러뜨릴 수 있다. 따라서 볼이 가벼우면 가벼울수록 정면에 맞추지 않으면 2개를 쓰러뜨릴 수가 있다.

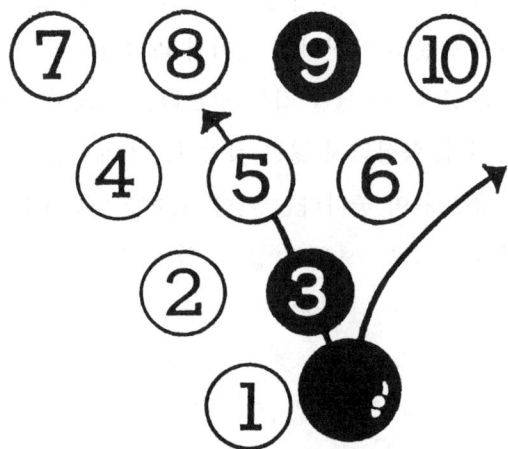

- **스리퍼 I**
  ③핀의 정면에 맞는다. 무거운 볼이나 훅 싱이라면 다소 오른쪽 2/3로 가도 쓰러뜨릴 수 있다.

- **스리퍼 II**
  ③번 핀의 정면에 맞는다 가벼운 볼이 ⅔ 정도에 맞으면 핀이 져서 ⑨번 핀이 남는다.

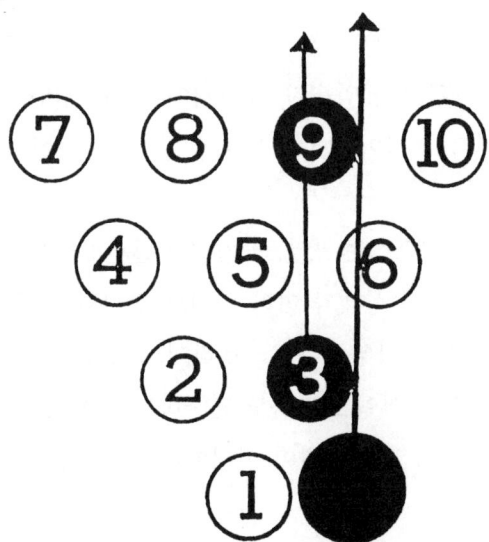

나머지 핀을 쓰러뜨리는 데는 스피드의 강약, 볼의 착지점, 휘는 정도까지 충분히 계산하여 던지기 바란다.

많은 볼러는 스트라이크를 잡는 것보다도 스페어를 잡지 못해 실패하고 점수도 향상되지 않는 것이다. 스페어를 잘 잡을 수 있다는 것은 컨트롤이 좋다라는 기술 수준을 나타내는 것이므로 당연 스트라이크 코오스로도 던질 수 있어 스트라이크를 마크하는 율도 높은 것이다. 누구나 어프로치에 서면 우선 스트라이크를 겨냥하고 기대하고 노력하는 것은 당연하다. 그러나 스트라이크만을 기대하고 스페어를 소홀히하면 언제까지나 컨트롤 볼러가 될 수 있는 것이다.

종종 초보자 볼러가 스트라이크를 연발하는 경우가 있으나 남은 핀의 스페어를 쓰러뜨리지 못하는 것으로 그 사람의 기술을 단정할 수 있다. 우발적인 스트라이크도 스트라이크임에는 틀림없으나 중급 볼러라면 과학적인 지성, 계산적인 코오스로 스트라이크를 마크하기 바란다. 전자와 후자의 차이는 스트라이크의 가치 내용이 다르고 게임수가 많아짐에 따라 애버리지가 전혀 달라지는 것이다. 볼링이 애버리지의 게임이라고 일컬어지는 것은 그 때문이다.

스트라이크의 코오스는 포켓, 또는 부룩클린 2가지이지만 스페어는 남은 핀의 배치 상태가 여러 가지로 변화되고 있다. 그만큼 코오스도 복잡하고 다양하다. 스트라이크보다 어려운 것이다. 따라서 남은 핀에 기꺼이 도전하고 연구하는 것이 중요하다. 애버리지를 안정시킬 유일한 방법이 이것이다.

제8일
실전에서 미스를 없앨 전법

1. 미접촉 핀의 분석

　레인 컨디션도 알고 스트라이크 존의 공격법도 알았다. 그럼 프레임을 스트라이크 스페어라는 식으로 멋지게 진행시켜 200 에버리지가 되느냐 하면 그렇게 되지는 않는다. 던지는 법은 전과 조금도 다름이 없는데 여러 가지 형으로 핀이 남는 것이다(다음 페이지와 그 다음 페이지의 그림).

　그 대표적인 스플릿 체형으로는 ⑤=⑩의 다임 스토어, ②=⑥의 베비, ②④⑤⑧의 바켓트, ①②④⑦의 피켓펜스, ②④⑩의 윗셔, ③=⑨의 스리퍼, ④⑦⑥⑩의 빅포어, 누구나가 어려워 하는 레일 포드 등은 영원히 만나지 낳는 철도라는 의미로 쓰러뜨린 기록은 몇 번인가 있으나 극히 드문 일이다.

　남은 핀은 쓰러뜨리기 어려운 것이지만 그 쓰러뜨리기 어려운 핀에 도전하지 않으면 애버리지나 스코어는 올라가지 않는다. 초급과 중급, 중급과 상급, 아마츄어와 프로의 경계가 이 즈음의 기술로 분명해 진다. 말하자면 스트라이크를 마크하는 것보다 인상적인 것이다.

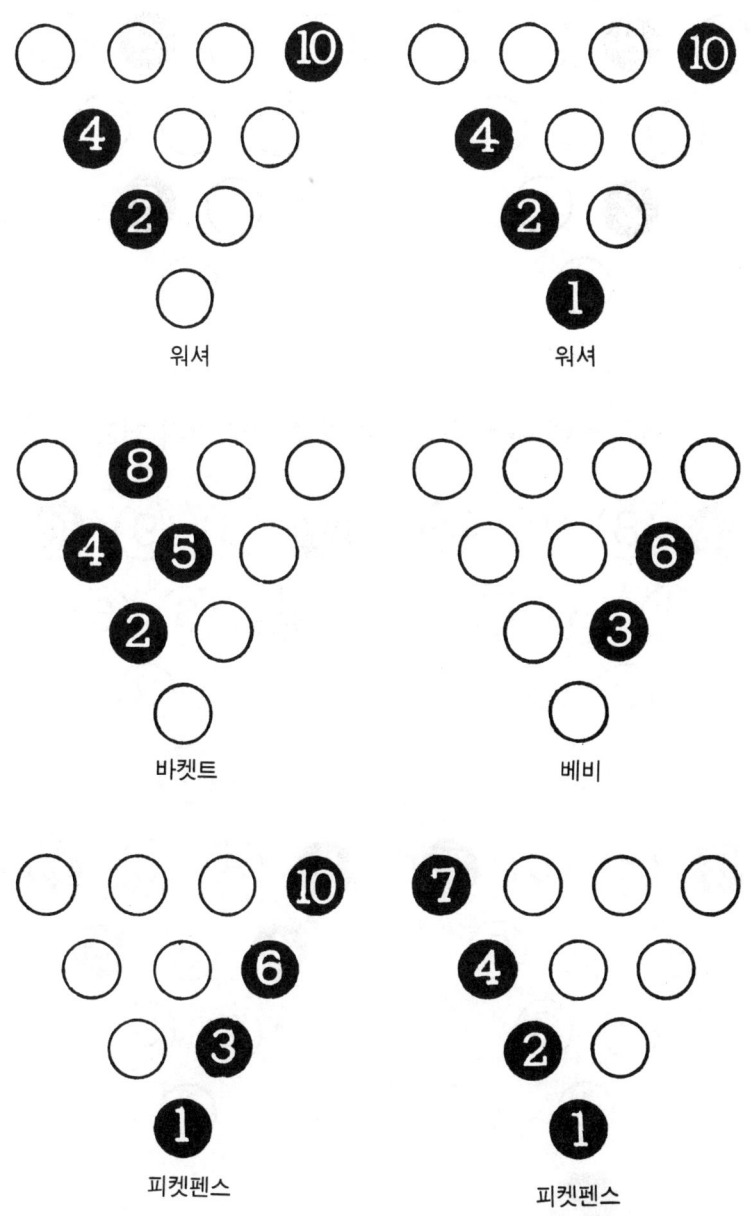

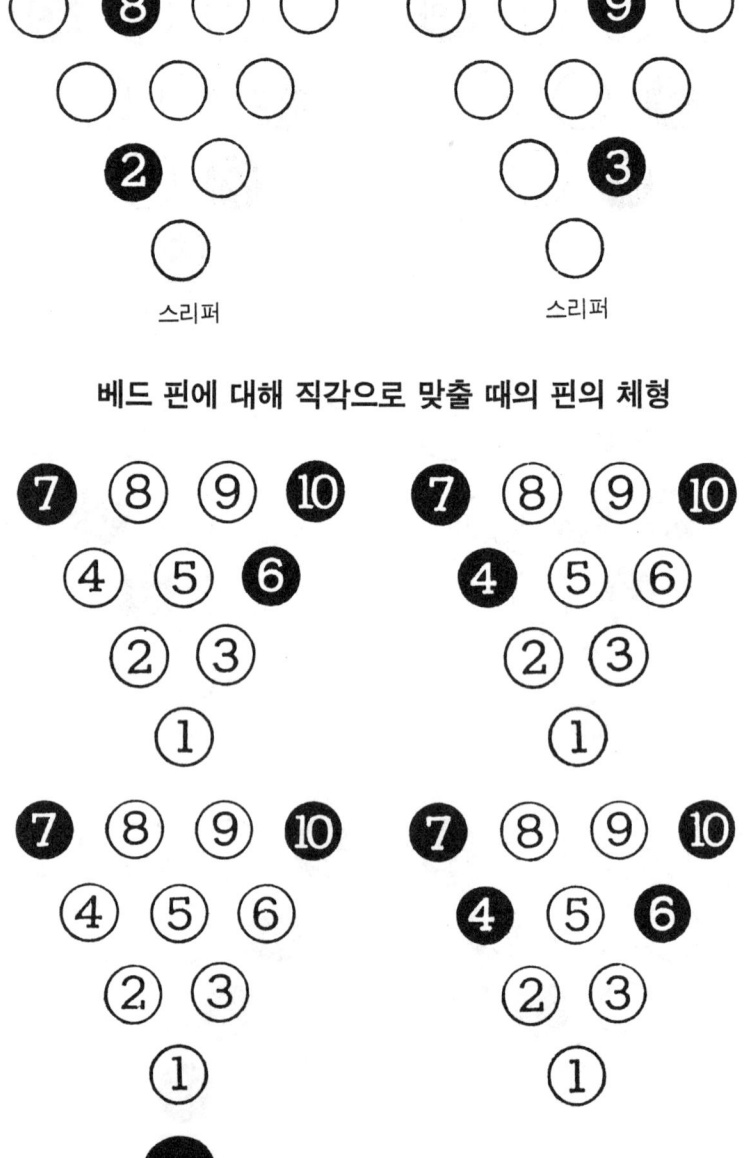

베드 핀에 대해 직각으로 맞출 때의 핀의 체형

프로 볼러는 1투째에 스트라이크가 나오지 않은 경우 거의 9개 쓰러뜨리고 1개가 남아 두번째 투구로 그것을 쓰러뜨려 스페어 게임을 갖는 것이 상식이지만, 인간이 하는 일이기 때문에 여러가지 핀의 배치가 출현하게 되는 것이다. 그에 대항하여 또 여러가지 공격 코오스 작전이 있는데, 그보다 먼저 어째서 그런 핀이 남는지 그 이유를 아는 것이 전제일 것이다. 이유를 알면 다음의 투구 때 조정을 바로 할 수 있을 것이다.

그럼 실전적으로 핀 체형의 배치표를 보면서 어째서 이런 핀 배치로 남았는지── 라는 이유와 그 핀을 쓰러뜨리는 방법에 대해 정확한 공격법을 분석해 보기로 하자. 여러 가지 이유를 정리해 보면 남은 핀의 체형은 왼쪽 5가지의 배치로 분류할 수 있는데, 즉 그 앵글의 차이로 핀의 연쇄 반응이 이상을 나타내어 미접촉 핀 현상을 나타내는 것이다.

1. 헤드 핀에 대해 직각으로 맞은 때
2. 헤드 핀의 오른쪽에 두텁게 맞은 때
3. 헤드 핀의 오른쪽에 얇게 맞은 때
4. 헤드 핀의 왼쪽에 두텁게 맞은 때
5. 헤드 핀의 왼쪽에 얇게 맞은 때

이 5가지 예를 각각 다수의 그림으로 나타냈으니 참조하기 바란다. 볼 스피드, 볼의 롤링, 스폿의 앵글 미스, 그리고 투구상의 원인이 합쳐져 미접촉 핀 현상이 나타나는데 뭐니뭐니 해도 발 가까이에 큰 볼을 떨어뜨리는 볼 상태에 가까운 스플릿이 많은 것 같다.

아메리카의 프로나 우리나라의 프로도 그렇지만 시합중에는

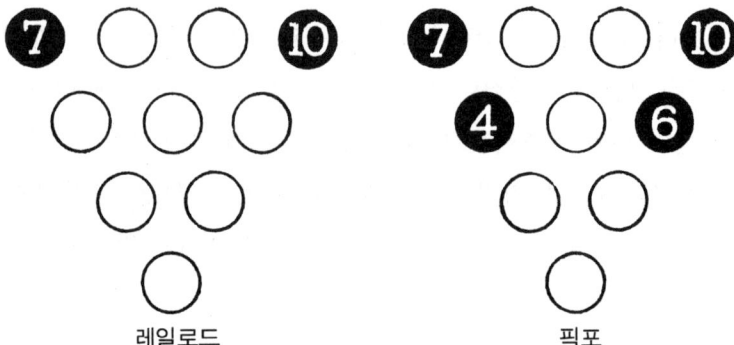

레일로드　　　　　　　픽포

거의 스플릿을 내지 않는다. 스트라이크를 내지 못한 경우 나머지 핀은 1개가 보통이다. 스트라이크나 9개인 것이다.

즉 볼의 회전이 좋고 확산력이 강한 것이다. 프로가 1구째에 나머지 핀을 3개 이상 내거나 ①번 핀을 맞치지 못하는 일이 있다는 것은 수치라고 생각하고 있다.

나머지 핀 체형의 원인과 결과를 이와 같이 알았으면 다음 투구 때 스폿 앵글의 조정이 가능하게 된다. 직각 정면에 맞으면 ⑦번과 ⑩번이 남거나 부룩클린에 얇게 맞아 ⑤번 ⑩번이 남는다── 라는 것을 알게 된다.

다 던진 뒤 어프로치에 서서 목을 갸우뚱하고 있는 초보자에게 당신도 어드바이스해 주기 바란다. 그것이 인스트럭터나 중급 볼러의 자격이다. 스플릿은 볼과 핀의 접촉 각도 뿐만이 아니고 다음과 같은 이유로도 미접촉 현상이 일어난다.

1. 스피드가 빠를 때, 또는 너무 느릴 때
2. 펄로우 슬로우 후 오른손 끝을 코 왼쪽으로 뺄 때. 팔꿈치가 ㄱ자로 휘어 있어서 팔, 손이 똑바로 뻗어있지 않은 때

3. 볼을 파울 라인 앞 또는 가까이에 떨어뜨린 때
4. 백스윙의 흔들기가 극단적으로 높을 때
5. 파워(역투)가 극단적으로 강한 때
6. 소극적, 위축된 느낌으로 투구한 때
7. 볼 회전이 변칙적일 때
　——등의 투구 기술에 따라 남은 핀의 체형이 달라지는 것이다.

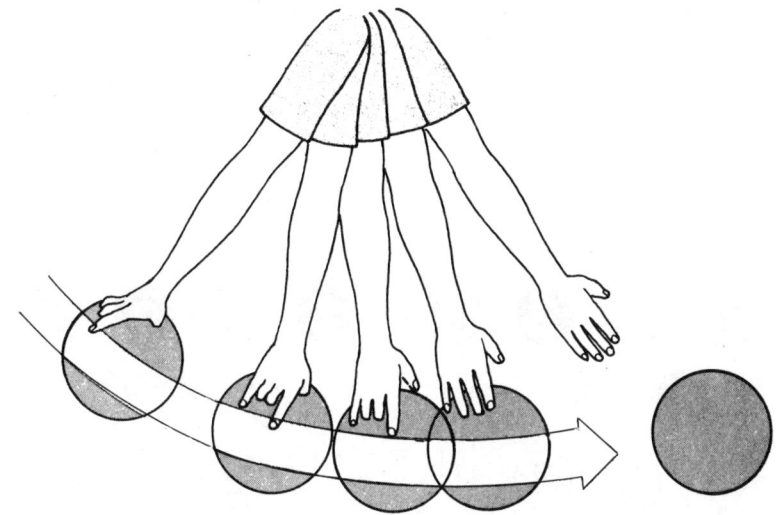

베드 핀의 오른쪽에 두껍게 맞은 때의 핀의 체형

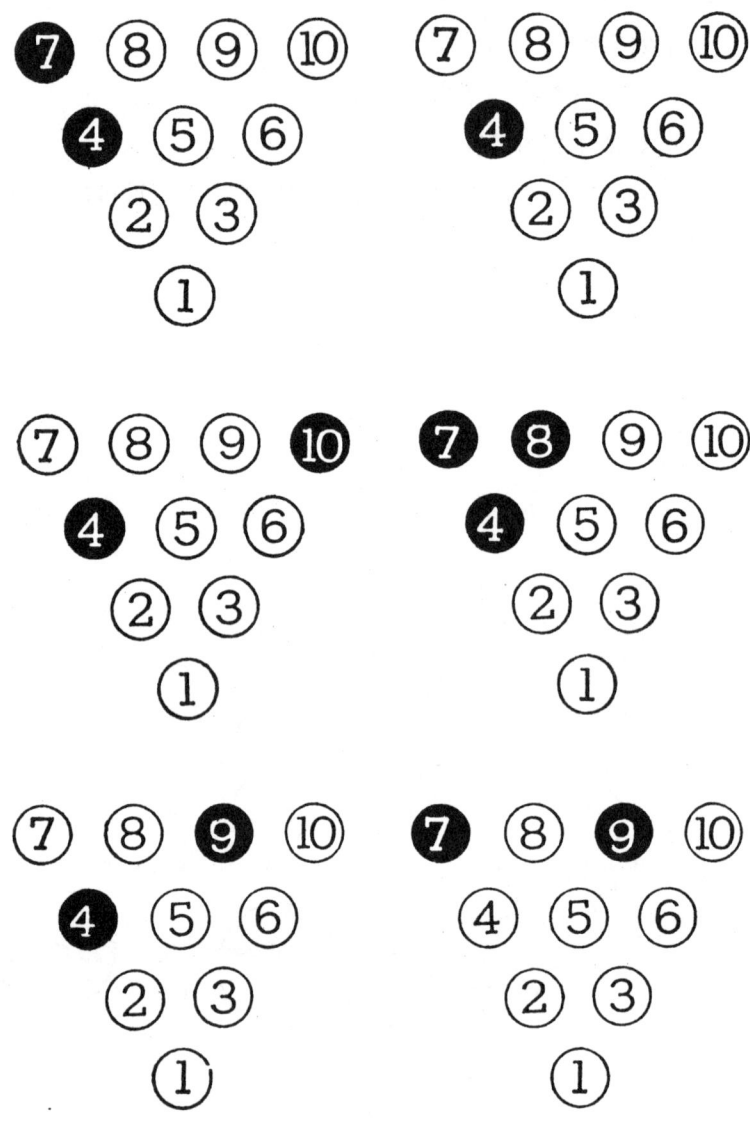

제2부 / 정통 볼링 실전 작전   467

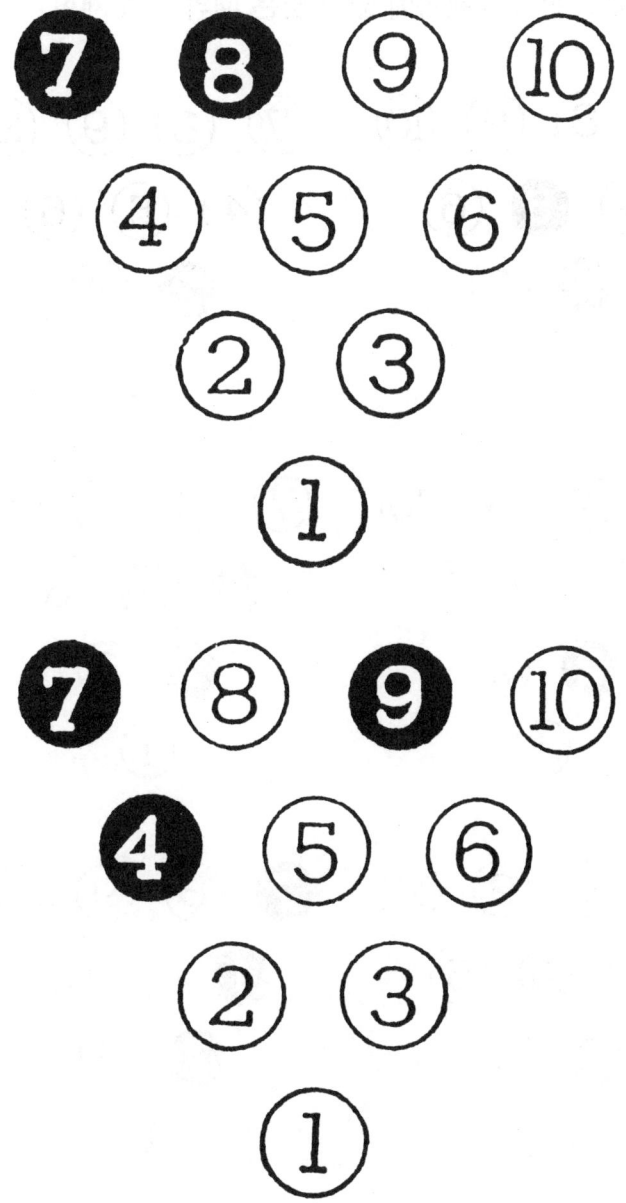

베드 핀의 오른쪽에 얇게 맞은 때의 핀의 체형

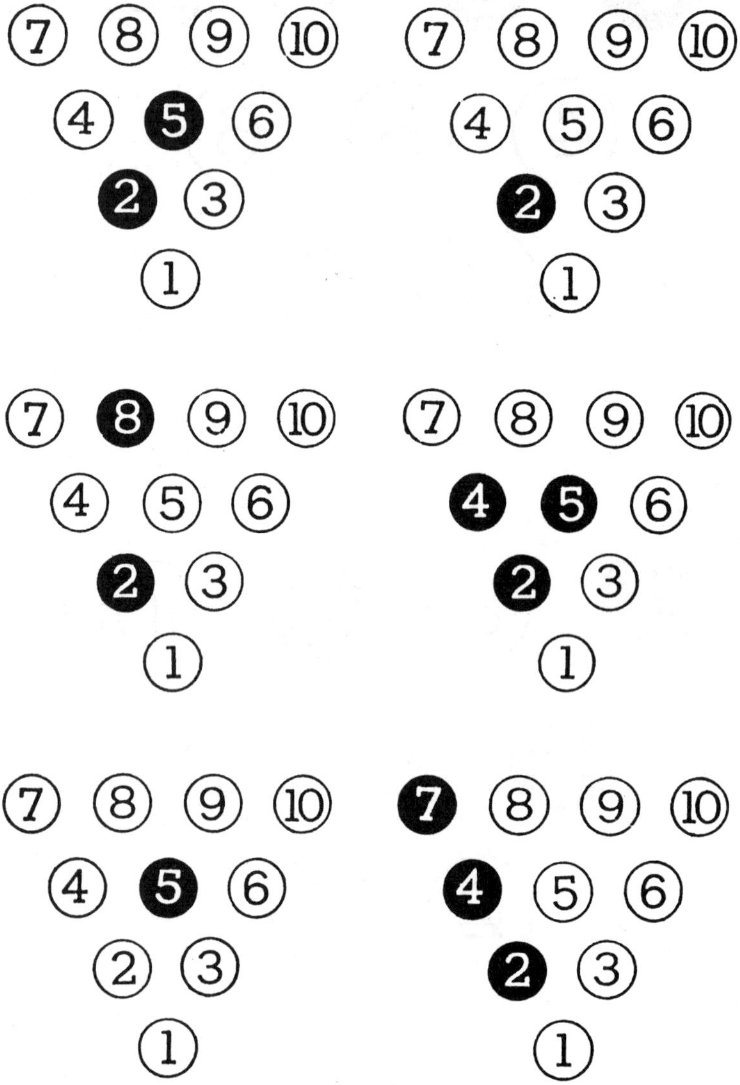

⑦ ⑧ ⑨ ⑩　　⑦ ⑧ ⑨ ⑩
④ ❺ ⑥　　　④ ⑤ ⑥
❷ ③　　　　　❷ ③
① 　　　　　　①

⑦ ❽ ⑨ ⑩　　⑦ ⑧ ⑨ ⑩
④ ⑤ ⑥　　　❹ ❺ ⑥
❷ ③　　　　　❷ ③
①　　　　　　①

⑦ ⑧ ⑨ ⑩　　❼ ⑧ ⑨ ⑩
④ ❺ ⑥　　　❹ ⑤ ⑥
② ③　　　　　❷ ③
①　　　　　　①

제2부 / 정통 볼링 실전 작전 469

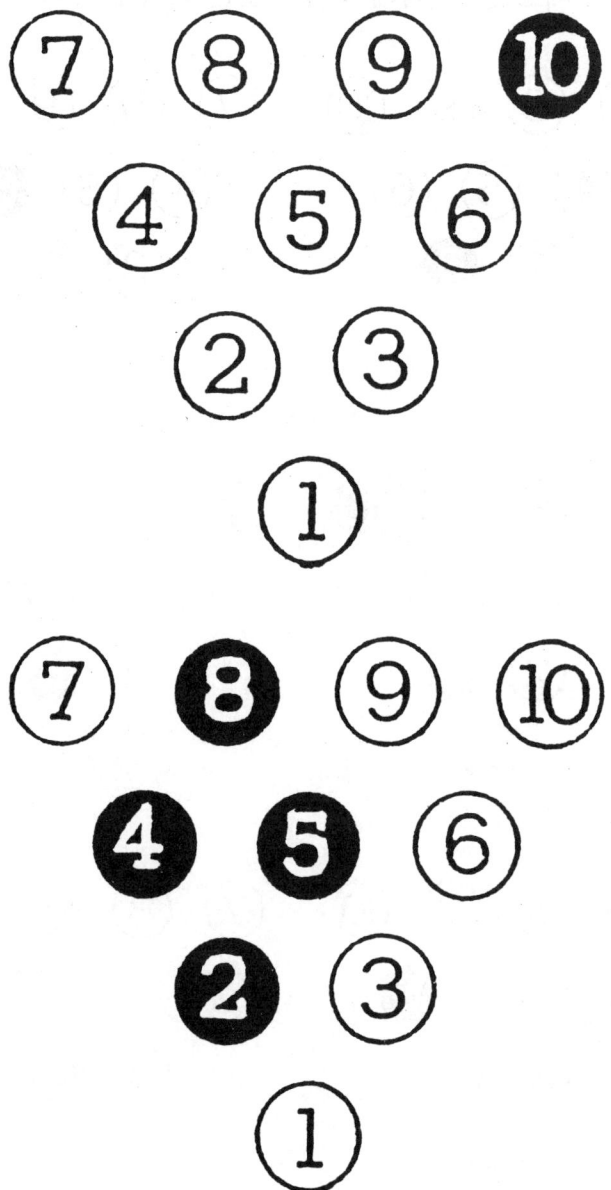

베드 핀 왼쪽에 두텁게 맞은 때의 핀의 체형

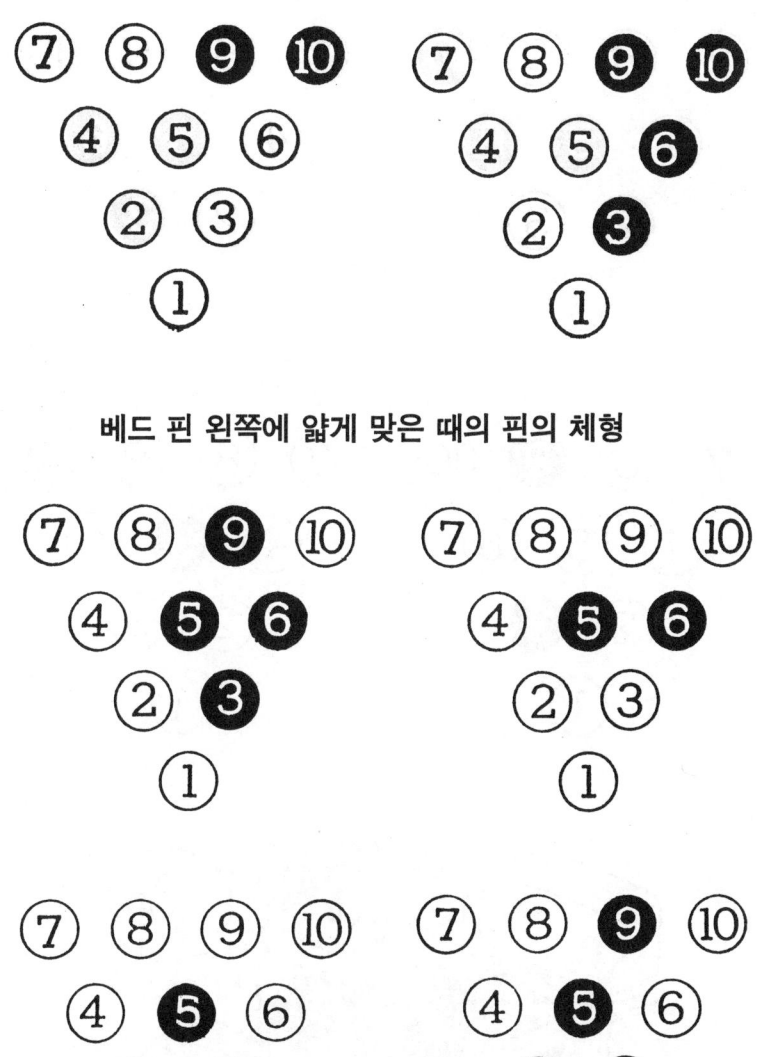

베드 핀 왼쪽에 얇게 맞은 때의 핀의 체형

2. 핀과 핀 액션

볼과 핀이 접촉하는 각도, 투구법으로 남은 핀의 여러 가지 체형이 생기는데 또 핀 그 자체에도 문제가 있다. 핀과 핀 액션에 대해서는 제3일째의 '스트레이트 스트라이크 겨냥법'의 항에서 잠시 언급했으므로 다시 읽어 보기 바란다.

볼링 센터가 다르면 스코어도 달라지는 것을 알 수 있다. A센터에서는 에버리지가 190을 넘고, B센터에서는 180정도이고, C센터에서는 170에서 180이라는 식으로 나오는 세미 프로 볼로는 얼마든지 있다. 물론 핀 뿐만이 아니고 레인이나 그 외 여러 가지 조건이 합쳐져서 그렇게 되었을 것이다.

분명히 쓰러뜨리기 어려운 핀이 있다. 핀의 웨이트나 핀의 신구 메이커, 브렌드의 차이도 있다.

1. 목재 핀은 그 자체를 살린 것으로 단일성의 핀이라고 일컬어지고, 무게는 20 파운드 14온스에서 3파운드 10온스까지 있다.

2. 금속성 핀은 3파운드 2온스에서 3파운드 10온스까지로 아메리카에서 사용되고 있다.

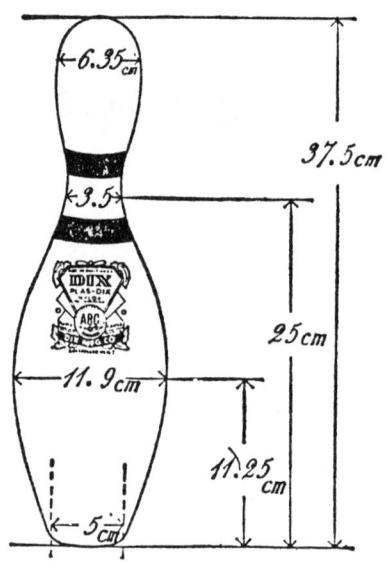

- **핀**

우리 나라에서 사용되고 있는 핀은 프라스틱 가공된 것으로 웨이트는 3파운드 2~10온스까지의 것이 많다.

3. 프라스틱 가공 핀이 현재 우리나라에서 사용되고 있는 핀이다. 웨이트는 2파운드 14온스에서 3파운드 10온스까지로 규정되어 있다. 재질은 메플재를 사용하고 세도에 합성판을 부착하여 그 위에 0.1밀리에서 0.5밀리 한도의 프라스틱을 도장한 것이다. 한 개 한 개의 중량은 호모나이즈(동질 균등)이고 라이컴을 자르듯 어느 높이로 핀을 잘라도 10개 핀의 중량은 같도록 만들어져 있다. 만일 1개라도 그 차이가 4온스를 넘으면 부정이 된다. 레인과 마찬가지로 핀도 볼러가 손을 댈 수 없는 대상물이므로 핀 그 자체의 지식을 갖게 하여 대응하는 방법 이외에는 도리가 없다.

어느 센터에서나 볼러에게 좋은 스코어를 내도록 해주면 그만큼 선전도 되고 많은 볼러들이 오므로 그렇게 나쁜 핀은 사용하지 않는다. 말하자면 좋은 완전한 핀을 서비스하는 볼링 센터가 가장 양심적이고 또한 참다운 센터 경영의 자질을 갖추고 있다고 생각해도 좋을 것이다. 극단적으로 말하자면 핀 그 자체가 센터가 볼러에게 파는 '상품'인 것이다.

핀은 충격을 받아 표면에 금이 가기도 하고 도장이 벗겨지기도 함으로 항상 보수 수리하여 2주간 교체로 휴식을 취하게 한다.

새 것의, 잘 전도된 핀은 충격자도 알 수 있는 느낌으로 경쾌하게 비산하지만 또 바닥의 베이스 탓치멘트가 잘 되어 있지 않기 때문에 탑(1개 남는 것)이 되기 쉬운 것이다.

그 점에 주의하기 바란다.

• 포켓에 들어간 볼과 브란즈윅크사의 진

오래된 핀은 베이스 탓치먼트가 달아 쓰러지기 쉽지만 수명이 다 되어 있는 핀이나 관리가 나쁜 핀은 때로는 핀이 불균등하여 이상한 핀 액션을 일으켜 이것도 탑이 된다. 이와 같은 핀은 충격율의 울림의 위화감이 있다.

재생한 핀이나 이상한 메이커의 핀을 혼합하거나 하면 스플릿이 속출하여 곧 알 수 있다. 또 3파운드 2온스의 가벼운 핀인 경우는 파워와 스피드를 약하게 하고, 3파운드 10온스 핀일 때는 파워와 스피드를 강하게 할 필요가 있다.

따라서 핀의 중량, 신, 구 혼합 재생핀의 액션성과 특성을 트레이닝으로 체험하여 파악할 수 있을 정도의 감정력을 갖는 것이 프로테스트 볼러의 자격일 것이다. 초보자라면 몰라도 중급자가 되어서도 연구를 하지않는 사람이 상당히 있는데 이래서는 180의 두터운 장벽에 도전할 수 없는 것이다. 생각해 보자. 당신이 항상 도전하고 있는 상대는 '핀'이 아닌가.

핀은 자주 프로 테스트 시험 문제에 나옴으로 이것도 기억해 두자. 높이는 38센티 8밀리 5. 몸통 가장 뚱뚱한 곳의 직경은 약 12센티 바닥의 직경은 5 센티, 8밀리이다.

핀의 대부분은 수입품이다.

핀에 따라 뚱뚱한 느낌으로 보이는 것, 날씬해 보이는 것 등이 있다. 이와 같이 다르게 보이거나 느끼지는 것은 핀의 오목한 목 주위에 2개의 선을 디자인하기도 하고 왕관 마크를 디자인하기도 하는, 그 무늬나 색채로 착각을 일으키기 때문이다. 핀의 모양은 규격대로 만들어져 있어 어느 레인의 것이나 동형 동질이다.

단 가벼운 크라스의 핀이냐, 무거운 핀이냐 하는 것을 파악하는 방법은 각 센터에서 각종 핀에 대결하여 경험을 쌓아 기억하는 방법밖에 없다. 중급 볼러가 되면 핀 액션이나 충격음으로 대강 판단할 수 있게 된다. 모두 투구 기술과 관계 있는 것이므로 알고 있으면 스코어는 업된다.

실제로 핀 한 개를 들어 보면 크기와 무게에 놀라게 된다. 핀도 그렇지만 핀을 세워놓는 핀텍, 내주 사용될 때까지 대기하고 있는 관리핀의 무수한 균상을 보거나 만지는 체험도 필요하다.

대상이 되는 핀의 목표, 높이나 그 주변 사정 관리법의 실체를 만나면 자신의 사고방식이 변하게 되는 것이다. 하지만 관계자나 프로 이외의 사람에게는 좀처럼 그런 기회가 없으므로 만일 기회가 있으면 자진하여 견학하고 연구하기 바란다.

먼 곳에 배치되어 있는 10개의 핀을 추상적으로 보고 있는 것이 일반 볼러의 모습이지만 이래서는 대상물의 실체도 모르고 던지고 있는 것에 지나지 않는다. 톱 볼러가 되려는 사람은 핀의 실체를 구상적으로 과학적으로 관찰하여 핀을 이해하고 그 공격의 본맥을 알아야 한다.

프로숍 등에서 판매하고 있는 핀은 사이드 디자인은 같지만 데크레이션 핀이라고 해서 재질, 중량, 제법이 다르므로 잘못 생각하지 않도록 하자.

아무튼 실수를 없애는 방법은 기술, 심리 상태, 레인 컨디션, 핀 등 복수의 요소를 통합하고 그에 합리적인 지성을 작용시키는 냉정함이 필요하다. 특히 스플릿을 처리하는 기술은 스트라이크를 마크하는 것보다 고등한 것이며, 섬세한 테크닉과 지혜가 요구된다.

478

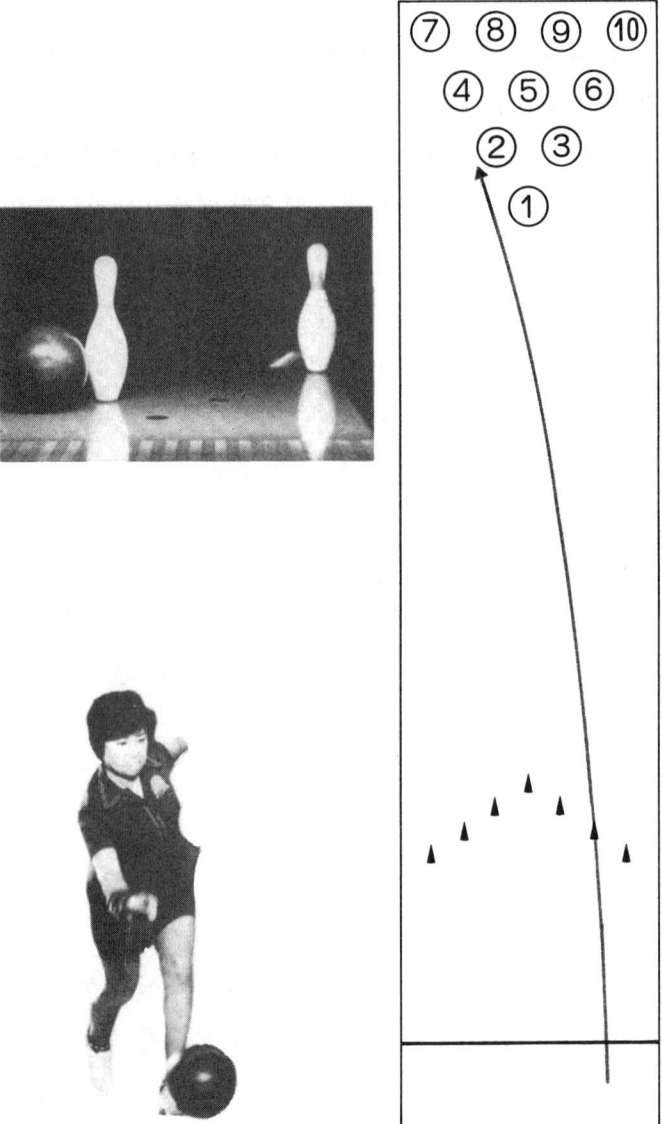

제9일
핀에 도전하는 지성전법

1. 남은 핀의 완전 타도 전법

　미접촉 핀이 볼과 핀이 접촉하는 각도로 달라진다는 것을 알면 60~80 퍼센트까지 남은 핀을 없앨 수 있다.
　그러므로 제8일째의 연구는 스코어상 매우 중요한 의미를 갖는다.
　그러나 나머지 20퍼센트는 볼링의 미묘함과 복잡한 이유로 우발하여 아무래도 나머지 핀이 생기게 되어 그것을 방지할 수가 없다. 이번에는 공격으로 돌아가 남는 핀에 도전하는 것 외에 다른 작전은 없다. 필이란 스페어로 쓰러진 전수라는 의미인데 그중에서도 완도(完倒)하여 필할 적극성이 필요하다.
　핀이 불규칙적으로 배열된 채 남으면 반은 포기하고 던지는데 그런 심리적인 소극성이 다음 프레임에까지 영향을 미쳐 그 게임의 진행을 좋지 않게 만드는 것이다. 그 점에 주의하여 비록 실패하더라도 심각하고 집요하게 도전해 가는 공격 정신이 중요하다. 그러나 남은 핀의 도전은 첫번째의 스트라이크와 달리 보다 이상의 앵글, 스폿 코오스가 다양하고 복잡하여 어려운 것이다.

그러므로 공격 정신 파이트에 '지성'이라는 두뇌적인 전략을 가하여 계산한 투구를 해야 한다. 겨우 2~3밀리의 차이가 실패를 초래하기 때문이다.

그러기 위해서는 핀텍에 늘어서 있는 10개의 핀 배열을 정리하고 구분해 보고 볼의 노선을 설정하기도 하고, 볼의 노선을 잘 잡기 위한 어프로치와 스탠스를 결정할 필요가 있다. 말하자면 각각의 목적지를 향해 탄환 도로를 만들어 가면 어디에 어느 핀이 남아 있어도 그 도로의 게이트에 만 볼이 들이가면 목적한 핀이 쓰러지게 되는 것이다. 이와 같이 볼의 궤도를 분명히 머릿속에 넣고 있으면 이것 저것 코오스를 헤매지 않고 안심하고 투구할 수 있게 된다.

즉 오른쪽 라이트 존에 남은 핀은 왼쪽 사이드 어프로치에서 코오스를 잡는다는 식으로 공격의 촛점이 하나로 모여져 정확해지는 것이다.

폭이 약 1미터 4센티인 좁은 레인이므로 그렇게 좁게 폭을 구별할 필요도 없을 것이다. 기본적으로는 핀텍에 나란한 10개의 핀을 라이트, 센터, 레프트라는 식으로 셋으로 구분한다. 그리고 3으로 분산한 적의 진지 각소 공격을 제9일째인 오늘 연구해 보도록 한다.

프로 볼러가 남은 핀을 실수하지 않는 것은 각 존에 스폿이 일정화 되어 있기 때문이다. 예를 들면 왼쪽 레프트 존에 남은 핀을 쓰러뜨릴 경우, 오른쪽 아웃 사이드에서 어프로치하여 오른쪽에서부터 3번째 스폿을 공격한다라는 식으로 고정화할 수 있는 것이다.

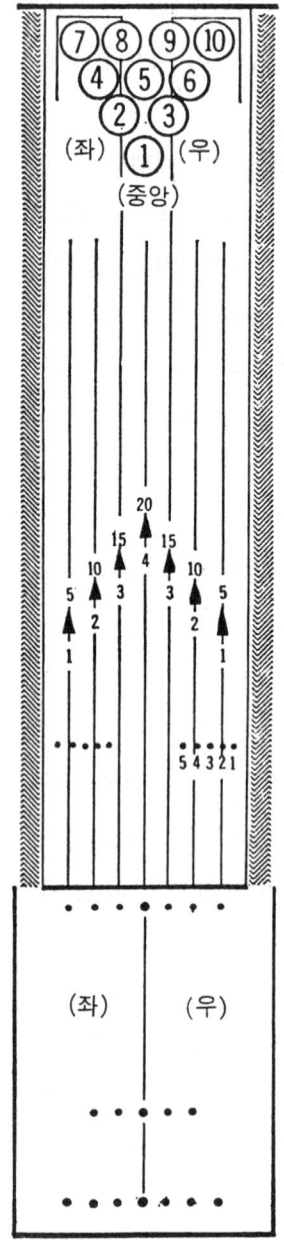
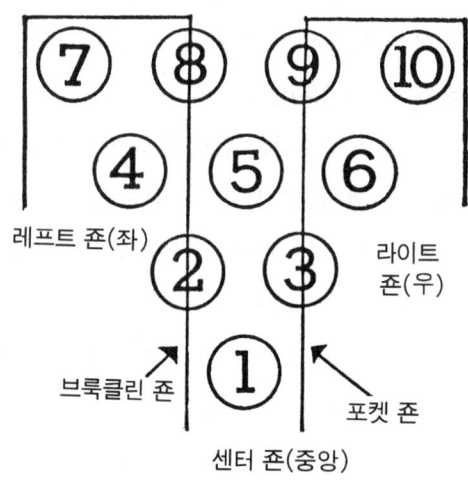

• 남은 핀 공격법

10개의 핀을 라이트, 센터, 레프트로 구분한 3가지 죤의 설정이다.
그 중간에 ① ③ 사이의 포켓 죤과, ① ③ 사이의 브룩클린 죤을 설정한 것이다.
각종을 연결하는 스폿군과 좌우의 어프로치 플로어를 표시한 것으로 이들의 공격법 설명 기준이 되는 레인도이다.

앞 페이지의 그림을 보기 바란다. 라이트 죤 뒤에는 ③ ⑥ ⑨ ⑩ 4개의 핀이 들어가고 레프트 죤 속에는 ② ④ ⑧ ⑦ 4개의 핀이 들어간다. 또 센터 죤에는 ① ⑤의 2개의 핀이 있는데 다른 핀이 남는 상태에 따라 ② ③ ⑧ ⑨ 4개의 핀이 관련됨으로 이 ② ③ ⑧ ⑨번 핀은 센터 죤에 들어가기도 하는 핀이라 생각하자.

또 이 센터 죤에는 ① ③번 핀 사이의 '포켓 스트라이크 죤'과 ① ②번 핀 사이의 '부룩 클린 스트라이크 죤' 2가지가 있다는 것을 기억해 두자.

'포켓 스트라이크 죤'의 범위는 ①번 핀과 ②번 핀을 이은 맨 가운데를 기준점으로 한 좌우가 되는 것인데, 구질(특히 회전)에 의해 ①번 핀에 두텁게도 얇게도 스트라이크가 나오도록 스트라이크 죤의 범위가 넓어 지기도 하고, 좁아지기도 하는 것이다.

과학적 실험의 데이터에 의하면 ①번 ③번 핀에 연결되는 레인의 2개의 세로선에 대해 2.5~5.5도의 각도쪽 이내에서 스트라이크가 발생한다는 것을 알 수 있다. 단 가벼운 볼은 ①번 핀에 다소 두텁게 맞지 않으면 ⑤번 핀이 남게 된다.

그럼 아까 구분한 '센터 죤' '라이트 죤' '레프트 죤'의 각 죤에 남은 핀 배치를 여러 가지 상정하여 그 공격 볼 코오스를 다음 페이지에 도시(圖示)해 두었다. 그림을 보면서 잘 연구, 공부하기 바란다. 검은 색이 남은 핀이다.

센터 죤의 포켓 공격법.

센터 죤(중앙)으로의 공격은 ①번과 ⑤번 핀을 목표로 하고, 근접 관련 핀인 ② ③ ⑧ ⑨ 어느 것인가가 남았을 때의 공격법은 모두 ①번 ②번 핀 사이의 포켓 코오스를 통과하여 쓰러뜨린다.

센터 존의 부룩클린 공격법

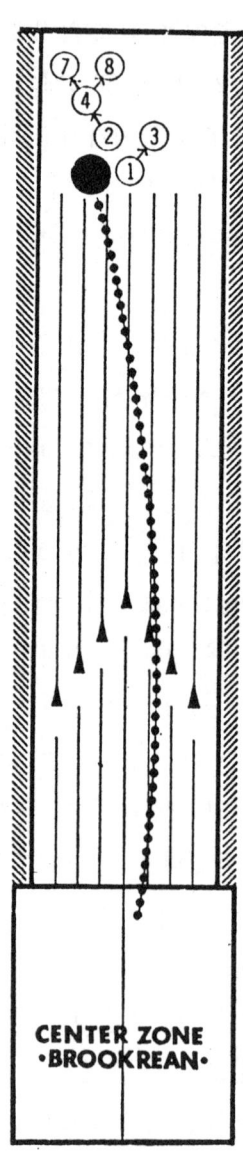

센터 존으로 부룩클린에서부터 공격하는 방법은 레인이 빠른 때 효력을 발휘한다. 슬로우 레인이면 휘는 것이 강하기 때문에 포켓에서 왼쪽으로 휜다. 그 흐름을 응용한 공격법이다.

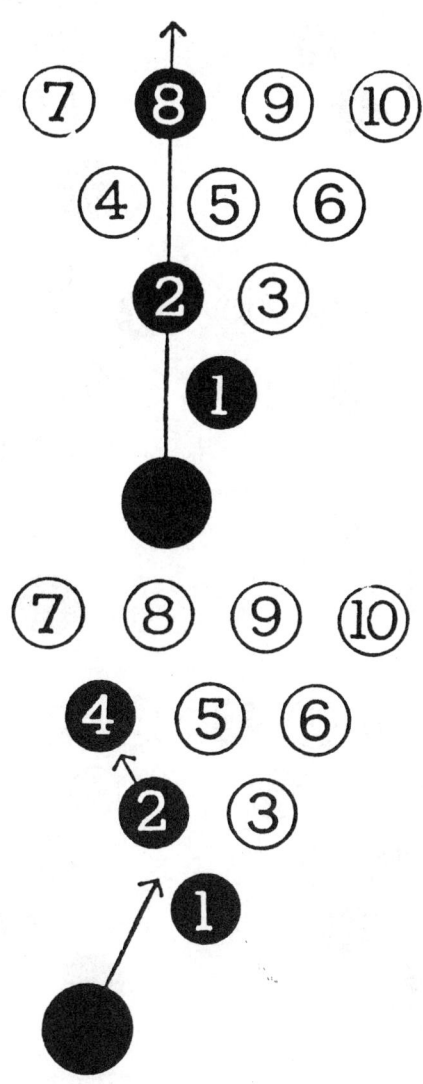

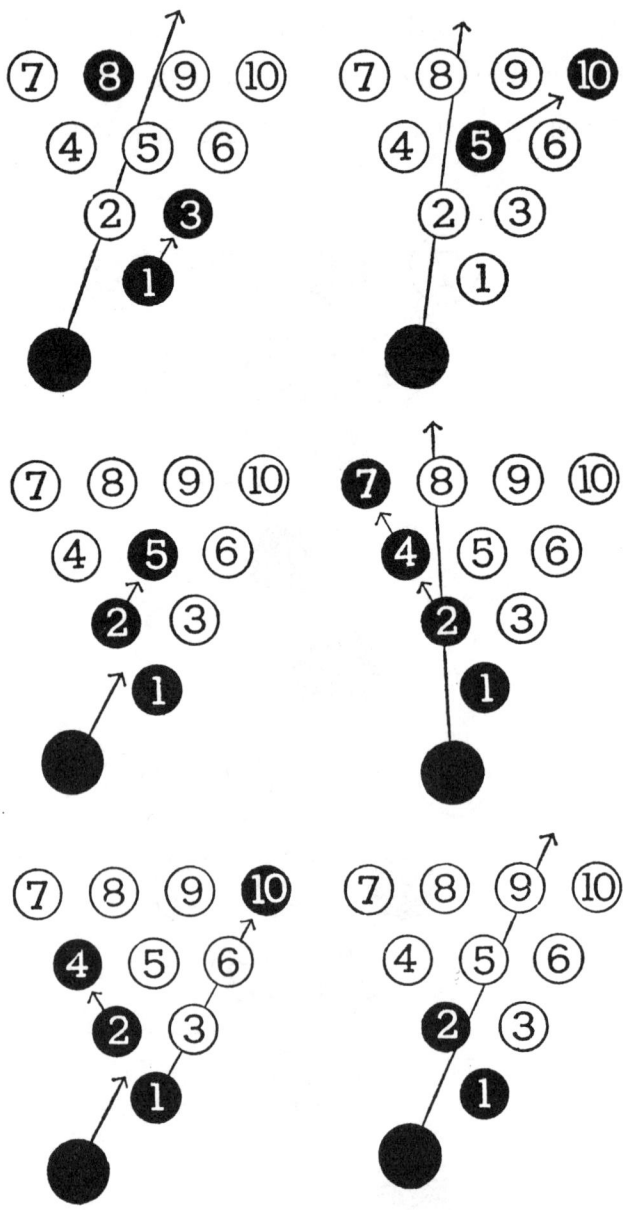

라이트 죤의 공격법

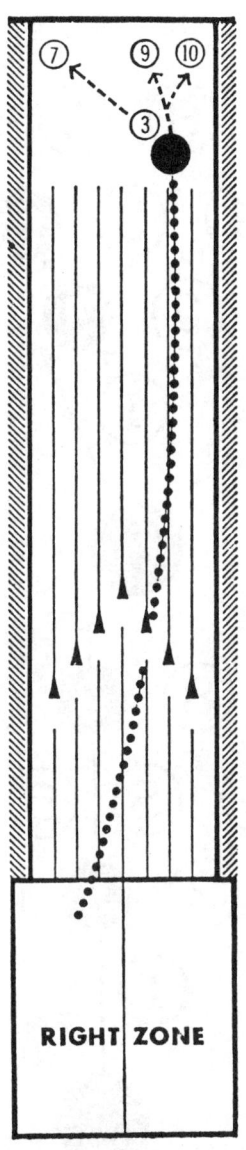

모두 오른쪽 3번 스폿을 사용하여 투구한다. 핀에 몸을 정대(正對)하고 팔을 구부리지 말고 똑바로 스윙한다. 외각 내각으로 손을 가감하고 싶겠지만 그렇게 하면 실수의 원인이 된다.

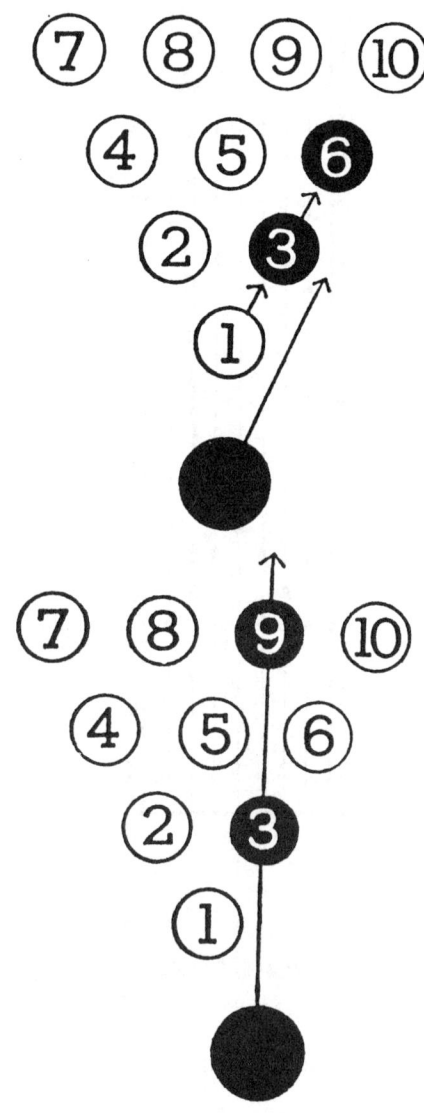

제2부 / 정통 볼링 실전 작전 489

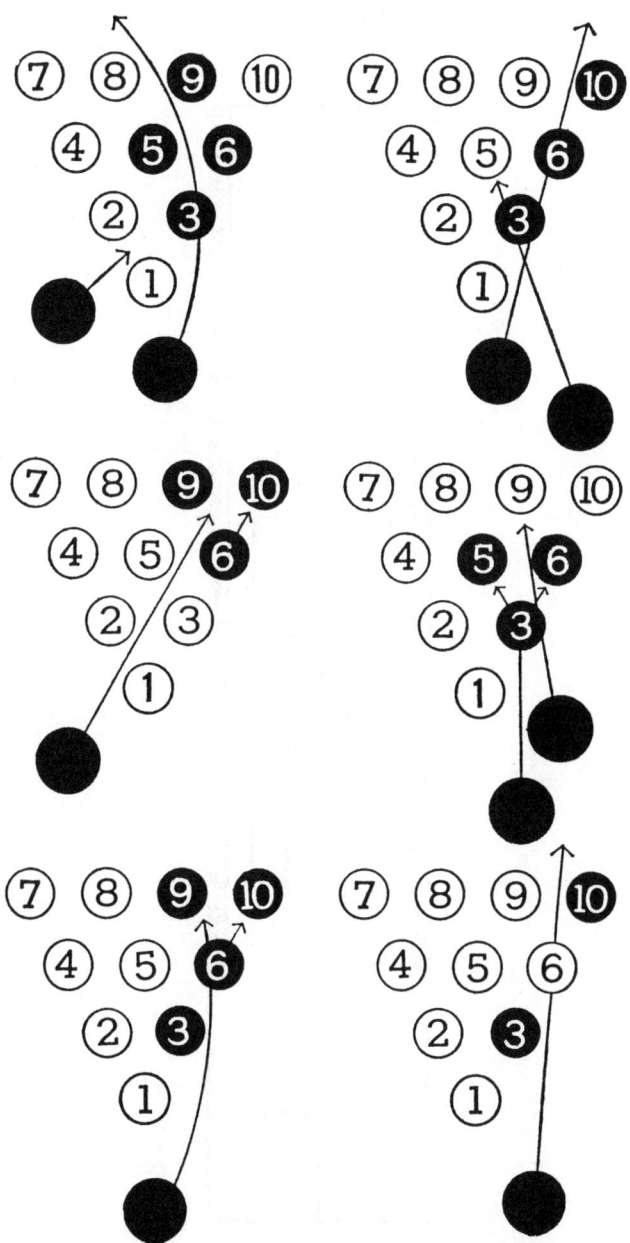

레프트 존의 공격법

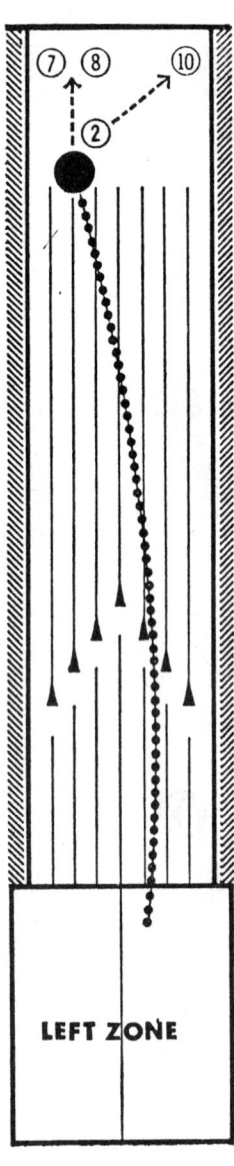

제2부 / 정통 볼링 실전 작전 491

볼도 왼쪽으로 휘고 오른손의 스윙도 내각 방향이므로 라이트 죤의 공격법과 마찬가지로 오른쪽 3번 스폿을 사용해도 걱정없다. 어프로치도 똑바르지만 ⑦번 핀 때 만은 다소 비스듬히 향하

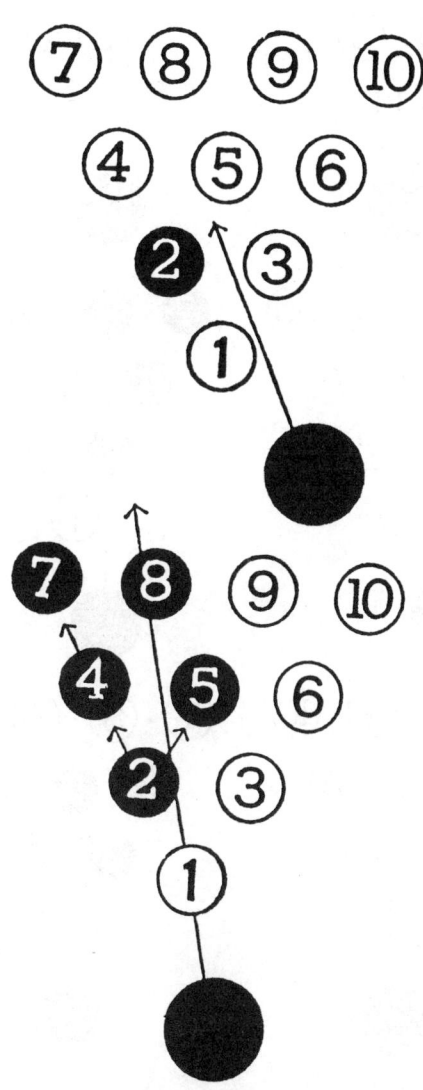

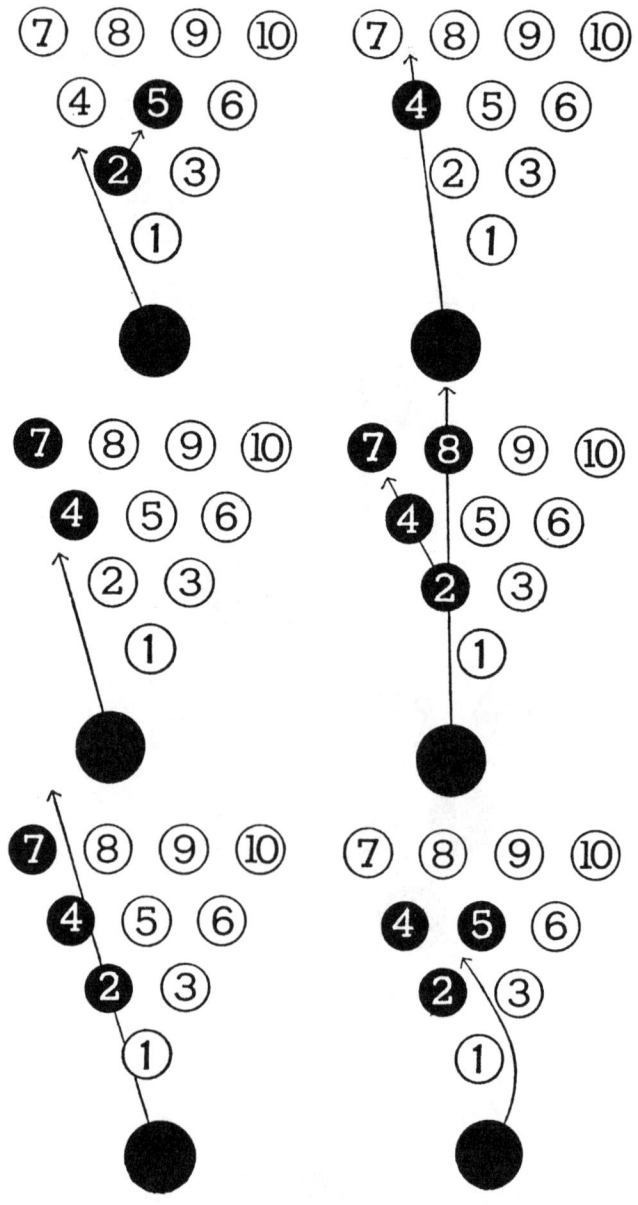

도록 한다.

헤드 핀을 중심으로 왼쪽에 남은 ② ④ ⑦ ⑧의 레프트 죤을 공격하기 위해서는 기본적으로는 오른쪽 3번 스폿을 중심으로 그 좌우의 칸을 앵글로 하여 볼을 통과시킨다.

라이트 죤의 구격과 조금 다른 점은 몸을 핀 방향으로 그다지 향하지 않는다는 것이다. 왜냐하면 오른손으로 스윙하는 것은 이미 내각 방향으로 방구(放球)가 가능하고 볼의 좌회전을 계산에 넣은 것이기 때문이다.

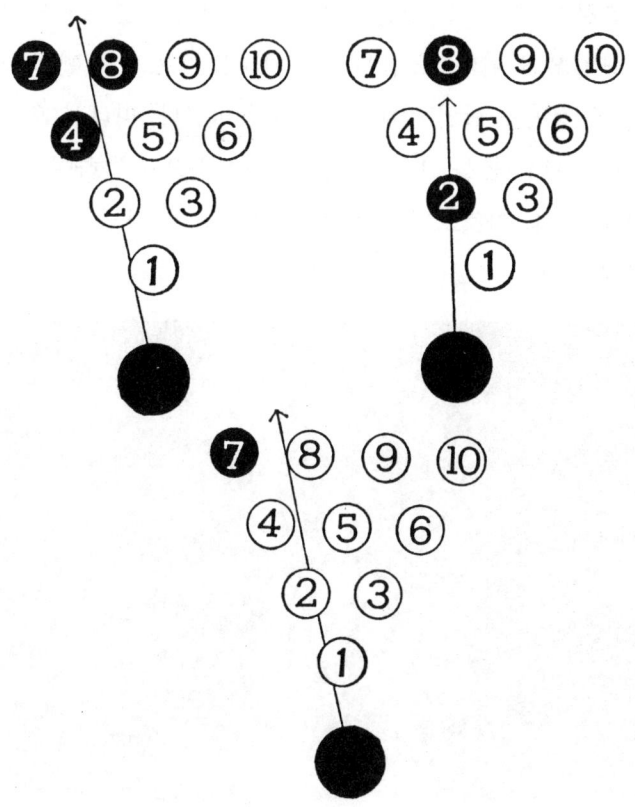

따라서 파울 라인에 대해 양어깨를 평행이 되게 하고 똑바로 어프로치하기만 하면 좋다는 것을 의미한다. 하지만 왼쪽 구석에 남은 ⑦번 핀에 대해서는 다소 몸을 향하는 기분으로 하는 편이 볼의 직진을 막을 수 있어서 편하게 쓰러뜨릴 수 있다.

——이상 '센터' '라이트' '레프트'의 각 죤에 남은 핀의 공격법을 알았을 것이다. 물론 '스트레이트' '훅' '커브' 등의 투구법의 차이도 다소 변화하지만 이상의 실전예는 기본적 공식론이므로 이것을 기억하여 응용하면 핀을 겨냥하지 않고 세분화된 죤과 스폿만 해결하면 코오스는 만들어지고 남은 핀 전부를 쓰러뜨리는 것도 어렵지 않게 된다. 또 남은 핀을 겨냥할 때는 남은 핀 정면에 자신의 몸 정면을 합쳐 정대(正對)하기 바란다. 따라서 오른쪽 핀을 겨냥할 때는 몸을 그 핀에 맞추어 오른쪽으로 향하여 정대(正對)하게 된다. 이것도 극단적으로 '우향우'가 아닌 '다소 비스듬한 우향우'이다.

스페어 앵글의 기본 공격

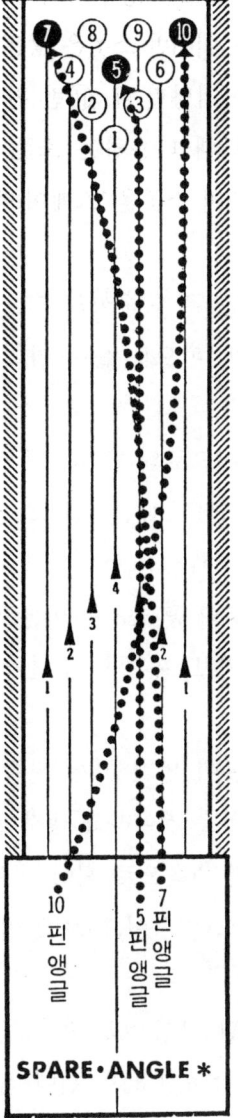

오른쪽에서 15개째
선상에 있는 3번 스폿은
⑤, ⑦, ⑩번 핀 공격
스폿 게이트가 되는
중요한 앵글이다.
프로는 여기를
여러 가지로 응용한다.

• 스페어 앵글의
  기본 공격

여기에서는 복습하는 의미 겸 스폿에 대해 조금 공부해 보자.

오른쪽에서 3번째에 있는 스폿은 인사이드 3/4 앵글이라고 불리우고 있다. 어프로치 플로어 중앙에서 다소 왼쪽 사이드에서는 위치가 인사이드이다. 이 3번 스폿은 많은 프로 볼러가 ⑤번 핀을 겨냥할 때, ⑦번 핀을 겨냥할 때, ⑩번 핀을 겨냥할 때 또는 구질에 따라 핀을 겨냥할 때 다용하는 스폿 앵글이다. 중요한 거점인 것이다. 따라서 이 3번 스폿을 '스페어 앵글'이라고 부르고 있다.

같은 3번 스폿을 사용해도 왼쪽 구석의 ⑦번 핀으로 핀이 가기도 하고, 오른쪽 구석 ⑩번 핀으로 볼이 가기도 하는데 이것은 특별히 이상한 일은 아니다.

왼쪽 구석에 남은 ⑦번 핀으로의 구격은 레프트 죤 공격법에서도 해설했듯이 오른손의 스윙이 내각 기미로 볼을 방구(放球)함으로 볼은 3번 스폿 위를 통과하면 반드시 ⑦번 핀에 도달한다.

⑤번 핀이나 ①번 핀으로의 공격도 이 이론으로 스윙하면 좋은 것인데 물론 스트레이트, 커브, 혹 등의 구질에 따라 다소의 차이는 있다.

⑤번 핀과 ⑦번 핀은 볼이 먼저 가서 왼쪽으로 휘기 때문에 이것은 이것으로 알게 되었을 것이라고 생각하는데 ⑩번 핀으로의 구격은 볼이 먼저 가서 왼쪽으로 휘어 핀이 도망쳐 갈 위험만큼 스탠스를 왼쪽 사이드(인사이드)로 잡아 3번 스폿에 던져 넣는다.

그때 몸은 다소 ⑩번 핀 방향으로 향하고 스윙하는 것이다. 즉 당신의 몸 자체가 3번 스폿과 ⑩번 핀에 정확한 각도를 잡는 것이다.

 스폿은 볼이 달리는 상태나 휘는 것을 계산에 넣은 때 볼 코오스의 각도를 목표 핀에 대해 붙이는 역할을 갖고 있으나 또 당신의 몸 자체(좌우의 어깨)의 방향에 따라서도 그 각도가 생긴다는 것을 알아 두기 바란다.

 '스페어 앵글'은 3번 스폿의 각도와 자신의 몸의 각도를 병용하여 자유자재로 응용하는 것이다. 그러나 뭐니뭐니 해도 현재 던지고 있는 레인 컨디션이나 다른 조건에 따라, 그때의 볼이 어떤 변화를 나타내고 영향을 받고 있는가에 따라 그때 그때의 앵글을 정해야 하는 것이다. 공식론은 기본이므로 이에 너무 얽매이지도 말고 또한 그것을 무시하지도 않아야 한다.

 자, 당신도 300점 퍼펙트를 마크하는 난관의 문제에 대해 깊은 지적 이해를 지니게 되었다. 황금의 팔을 만드는 이론을 수료한 것이다.

제10일
기록으로의 도전자

1. 황금의 팔 300점

　당신이 만일 1프레임에서부터 10프레임 최후의 일투까지 훌륭하게 스트라이크를 잡으면 스트라이크 연발 12회로 퍼펙트 게임이 달성된다. 당신은 곧 카메라맨의 후레쉬 세례를 받을 것이고, 장내의 아나운서는 흥분한 목소리로 '방금 당 볼링 센터의 ○○번 레인에서 ×××씨가 300점 퍼펙트…'라고 반복하여 외쳐댈 것이다. 관중과 볼러들의 우뢰와 같은 박수 속에서 300점의 영광의 자리에 앉게 된다.
　그 황금의 팔은 이미 꿈이 아니다. 현실이며 사실이다. 최고의 영예인 퍼펙트 볼러의 공인증이 빛나고 있는 것이다. 잠재의식 속에 그런 기대와 소망이 있기 때문에 볼러들은 매일 매일을 훈련하고 격렬하게 단련하고 인내하며 연구에 전념하는 것이다.

2. 퍼펙트 게임의 가능성

뉴욕주의 도체스터에 있는 아메리칸 볼링 컨그레스 약칭 ABCO 공인 300점은 마침내 1만회째 달하여 화제를 불러 일으켰다. 인정 시스템을 채용한 1907년부터 58년째이며 1년간 평균 172회나 있었다.

300점 볼러 대부분은 볼링에 관계되는 직업이거나 볼링 조직에 들어있는 회원으로 1개월 게임수 300게임에서 500게임 정도를 소화한 사람들이라고 말하자면, 세미 프로적인 계획성으로 조정을 하면서 획득한 영광의 별일지도 모른다. 아메리카의 300점 볼러 연령은 9천 가지의 데이터에 의하면 평균 34세 볼링 경력 10년이다.

쥬니어로는 13세의 빌리 바이비 군이 1964년 11월 29일 아메리카 동비치에서 300점을 기록했다. 가장 나이가 많은 300점 기록 보위자는 윌슨 길더 마리브 노인으로 74세이다.

케이 밴디버 양은 전에 부인 볼링지에 일면을 장식하는 기적의 주인공인데, 그녀는 300점 퍼펙트 게임을 달성한 그날밤 자동차

사고로 그 오른손을 잃는 비극을 당했으니 그후 남은 왼손으로 다시 299점의 세미 퍼펙트 게임을 달성하여 전미 신체 장애자들에게 밝은 희망을 주었던 유명한 여성 볼러이다. 볼링이 파워가 아닌 컨트롤 테크닉의 게임이라는 것을 증명하고 있다.

제2부 / 정통 볼링 실전 작전   503

제3장
볼링과 지식

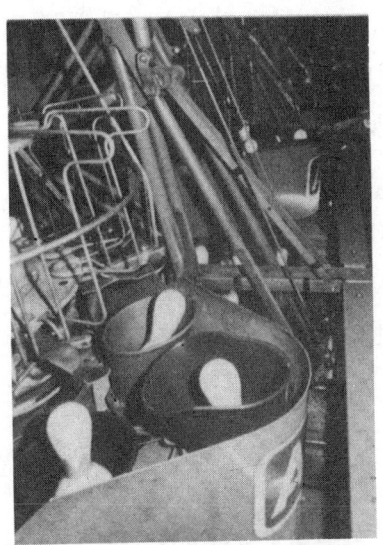

게임과 에티켓

볼링은 조직의 멤버로써 등장하고 있는 사람, 체육 정규 과목 단위로서 행하는 학과의 볼링 메이트 등은 단순한 스포츠로서 플레이를 하고 있는 볼러군, 회사나 단체 등과 같이 정기적으로 행하는 후생 보건의 레크레이션 볼러군, 극히 일반적인 레져로서 행하는 오픈 볼러군 등에 의해 구성되어 있다.

볼링 센터의 특색도 따라서 각각 느낌이 다르다. 터미널 센터는 역 가까이 있다는 편리함이 있고, 번화가에 있는 센터는 오픈 프리볼러로 만원이고, 학교 주변의 센터는 유니버시티 볼러로 들끓고, 공장 주변의 센터는 레크레이션으로 활용되고 있다.

또 주택가의 센터는 베드타운 볼링장이라 불리듯 센터가 위치, 입지 조건에 따라 특이성이 나타나기도 하고 독특한 무드를 자아낸다.

그러나 반은 공공(公共), 사회적인 사교장이므로 사회인으로서의 교양과 상식만있으면 특별히 이렇다 할 규제는 없지만 게임중의 에티켓으로써 다음 점을 알아 두기 바란다.

1. 게임을 중단하고 전원이 벤치를 떠나 차나 식사를 하러 가거나 어슬렁어슬렁 늑장을 부리며 게임을 하지 않도록 하자. 플레이를 기다리는 사람들에게 폐가 된다.

2. 2개의 볼을 혼자 사용하고 던진 볼이 되돌아 오지 않았을 때 다른 볼을 던지지 않도록 하자. 더블 볼이라 하여 금지되어 있다.

3. 투구는 오른쪽이 우선이다. 그러나 먼저 왼쪽 사람이 어프로치했을 때는 투구를 끝냈을 때까지 어프로치 플로어 아래에서 기다리자.

4. 파울 라인을 밟고 던진 볼이 핀을 넘어뜨린 것은 득점이 되지 않는다. 평소부터 주의하지 않으면 공식전에서 실패한다.

5. 핀텍에 조명이 들어오지 않을 때, 또는 레이키 보드가 내려오고 있을 때는 볼을 던지지 않도록 한다. 투구하여 기계에 고장을 일으키면 경우에 따라서는 손해 배상을 해야 한다.

6. 1투구 때마다 프론트에 있는 프레임 레터가 투구 횟수를 기록하고 있으므로 스코어 시트에 한 번 투구마다 기입된다. 여분을 던지면 프레임 오버로 추가 요금이 가산된다.

7. 레인 예약은 1주일 전에 신청하는 것이 확실하다. 예약한 때는 반드시 예약 시간 15분 전에 모인다. 예약 시간이 지난 경우 켄슬되는 경우가 있다.

8. 게임중 괴성을 지르거나, 큰 소리로 떠들거나, 다른 사람을 손가락질하거나, 입에 문 담배를 던지거나, 특히 음료수나 음식물을 바닥에 흘리지 않도록 한다. 신발에 묻으면 어프로치 때 넘어져 버린다. 주의하도록 하자.

9. 볼을 레인에 강하게 던져 버리지 않도록 하자. 로프트 볼이라고 해서 레인에 상처를 입히므로 금지되고 있다.

10. 다른 볼러의 투구를 방해하거나, 불쾌감을 주거나, 보기 괴로운 복장으로 플레이를 해서는 안된다. 카메라 촬영은 프론트 맨의 양해를 얻은 다음 행한다. 공식전에서는 지정 카메라맨 이외에 촬영이 금지되어 있다.

```
판 권
본 사
소 유
```

정통

2015년 5월 20일 재판
2015년 5월 30일 발행

지은이 | 현대레저연구회
펴낸이 | 최 상 일

펴낸곳 | 태 을 출 판 사
서울특별시 중구 동화동 52-107(동아빌딩내)
등 록 | 1973 1.10(제4-10호)

ⓒ2009. TAE-EUL publishing Co.,printed in Korea
※잘못된 책은 구입하신 곳에서 교환해 드립니다

■ 주문 및 연락처
우편번호 100-456
서울 특별시 중구 동화동 제52-107호(동아빌딩내)
전화: 2237-5577 팩스: 2233-6166

ISBN 89-493-0282-9   13690